D1320165

Library of Congress Cataloging-in-Publication Data
The United States Copyright Office

The Oriental Cultural Heritage in the Spoken Egyptian Language
La culture égyptienne dans la langue parlée
Vol. II
Control number : 71-333-7981 (T)
Date of Registration : January 10, 2011

Canadian Intellectual Property Office

The Oriental Cultural Heritage in the Spoken Egyptian Language
La culture égyptienne dans la langue parlée
Registration number : 1029931
Date of Registration : May 30, 2005

Copyright © 2011 No part of this book may be reproduced in any form or by any means, electronic or mechanical, including translation to other languages, adding other languages to the present format, copying the format with others new set of languages, photocopying, recording, or by any information storage and retrieval system without permission in writing form the author.

This copyright includes international copyright treaties and conventions with countries that maintain copyright relations with the United States, such as :

- Bern Convention for the protection of literary and artistic work, with revision done at Paris on June 7, 1977
- Universal copyright convention, Geneva 1952, (UCC Geneva)
- Universal copyright convention, revised at Paris 1971, (UCC Paris)
- World intellectual property organization copyright treaty, Geneva 1996, (WTC)
- World intellectual property organization performances and phonograms treaty, Geneva 1996, (WPPT)
- Member of the World trade organization (WTO), established pursuant to the Marrakesh agreement of April 15, 1994

Bilateral copyright relations with the United States by virtue of a proclamation treaty, as of the date given, and countries that became independent since 1943, and honoring obligations incurred under former political status.

© Sonia Matta Sinki 2011
Tous droits réservés
جميع الحقوق محفوظه
All rights reserved
Gamil Sinki
gamil.sinki@gmail.com

Il est interdit de reproduire, d'adapter ou de traduire l'ensemble ou toute partie de cet ouvrage sans l'autorisation écrite du propriétaire du copyright.

ISBN 1-4276-1643-4
Dépôt légal – Bibliothèque et Archives nationales du Québec, 2011
Dépôt légal – Bibliothèque et Archives Canada, 2011

Première édition – 2011
Printed by / Imprimé à Mascouche – Imprimerie CRL Ltée

The Egyptian Culture in Spoken Language

HERITAGE

La culture égyptienne dans la langue parlée

الثقـافة المصريـة في اللغـة الدارجـة

Gamil Sinki

Volume. II

Cover design and illustration by Fouad-Michel Sayad
Characters represented (Counterclockwise):
Om Koulthoum, Taha Hussein, Naguib El Rihani, Naguib Mahfouz, Tewfik El Hakim

تصميم وتنفيذ الغلاف : فؤاد صيّاد

Conception de la page couverture et illustration par Fouad-Michel Sayad
Personnages représentés (dans le sens contraire des aiguilles d'une montre):
Om Koulthoum, Taha Hussein, Naguib El Rihani, Naguib Mahfouz, Tewfik El Hakim.

DEDICATION

I dedicate this work to my dear grand chidren Alec, Mathieu, Rosalie, Maxime, to their parents Patricia, Steve, Karl as well as to my dear wife Sonia Matta who encouraged me all along the path of this work and assisted me to make it a success.

I also dedicate this book to the Canadian Pharaohs of Montreal who served this country from the first day they came in for almost half a century and left fantastic achievments behind them. Among them are the entrepreneurs, the physicians, the teachers, the engineers and the accountants. I would like to dedicate the book in particular to Georges Saad, our Ambassador of Peace, who worked tenaciously to bring and introduce the Egyptian culture with harmony at every home through the TV, Radio and Magazine. Also, to Sabri Boulos, the major importer of oriental food products that satisfy the needs and wishes of every Egyptian in Canada.

إهــــــــــداء

أهدي هذا العمل إلي أحفادي ألك, متيو, روزالي, مكسيم وإلي أولادي ستيف, باتريسيا, كارل, وأيضا إلي زوجتي الغالية سـونيا متي التي شـجعتني طوال الطريق لتحقيق هذا الكتاب وشـاركتني في كثير من خطواته.

كما أهدي هذا الكتاب إلي فراعنة مصر في كندا وخاصة, الذين خدموا هذا البلد منذ اليوم الأول لوصولهم وحتي نصف قرن تقريبا, وتركوا وراؤهم انجازات رائعة, من عمال, ورجال أعمال, وأطباء, ومدرسـين, ومهندسـين, ومحاسـبين. وأود أن أهديه بصفة خاصة إلي جورج سعد, سـفير السـلام الذي ما زال يعمل بعتاد ليعرف ويقدم الثقافة المصرية بانسجام من خلال الإزاعة والتلفزيون والمجلات وأيضا وعلي قدم المسـاواه إلي صبري بولس المسـتورد الرئيسـي للمنتجات الشـرقية التي لبت إحتياجات ورغبات كل مصري في كندا.

DÉDICACE

Je dédie cet ouvrage à mes chers petits-enfants Alec, Mathieu, Rosalie, Maxime et leurs parents Steve, Patricia et Karl ainsi que ma chère épouse Sonia Matta qui m'a toujours encouragé et secondé.

Je dédie mon livre à nos Pharaons du Canada qui ont servi ce pays dès le premier jour de leur arrivée et pour près d'une moitié du siècle en laissant après eux des réalisations fantastiques. Ces Pharaons comprennent : des enseignants, des entrepreneurs, des médecins, des ingénieurs et des comptables. Je tiens aussi à dédier ce livre en particulier à Georges Saad, notre ambassadeur de la paix, qui a travaillé à faire connaître et à introduire la culture égyptienne avec harmonie dans tous les foyers par la télévision, la radio et les magazines. Ainsi, et sur un même pied, Sabri Boulos, le principal importateur de produits alimentaires orientaux qui répondent aux besoins et aux souhaits de tous les égyptiens au Canada.

INTRODUCTION

In this volume, I focused on 3 main topics in our Egyptian culture ; first, the unforgotten quotations from the Egyptian movies of the past era, a variety of particular songs such as ; songs for kids, mawwaals, monologues and muwashshahhaat, oriental herbs and their medical benefits and finally, the Old Testament with the Apocryphal books of the wisdom of Solomon and Sirach.

The cinematography plays a fundamental role to present a culture and to educate people. It represents as well, the heritage of a nation under a form of historical archive. Watching a good movie is unlike reading a play story. A movie attracts a large scale of audience of different spheres while reading a story is a limited individual act and in addition, it requires certain skills, concentration, comprehension and an analytical mind, while the impact of a movie is the same on the cultivated as on the uncultivated, on the young as on the old, and on the deprived as on the well-off. In conclusion, we can agree that the movie screen has a tremendous power over the mass viewers and it can reach them any time and wherever they are.

I am Like most of the Egyptians who are captivated by the Egyptian movies and in particular, those movies which represent the pop culture with play stories written by the famous Egyptian authors like Naguib Mahfouz, and Ihsan Abdel Kuddous.. When watching a movie, we usually pay special attention to some of those fascinating quotations that became a kind of brand names of the Egyptian stars, each one with his particular quotation that is mentioned at such scene and such movie and became memorable. In this book, I have chosen a selection of those mostly remembered quotations to highlight the cultural aspects of unforgettable moments of our cultural Heritage. These quotations remind us with time that had gone and which will never return back again and with actors that had filled so many hearts with joy and admiration, with scenes that some are funny and others are tragic but all are vivid in our minds. All that to remind us with lessons of values and principles that are always true at all times and to remind us also of those great authors and actors who deserve our respect.

Another essential feature of the Egyptian Movie is that it represents the pop culture in a transparent way and in its hierarchical character and patriarchal nature. This feature stands true for the Oriental society at large and the Egyptian one in particular. It is considered as a true portrayal that has its mixed blessings : a portrayal of the wise, the neutral and the portrayal that shows the society as clans of "masters and slaves". This latter portrayal of autocratic feature is mainly characterized by the absolute and blind obediance and is mainly exposed by exercising the will of those of high society that are in the seats of power and riches, over the poor and needy. The nature of this obedience takes many forms and due to many reasons such as : the fear from the injustice and the brain washing, the archaic tradition and the misunderstanding of human rights, the religious beliefs and the ignorance, the intimidation and the necessity, the weakness and the poverty and finally, the undemocratic society at will that allows this kind of segregations.

In another topic, we all know that herbs are one of the main sources of the pharmaceutical medications. So, I gathered a variety of the most familiar herbs and main foods known in Egypt, with a briefing of the main features and benefits of each.

Again, it is by nostalgia that I included of what I had learned from my father when I was 8 years old from the Old Testament. In particular I was focused on few quotations from the Book of Psalms, the Wisdom of Solomon and from the Book of Sirach.

Finally, I also added very special quotations of interest to me ; these quotations cover the hymn of my primary school, and those of Easter, of marriage, and of other various occasions that remind me of the positive feature of the Patriarcal character of my heritage comprising my school and my family.

المقدمــــــــة

في هذا الجزء من التراث المصري في اللغة الدارجة ركزت اهتمامي علي ثلاث مواضيع وهي : مقولات مأثورة من السينما المصرية ولون أخر من الأغاني والموشحات والمواويل, يليه موجز عن أهم الأعشاب وفوئدها الطبية, ثم مقولات من العهد القديم وبالأخص سفر الحكمة الخاص بسليمان الحكيم و سفر ابن سراخ,,

السينما تلعب دورا رئيسياً في عرض التراث القومي وتثقيف الشعوب حيث تجسم خيال الكاتب إلي حقيقة وتراث. وبخلاف قراءة ما فإن عرض هذه القصة علي شاشة السينما أو التلفزيون يشد انتباه الجماهير من خلاف طبقاتهم الإجتماعية والثقافية. الصغير منهم والكبير, الغني منهم والفقير, حيث لا يتطلب مشاهدة الفيلم إلي استعداد خاص من الثقافة أو المجهود الذهني أو حتي معرفة القراءة أو تتبع الأحداث وتحليلها. لذلك يمكننا القول بأن شاشة السينما أو التلفزيون هي مدرسة الجمهور ذات رد الفعل السريع والدائم.

هناك أفلام خالدة لكتاب ومننتلين خالدين يعشقها كل مصري ويتذكر أبطالها وأقوالهم المأثورة. هذه المقولات أصبحت علي مر الوقت كالمركبة المسجلة التي تميز صاحبها بكل ما فيها من معني وخفة وتلقائية , كما أن هناك أفلام ذات طوابع شعبية تجسم جمال الحي الشعبي بمواويله والريف المصري بنخيله وأفلام أخري ذات طوابع تاريخية ودينية تذكرنا بتاريخنا. كل هذه الأفلام تعطي انطباعاً لمن يشاهدها علي شخصية الإنسان الصري وروحه السمحة المرحة ومبادئه النبيلة والكريمة. في هذا الكتاب , اخترت بعضاً من هذه المقولات كرمز لتراثنا الفكري. عبارات تذكرنا بماض مضي تاركا لنا بسمة خالدة علي وجوه هنا فيها كل مشاعر الحياة.

هناك أيضاً خاصة أخري تظهرها السينما المصرية تعتبر كجزء هام للنقاش من تراثنا القومي وهي السلطة المطلقة بالوراثة وكل ما فيها من ازدواحية في المعني والهدف. الوجه الأول هو دور الأب الحنون أو الشيخ الحكيم الذي نلجأ إليه ليرشدنا إلي طريق الصواب أو الحنون الذي يغمرنا بكرم أخلاقه. يحمي المسكين ويساعد المغبون بلا مقابل, وهذا هو الدور الإيجابي في تراثنا. أما الوجه الأخر فهو الذي يظهر حقيقة في مجتمعنا لا تليق بنا خاصة في هذا العصر وهي صورة الأسياد والعبيد حيث أن السلطة المطلقة تلعب دوراً فعالاً في كل جوانب المجتمع. يأخذ هذا الوجه شكل طاعة الفرد العمياء لمن هو أعلي منه مقاماً أو سناً أو اجتماعياً أو ثقافياً أو مالياً أو عائلياً. هذه الطاعة العمياء لها اسباب عدة منها : الخوف من اللا عدالة. أو غسيل المخ, أو عادات وتقاليد قديمة وبالية. و عقائد دينية. أو السلطة الدينية. أو الجهل. أو الحاجة, أو الفقر وأخيرا والأهم وهو عدم وجود المجتمع الديمقراطي من أصله وجذوره للأسباب السابقة.

كلنا نعرف أن الأعشاب هي جزء رئيسي من صناعة الأدوية, لهذا اخترت ما يقرب من فوق الأربعين صنفا من الأعشاب الهامة والمأكولات الشهيرة والشعبية مع موجز عن فوفوائدها الطبية, ةلقد اخترت مراجعي من مواقع موثوق بها علي الأنترنت.

أما بالنسبة للعهد القديم من الكتاب المقدس فلقد اخترت ما اشتقت إليه من تعاليم طفولتي عندما كنت في الثامنة من العمر وكان أبي يتلو الأساطير من كتاب العهد القديم مثل المزامير لداؤود النبي وقصص سليمان الحكيم وابن سراخ .

أخيرا أضفت إلي كتابي بعض المواضيع الخاصة كنشيد مدرستي في طفولتي وصبياي والترنيمات الدينية من تقاليد أفراحنا وأعيادنا. كل هذه القولات بمختلف ألوانها وتشكيلاتها تمكن القارئ من أن يقتطف انطباعاً عن الإنسان المصري وعن مصو وتاريخها الماضي والحاضر والمستقبل.

INTRODUCTION

Dans ce volume, je me suis fixé trois aspects de la culture égyptienne : tout d'abord, les citations inoubliables des films de l'époque passée, la variété des chansons particulières telles que des chansons pour les petits enfants, des mawales, des monologues et des mowashahates ; ensuite, les herbes orientales et leurs bénéfices médicinales et, finalement, le Vieux Testament avec les apocryphes de la Sagesse de Salomon et Siracide.

La cinématographie joue un rôle fondamental pour présenter une culture et éduquer un peuple. Elle représente également l'héritage d'une nation sous la forme d'archives historiques. Regarder un bon film ne se compare pas à la lecture d'une histoire ; le film attire une audience sur une très grande échelle pendant que la lecture, la compréhension et l'analyse de l'histoire sont des actes individuels limités. L'impact du film est le même sur les cultivés comme sur les non-cultivés, sur les jeunes comme sur les vieux et sur les pauvres comme sur les riches. L'écran a l'immense pouvoir sur la masse et peut l'atteindre même chez elle comme à travers le globe.

Je suis, comme tous les Égyptiens, captivé par les films qui montrent notre folklore, surtout les histoires écrites par les grands écrivains comme Naguib Mahfouz et Ihsan Abdel Kouddous. Quand nous regardons un de ces films pour une deuxième fois, nous portons une attention particulière à des citations uniques qui sont devenues avec le temps des marques de commerce. Ce sont des citations mémorables que les acteurs utilisent dans les films. Dans ce volume, j'ai choisi quelques-unes de ces expressions les plus connues et les plus appréciées par les téléspectateurs et qui marquent des moments inoubliables d'un aspect de notre culture. Ces citations nous rappellent le temps passé qui ne revient plus. Ces acteurs ont rempli notre vie de joie par des scènes hilarantes et des scènes tragiques mais toujours des scènes gravées dans nos mémoires. Elles nous apprennent les coutumes et les traditions des anciennes époques de l'histoire de notre culture avec des valeurs et des principes qui méritent notre respect pour toujours.

Un autre trait essentiel des films égyptiens c'est qu'ils représentent le visage de la culture de façon transparente et réelle dans son ordre hiérarchique et patriarcal. Ce trait qui caractérise la société orientale en général et la société égyptienne en particulier est considéré comme une présentation judicieuse qui a son bon et son mauvais côté. Par exemple le portrait d'un vieux sage jouant le rôle d'un ange gardien, d'un tuteur ou d'un protecteur qui agit sans intérêt personnel et qui représente le côté positif et universel. Le mauvais côté c'est l'autre portrait qui montre la société sous la forme de maître et esclave. Il est caractérisé par l'obéissance totale, absolue et aveugle, principalement par l'exercice de la volonté de ceux qui ont le pouvoir ou ceux de la haute société sur les subordonnés, les pauvres ou les démunis. Cette obéissance prend plusieurs formes et émane de plusieurs sources : les croyances religieuses, l'ignorance, la peur de l'injustice, le lavage de cerveau, l'intimidation, le besoin, la faiblesse physique ou morale, la pauvreté, les traditions archaïques et finalement le manque de démocratie qui permet ce genre d'abus et de ségrégation.

Dans un autre ordre d'idées, nous savons tous que les herbes sont les sources principales des remèdes pharmaceutiques. Donc, j'ai inclus une bonne variété d'herbes et de repas parmi les plus connus en Égypte. Chacune est accompagnée d'un résumé des caractéristiques et des bénéfices les plus importants.

C'est par nostalgie que j'ai inclus ce que j'ai appris de mon père quand j'avais huit ans sur l'Ancien Testament. En particulier, je me suis intéressé à quelques citations comme : les Psaumes, certains passages du livre de la Sagesse de Salomon et le livre de Siracide.

Finalement, j'ai aussi ajouté des citations très spéciales pour moi qui caractérisent l'hymne de mon école primaire, les cantiques de Pâques, du mariage, de l'église et qui me rappellent des traits positifs de l'ordre hiérarchique et patriarcal de mon héritage scolaire et familial.

PROLOGUE

If we analyse the characteristics of the Egyptian expressions and quotations we could grasp a historical idea about Egypt past, present and futur.

I was asked by many why I did insist to call my book "The Egyptian culture and not "The Arabic Culture" and my answer is very simple and that "The Egyptian Culture is an *inclusive culture* and is like mosaic, while the Arabic culture is an *exclusive culture* by itself. We can witness the influence of various cultures in the Egyptian spoken language such as :
- The Arabic culture which is basically the duminant one.
- The Coptic culture which is the second and as equal in its influence as the Arabic.
- The Turkish culture with expressions that are still reminding us of that era.
- The Persian culture which represents the influence of a bygone neighboring civilization.
- The French culture which is an era of archeological research.
- The English culture and its interaction with the linguistic influence.
- The Italian culture with the presence of the interculturalism.

We can also say that the Egyptian spoken language is "Figurative" and is like a vehicle of an art-like museum of painting. Its expressions are mainly "Verbal Heritage" characterized by "Spontaneity" with "instinct" and both form its two main features. The influence of repeating such expression over and over again since childhood, is an important factor that helps children to absorb such expressions and include them in their daily vocabulary. As a matter of fact, this "repetition" feature is rooted in the Egyptian culture and makes the expressions as part of the collections of the experience stocks of the life's apprenticeship.

Coptic flourished from the second century till the thirteenth and its dialect continues to be the liturgical language of the Coptic Orthodox Church. It is supplanted by the Arabic as a spoken language toward the early modern period at the 17th century. The Egyptian dialect is a blend of Coptic and Arabic expressions and we can find traces of the Coptic language in multitude of the daily terms and vocabulary such as the names of many cities and towns.

Egyptian spoken language is rich in variety of expressions ; expressions with one word which are unique that is seldom to find a comparable one-word-expression in any other language. In order to translate such expression, someone needs to describe it in a paragraph of few lines. There are also expressions with historical names, and others that remind us of history. There are literary expressions, expressions "Just for laugh" and expressions from the Holy Books, as there are expressions that are depicted from old poetry and from songs.

GOHA and his tales is an Egyptian feature which is considered a school by itself. The MAWWAL is one more important element in the colorful life of the Egyptian people as it portrays the depth of their souls in their pop culture. The MUWASHSHAHH is another color of the oriental songs that is inherited from the time of Andalusia in a rhythm that is comparable to the gospel choir. All this and more of varieties of expressions are presented here in my volume two of the HERITAGE of "The Egyptian Culture in the Spoken Language".

تمهيـــد

يمكننا أن نكتسب فكرة عن تراثنا وجملة محتوياته وتاريخه في الماضي والحاضر وذلك بتلقاء نظرة علي خصائص المقولات المصرية بكافة نوعياتها.

اختياري "الثقافة المصرية" لإسم الكتاب وليس "الثقافة العربية" إنما كان لسبب جذري وهو أن الثقافة العربية هي ثقافة منفردة ومتكاملة في حد ذاتها بينما أن الثقافة المصرية هي ثقافة شاملة لثقافات أخري حيث أن الثقافة العربية تلعب الدور الرئيسي في الثقافة المصرية ضمن ثقافات أخري مميزة مثل :

الثقافة القبطية : وهي تأتي في المرتبة الثانية بعد الثقافة العربية وهي عامل رئيسي وفعال لدورها التاريخي الذي يربط حضارة مصر الفرعونية بحضارتها القديمة والحديثة.

الثقافة التركية : وتشمل بعض المفردات والمقولاب اللتي ورثناها أثناء فترة الحكم العثماني لمصر .

الثقافة الفارسية : حيث أن هذه الثقافة لعبت دوراً رئيسياً في منطقة الشرق الأوسط أثناء تجلي الحضارة الفارسية والإغريقية

الثقافة الفرنسية : والتي تذكرنا بفترة التنقيب عن الأثار .

الثقافة الإنجليزية : وتفاعل تلك الثقافة أثناء فترة الإحتلال البريطاني لمصر.

الثقافة الإيطالية : وتمازج هذه الحضارة مع دول الشرق الأوسط أثناء الإرساليات التبشيرية

الثقافة اليونانية : وتأثير العصر البيزنطي علي مصر أثناء سيطرة الإمبراطورية الرومانية علي بلاد المنطقة.

يمكننا القول أيضاً أن الثقافة المصرية هي بمثابة ثقافة مركبة تصويرية أو بالأحري بمثابة تطوف بك خلال متحف التراث اللغوي. هذا التراث يتميز بعنصرين أساسيين وهما : التلقائية في التعبير والحاسة المطلقة التي تأتي بالتعبير المناسب في الوقت المناسب. أيضاً عامل التكرار لمقولة ما وسماعها علي مدار الأيام منذ الطفولة هو عامل هام حيث يساعد الطفل علي استوعاب المقولات ومفرداتها. هذا التكرار إنما هو حقيقة جذرية في ثقافاتنا الشرقية الذي يجعل هذه المقولات بمثابة موسوعة فريدة من مخزون خبرة وإدراك للحياة.

الثقافة القبطية ازدهرت منذ القرن الثاني حتي القرن الثامن عشر حيث أن اللغة القبطية ظلت تمارس حتي وقتنا هذا في الشعائر الدينية في الكنيسة القبطية. هذه اللغة استبدلت باللغة العربية في وسط القرت السابع عشر لتصبح اللغة المصرية الدارجة مزيجاً من اللغة القبطية والعربية في أن واحد. ويمكننا رؤية أثار هذه اللغة العريقة ممثلة في أسماء الكثير من المدن والقري المصرسة.

اللغة المصرية الدارجة غنية بمنوعات مقولاتها. فهناك المقولات ذات الكلمة المفردة وهي تعتبر حاصة فريدة في هذه اللغة حيث يصعب وجود مرادف لهذه التعبيرات في أي لغة أخري والتي تأتي بنفس المعني. بل في كثير من الأحيان يجب تفسير هذه المفردة بفقرة من عدة أسطر. هناك أيضاً مقولات ذات دلالات تاريخية لأسماء أسطورية عربية الأصل. كما أن هناك مقولات باللغة النحوية وأخري من الكتب المقدسة وأخري من الشعر والأغاني.

يجب ألا ننسي أساطير جحا حيث أنها تمثل مصدر من مصادر المقولات المصرية الشهيرة وحيث أن جحا أيضاً يمثل مدرسة شعبية تراثية بحد ذاته. أما الغناء, فهناك الموال الذي يعتبر جزءاً هاماً من الثقافة والتراث الشعبي. المنولوج يعتبر من الألوان الترفيهية في الغتاء وهو جوء متكامل من التراث الفكاهي الشعبي الذي كالموال الذي يعبر عت احساسات رجل الشارع. المواشيح هي لون أخر من الغناء مستمد من ثقافات الأندلوسية والذي اقتبست منه الترانيم الكنائسية . كل هذا وأكثر تجدونه في هذا الجزء من الثقافة المصرية في اللغة الدارجة.

PROLOGUE

Si nous analysons les caractéristiques des expressions égyptiennes nous pouvons saisir une idée sur le passé, le présent et le futur de l'Égypte.

Plusieurs m'ont demandé pourquoi j'ai appelé mon livre « La culture égyptienne... » et non « La culture arabe... » ? Ma réponse est très simple : la culture égyptienne est une culture inclusive, comme la mosaïque, pendant que la culture arabe est une culture exclusive par elle-même. Nous pouvons attester de l'influence de plusieurs cultures dans la langue égyptienne parlée comme :

- La culture arabe qui représente la culture dominante de base.
- La culture copte qui vient en deuxième degré et son influence se rapproche de l'arabe.
- La culture turque avec quelques expressions qui nous rappellent une époque révolue.
- La culture perse qui représente l'influence d'une ancienne civilisation.
- La culture française à l'époque des recherches archéologiques.
- La culture anglaise et son interaction avec une influence linguistique.
- La culture italienne qui représente comme les autres la présence de l'interculturalisme dans la région méditérranéenne.

On peut aussi dire que la langue égyptienne parlée est figurative comme le véhicule d'un musée d'art. Ses expressions sont principalement un héritage verbal caractérisé par sa spontanéité et son instinct et les deux forment ses traits essentiels. Le fait de répéter une expression en toute occasion depuis l'enfance est un élément important qui aide les enfants à absorber telle ou telle expression au bon moment et de l'inclure dans leur répertoire quotidien. En réalité, cet élément qu'on appelle répétition est enraciné dans la culture égyptienne qu'il transforme en une collection de bagage d'expérience.

La culture copte est prospère depuis le deuxième siècle jusqu'au treizième et son dialecte continue d'être le langage liturgique de l'église Copte-Orthodoxe. Cette langue a été évincée par la langue arabe comme langue officielle depuis le commencement de la période moderne du dix-septième siècle. En effet, le dialecte égyptien est un mélange des expressions coptes et arabes. On peut trouver des traces de l'ancienne langue copte avec des termes quotidiens tels que les noms des villes et villages.

« Goha et ses fables » sont une autre source d'expressions égyptiennes et une école par elle même. Le « mawwal » est un élément de chants colorés du folklore égyptien qui dépeint son cœur et son âme. Le «mowashah » est une autre couleur des chants orientaux qu'on a hérité du temps de l'Andalousie et qui a un rythme qui se compare à la chorale évangélique. Toutes ces variétés d'expressions sont présentes ici dans le deuxième volume de l'HÉRITAGE de la culture égyptienne dans la langue parlée.

La langue égyptienne parlée est riche d'expressions d'un seul mot qu'on ne trouve dans aucune autre langue. Traduire telle ou telle expression nécessite alors une description de quelques lignes. Nous trouvons aussi des expressions à référence historiques et littéraires, les justes pour rire, celles tirées des livres saints et d'autres qui font référence à une chanson ou à un poème.

NOTES / ملحـــــوظات

1. The translation sources of the religious quotations are as follows :
    - Biblical quotations :   The new King James Version.
    - Qur'anic quotations :   The meaning of the Holy Qur'an
                                Amana publications
                                Beltsville, Maryland, U.S.A.

        And :   The Qur'an
                                Published by Tahrike Tarsile Qur'an. Inc.
                                Elmhurst, New York 11373-1115

1. *Les sources de la traduction des citations religieuses sont comme suit :*
    - *Citations bibliques : La Sainte Bible, placée par les Gédéons.*
    - *Citations Qor'âniques : Le Coran, traduit de l'arabe par*
      Régis Blanchère, Paris

2. Beside the religious quotations, the poems, the songs as well as the most of the idioms in chapters, 30, 44, 45, 62, 75 and 76, which represent the specific Egyptian folk and spirit, the majority of the mentioned quotations in the present essay are also recognized as part of the main culture of the Middle Eastern countries, Some words might change as per the dialect of each country but the meaning of the pertaining citation remains the same, demonstrating by this, the fantastic cultural unity of the Middle Eastern countries. Chapter 33 of Goha is also the basic folk culture of the region in general and of Turkey in particular under the name of the "Huga".

2. *À part les citations religieuses, les poèmes et les chansons la plupart des citations dans les chapitres 30, 33, 44, 45, 62, 75 et 76, représentent la nature folklorique particulière des Égyptiens, une grande partie des citations mentionnées dans ce travail sont aussi reconnues comme faisant partie intégrale du Moyen Orient. Parfois, certains mots changent selon le dialecte de tel pays ou tel pays mais le sens du proverbe reste le même démontrant l'importance de l'unité culturelle des pays de la région. Le chapitre 33 de Goha est aussi considéré comme le folklore principal de la Turquie sous le nom populaire de « Huja ».*

3. This essay is not an encyclopedia, but it represents samples of the Egyptian culture in its various forms and colors. The quotations came instinctively to the author's mind.

3. *Cet ouvrage n'est pas une encyclopédie, mais un essai pour représenter la culture égyptienne sous ses formes diverses.*

4. Beside the religious quotations, the translation of this essay is not universal. It represents the best interpretation of the author's efforts.

4. *La traduction de cet ouvrage n'est pas universelle, mais elle représente la meilleure interprétation selon l'esprit instinctif de l'auteur.*

5. Out of standard, the quotations between brackets represent the literal translation as well as certain details. The literal translation comes in second order after the literary explanation.

5. *Contrairement à l'usage, j'ai placé entre parenthèses l'explication des textes, suivi par la traduction littérale.*

6. The biblical references are mentioned in the english translation.

6. *Les références bibliques sont mentionnées dans la traduction anglaise.*

7. It is advisable that parents guide their children in the reading and the pronunciation of the phonetic arabic text with the help of the table of "Pronunciation Keys of Basic Arabic Characters" shown at pages 15 and 16.

7. *Il est préférable que les parents guident leurs enfants dans la prononciation et la lecture phonétique du texte arabe à l'aide de la table des « Clés de prononciation de quelques caractères arabes » illustrée aux pages 15 et 16.*

8. The Phonetic Arabic does not represent the right spelling of the words. It only serves to show how to pronounce the words in the spoken Egyptian.

8. *Les écrits en arabe phonétique ne représentent pas leur vraie prononciation mais plutôt de la façon dont ils sont prononcés verbalement dans la langue parlée.*

9. For more informations about Connected Subjects and Historical Names refer to GOOGLE and WIKIPEDIA on the Internet.

9. *Pour avoir plus d'informations sur l'Index des sujets connexes et des noms historiques vous pouvez vous référer à GOOGLE et WIKIPÉDIA sur Internet.*

10. The hyphen in phonetic text is to distinguish between the solar and lunar letters, to link two words together in pronunciation and to pronounce certain letters individually. (See next page)

10. *Le trait d'union dans le texte phonétique est là pour distinguer les lettres solaires des lettres lunaires, pour faire la liaison entre certains mots et aussi pour la prononciation spécifique de certaines lettres. (Voir page suivante)*

11. The star tag that is before a subject name is to indicate of more briefing about that subject, either after the quotation, or at the bottom of the same page or at the end of the chapter. When the subject name in question had more than quotations in different chapters, the reference of the quotation which the briefing is included with, is mentioned with "See also"

11. *La balise étoile qui est devant le nom d'un sujet historique est là pour indiquer plus d'information sur ce sujet. Cette information se trouve soit après la citation, soit au fond de la même page, ou encore, à la fin du chapitre. Lorsque le nom du sujet en question a*

plus de citations dans les différents chapitres, la référence de la citation est signalée par « Voir aussi » et le code-numéro de la citation en question.

12. The reference "See also volume 1" is to refer the reader to a historical briefing about the subject in question

12. *La mention « Voir aussi volume 1 » consiste à renvoyer le lecteur à un exposé historique sur le sujet en question.*

13. The method by which the subject-quotations in this book are code-numbered, is by indicating the number of the chapter where the subject-quotation is located, followed by the quotation number in that cpecific chapter, in numerical order and the two sets of numbers are separated by a slash. The author finds this method is more appropriate to classify and remember a specific quotation.
Example : quotation number 35/15 is to indicate the quotation number 15 in chapter 35.

13 *La mèthode par laquelle les citations dans ce livre sont codées, consiste en un système de deux ensembles de chiffres qui sont séparés par une barre oblique. Le premier chiffre indique le numéro du chapitre où le sujet-citation est situé, suivi par le numéro de cette citation selon son lieu dans l'ordre numérique dans ce chapitre. L'auteur estime que cette méthode est plus appropriée pour la classification et pour se souvenir d'un sujet.*
Exemple : le numéro de la citation 35/15 est d'indiquer la citation numéro 15 au chapitre 35.

Pronunciation Keys of Some Basic Arabic Characters
مصطلحـــات لنطـق بعـض الحـــروف العربيـــــة
Clés de prononciation de quelques caractères arabes

KH	=	خ	
GH	=	غ	
TH	=	ث	
HH	=	ح	
SH	=	ش	
H	=	ـه	The caracter ـه (H) at the end of a word is sometimes removed. *Le caractère ـه (H) à la fin d'un mot est quelquefois supprimé.*
K	=	ق	Sometime substituted by / *Quelquefois substitué par* = **A, o, i, „**
Y	=	ي	

'A	=	عَ	فتحة
'I	=	عِ	كسرة
'U	=	عُ	ضمة
A'-	=	عْ	سكون

BA, TA, SA, GA, DA	= بَ, تَ, سَ, جَ, دَ	فتحة
KI, TI, NI, DI, ZI	= ق تِ ن دِ ذِ	كسـرة
MU, TU, NU	= مَ تُ نُ ُ	ضمة
,,	= ء	سكون (همزة)
-G-, -HH-, -T-, -B-	= جْ حْ تْ بْ	سكون (حرف)
// = (NN) BANN, DANN	= بَ تَ أَ جأً	التنوين والرفع

HH-HH	= خُ	شَدَة
SH-SH	= شّ	شَدَة
KH-KH, MM, DD, BB	= خَ مَ دَ بَ	شدة
(AA) = SHAA, SAA, GAA	(أ) جـا سـا شـا =	مَدَة
(Y) / (EE) = MYM, SHYSH	(ي) ميم شين إيد =	كسـرة (بالياء)
(OU, O-O) = TOU, NOU	(و) تو نو =	ضمة (بالواو)
(EI) = FEIN, BEIT	فين بيت =	كسره خفيفه بالياء
AI, Y	=	فتحه خفيفه بالياء

Solar Characters / *Caractères solaires* :
-T-, -TH-, -D-, -S-, -Z-, -ASH-SHAMSU = ت, ث, د, س, ز, ش,

Lunar Characters / *Caractères lunaires* :
AL-, ÉL-, EL-, AL-KAMARU = ب, ج, ح, خ, ك, ق, ل, م, و, ع

CHAPITRE 1
Aggressiveness, Assertiveness and Fierceness
العُنْـــــــــــــــــفْ, القُـــــــــــــــــوّة والإنْبَـــــــــــــــــات
De l'accrocheur, de l'affirmation et de la violence

01/01   O Earth ! Disappear, as I am the greatest.
يـا أرض انهـدي مــا عليكـي أدي
YA ARD ÉNHADDY MA 'ALEIKY ADDY.
Ô Terre ! Détruis-toi ! Je suis le plus fort.

01/02   He is a prankster, to the point, he mocks the pebbles of the ground.
يعاكـس طـوب الأرض
YÉ-'AAKÉS TOUB ÉL ARD.
Il est taquin. (Il taquine les cailloux de la terre.)

01/03   We praise straightforwardness and honesty over and over again.
(It is said when seriously negociating a specific matter.)
هاللـه هاللـه علـي الجـد والجـد هاللـه هاللـه عليـه
HALLA HALLA 'AL GAD WÉL GAD HALLA HALLA 'ALEIH.
Glorifiant la franchise et la franchise devra être glorifiée.
(Se dit quand on négocie sérieusement un objet quelconque.)

01/04   I Beg you alms and I am your master.
(A rude beggar.)
حسنـــة وأنـــا ســيـــدك
HHASANA WANA SEEDAK.
Je demande l'aumône et je suis votre maître.
(Il est un mendiant grossier.)

01/05   What you believe to be like Moses appears as a Pharaoh.
اللـي تقـول عليـه موسـي يطلـع فرعـون
ÉLLI T-OUL 'ALEIH MOUSA YÉTLAA' FAR"O-ONN.
Celui que vous croyez comme Moïse apparait comme Pharaon.

01/06   If this makes you angry, let me know to make you even angrier.
إن كــان هـــذا يكيـــدك أنـــا أزيـــدك
IN KAAN HAAZA YÉKEEDAK ANA AZEEDAK.
Si cela vous met en colère faites-le moi savoir pour vous mettre encore plus en colère.

01/07   Oh ! That's too horrible ! *(YOUSSEF WAHBI) (See also 30/13, 38/13, 63/02)

يــا للهـــول

YA LAL HAWL !

*Ô! C'est trop horrible ! *(YOUSSEF WAHBI) (Voir aussi 30/13, 38/13, 63/02)*

*YOUSSEF WAHBI (1900 –1982) : was an Egyptian actor and film director, a leading star of the 1930s and '40s and a prominent stage actor for four decades. He was born to a high State official in Egypt but renounced his family's wealth and traveled to Rome in the 1920s to study theatre. Besides his stage work, he acted in about 50 films, starting with *Awlad al-Zawat* (*Sons of Aristocrats*; 1932) to "Iskanderiya... lih?" (*Alexandria... Why?*, 1978). He died, sick with arthritis and with a fractured pelvis. Youssef Wahbi was and still is one of the greatest actor and director of the Egyptian cinema of all time. He started in the Golden Age of the Egyptian Cinema from 1932 till he passed away in Cairo, Egypt at the age of 84 in 1982. Even though he comes from a very rich family, he concentrated all his career and life as a dedication to the Film Industry. Mr. Youssef Wahbi has also several plays where he translated to many languages due to his fluency in English, French and Italian along with his native Arabic tongue. He played many roles that were different and unusual in both the Egyptian films and plays. He once played the Devil and he later on wanted to play the Prophet Muhammad but the media and the Al-Azhar University opposed to the idea and he was forbidden to do it. He is the most respected and loved artist of all time in the Egyptian Cinema and several French and English companies tried to save his movies by republishing them again.

*YOUSSEF WAHBI (1900 –1982) : c'était un acteur, un réalisateur égyptien, chef de file des acteurs des années 1930 et 1940 et un comédien de théâtre pendant quatre décennies. Il est le fils d'un haut fonctionnaire égyptien mais a renoncé à la richesse de sa famille et a voyagé à Rome dans les années 1920 pour étudier le théâtre. En plus de son travail théâtral, il a joué dans environ 50 films en commençant par « Awlad al-Zawat » (fils d'aristocrates, 1932) de « Léh Iskanderiya ...? » (Alexandria. .. Pourquoi?, 1978). Il est mort de l'arthrite et d'une fracture du bassin. Youssef Wahbi était et reste toujours l'un des plus grands acteurs et directeurs du cinéma égyptien de tout temps. Il a commencé à l'âge d'or du cinéma égyptien à partir de 1932 jusqu'à son décès au Caire à l'âge de 82 ans. Même s'il vient d'une famille très riche, il a concentré sa carrière et toute sa vie à l'industrie cinématographique. M. Youssef Wahbi a également plusieurs pièces de théâtre à son actif qu'il a traduit en plusieurs langues grâce à sa facilité à s'exprimer en anglais, en français, en italien et avec sa langue maternelle l'arabe. Il a joué beaucoup de rôles différents et inhabituels soit au cinéma ou au théâtre. Il a déjà joué le rôle du diable et plus tard, il a voulu jouer le rôle du prophète Mohamet mais les médias et l'Université Al-Azhar se sont opposés à l'idée car c'était interdit. Youssef Wahbi est l'artiste le plus respecté et aimé de tous les temps dans le cinéma égyptien. Plusieurs entreprises françaises et anglaises ont tenté de sauver ses films en les republiant.

01/08   He would not dare as to utter a word with me.
(He would not dare as to utter a sound with me.)

مـا يقــدرش يكـــح معايـا

MA YÉ,,DARSH YÉKOHH MA'AAYA.

Il ne peut oser dire un mot avec moi.
(Il ne peut pas oser tousser avec moi.)

01/09   I will make his life miserable. I will make his life unbearable. (I will muddy his life.)

هـا طَيّـن عيشتـه

HA TAYYÉNN 'ÉSHTO.

Je vais rendre sa vie misérable. (Je vais rendre sa vie boueuse.)

01/10   The wicked and corrupt have left nothing worthwhile for the good people to live on.

ولاد الحــــرام مخللـــوش لــولاد الحـلال حاجـة

WÉLAAD ÉL HHARAAM MAKHALLOUSH LÉ WÉLAAD ÉL HHALAAL HHAAGA.

Les méchants n'ont rien laissé de bon pour que le bon monde vive.

01/11   God prevails over the oppressor.

ربنـا علـي الظالـــم

RABBÉNA 'AZ ZAALÉM.

Dieu l'emporte sur l'oppresseur.

01/12   You, the camel agent, move your camels from my way. They are going to crush us. We are of noble race and have walked on silk carpets. We are the ones who improvised the civility and we have been educated by our own wealth. So, how do you dare, you the camel agent to come with your camels and crush us.
(A pop poem inspired from "AL DARB AL AHMAR" movie.) (See also 17/08)

يا عـم يـا جمــال حــوش جمــالك مــن الطريـق هاتدوسنـا
احنــــــــا ولاد نــاس ويامــا علـي الحريـــر دوسنــــا
احنــــــا اللـي بدعنــــا الأدب واتربينـا بفلوسنـا
هـا تيجـي بجمــالك يـا إنــت يـا جمــال وتدوسنـا

YA 'AM YA GAMMAL HHOUSH GÉMAALAK MÉN ÉL TTAREE,, HAT DOSNA.
ÉHHNA WÉLAAD NAAS WÉYAAMA 'AL HHAREER DOSNA.
ÉHHNA É LLI BADA'ANA ÉL ADAB WÉTRABBÉNA BÉFLOSNA.
HA TEEGI BÉ GÉMAALAK YA ÉNTA YA GAMMAL WÉ TÉDOSNA.

Toi le chamelier, tasses tes chameaux du chemin, ils vont nous écraser. Nous sommes de la race noble et sur des tapis de soie nous avons marché. Nous sommes ceux qui ont improvisé la civilité et nous avons été instruits par notre propre richesse. Alors, comment oses-tu, toi le chamelier venir avec tes chameaux pour nous écraser.
(Une poésie folklorique inspirée du film « AL DARB AL AHMAR ».) (Voir aussi 17/08)

01/13   Let us continue to be friends. There is no reason to loose our friendship.

خللينا أصحاب, مفيــش داعــي نخســر بعــض

KHALLEENA AS-HHAAB, MAFEESH DAA-'I NÉKHSAR BAA'D.

Gardons notre amitié. Il n'y a aucune raison de se perdre.

01/14   Move away or I will bury you alive.

غــــور واللا ادفنــــك بالحيــــا

GHOOR WALLA ADFÉNAK BIL HHAYA.

Éloigne-toi sinon je t'enterre vivant.

01/15   Move away from here. (With contempt.) (Go and play far away.)

روح إلْعـــب بعيــــد

ROUHH ÉL'AB BÉ'EED.

Éloigne-toi d'ici. (Va jouer plus loin.)

01/16   Nobody dares to reproach me. (No one dares to step on my toes.)

ما حـــدش يدوسلي علــي طــرف

MA HHADDÉSH YÉDOSLI 'ALA TARAF.

Personne n'ose me reprocher un seul mot.
(Personne ne pourrait me marcher sur le pied.)

01/17   Yell at them, otherwise they would defeat you.
          (From the Movie "Blood on the asphalt or "DIMAA,, 'ALA AL ASFALT".)

خدوهــــم بالصـــوت ليغلبوكــم

KHUDOUHUM BÉL SSO-OT LAYÉGHLÉBOUKUM.

Criez leur, autrement ils vont vous vaincre.
(Du film « Du sang sur l'asphalte » ou DÉMAA,,« 'ALA AL ASFALT ».)

01/18   I say to you that you cannot. Therefore dare to show me how you can.
          (Climb the highiest point of your horse.)

أعلي مـا فــي خيلك اركبـه

AA'LA MA FI KHEILAK ÉRKABO.

Je vous le dis, vous ne le pouvez pas. Donc osez me montrer comment vous le pourrez.
(Le plus haut que soit la monture de votre cheval, montez-la.)

01/19   A streetcar with rusty wheels will crush you.
          (By "*FARDOS MAHAMAD" in the movie "SALAMA BKHEIR" of N. AL RIHANY.)

يدغدغـك ترمـاي يكـون عجلـه مصـدي

YÉDAGHDAGHAK TORMAAY YÉKOUN 'AGALO MÉSADDY.

Qu'un tramway avec des roues rouillées t'écrase.
*(Par "*FARDOS MAHAMAD" dans le film "SALAMA BKHEIR" de N. AL RIHANY.)*

01/20   Men who are weak don't deserve to be men. (Men who are frail like papers !)

رجالــة مـــن ورق

RÉGGAALA MÉNN WARA,,.

Les hommes qui sont fragiles ne méritent pas d'être des hommes.
(Des hommes en papier !)

*FARDOS MAHAMAD : (1906 – 1961) she starred in the black and white movies and was called the mother of the Egyptian Cinema.
* Elle a joué dans les films noir et blanc et fut appelée la mère du cinéma égyptien.

CHAPITRE 2
Animals and Insects
الحَيَـــــواناتْ والحَشَـــراتْ
Des animaux et des insectes

02/01   In order to kill time, he swats flies. He twiddles his thumbs.
(He repels the flies.)

بينــش ديـان

BÉYNÉSH DÉBBAAN.

Il ne fait rien à la journée longue.
(Il chasse les mouches.)

02/02   Tomorrow, the mouse will fall in the trap.

بكـره الفـار يقــع فـي المصيـــده

BOKRA ÉL FAAR YO-A-'A FIL MASYADA.

Demain la souris tombera dans le piège.

02/03   He is afraid of the beetle, while he plays with the snake.

يخـــاف مـــن الخنفسـة ويلعـب بالثعبـان

YÉKH-AAF MÉL KHONFÉSA WÉYÉL'AB BÉT TÉA'BAAN.

Il a peur du scarabée alors qu'il joue avec le serpent.

02/04   He is the size of an ant but he is still able to scam.

قـد النملـة ويعمـل عملـة

ADD ÉL NAMLA WÉYÉA'MÉL 'AMLA.

Il est de la taille d'une fourmi mais il est encore capable de stratagème.

02/05   If the cat and mice get along they would ruin the grocery store.

ان اصـــطلح القــط والفـار اتخــرب دكــان البقـال

ÉN ÉSTALAHH EL OT WÉL FAAR ÉTKHARAB DOKKAAN ÉL BA,,AAL.

Si le chat et la souris s'entendent, ils ruineraient l'épicerie.

02/06   He who is scared from a lizard shouldn't raise chicks.

اللـي بيخـاف مـن العرسـة مـا يربيـش كتاكيـت

ÉLLI BÉYKHAAF MÉL 'ÉRSA MAY RABBEESH KATAKEET.

Celui qui a peur d'un lézard ne doit pas élever des poussins.

02/07   When they ask the rooster to crow he said : " Everything that is accomplished at its proper time is better than completed at a later time".

قالــوا للديـك يصيــح, قــال : كــل شــيء فـي أوانـه مليـح

AALOU LÉ DDEEK YÉSEEHH, AAL : KOLLÉ SHEI,, FI AWAANO MLEEHH.

Quand ils demandaient au coq de chanter, il disait : « Tout ce qui est accompli en son temps est bon. »

02/08   It is more delicate than the spider web.
أوهـــي مـــن بيـــت العنكبـــوت
AWHA MINN BAYTIL 'ANKABOUTT.
C'est plus fragile que la toile d'araignée.

02/09   If the camel was able to see its tail, it would have turned and cut it off.
(When someone recognizes his mistake, he wll correct it.)
لـــو كـــان الجمـــل شـــاف زلمـــه كـــان إدور وقطعـــه
LAWE KAAN ÉL GAMAL SHAAF ZALAMO, KAAN ÉD DAWWAR WÉ ATA-'O.
Si le chameau pouvait voir sa queue, il se serait retourné pour la couper.
(Si chacun voit sa faute, il se corrigerait.)

02/10   The parrot replied and told me : Your father, the water carrier, is dead.
(That time is over.)
رد البغبغـــان وقالــي ابـــوك السقا مـات
RAD ÉL BAGHBAGHAANN WÉ ALLI : ABOUK ÉSSA,,A MAATT.
Le perroquet m'a répondu et m'a dit : « Votre père, le porteur d'eau est mort ».
(Ce temps est révolu.)

02/11   He is like a parrot.
(He immediately catches what you say and repeats it like a parrot.)
زي البغبغـــان
ZAY ÉL BAGHBAGHAANN.
Il est comme le perroquet.
(Il capte vite ce que vous dites et il le répète.)

02/12   He is indifferent, he treats the innocent as he treats the criminals .
(He is ignorant that he cannot differentiate between a male camel and a female camel.)
لايفـــرق بيـــن الناقـــتة والجمـــل
LA YUFARRIKU BAYNA NNAKATU WAL GAMAL.
Il est indifférent. Il traite des innocents comme il traite des criminels.
(Il est ignorant, il ne peut différencier entre un chameau et une chamelle.)

02/13   He is like an escaped monkey that just got his freedom.
زي قـرد قطـع
ZAY ÉRD OTO-A'.
Il est comme un singe en liberté.

02/14   He who has great expectations of a beggar will have to wait for a long time.
(He who expects butter from an ant, will be deprived of a meal made with fried butter.)
يـا منتظـر مـن النملـة سمنـة حرمـت عليـك التقليـة
YA MUNTAZÉR MÉN ÉL NAMLA SAMNA HHORMÉT 'ALEIK ÉTTA,,LÉYYA.
Toi qui a des grandes attentes d'un mendiant, tu vas attendre longtemps.
(Toi, qui attend le beurre d'une fourmi, tu seras privé d'un met frit au beurre.)

02/15   What a joke ! An ant wants to lead.
(The ant has gotten teeth.)

النملــــة طلعلهــــا سنــــان

ÉNNAMLA TÉLÉA'LAHA SÉNAANN.

Quelle blague ! Un bon à rien veut mener.
(La fourmi a eu des dents.)

02/16   He asked him in disbelief: "How did you become so good like that and how did you
transform yourself from a bull to a horse ?" He answered : "I wish you the same. I
followed the path of bribery." (The path of stuffed dishes.)

ايه اللي عملك حصان يا جحشئ ؟ قال عقبالك مشيت في سكة المحشي

EIH ÉLLI 'AMALAK HHOSAAN YA GAHHSH ? AAL : 'O,,BAALAK, MÉSHEIT FI
SÉKKÉTT ÉL MAHHSHI.

Il lui a demandé avec incrédulité : « Comment êtes-vous devenu si bon et comment
vous êtes-vous transformé d'un taureau à un cheval ? » Il répondit : « Je vous
souhaite la même chose. J'ai suivi le chemin de la corruption. » (Le chemin des
mets farcis.)

02/17   When we said nothing, he returned with his dunkey and declared he became the
master of the house.

سكتناله دخــــل بحمــاره. قـــال : يبقــي سيـــد داره

SÉKÉTNAALO DAKHAL BÉHHMAARO. AAL : YÉB-A SEED DAARO.

Quand on s'est tu, il est rentré avec son âne et il a dit qu'il est devenu le maître de
la maison.

02/18   We didn't run after you and we did't beg you, it is you who came looking for us.
(Our horse is in our stable and your mare came in without being asked.)
(From 'ADAWÉYYA movie)

حصاننا فـــي اسطبلنا. ايـــه اللـي جــاب مهرتكم عندنـــا

HHOSANUNA FI ÉSTABLÉNA. EIH GAAB MAHRÉTKUM 'ANDÉNA.

On ne vous a rien demandé, vous êtes venus jusqu'à nous.
(Notre cheval est dans notre écurie. Qui a amené votre jument chez nous ?)
(Du film 'ADAWÉYYA)

02/19   A lizard loves you.
(A stiffl response to someone who expresses his opinion by saying : I love you.)

حبــك بـــرص

HHABBAK BORS.

Qu'un lézard t'aime.
(Une réponse raide à quelqu'un qui exprime son estime en disant : je t'aime.)

02/20   The weeping lamb saves her newborn from the bear.

النعجــة العياطــة تحمـي ولادهــا مــن الديـــب

ÉNNAA'GAL 'AYYAATA TÉHHMI WÉLADHA MÉNN ÉL DDEEB.

L'agnelle pleureuse protège son nouveau-né de l'ours.

02/21   The one who sponsors the ignorant to become a celebrity is the same one who is able to bring him down to his level.
(He who raises a buffalo to the top of the minaret is the only one who is able to bring it down.)

اللـي طَلّـعْ البغـل فـوق المَدْنَـة هـو اللـي يقـدر ينزلـه
ÉLLI TALLAA' ÉL BAGHL FO-O ÉL MADNA HOWWA ÉLLI YÉ,,DAR YÉNAZZÉLO.

(Celui qui parraine l'ignorant pour devenir une célébrité est le même que celui qui est capable de l'abattre.)
(Celui qui soulève un buffle au summet du minaret est le seul qui est capable de le faire descendre.)

02/22   On many occasion, the camel has broken watermelons and in turn, the watermelons have broken the camel's back.

يـا مـا الجمـل كسـر بطيـخ ويـا مـا البطيـخ كسـر جمـال
YAAMA ÉL GAMAL KASSAR BATTEEKH WÉ YAAMA ÉL BATTEEKH KASSAR GÉMAAL.

Combien de fois le chameau a cassé des pastèques et combien de fois les pastèques ont brisé les dos des chameaux ?

02/23   How much an ant could devour from an elephant's meal ?

هاتـاكل إيـه النملـة مـن قـوت الفيـل
HATAAKOL EIH ÉNNAMLA MÉNN OOT ÉL FEEL.

Combien une fourmi pourrait dévorer de nourriture de l'éléphant ?

02/24   Let us start by feeding the cow first and then we will figure out how to obtain the rest of the cow provision.

نشبـع البقـرة وندبـر البرسيـم
NÉSHABBAA' ÉL BA-ARA WÉNDABBAR ÉL BARSEEM.

Alimentons à satiété la vache puis nous nous organiserons pour obtenir le foin.

02/25   He stings and then freezes in his track like a serpent.

يقـرص ويلبـد زي الحيـة
YO,,ROS WÉ YÉLBAD ZAY ÉL HHAYYA.

Il pince et il reste inébranlable comme un serpent.

02/26   A coarse retort with anger, due to a misunderstanding of an elder person responding to a polite young person who is addressing him, by " My uncle".
(Wishing you "the bears' blindness". There is a resemblance in the pronunciation of "uncle" and "blindness" in Arabic.)

كك عمـي الدّبـب
KAK 'AMA ÉDDÉBABB.

C'est une riposte grossière à cause d'un malentendu dite par une personne d'un certain âge à un jeune qui l'appelle « Mon oncle »
(Je te souhaite « la cécité des ours ». Il y a une ressemblance dans la prononciation de « oncle » et la « cécité » en arabe.)

02/27   What an ant could store for a year, a camel could swallow in a single shot.

اللـي تعملـه النملـة فـي ستـة يخـده الجمـل فـي خوفـة

ÉLLI TÉA'MÉLO ÉNN NAMLA FI SANA YAKHDO ÉL GAMAL FI KHO-OFA.

Ce qu'une fourmi peut entreposer pendant un an, un chameau peut l'avaler en une seule prise.

02/28   The thief of the saucepan.
        (It is about the ant that crawls into saucepan for food.)

حـرامـي الحلــة

HHARAM ÉL HHALLAH.

Le voleur de la casserole.
(On parle de la fourmi qui se glisse dans la casserole pour se nourrir.)

02/29   The rat of Sabtéyya.
        (Sabtéyya is a popular quarter in the neigborhood of Cairo. In the fifties AL SABTÉYYA was the site of the power station that fed Cairo with electricity. It is ALI AMIN, the great journalist at that time who coined that expression of the mouse cutter when Cairo was often stuck by electricity shortages in unexpected situations.)

فـار السبتيــة

FAAR ESSABTÉYYA.

Le rat de la SABTÉYYA.
(SABTÉYYA est un quartier populaire à proximité du Caire. Dans les années cinquante AL SABTÉYYA était le site de la centrale électrique qui alimentait le Caire. C'est *ALI AMIN le grand journaliste à l'époque qui a inventé cette expression de la « souris coupeuse » pour se référer au Caire qui a été souvent frappé par les coupures d'électricité dans des situations fortuites.)

*ALI AMIN (1914 – 1997) : Ali Amin and Mustafa Amin or the « twins » are widely regarded as most influential intellectual figures as the founder of the 1944 "Akhbar el Yum" newspaper organization, and then in 1951 they founded "Akher Sa'a and Al-Guil", magazine in colour for the young. It is Mustafa Amin and his brother Ali who created, in 1956, the Mother's Day in Egypt, which takes place on the 21st of March every year.

*   **ALI AMIN (1914 – 1997) :* *Ali Amin et Mustafa Amin désignés par « les jumeaux », sont largement considérés comme les figures les plus influentes intellectuellement et les fondateurs de l'organisation « Akhbar el Yum » en 1944 puis en 1951 ils ont fondé « Akher Sa'a et Al-Guil », un magazine en couleurs pour les jeunes. Ce sont eux qui ont créé en 1956 la fête des mères en Égypte qui a lieu le 21 Mars de chaque année.*

CHAPITRE 3
Audacity and Challenge, the Task and the Responsibility
الجَـرْأة والتحَدي , المُهمَّة والمَسْؤليَّة
Des audacieux et du défi, de la tâche et de la responsabilité

03/01   When wronged, he will punish the aggressor swiftly with courage, otherwise he
would appear as guilty in the eyes of others.
(ZOHEIR IBN ABI SALMA) (See also 23/02, page 108)

جَـريءٌ مَتَـى يُظْلَـمْ يُعَاقِبْ بظُلْمِـهِ   سَريعـاً وإلاّ يُبْـــدَ بالظُلـــم يَظْلَـم

**GAREE-ONN MATA YUZLAMU YU'AAKIBU BIZULMIHI SAREE'ANN WA ILLA
YUBDA BIZ ZULMI YUZLAMU.**

*Lorsque lésé d'une grave injustice, il punira l'agresseur rapidement avec courage
sinon, il semblerait coupable aux yeux des autres.*
(ZOHEIR IBN ABI SALMA) (Voir asussi 23/02, page112)

03/02   He who doesn't defend his property with his means of defense would be ruined and
He who is not attentive in this matter would be blamed.
(ZOHEIR IBN ABI SALMA) (See also 23/02, page 108)

ومَـنْ لَـمْ يَذدْ عَـنْ حَوْضِهِ بِسِلاَحِـهِ   يُهَـدَّمْ ومَـنْ لا يَظلِمُ النَاسَ يُظْلَمِ

**WA MANN LAM YAZOD 'AN HHAWDIHI BISILAAHHIHI YUHADDAMU WA
MANN LA YAZLIMU NNAASA YUZLAMU.**

*Celui qui ne défend pas ses biens avec ses moyens il serait ruiné. Celui qui n'est pas
énergique dans cette affaire serait déshonoré.*
(ZOHEIR IBN ABI SALMA) (Voir asussi 23/02, page112)

03/03   No ownership entitlement is lost if the owner is persistant.

مَــا يْمُـــــتْنِشْ حَـــقْ وَرَآهُ مُطَالِـــــبْ

MAY MOTSH HHA,, WARAAH MÉTAALÉB.

Aucun droit de propriété ne meurt si le propriétaire est persistant.

03/04   Being a man is to stand up for a good cause, while being a betrayer is a lesson to
learn from.

الرّجُولَـــــــةُ مَواقِـــــــــفْ والنَدالَـــــــة دُروسْ

AR RUGOULA MAWAAKÉF WAL NADAALA DUROUSS.

*Être un homme consiste à se lever pour une bonne cause et la traîtrise est une
leçon à apprendre.*

03/05   you run like a madman but, for the benefit of others.
(you run like a madman for the benefit of that one who is carefree.)

احـــري يـا مِشـــكاح للـــي قاعـــد مرتـــاجْ

ÉGRI YA MÉSHKAAHH LÉLLI AA'ÉD MÉRTAAHH.

Tu cours comme un fou mais pour le compte d'un tiers.
(Tu cours comme un fou mais pour le bénéfice de celui qui n'agit pas.)

03/06   There is no one like you with your courage.
(You are the kid that no midwife brought into the world like you.)

إنتــــــــــــمْ عـــــــــيال مَجَبتْكـــــمْشْ وَلّادة

ÉNTUM 'ÉYAAL MAGABÉTKOMSH WALLAADA.

Il n'y a personne de vaillant comme vous.
(Vous êtes des enfants qu'aucune sage-femme a mis au monde comme vous.)

03/07   O ! Do you think that there is nobody in charge !
(O ! Do you think that the world is without any laws or control.)

هـــــي الدنيــــا سايبــــة

HÉYYA ÉD DONYA SAYBA.

Ô ! Pensez-vous qu'il n'y a personne en charge ?
Ô ! Pensez-vous que le monde est sans contrôle ?

03/08   Better to defend yourself and to face condemnation with courage than evading it.
(Better to face the stone throwers than to escape them.)

الــزقل بالطـــوب ولا الهـــروب

ÉZZA,,L BÉT TOUB WALA EL HUROUB.

Mieux vaut se défendre et faire face à la condamnation avec courage que de s'y soustraire.
(Il vaut mieux faire face aux lanceurs de pierres que de fuir.)

03/09   He tricked him in a trap.

أخـــــدهْ علـــي مَشَمـّــه

AKHADO 'ALA MASHAMMOH.

Il l'a piégé.

03/10   He sends both the acquaintances and the strangers to the devil.
He doesn"t give a damn about anybody.

لابيهمـــه قريـــــب ولا غريـــــب

LA BÉYHÉMMO AREEB WALA GHAREEB.

Il envoie le proche et le lointain au diable. (Il s'en fout du prochain.)

03/11   Do not expect anything from me and the same way you came you should return.

زي مـــا جيـــت زي مـــا ترجـــع

ZAYYÉ MA GEIT ZAYYÉ MA TÉRGAA'.

Vous n'obtiendrez rien de moi et comme vous êtes venu vous devriez retourner.

03/12   Are you going to hassle me with an investigation !

انـــت هتفتحلـــي محضـــــر

ÉNTA HATÉFTAHHLY MAHHDAR.

Allez-vous m'ouvrir une enquête !

CHAPITRE 4
Bad Company
التأثِيــــر السَــــيِّء
De la mauvaise influence

04/01   A sad memory is never forgotten.

عمــر الأســي مــا ياتنســي

'UMR ÉL ASA MA YÉTNASA.

Jamais la cruauté ne s'oublie.

04/02   Moths only fed on wood of the high quality.

الســـــوس مينخــرش غيــر فــي لــوح الخشـــب الحــر

ÉS SOUSS MAYÉNKHORSH GHEIR FI LO-OHH ÉL KHASHAB ÉL HHORR.

Les mites ne grugent que le bois de bonne qualité.

04/03   In spite of all the allegations, he is innocent like the innocence of that wolf who was falsely accused of attacking the son of *Jacob or Joseph. (See also 62/07)

بــراءة الذئــب مــن دم ابــن يعقــــوب

BARAA-ATU ZZI,,BI MINN DAMI IBNI YAA'KOUB.

*En dépit des allégations, il est innocent comme l'innocence de ce loup qui a été faussement accusé d'avoir agressé le fils de *Jacob ou Joseph. (Voir aussi 62/07)*

*JACOB
In the Old Testament, Jacob is the son of Isaac and Rebekah and the grand son of Abraham. Jacob had deprived his brother Esau of his father's birthright by trickery. His 12 sons became the tribe of Israel. The name of Israel was bestowed on him after Jacob restled with God and won. *(Gen. 25 : 29-34, 27, 32 : 22-32.)*

*JACOB
Dans l'Ancien Testament, Jacob est le fils d'Isaac et de Rébecca ainsi que le petit fils d'Abraham. Jacob avait privé son frère Esaü du droit d'aînesse par la ruse. Ses 12 fils sont devenus la tribu d'Israël. Le nom d'Israël lui a été décerné après que Jacob ait lutté avec Dieu et gagna.
(Gen. 25 : 29-34, 27 : 1-29, 32 : 22-32.)

THE SON OF JACOB : he was Joseph the eleventh of Jacob's twelve sons in the book of Genesis. Joseph was sold into slavery by his jealous brothers, yet rose to become the most powerful man in Egypt next to the Pharaoh, by saving many lives from the seven years of famine. (See also Genesis, chapter 37 to 45.)

LE FILS DE JACOB : *C'est Joseph le onzième fils de Jacob dans le livre de la Genèse. Joseph fut vendu comme esclave par ses frères jaloux mais il est devenu le plus puissant d'Egypte à côté du Pharaon en sauvant de nombreuses vies de la famine de sept ans. (Voir aussi Genèse, chapitre 37 au 45.)*

CHAPITRE 5
Betrayal
الخيانــــــــة
De la trahison

05/01   What a disappointment ! The one that I have raised as a child, that I fed him from the best I have gotten and everyday, I have taught him how to shoot. He grew up strong and has shot me. How long I taught him how to write poetry so, when he wrote, he started by disparaging me.
(*MA'ANN IBN OOSS AL MAZNI)

فيــا عَجَـبَا مِمَّـنْ رَبَّيْـتُ طِفْـلاَ   أَلَقِّمُــــــــهُ بُأَطْـــــراف البَنَــانِ
أَعَلِّمُــــهُ الرِمَايَــةَ كُـــلَّ يَـــوْم   ولمَّا اشْتَدَّ سَــاعِدُهُ رَمَانِــي
وكَـــــمْ عَلَّمْتُــهُ نَظْـمَ القوافِـي   فَلمَّــا قَـالَ قافِيَــةً هَجَانِــي

FAYAA 'AGABANN MIMMANN RABBAYTU TIFLANN ULAKKIMUHU BI-ATRAAFI AL BANAANI. U'ALLIMUHU AL RRAMYA KULLA YAWMÉNN WALAMMA ISHTADDA SAA'IDUHU RAMAANI. WAKAM 'ALLAMTUHU NAZMA AL KAWAAFI FALAMMA KAALA KAAFIYATANN HAGAANI.

Quelle déception ! Celui que j'ai élevé comme mon enfant, celui à qui j'ai donné le meilleur de moi-même et de mes acquisitions et cela tous les jours. je lui ai appris à tirer, il a grandi fort et a tiré sur moi. Combien de temps je lui ai appris à écrire de la poésie, quand il a écrit, il a commencé à me dénigrer.
*(*MA'ANN IBN OOSS AL MAZNI)*

*MA'ANN IBN OOSS AL MAZNI : he was a poet of the pre-Islamic period and one of the best of his time.

*MA'ANN IBN OOSS AL MAZNI : *il était un poète de la période d'avant l'Islam et un des meilleurs durant cette période.*

05/02   You, who denies my gratitude towards you, tomorrow you will know which time was better : mine or their's.

يــا ناكِـر خيــري بكـره تعـرف زمنــي مــن زمــن غيــري

YA NAAKÉR KHEIRI BOKRA TÉA'RAF ZAMANI MÉNN ZAMANN GHEIRI.

Toi, qui nie ma gratitude envers toi, tu sauras demain quel temps était le meilleur : le mien ou le leur.

CHAPITRE 6
Birds
الطُّيُـــــــور
Des oiseaux

06/01   The smart boy demonstrates signs of intelligence at early stage.
(The smart rooster crows while it is still in the egg.)

الديـــك الفصيـــح مـــن البيضـــة بيصيـــح

ÉD DEEK ÉL FASEEHH MÉL BÉIDA BEISEEHH.

Le garçon intelligent montre des signes d'intelligence à un stade précoce.
(Le coq chante alors qu'il est encore dans l'oeuf.)

06/02   Be sharp like an eagle, otherwise the pigeons will devour you.

خليـــــك صقــــــر لحســــن الحمـــــام يـــكلك

KHALLEEK SA,,R LAHHSANN ÉL HHAMAAM YAKLAK.

Sois un aigle pour ne pas laisser les pigeons te dévorer.

06/03   You, the cruel, there is one more powerful than you and ready to overthrow you.
(You the falcon, there is an eagle behind you.)

يـا حدايـــة الصقـــر وراكـــــــي

YA HHÉDDAAYA ÉSSA,,R WARAAKI.

Toi le cruel, il y a un plus puissant que toi qui peut te renverser.
(Toi, le faucon, il y un aigle derrière toi.)

06/04   They fight like crowing roosters.

بيتناقــروا زي الديـــــوك

BÉYÉTNA,,RO ZAYYÉL DUYOUK.

Ils se disputent comme les coqs.

06/05   Millets are small shaped pastas used in soups :
(A kind od soup called"The bird's tongue".)

لسـان العصفـــور

LÉSAANN ÉL 'ASFOUR.

Petites pâtes à soupe qui a la forme d'une langue de l'oiseau.
(Une sorte de soupe appellée : « La langue de l'oiseau ».)

06/06   A crook sponsors a thief.
(A raven sponsors a buzzard.)

غـراب ضمـــن حدايـــة

GHORAAB DAMANN HHÉDDAAYA.

Un escroc parraine un voleur.
(Un corbeau parraine une buse.)

CHAPITRE 7
(Human) Body
جِسْــمْ الإنْسَــانْ
Du corps humain

I – Heart... *Le cœur...* القلـــــــب

07/01   When the heart gets overwhelmed, it then becomes bored.
(*The Grand Imam of Al-Azhar Mosque and Grand Sheikh of Al Azhar University.)
*CHEIKH MUHAMMAD SAYYED TANTAWI (1928 – 2010) : he was an
influential Islamic scholar.)
إذا القلـــــوبْ كَلّــتْ, مَلّــتْ
IZA AL KULOUBU KALLAT, MALLAT.
Si les cœurs deviennent accablés, ils deviennent également ennuyés.
(*Le grand Imam du Caire et le recteur de la Mosquée al-Azhar.)
****CHEIKH MUHAMMAD SAYYED TANTAWI (1928 – 2010) : Il était un érudit
islamique influent.***

07/02   A dime a dozen. (More than a burden on the heart.)
أكثــر من الهـــم علي القلـب
AKTAR MÉNN ÉL HAM 'AL ALB.
Plus qu'un fardeau sur le cœur.

07/03   Trouble, difficulty, dilemma, problematic, headache. (Heart trouble.)
وجـــع قلـب
WAGAA' ALB.
Trouble, difficulté, problème... (mal au coeur.)

07/04   He is harsh like a rock. (His heart is a rock.)
قلبـه حجـــــر
ALBO HHAGAR.
Son coeur est dur comme le roc. (Son coeur est un rocher.)

07/05   He acquired his troubles deliberately by himself.
(He bought his heart troubles by his own doing.)
اشتـــــري وجـــــع قلبـــه بإيـــــده
ÉSHTARA WAGAA' ALBO BÉ EEDO.
Il a acquis ses problèmes par lui-même.
(Il a cherché ses problèmes côté cœur de ses propres mains.)

07/06   He who loves doesn't hate.
القلـب اللـي يحـب ميكرهـــش
ÉL ALB ÉLLI YHHÉB MAYÉKRAHSH.
Le coeur qui aime ne déteste pas.

07/07   He does not mean what he says.
              (His words are from the back of his heart.)

كلامــه مــــن ورى قلبــــه

KALAAMO MÉNN WARA ALBO.

Il n'est pas sincère avec ses sentiments.
(Ses mots viennent à contre coeur.)

07/08   I share your pain and sadness. I share your feeling.
              (My heart is with you.)

قلبــي عنــدك

ALBI 'ANDAK.

Je partage votre douleur.
(Mon coeur est avec toi.)

07/09   The language of the hearts is genuine. (The language of the hearts doesn't lie.)

لغـــة القــلوب متكزبـــش

LOGHÉTT ÉL ULOUB MATÉKZÉBSH.

Le langage des coeurs ne ment pas.

07/10   You are my love.
              (You are the soul of my heart from inside.)

انـــت روح قلبــي مـــن جـــوه

ÉNTA RO-OHH ALBI MÉNN GOWWA.

Tu es mon amour.
(Vous êtes l'âme de mon coeur de l'intérieur.)

07/11   I am depressed, down, unhappy.
              (My heart is being gripped.)

قلبي مقبــوض

ALBI MA,,BOUD.

Je suis déprimé.
(Mon coeur est triste.)

07/12   Oh my heart ! Don't be sad. It doesn't worth it.

يــا قلــب مـا تحــزن

YA ALB MA TÉHHZANN.

Ô mon coeur ! Ne sois pas triste. Ça ne vaut pas la peine.

07/13   Her heart is pure like a white canvas.

قلبهـا زي البفتــه البيضــة

ALBAHA ZAY ÉL BAFTA ÉL BEIDA.

Son coeur est comme une toile blanche.

07/14   Hurt me, but do not touch my wallet. (Bite my heart but not my pocket.)

عض قلبي ولا تعض حيبي

'UDDA KALBI WALA TA'UDDA GEIBI.

Mords mon cœur mais pas ma poche.

07/15   You cumforted my heart, May God comfort yours.

ريــــحـت قلبـــي ربنــا يريـــح قلبـــك

RAYYAHHT ALBI, RABBÉNA YÉRAYYAHH ALBAK.

Vous avez consolé mon cœur, que Dieu conforte le vôtre.

II – Tongue... *La langue...* اللســـان

07/16   I pray my God that your tongue be pricked.
        (A verbal defense against provocation or insults.)

إلاهـــي تنشـــك فـــي لســانك

ILAAHY TÉNSHAK FI LÉSAANAK.

Je prie Dieu que ta langue soit piquée.
(Un moyen de défense contre une provocation verbale ou des insultes.)

07/17   He is indiscreet. (He doesn't hold his tongue.)

مســـحوب مـــن لسانه

MAS-HHOUB MÉNN LÉSAANO.

Il est rapide pour rapporter les nouvelles confidentielles.
(Il ne retient pas sa langue.)

07/18   There are those who take advantage of their gifted tongues, while others, their ranks substitute their tongues.
        (AHMED SHAWKI in the fox, the rabbit and the rooster)

ما كلّنـا يَنْفَعُـهُ لِسانـهُ فـي النـاسِ مَـنْ يُنْطِقُـه مَكانـه

**MA KULLUNA YANFA'UHU LISAANUHU FI NNAASI MANN
YANTIKUHU MAKAANUHU.**

Il y a ceux qui utilisent leurs langues à bon escient, tandis que d'autres ne l'utilisent grâce à leur statut.
(AHMED SHAWKI dans le renard, le lapin et le coq)

07/19   The tongue of a young man is his half and the heart is his other half. So, aside from these two, nothing is left of him except the profile of the flesh and blood.
        (ZOHEIR IBN ABI SALMA) (See also 23/02, page 108)

لِسـانُ الفَتَـي نِصْفٌ وَنِصْفٌ فُـؤادُهُ   فَلَمْ يَبْقَـي إلاَ صُـورَةُ اللحْـم والـدَم

**LISAANU AL FATA NISFONN WA NISFONN FU-AADUHU, FALAM
YABKA ILLA SOURATU AL LAHHMI WAL DAMI.**

La langue d'un jeune homme est sa moitié et son cœur est l'autre moitié. Mis à part ces deux, rien n'est laissé de lui que le profil de la chair et le sang.
(ZOHEIR IBN ABI SALMA) (Voir asussi 23/02, page 108)

07/20   He uses foul language. (His tongue has fled.)

لســـانه فالَـتْ

LÉSAANO FAALÉTT.

Il est indiscret. (Il a la langue pendue.)

07/21   A confession, a declaration, or an assertion by his own words..
(By the bone of his own tongue.)

بعضمـــة لسانـه

BÉ 'ADMÉTT LÉSAANO.

Un aveu, une déclaration verbale.
(Avec l'os de sa propre langue.)

07/22   He is a tattletale, blabbermouth, big mouth. (His tongue is long.)

لسانـه طويـــل

LÉSAANO TAWEEL.

Il est rapporteur, bavard, grande gueule. (Sa langue est longue.)

07/23   I swear that I have said nothing.
(My tongue be cut if I have said a single word.)

ينقطــع لسانـــي لـــو كنـــت قــلت كلمــة

YÉN-ÉTÉA' LÉSAANI LAWE KONTT OLTT KÉLMA.

Je jure que je n'ai rien dit.
(Que ma langue soit coupée si j'ai dit un seul mot.)

07/24   I was about to say exactly that. (It was just on the tip of my tongue.)

كانـــت لســـه علـــي طــرف لسانـــي

KAANÉT LÉSSAH 'ALA TARAF LÉSAANI.

J'allais dire exactement cela. (C'était juste au bout de ma langue.)

III – Hand and Palm. *La main et la paume.* الكَـــفّ,اليَـــــد

07/25   Iife is unpredictable. (Life is in the palm of the devil.)

الدنيـــا علـــي كــف عفريـــت

ÉD DONYA 'ALA KAF 'AFREET.

La vie est imprévisible. (La vie est sur la paume du diable.)

07/26   He blackmailed me. (He held me from the hand that hurts.)

مسكنـي مـن الايـد اللــي بتوجعنـــي

MÉSÉKNI MÉNN ÉL EED ÉLLI BÉTÉWGAA'NI.

Il m'a fait chanter. (Il me tenait par la main qui me fait mal.)

07/27   He is the size of a palm and is capable to tease one thousand.

أد الكــف ويعاكـــس ألــــف

ADD ÉL KAF WÉY 'AAKÉS ALF.

Il est de la taille d'une main mais capable de taquiner mille.

07/28   I am yours. I will do whatever you say. I am at your beck and call.
(I am from your hand this to your hand that.)

أنـــا مـــن إيـــدك دي لإيـــدك دي

ANA MÉNN EEDAK DI LÉ EEDAK DI.

Je suis à toi. (Je suis à toi de cette main à l'autre.)

07/29   I have wished I could do something to help you in this matter but it is out of my power.
(My hands are tied, I wish I could help you.)

يا ريت كـان فـي إيـدي حاجـة

YA REITT KANN FI EEDI HHAAGA.

J'aurai aimé t'aider.
(J'aurais aimé que ma main fasse quelque chose.)

07/30   The subject is no longer under my responsibily. (The subject is out of my hand.)

الموضـوع خـرج مـن إيـدي

ÉL MAWDOUA' KHARAG MÉNN EEDI.

Ce n'est plus de mon ressort. (Le sujet est sorti de ma main.)

07/31   I commend you for your good work. (An expression of gratitude.)

تسـلم إيـدك

TÉSLAM EEDAK..

Je te félicite pour ce bon travail. (Que ta main soit bénie.)

07/32   Only your hand could wipe your tears.

مــا يمسـحش دمعتـك إلا إيــدك

MA YÉMSAHHSH DAM'ÉTAK ÉLLA EEDAK.

Rien que ta main peut essuyer tes larmes.

07/33   He will not flee from my grasp.

مـش هايفلـت مـن إيـدي

MUSH HAYÉFTATT MÉNN EEDI.

Il n'échappera pas de ma main.

07/34   The criminal hand is unclean.

اليـد البطالـة نجسـة

ÉL YAD ÉL BATTAALA NÉGSA.

La main criminelle est impure.

07/35   He comes empty handed.
(He comes with one hand in the back and the other one in front.)

جـاي إيـد ورى وإيـد قـدام

GAYY EED WARA WÉ EED ODDAAM.

Il vient les mains vides.
(Il vient avec une main en avant et l'autre en arrière.)

07/36   I made it myself.

صنـع إيديـا

SONA' IDAYYA.

L'oeuvre de mes mains.

07/37 He is suspicious.
(Does he sniff the back of his hand ?)

هـو بيشــم علـي ظهـر إيـده ؟

HOWWA BÉY SHÉM 'ALA DAHR EEDO.

Est-ce qu'il respire sur le dos de sa main ?
(Il est suspicieux.)

07/38 He missed a golden opportunity. (He let it escaped from his hand.)

طيرهــا مـــن إيـده

TAYYARHA MÉNN EEDO.

Il a perdu une véritable opportunité. (Il la laissa voler de sa main.)

IV – Feet, Leg and Knees... *Les pieds, les jambes et les genoux...*

الأرجـل. الركب, والفخذ

07/39 Hesitation, indecisive. (One foot in and one out.)

رجــل بــره ورجــل جــوه

RÉGL BARRA WÉ RÉGL GOWWA.

Hésitation, indécis. (Un pied dehors et l'autre dedans.)

07/40 Hurry, go and accomplish your task. (Snatch your foot.)
Take advantage and accomplish the task.

إخطــف رجــلك

ÉKHTAF RÉGLAK.

Profite et accumplis cette tâche rapidement. (Saisis ton pied.)

07/41 In spite of him, he is obliged to accomplish a task.
(His foot over his neck.)

رجلــه فــوق رقبتــه

RÉGLO FO-O,, RA-ABTO.

Il est obligé et ne peut échapper à son devoir.
(Son pied sur son cou.)

07/42 To expel a disgusting person.
(Get out ! Wish you being hit in your knees and become paralysed.)

امشـي جـاك مشــش فــي ركبـك

ÉMSHY GAAK MASHASH FI ROKABAK.

Pour expulser une personne dégoûtante.
(Fiche le camp... que tu sois frappé aux genoux et que tu deviennes paralysé.)

07/43 The foot settles wherever it falls in love.

الرجــل تــدب مطــرح ما تحــب

ÉRRÉGL TÉDÉB MATRAHH MAT HHÉB.

Le pied se pose là où il est amoureux.

07/44   Begging someone of authority for clemency. Pleading with fear, humiliation and anguish to reverse a verdict of harsh consequences.
(I kiss your hands…I kiss your feet.)

أبــوس إديــك ...أبـوس رجليك

ABOUS ÉDEIK …ABOUS RÉGLEIK.

Il mendie l'appui d'une personne en autorité.
(Je vous baise les mains …je vous baise les pieds.)

07/45   Lies don't have feet to stand on.

الكـــذب ملـــوش رجليـــن

ÉL KÉZB MALOUSH RÉGLEIN.

Le mensonge n'a pas de pieds.

07/46   Wherever he sets his feet opportunities arrise.
(Wherever he sets his feet opportunities find themselves in his feet.)

رزقــه في رجليــه

RÉZ-O FI RÉGLEIH.

Partout où il pose ses pieds les possibilités courent derrière lui.
(La chance est dans son pied.)

07/47   A landmark or a famous place that is frequently visited by many.
(It has a leg on it.)

عليــه رجــل

'ALEIH RÉGL.

Un point de repère ou un lieu célèbre très visité.
(Il a un pied sur lui.)

07/48   He who runs after the unnecessary will get tired.
(He who follows an irrational desire, his legs won't carry him any longer.)

اللي قل عقلـه تعبـت رجليه

ÉLLI ALLÉ 'A,,LOH TÉ-A'BÉTT RÉGLEIH.

(Celui qui court après l'inutile s'épuise.)
(Celui dont la raison faiblit fatigue ses pieds.)

07/49   He has chosen his fate by his own will. (He has gone to death on his own feet.)

راح للمـــوت برجليـــه

RAHH LÉLMO-OT BÉRÉGLEIH.

Il a choisi son destin par sa propre volonté. (Il est allé à la mort avec ses pieds.)

07/50   Undecided. (He takes one step forward and two backward.)

يقـــدم رجـــل ويأخـــر الثانيـــة

YÉ-ADDÉM RÉGL WÉY AKHKHAR É TTANYA.

L'incertitude. (Il avance d'un pied et recule de l'autre.)

07/51   She is maimed, yet she asks the jeweler to doll up the ankel bracelet.

مكسحـــة وتقـــول للصايــــغ ثقـــل الخلخــــال

MÉKASSAHHA WÉT OLL LÉS SAAYÉGH TA,,AL ÉL KHOLKHAAL.

Elle est estropiée, pourtant elle prie le joaillier d'alourdir l'anneau.

07/52   They are neglected, badly treated, and subjugated. (They live underneath the feet.)

عايشـــــين تحـــــت الرجليـــن

'AYSHEENN TAHHTÉ RRÉGLEIN.

Il vit maltraité. (Il vit sous les pieds d'autrui.)

07/53   Go to hell. Get lost. (Wherever you put your head, put your feet.)

مطـرح مـا تحـط راسـك حـط رجليـك

MATRAHH MA TÉHHOTT RAASAK HHOTT RÉGLEIK.

Va au diable. Fiche le camp. (La où tu mets ta tête mets tes pieds.)

07/54   He is an opportunist. He is taking advantage of a situation in a bad way.
        (He mounted while letting his legs dangling.)

ركـب ودلــدل رجليـــه

RÉKÉB WÉ DALDÉL RÉGLEIH.

Il est opportuniste. Il profite d'une situation.
(Il montait tout en laissant les jambes pendantes.)

07/55   He is in a critical condition of survival. He is between life and death.
        (He has one leg in this world and the other leg in the grave.)

رجـل فـي الدنيـــا ورجــل فـي الأخـــرة

RÉGL FI DDONYA WÉ RÉGL FI ÉL AKHÉRA.

Il est dans une phase critique. Il est entre la vie et la mort.
(Il a une jambe dans ce monde et l'autre dans l'au-delà.)

07/56   Be assured of where you intend to set your foot before you make your decision,
        since who goes up, risks to slip down in a moment of inattention.

فاطلُـب لِرِجْلِكَ قبْـلَ الخَطـْو مَوْضِعْهَـا   فمَـنْ عَـلا زَلقَـا عَـنْ غِرَّةٍ زَلَجـا

FATLOB LIRIGLIKA KABLA AL KHATWI MAWDI'UHA, FAMANN 'ALAA ZALAKA 'ANN GHARRATÉNN ZALAGA.

Soyez assuré de l'endroit où vous avez l'intention de mettre le pied avant de prendre votre décision, car celui qui monte risque de tomber dans un moment d'inattention.

07/57   I am so tired that my feet are unable to carry me.

رجليـــا مـش قـادرة تشيلنـــي

RÉGLAYYA MUSH ADRA TSHÉLNI.

Mes pieds n'arrivent pas à me porter.

07/58   He duped him and finally, he convinced him to agree.

جـاب رجله...جـر رجله

GAAB RÉGLO...GARR RÉGLO.

Il l'a dupé et, enfin, il l'a convaincu. (Il a tiré son pied.)

07/59　Forbid him from coming here, or seeing you.
　　　　(Break his leg from here.)

اكســر رجلـه مــن هنــا

ÉKSAR RÉGLO MÉNN HÉNA.

Empêche-le de venir ici ou de te voir.
(Casse son pied d'ici.)

07/60　He is lost, confused. (He doesn't know his head from his feet.)

مـش عـارف راسـه مـن رجليـه

MUSH 'AARÉF RAASO MÉNN RÉGLEIH.

Il est perdu. (Il ne différencie pas sa tête de ses pieds.)

07/61　Being in a relaxed position. (Putting one foot over the other.)

حـاطط رجـل علـي رجـل

HHAATÉT RÉGL 'ALA RÉGL.

Il est détendu. (Il met un pied sur l'autre.)

07/62　He was crushed. He was disposed of.　(He was gone under the feet.)

راح فــي الرجليــن

RAAHH FI ER RÉGLEIN.

Il a été écrasé. (Il est allé sous les pieds.)

07/63　He is the most pampered. (He is the only one sitting on the lap.)

مفيــش غيـره علـي الحجــر

MAFEESH GHEIRO 'AL HHÉGR.

Il est le plus choyé. (Il n'y a que lui assis sur les genoux.)

07/64　He would kiss the ground under your feet.
　　　　(An expression of utmost respect and gratitude and with humiliation.)

يبــوس التــراب اللــي تحــت رجليــك

YÉ BOUS ÉT TORAAB ÉLLI TAHHT RÉGEIK.

Il embrasse la terre sous tes pieds.
(Une expression d'un grand respect, de gratitude et d'humilité.)

07/65　He is not as precious as the earth underneath your feet.
　　　　(to put someone down in comparison with someone else.)

هــو ميســواش التــراب اللــي تحــت رجليــك

HOWWA MAYÉSWAASH ÉT TORAAB ÉLLI TAHHT RÉGLEIK.

Pour rabaisser quelqu'un.
(Il n'est pas aussi précieux que la terre sous vos pieds.)

07/66　He is not at the level of the nail of your big toe.

هــو ميســواش ظفــر رجــلك

HOWWA MAYÉSWAASH DAFR RÉGLAK.

Il n'est pas à la hauteur de l'ongle de ton pied.

07/67   I have been standing on my feet all day long.
         (I am tired and I need to sit and take a break.)

أنـا واقـف علــي رجلــي طــول النهــار.

ANA WAA-ÉF 'ALA RÉGLY TOULÉ NNAHAAR.

Je suis fatigué et j'ai besoin de me reposer.
(Je suis debout sur mes pieds toute la journée.)

V – Nail, Skin and Bone... *Les ongles, la peau et les os...* الظفر الجلد العظم

07/68   He was scared stiff. (He died in his skin.)

مـات فـي جلــده

MAAT FI GUÉLDO.

Il est mort de peur. (Il est mort dans sa peau.)

07/69   He is tough and not easy to beat. (His flesh is bitter.)

هُـــوّ لحْمُـــهْ مُـــــر

HOWWA LAHHMO MORR.

Il est dur et pas facile à battre. (Sa chair est amère.)

07/70   Young children that are raised by underprivileged parents. (A batch of flesh.)

كومــــــة لحــم

KO-OMÉT LAHHM.

Il s'agit d'enfants qui sont élevés par des parents démunis. (Un tas de chair.)

VI – Hair... *Poil...* شَعْـــر

07/71   Do not frequent the bald headed and don't ask him for advice. If God has loved him, he would have kept his hair.

لا تصاحب الأقرع ولا تاخد منه نصيحة لو ربنا بيحبه كان خلاها له صحيحة

LA TSAAHHÉB ÉL A,,RA' WALA TAAKHOD MÉNNO NASEEHHA LAWE KAAN RABBÉNA BÉYHHÉBBO KAAN KHALLAHAALO SÉHHEEHHA.

Ne fréquentez pas le chauve et ne lui demandez pas conseil. Si Dieu l'avait aimé, il lui aurait laissé ses cheveux.

07/72   Beware, do not touch one of his hair.

أوعـي تلمــس شعــرة منـــه

OW'A TÉLMÉS SHAA'RA MÉNNO.

Gare à toi si tu touches à un cheveu de ses cheveux.

07/73   He is very meticulous, careful, fussy, demanding. (He calculates it by a hair.)

بيحسبهـــا بالشعـــرة

BÉYÉHHSÉBHA BÉSH SHAA'RA.

Il est méticuleux, minutieux, pointilleux et exigeant.
(Il la calcule à un cheveu.)

VII – Nose... *Nez...* الأنـــــف

07/74   In spite of him. (In spite of his nose.)

رغـــم أنفـــه

RAGHMA ANFIHI.

En dépit de lui. (Malgré son nez.)

07/75   I am fed up. I am sick and tired. I have had it. I am exasperated.
(My soul is in my nose.)

روحــي فــي منخيـــري

RO-OHHI FI MANAKHEERI.

J'en ai marre.. J'en ai plein le dos... J'ai mon voyage.
(Mon âme est dans mon nez.)

07/76   He is terribly snobbish. (He walks with his nose in the air.)

حاطـــت مناخيـــره فــي العالــي

HHATÉTT MANAKHEERO FIL 'AALI.

Il est terriblement snob. Il est prétentieux.
Il est à plat ventre devant les gens importants. (Il pointe très haut.)

VIII – Mouth and Teeth... *Bouche et dents...* الفـــم والأسنـــان

07/77   To gnash the teeth.

صريـــر الآسنـــان...يكـز علــي سنانــه

SAREER AL ASNAANN.YÉKÉZ 'ALA SSNAANO.

Il grince des dents.

07/78   It comes out of your mouth like a piece of sugar.

طالعـــة مــن بقــك زي السكـــر

TAL'AA MÉNN BO,,AK ZAYYÉ SSOKAR.

Elle sort de ta bouche comme du sucre.
(Un propos flatteur.)

XI – Ears and Hearing... *Oreilles et ouïe...* الأذن والسمــــع

07/79   To warn and reprimand a little kid.
(To pull on his ears. His ears needed to be pulled.)

عايـــز شـــد الـــودان

'AAYÉZ SHADD ÉL WÉDAANN.

Pour prévenir et réprimer quelqu'un.
(Il a besoin qu'on lui tire les oreilles.)

07/80   Listen to me carefuly, pay attention. (Open your ears.)

فتـــح ودانـــك

FATTAHH WÉDAANAK.

Sois attentif et écoute-moi bien. (Ouvre tes oreilles.)

07/81 Be discreet as you haven't seen and you haven't heard anything.
(No eye has seen and no ear has heard.)

ولا عيـــن شافـــت ولا ودن سمعـــت
WALA 'EIN SHAAFÉTT WALA WDAANN SÉM'ÉTT.
Soyez discret comme si vous n'avez rien vu et rien entendu.
(Aucun œil n'a rien vu et aucune oreille n'a rien entendu.)

07/82 To plant doubt in someone's mind. (To put poison in someone's ear.)

ميــن حـــط السـِــم فـــي ودانـــك
MEEN HHATT ÉS SÉM FI W DAANAK ?
Qui a semé le doute dans ton esprit ?
(Qui a mis du poison dans tes oreilles ?)

07/83 Listen to me. (Give me your ear.)

ادينــي ودنـــك
ÉDDEENI WÉDNAK.
Écoute-moi. (Donne-moi ton oreille.)

07/84 To intimidate, to punish, to recall with warning. (The ear pinching.)

قرصـــة الــــودن
ARSÉT ÉL WÉDN.
Pour punir, intimider et avertir. (Le pincement de l'oreille.)

07/85 That you hear the thunder in your ears.
(A rude reply of denial to someone who mentioned that he has heard of news that seem suspicious.)

سمعـت الرعـد فـي ودانـــك
SÉMÉA'T ÉR RAA'D FI WÉDAANAK.
Tu as entendu des propos révoltants.
(Tu as entendu le tonnerre dans tes oreilles.) (Une réponse raide du reniement.)

07/86 Listen and you will learn.

اسـمعـوا تعــوا
ISMA'U TA'U.
Écoutez et vous apprendrez.

X – Heads... *Tête...* الــــرأس

07/87 He is very busy. He has no time to do anything else.
(He had no time to scratch his head.)

مـش فاضـي يهـرش فـي راسـه
MUSH FAADI YOHROSH FI RAASO.
Il est très occupé.
(Il n'avait pas le temps de se gratter la tête.)

07/88   The subject has dominated my thoughts. (The subject became big in my head.)

الموضــوع كبــر فــي دماغــي

ÉL MAWDOUA' KÉBÉR FI DMAAGHI.

Le sujet a grandi dans ma tête.

07/89   Beware of him, he places you under close scrutiny. (He puts you in his head.)

هــو حــطك فــي دماغــه

HOWWA HHATTAK FI DMAAGHOH.

Méfiez-vous de lui, il vous met sous surveillance continuelle.
(Il t'a mis dans sa tête.)

07/90   He is adamant and not taking no for an answer.
        (His head and one thousand swords.)

راســه والــف ســيف

RAASO WÉ ALF SEIF.

Il est catégorique, il n'accepte que ce qu'il veut.
(Sa tête et mille épées.)

07/91   A way of verbal discipline and to ventilate his anger against someone who is under
        authority, like a subordinate or a kid.
        (I will break his head.)

هَاكسِّـــــرْ دمَاغِـــــه

HA KASSAR DÉMAAGHO.

Une expression autoritaire pour discipliner l'enfant.
(Je vais lui casser la tête.)

07/92   He persists. He is stubborn. (He rode his head.)

ركب دماغه

RÉKÉB DÉMAAGHO.

Il persiste. Il est têtu. (Il a monté sa tête.)

07/93   He is the only one who is challenging me incessantly, either by imitating my gesture
        or by critisizing my work.
        He challenges a kid by forgetting that he is an adult.

حاطط راسه براســــــي

حاطط راسه براس الولد الصغير

HHAATÉT RAASO BRAASI
HHAATÉT RAASO BRAAS EL WALAD ES SOGHAYYAR

Il me défie sans cesse. Il s'entête en imitant le geste du jeune.

07/94   Why do you carry all the world's worries over your head ?

ليــه شايــل همــوم الدنيــا علــي دماغــك

LEIH SHAAYÉL HUMOUM ÉD DONYA 'ALA DMAAGHAK.

Pourquoi portes-tu tous les soucis du monde sur ta tête ?

XI – Brains... Cerveaux... العقـــــل

07/95   Use your head.
شغـــل مخـــك
SHAGHGHAL MOKHKHAK.
Fais travailler ton cerveau.

07/96   He is strange, peculiar, odd, queer, weird. (His brain is on the left side.)
مخـــــه مركـــب شـــــمال
MOKHKHO MÉRAKKÉB SHÉMAAL.
Il est étrange, bizarre. (Son cerveau se trouve du côté gauche.)

07/97   His mind is preoccupied in thinking about ...,.
(His brain brings thoughts and refutes other thoughts.)
مخـــــه بيجيـــــب ويـــــودي
MOKHKHO BÉY GEEB WÉY WADDI.
Son esprit est préoccupé à...,
(Son cerveau apporte et envoie.)

07/98   He is crazy.
مخـــه طاقـــق
MOKHKHO TA-É,,.
Il est fou. (Son cerveau est craqué.)

07/99   He is limited.
مخـــه مضلـــم
MOKHKHO MDALLÉM.
Il est bouché. (Son cerveau est sombre.)

07/100   His mind wanders, goes off track.
عقله بيشـــت
'A,,LO BÉYSHÉTT.
Son cerveau s'égare.

07/101   Try to understand. Be flexible and tolerate what is not permitted.
(Open up your brain.)
فتـــــح مخـــك
FATTAHH MOKH-KHAK.
Essaye de comprendre. (Ouvre ton esprit.)

07/102   He has a rotten brain.
مخـــه زنـــخ
MOKHKHO ZÉNÉKH.
Son cerveau est pourri.

07/103   It's so magnificent. (It is captivating.)

بتاخـــد العقــل

BÉTAAKHOD ÉL 'A,,L.

C'est magnifique. (Elle captive l'esprit.)

07/104   He is making me crazy. (He will make flying the two towers of my brain.)

هايطيــر البرجيـــن بتــوع عقلـي

HAYTAYYAR EL BORGEIN BÉTOUA' 'A,,LI.

Il va me rendre fou. (Il fera voler les deux tours de mon cerveau.)

XII – Belly and Waist... *Ventre et torse...* البَطْـــنْ والوسط

07/105   The fava bean is a full nutritious meal. (The fava bean is the nail of the belly.)

الفــول المدمـس مسمــار البطــن

ÉL FOOL EL MÉDAMMÉS MOSMAAR EL BATN.

Les fèves sont un repas nutritif. (L'haricot de fava est le clou du ventre.)

XIII – Blood... *Sang...* الــدَم

07/106   He has no sense of shame. He lost all senses of shame.
(There is no blood.)

مفيــــش دم

MAFEESH DAMM.

Il a perdu le sens de la honte.
(Il n'a pas de sang.)

07/107   He has no sense of shame. He lost all senses of shame.
(There is no smell of blood.)

مفيـش ريحـــــة الـــدم

MAFEESH REEHHÉT ÉD DAMM.

Il n'a aucune pudeur.
(Il n'a pas l'odeur du sang.)

07/108   He is very likeable, friendly. (His blood is like honey.)

دمــه زي العســل

DAMMO ZAYYÉL 'ASAL.

Il est très sympathique et amical. (Son sang est comme le miel.)

07/109   I would drink from his blood.
(This expression is said when a person is in extreme anger from a disloyal act or a betrayal. It is also a threat of taking revenge.)

حــا أشـــرب مــن دمــه

HHA ASHRAB MÉNN DAMMO.

Je vais boire de son sang.
(Cette expression est dite quand une personne est dans une colère extrême et une menace de vengeance.)

07/110 Blood has a penchant power.
(A natural phenomenon that attracts siblings of same family which share same feelings.)

الــدم يحـــن

ÉD DAM YÉHHÉN.

Le sang pardonne.
(Un phénomène naturel qui attire les membres d'une famille qui partagent les mêmes sentiments.)

XIV – Ass... *Culs...* طيــــز

07/111 He is very slow. He takes his time. He is an insensitive guest.
(His ass is heavy.)

طيـزه ثقيلــة

TEEZO TÉ-EELA.

Il est très lent. Il prend son temps. Il est un invité insensible.
(Son derrière est lourd.)

07/112 The one who keeps changing jobs quite frequently, will have difficulty to be hired. The rolling stone gathers no moss.
(The ass who keeps changing places is often a dead failure.)

الطيــز النقالــة مــش شغالــة

ÉT TEEZ ÉL NA,,AALA MUSH SHAGHGHAALA.

Celui qui change d'emploi souvent, aura de la difficulté à être embauché.
(Le derrière qui se déplace souvent n'est pas productif.)

07/113 His ass is red. (Insult.)

طيزه حمرة

TEEZO HHAMRA.

Son derrière est rouge. (Insulte.)

XV– Fingers... *Les doigts...* الصَـــــوابع

07/114 He is a pickpocket. (His fingers are like a pair of pliers.)

صوابعــه زي الملقــاط

SAWAB'O ZAY ÉL MOL-AATT.

C'est un voleur. (Ses doigts sont comme des pinces.)

07/115 I am disappointed, I don't know what to do and I give up.
(I put my ten fingers in the crack.)

أحـــط صوابعــي العشـــرة فــي الشـــق

AHHOTT SAWABA'I ÉL 'ASHARA FI ÉL SHA,,.

Je suis déçu et je ne sais pas quoi faire. Je renonce.
(J'ai mis mes dix doigts dans la fente.)

07/116 It is hard to change a habit.
Old habits die hard.
(The flutist dies while his fingers continue to play.)

يمـــوت الزمـار وصوابعــه بتلعـــب

YÉMOUT ÉZ ZAMMAAR WÉ SAWAB'O BÉTÉL'AB.

C'est difficile de changer une habitude.
(Le flûtiste meurt et ses doigts continuent de jouer.)

07/117 Whatever he tries to gain their sympathy, he fails.
(Even if he lights his ten fingers, he is still distrusted.)

حتى لــو قـــاد صوابعــه العشــرة برضـه مـش هايصدقـــوه

HHATTA LAWE AAD SAWAB-'O EL 'ASHARA BARDO MUSH HAYSADDA-OU.

Même s'il tente de gagner leur sympathie, il échouera.
(Même s'il allume ses dix doigts, ils ne le croiront pas.)

XVI– Neck... *Cou...* الرقبـة

07/118 I will gladly be in charge and you can count on me.
I can take the wind out of your sails.
Rest assured, I take responsibility to pay you back.
(My neck is capable to serve as a shield.)

رقبتـــــي ســدادة

RA-ABTI SADDAADA.

Vous pouvez me faire confiance et compter sur moi.
(Mon cou est un rempart.)

07/119 I offer my life for your saftey. (I will sacrifice my neck for your safety.)

رقبتــي فـــداك

RA-ABTI FADAAK.

Je vous offre ma vie en guise de sécurité. (Mon cou est votre salut.)

07/120 He deserves to be severely punished. (I want to break his neck.)

عــــاوز قطـــم رقبــــة

'AAWÉZ ATM RAKABEH.

Il mérite d'être sévèrement puni.   (Son cou doit être coupé.)

07/121 He needs to be severely reprimanded.
(I want to slash his throat.) (I want to slash the whistle of his throat.)

عايــز أقطـــع زمـارة رقبتـه

'AAYÉZ A,,TAA' ZUMMAARÉTT RA-ABTO.

Je tiens à le réprimander sévèrement.
(Je tiens à couper le sifflet de sa gorge.)

07/122 Rest assured, I am the guarantor. (I would guarantee it against my neck.)

أضمَنهـــا برْقبتِـــي

ADMANHA BÉ RA-ABTI.

Soyez assurés. Je me porte garant. (Je la garantie par mon cou.)

07/123   You are our honour. You made me proud.
(You have lengthened our neck.)

انـــت طولـــت رقبتنـــا
ÉNTA TAWWÉLTT RA-ABÉTNA.
Vous êtes notre honneur. (Vous avez allongé notre cou.)

07/124   The teasing. (The one that is cut in the neck.)
(An endearment term teasing a child.)

مقصـــوف الرقبـــة
MA,,SOUF ÉL RA-ABA.
Le coquin. (Celui qui est coupé au cou.)

07/125   They have full control over him. (They seize him from the neck.)

مَسْكِينُـــهْ مِـــنْ رقبتــــه
MASKEENO MÉNN RA-ABTO.
Ils lui font du chantage. (Ils le tiennent par le cou.)

XVII – The Face... *Le visage...* الوجـــه

07/126   May God bestows onto you His grace.
(May God open the path of prosperity in your face.)

ربنـــا يفتحهـــا فـــي وشـــك
RABBÉNA YÉFTAHH-HA FI WÉSH-SHAK.
Que Dieu vous accorde sa grâce.
(Que Dieu vous l'ouvre devant votre visage.)

07/127   Your night is like your face. (It ia an aggressive expression which demonstrates a warning threat.)

ليلتـــك زي وشـــك
LÉLTAK ZAY WÉSHSHAK.
Ta nuit est comme ton visage.
(C'est une expression agressive et menaçante.)

07/128   His face is the source of bad luck.

وشـه شـــــؤم
WÉSHSHO SHO,,M.
Son visage apporte la malchance. (Son visage est le malheur.)

07/129   Their expressions are written on their faces.

سـيماتهم علـي وحـــوههم
SEEMATUHUM 'ALA WUGOUHIHIM.
Leur nature paraît sur leur visage.

XVIII – The Back and Elbow... *Le dos et le coude...* الظهــــر والكـــوع

07/130 He who has very good connections, is backed and protected.
If the back is protected, it is hard to attack the forefront.
(He who has protected his back cannot be beaten on his belly.)

اللـــي لـــه ظهـــر مـــا ينضربـــش علـــي بطنـــه
ÉLLI LOH DAHR MA YÉNDÉRÉBSH 'ALA BATNOH.
Celui qui profite d'une protection, ne peut être attaquer par l'avant.
(Celui qui a le dos protégé ne peut être battu sur le ventre.)

XIX – The Arm, the nape and the Chest...
Le bras, la nuque et la poitrine... الدراع, القفا والصدر

07/131 You can count on me. (I am your right arm.)

أنـا دراعــــك اليميــــن
ANA DRAA'AK ÉL YÉMEEN.
Vous pouvez compter sur moi. (Je suis votre bras droit.)

07/132 He returned with total humiliation.
(He came back with his nape so hot that the bread could be baked on it.)

رحـــع قفـــاه يقمـــر عيـــش
RÉGÉA' AFAAH YÉ AMMAR 'EISH.
Il revient totalement humilié.
(Il est revenu avec une nuque qui peut griller le pain.)

07/133 He is ignorant and illiterate. (He is stamped on his nape.)

ده مختـــوم علـــي قفـــاه
DA MAKHTOUM 'ALA AFAAH.
Il est simplet. (Il est étampé à la nuque.)

CHAPITRE 8
Carelessness
عَـــدَمْ المُبـــالاةْ
De l'insouciance

08/01   You the careless and sloppy..
        (You who is visibly incoherent.)
        انْـــتَ يا مْدَهْـــولْ عَلــي عِيْنَـكْ
        ÉNTA YA MDAHWÉL 'ALA 'ÉINAK.
        Toi l'insouciant et le confus..
        (Toi l'incohérent à vue d'œil.)

CHAPITRE 9
Cats
قُطَطْ
Des chats

09/01   I prefer to own a cat than to share a camel.
قطـــة مـــلك ولا جمـــل شـــرك
OTTA MÉLK WALA GAMAL SHÉRK.
Il vaut mieux posséder un chat que de partager un chameau.

09/02   To print out the vices of someone.
(To bring "out in him", all the suffocated cats.)
يطلع فيــه القطط الفطســـــانه
YÉTALLAA' FEEH ÉL OTAT ÉL TATSAANA.
Il lui trouve des vices cachés.
(Il lui sort les chats asphyxiés.)

09/03   He has the final word.
(He slaughtered the cat.)
ذبـــح القطـــة
DABAHH ÉL OTTA.
Il a le dernier mot
(Il a abattu le chat.)

09/04   I am Aziz, my Pussy.
(ADEL ADHAM) (See also 30/93)
أنا عزيز يا قطة
ANA 'AZIZ YA OTTA.
Je suis Aziz ma chatte.
(ADEL ADHAM) (Voir aussi 30/93)

CHAPITRE 10
Charity
الإِحْسَـــانْ
De la charité

10/01 He who does charity work, saves his dignity, and he who exposes himself to insults, gets insulted.
(ZOHEIR IBN ABI SALMA) (See also 23/02, page 108)

وَمَنْ يَجْعَلَ المَعْرُوفَ مِنْ دُونَ عَرْضِهِ ۚ يَفِرهُ وَمَنْ لا يَتَّقِ الشَّتَمَ يُشْتَمَ

WAMANN YAG'AL AL MAA'ROUFA MINN DOUNI 'ARDIHI YAFIRHU WAMANN LA YATTAKI ASH-SHATMA YUSHTAMU.

Celui qui fait le bien sauve sa dignité tandis que celui qui s'expose aux insultes sera insulté.
(ZOHEIR IBN ABI SALMA) (Voir asussi 23/02, page108)

10/02 He who does charity work to those who do not deserve it, his good deed will be criticized and will regret it.
(ZOHEIR IBN ABI SALMA) (See also 23/02, page 108)

وَمَنْ يَجْعَلْ المَعْرُوفَ فِي غَيْرِ أَهْلِهِ ۚ يَكُنْ حَمْـدُهُ ذَمّـاً عَلَيْهِ وَيَنْـدَمْ

WAMANN YAG'ALA AL MAA'ROUFA FI GHAYRI AHLIHI YAKONN HHAMDUHU ZAMMANN 'ALAYHI WAYANDAMU.

Celui qui fait le bien à ceux qu'ils ne le méritent pas, sa bonne action sera critiquée et il le regrettera.
(ZOHEIR IBN ABI SALMA) (Voir asussi 23/02, page 108)

10/03 Wealth is never diminished by making charity.

مَا نَقَـصَ مَـالٌ مِـنْ صَدَقَـةٍ

MA NAKASA MAALONN MINN SADAKA.

Jamais la charité qu'on fait diminue notre richesse.

10/04 Don't be ashamed of giving little as deprivation is even less.
(ALI IBN ABI TAALEB) (See also 17/13 and volume 1)

لاَ تَسْـتَحِي مِـنْ إعْـطَاءِ القَلِيـلِ فالحِرْمَـانُ أَقَـلّ مِنْـهُ

LA TASTAHHY MINN IA'TAA-AL KALEEL FAL HHIRMAANU AKALLA MINHU.

N'ayez pas honte de donner même peu car la privation est bien pire.
(ALI IBN ABI TAALEB) (Voir aussi 17/13 et volume 1)

CHAPITRE 11
Concealer and Liar
الخُبْـــــثْ والكَـــــذِبْ
Du cachottier et du menteur

11/01   He beats me in an avenue and reconciles with me in an alley.

يضربنـــي فـــي شـــــارع ويصلحنـــي فـــي حـــارة

YÉDRABNY FI SHAARÉ-A' W É YÉSALÉHHNY FI HHAARA.

Il me bat dans une rue et me réconcilie dans une ruelle.

11/02   *Beware of the scoundrels, for they devise evil, and they may ruin your reputation forever. (Sirach, 11 : 33)*

إحْذَرْ مِنَ الخَبِيثِ الّذِي يَخْتَرِعُ المَسَاوِيْء لِئَلاّ يَجْلِبُ عَلَيْكَ عَارًا إلَي الأبَدْ
(إبن سِيراج, 33 : 11)

IHHZAR MINN AL KHABEESS ALLAZI YAKHTARI'U AL MASAAWÉ,, LI-ALLA YAGLIBU 'ALAYKA 'AARANN ILA AL ABAD.

Méfies-toi des méchants : ils fabriquent le mal et ils pourraient salir ton honneur pour toujours. (Siracide, 11 : 33)

11/03   When you receive strangers to your home, they will stir trouble for you, and will make you a stranger to your own family. (Sirach, 11 : 34)

أدْخِلْ الأجَنَبِي إلَي بَيْتِكْ فَيَقْلِبُ أحْوَالَكْ بِالمَشَاغِبْ وبَطْرُدُكَ عَنْ خَاصِّتَكْ
(إبن سِيراج, 34 : 11)

ADKHÉL AL AGNABI ILA BAYTÉK FAYAKLIBU AHHWAALAK BIL MASHAAGHÉB WA YATRUDUKA 'ANN KHAASATÉK.

Si tu héberges un étranger, il peut semer le trouble chez toi et dresser contre toi les gens de la maison. (Siracide, 11 : 34)

11/04   Don't blame the unscrupulous and don't accuse him, he is like a stain that doesn't fade away even with stain remover.
(Proposed by Angèle Wassily Sautiry)

قليـــلْ الأصْـــلْ لَا تْعَاتْبُـــهْ وَلَا تْلُومُـــهْ دَهْ زَيْ البُقْعَـــة لَا تْطلَـــعْ وَلَا بِأومُـــو

KALEELÉL ASL LA T'ATBO WALA TÉLOUMU DA ZAY ÉL BO,,'A LA TÉTLAA' WALA BÉ O-UMO.

Ne blâmez pas le sans scrupule et ne l'accusez pas. Il est comme une tâche qui ne s'éstompe pas même avec un produit détachant.
(Proposé par Angèle Wassily Sautiry)

11/05   If lying is the excuse, the truth is the savior.

إذا كـــان الكـــذب حجـــة فالصـــدق أنجـــي

IZA KAANA AL KAZIBU HHUGGA FA AL SSIDKU ANGA.

Si le mensonge est une excuse, la vérité est salvatrice.

11/06　A lie which has no feet.
(They said : "The camel has climbed up the palm tree. Now, I am asking them to prove it as the camel is here and the palm tree is there.")

قالـــوا : الجمـــل طلـــع النخلـــة. أدي الجمـل وأدي النخلـــة

AALU : ÉL GAMAL TÉLÉ-A' ÉNN NAKHLA. AADI ÉL GAMAL WÉ AADI ÉL NAKHLA.

Un mensonge qui n'a pas de pieds.
(Ils ont dit : « Le chameau est monté sur le palmier. » Voici le chameau et voici le palmier.)

11/07　Do you want to hear the truth or lies ? (Do you want the truth or his cousin ?)

عايـــز الحـــق ولا ابـــن عمـــه

'AAYÉZ ÉL HHA,, WALA ÉBN 'AMMO.

Veux-tu la vérité ou le mensonge ? (Veux-tu la vérité ou son cousin ?)

11/08　He follows the current. He is with you when you represent the majority and against you when you don't.
(With you with you, against you against you.)

معـــاك معـــاك عليـــك عليـــك

MA'AAK MA 'AAK 'ALEIK 'ALEIK.

Il suit le courant.
(Avec vous avec vous, contre vous contre vous.)

11/09　Confessing the truth is the best evidence.

الإعتـــــراف ســـيـــد الأدلـــة

AL IA'TIRAAF SAYYÉD AL ADÉLLA.

L'aveu est le maître de la preuve.

11/10　The first thinks thoroughly while the second fishes for the information.

واحـــــد يفكـــر والثانـــــي يصـــــطاد

WAAHHÉD YÉFAKKAR WÉ É TTAANI YÉSTAAD.

Le premier réfléchit tandis que le second va à la chasse.

11/11　They envy the nomads for the shade of the tree.
(They envy the gypsy for the shade of the tree.)

يحســـدوا الغجـــر علـــي ضـــل الشجـــر

YÉHHSÉDU ÉL GHAGAR 'ALA DÉLL ÉS SAGAR.

Ils envient le dépossédé.
(Ils envient les gitans pour l'ombre des arbres.)

11/12　I tell you in straight face that you are a liar.

انـت كـذاب فـي أصـل وشـــك

ÉNTA KAZZAB FÉ ASL WÉSHSHAK.

Tu es un menteur en pleine face.

CHAPITRE 12
Concern and Anxiety
البَــالْ المَشْغُــولْ
Du souci

12/01　Some people are not like us, they have nothing to worry about.
(Some people are relaxed and others are of good humor.)

نــاس فايقــة ونــاس رايقــة
NAAS FAY-A WÉ NAAS RAY-A.
Ces gens ne sont pas comme nous, ils n'ont rien à craindre.
(Des gens détendus d'autres de bonne humeur.)

12/02　Since the day they begot me, they put me in great deal of trouble.

مــــن يــــوم مــا ولدونــي فــي الهــــم حطونـــــي
MÉNN YO-OM MA WALADOONI FI ÉL HAMM HHATTOUNI.
Depuis le jour où ils m'ont engendré, ils m'ont mis dans la tourmente.

12/03　Whoever makes life easier for them, they are causing him trouble, whereas he who is the cause of their misfortune, they make his life easier.

مــــن يريحهـــــــم يتعبـــــــوه ومـــــن تعبهـــــم يريحــــوه
MÉNN　YÉRAYYAHH-HOM　YÉT'ÉBOU.　WÉ　MÉNN　TA'ABHOM YÉRAYYAHHOU.
Ils causent des ennuis à celui qui les accomode tandis qu'ils accomodent celui qui leur cause des ennuis.

12/04　Today is oppression and tomorrow is also the oppression. Thus, I wonder : « how many months are in one's life ? »

النهــارده قهــــر وبكــره قهــر هــو العمــر فــي كــم شهــر
ÉNNAHARDA AHR WÉ BOKRA AHR HOWWA ÉL 'OMR FEEH KAM SHAHR.
Aujourd'hui c'est l'oppression et demain c'est aussi l'oppression. Donc , je me demande : « la vie a combien de mois ? »

12/05　Because of his worries he got married to a woman the same age as his mother.

مـــن همــــه اتجـــــوز قــــد أمــــه
MÉNN HAMMO ÉTGAWWÉZ ADD OMMO.
Devant son malheur, il s'est marié à une femme âgée.

CHAPITRE 13
Conclusion
النَتيجَـــــــة
De la conclusion

13/01   He who has no control over his daily bread has no control over his decisions.

الـــــذي لا يَمْـــلكُ قوتَـــــه لا يَمْـــلكُ قَـــــرارَه

ALLAZI LAA YAMLUKU KOUTAHU LAA YAMLUKU KARAARAHU

Celui qui ne contrôle pas son pain quotidien n'a aucun contrôle sur ses décisions.

13/02   He who makes a good effort will reap good results.

مَـــنْ جَـــدّ وَجَـــد

MANN GADDA WAGAD.

Celui qui se force récolte.

13/03   When the cause is known, there would be no more surprise.

إذا عـــرف السـبب بطـل العجـب

IZA 'URIFA AS SABAB BATULA AL 'AGAB.

En connaissance de cause, plus de surprise.

13/04   If you want to be obeyed, ask for what is achievable.

إذا أردت أن تـطاع فأمـــر بمـــا يـــستطاع

IZA ARADTA ANN TUTAA' FA,,MOR BIMA YUSTATAA'.

Si tu veux qu'on t'obéisse, demande ce qui est possible.

13/05   So long as he is confined to his cell, he remains isolated from the world.
    (As long as his straw carpet is his bed, he sees neither the long, nor the short one.)

طـــول مـا هـو علــي الحصيـرة مـا بيشـوف طويـلة ولا قصيـرة

TOUL MA HOWWA 'AL HHASEERA MA BÉYSHOUF TAWEELA WALA ASEERA.

Tant qu'il est enfermé dans sa cellule, il est coupé du monde.
(Tant qu'il est sur le tapis de paille, il ne voit ni le long ni le court.)

13/06   He whose food is not the product of his own axe, his opinion doesn't count.

اللـي أكلـه مـا هـو مـن فاسـه، رأيـه ما هـو مـن راسـه

ÉLLI AKLO MA HO MÉNN FAASO, RA,,YO MA HO MÉNN RAASO.

Celui dont la nourriture n'est pas le produit de sa propre hache, son opinion n'est pas sienne.

13/07   When you beat the one who is tied, the one who is free gets scared.

اضـرب المربـوط يخـاف الـسايـب

ÉDRAB ÉL MARBOUT YÉKHAAF ÉS SAAYÉB.

Frappe celui qui est attaché, ça fera peur à celui qui est libre.

13/08   If everyone wants to be a chief, then, who'll be the Indian !
        (If everyone wants to strike, then who's going to be struck !)

لوْ الكُلّ عَايزْ يضْرَبْ طبْ مِينْ اللِي هَايضّرب

LAWE ÉL KOL 'AAYÉZ YÉDRAB TAB MEEN ÉLLI HAYÉDDÉRÉB.

Si tout le monde veut être chef, alors, qui va être le soldat !
(Si tout le monde veut frapper alors, qui sera frappé !)

13/09   The one whose wife is giving birth can't fall asleep.

اللـي وراه الطلــق مــا ينمــش

ÉLLI WARAAH ÉT TAL,, MAY NAMSHI.

Celui dont la femme accouche ne peut dormir.

13/10   The well informed doesn't need explanation.

العَــارفْ لا يُعَــرَّفْ

AL ' AARÉF LA YU 'ARRAF.

Le connaisseur n'a pas besoin d'explication.

13/11   Anyone who counts on him will eventually sell his shirt.

اللـي يتكـــــــل عليــه يبيــع هدومـه

ÉLLI YÉTTÉKÉL 'ALEIH YÉBEEA' HUDOUMO.

Toute personne qui compte sur lui finira par vendre ses habits.

13/12   Every amount which is due has the right to be claimed.

كــل مستحــق ولــه حــق

KOL MUSTAHHAK WALAHU HHAK.

Ce qui lui est dû lui reviendra..

13/13   He who has no past has no present.

اللـي ملوش قديـم ملـوش جديـد

ÉLLI MALOUSH ADDEM MALOUSH GÉDEED.

Celui qui n'a pas de passé n'a pas de présent.

13/14   If you invest in a property which is not yours, you are like he who is raising children
        other than his.

يـا بانــي فــي غيــر ملكـك, يا مربـي فـي غيــر ولـدك

YA BAANI FI GHEIR MÉLKAK, YA MRABBI FI GHEIR WÉLDAK.

Toi qui investit dans une propriété autre que la tienne tu élèves des enfants autres
que les tiens.

13/15   Blessed is he who renders useful service and receives credit accordingly.

يـا بَخْــت مَــنْ نَــفّعْ واسْــتَنفَعْ

YA BAKHT MANN NAFFAA' WÉ ÉSTANFAA'.

Heureux celui qui rend service et reçoit en retour des bénéfices.

13/16   He who chooses a blacksmith as his neighbor, risks to be burned by his fire.

مــن جـــاور الحــــداد انكــــوي بنــــاره

MANN GAAWARA AL HHADDAAD INKAWA BÉ NAARO.

Celui qui a un forgeron en tant que voisin risque d'être brûlé par son feu.

13/17   Repetition is useful. Practice makes perfect.

الإعـــادة إفـــادة

AL I'AADA IFAADA.

La répétition est utile.

13/18   One thing requires something else.

شيـئ لـــزوم الشيئ

SHEI,, LUZOUM ÉSH SHEI,,.

Une chose nécessite autre chose.

13/19   Which is none of my business is out of my concern.

اللــي مليـــش فيــه مليــش دعـــوة بيـــه

ÉLLI MALEESH FEEH MALEESH DAA'WA BEEH.

Ce qui n'est pas de mes affaires est hors de mes préoccupations.
(Je ne m'occupe pas de ce qui ne me regarde pas.)

13/20   He who is under someone's privilege should root to him and defend his interests.
    (He who eats the sultan's bread would fight with his sword.)
    (Proposed by Sami Maalouf)

اللــي يـــاكل عيـــش الســـلطان بيحـــارب بسيفـــه

ÉLLI YAAKOL 'ÉISH ÉS SOLTAAN YÉHHAARÉB BÉSEIFOH.

Celui qui travaille chez quelqu'un doit défendre ses intérêts.
(Celui qui mange le pain du sultan se bat avec son épée.)
(Proposé par Sami Maalouf)

13/21   He who doesn't safeguard his land, can't saveguard his dignity.

اللــي مـا يحافظش علي أرضـه مـا يحافظش علي عرضه

ÉLLI MAY HHAFÉZSH 'ALA ARDO MAY HHAFÉZSH 'ALA 'ARDO.

Celui qui ne défend pas sa terre ne peut pas défendre sa dignité.

13/22   Whoever robs his own right loses it.

اللــي يسـرق حقـه يبقـي مـش حقـه مـن حقه

ÉLLI YÉSRA,, HHA,,OH YÉB-A MUSH MÉNN HHA,,OH.

Celui qui vole son propre droit le perd.

13/23   He who hides his bad intentions, one day will see them exposed.
    (What is hidden by the darkness of night would be revealed at the sun rise.)

اللــي مداريـــه الليـــل يطلـــع عليـــه النهـــار يبـــان

ÉLLI MDAREEH ÉL LEIL YÉTLAA' 'ALEIH ÉNN NAHAAR YÉBAAN.

Celui qui cache ses mauvaises intention se verra un jour démasqué.
(Celui qui est caché par l'obscurité apparaîtra au lever du soleil.)

13/24   Nothing is valid except what is just.

لاَيَصِـــــحّ إلاّ الصّـــحّ

LA YASUHH-HHU ILLA AS SAHH.

Rien n'est valable sauf ce qui est juste.

13/25   He who doesn't like my way, let him seek another world than mine.

اللـي مـش عجبـه سكتـي يشـوف دنيـا غيـر دنيتـي

ÉLLI MUSH 'AGBO SÉKKÉTI YÉSHOUF DONYA GHEIR DONYÉTI.

Celui qui n'aime pas ma façon, n'a qu'à chercher un autre monde que le mien.

13/26   He who promises the needy and gives him hope will find him waiting at the door step of his home.
         (Proposed by Joe Cassab)

اللـي يوعــــد المحتــاج ويمنيــــه يلقــاه عنـــد بـــاب بيتــه مستنيــه

ÉLLI YÉW'ÉD ÉL MÉHHTAAG WÉYMANNEEH YÉL-AAH 'ANDÉ BAAB BEITO MÉSTANNEEH.

Celui qui promet au nécessiteux et lui donne espoir le verra attendre à la porte de sa maison.
(Proposé par Joe Cassab)

13/27   He who suffered from a painful experience, before you, will give you a hug when he will see you.

اللـــي ذاق المــر قبــلك يعانقــك لمــا يقــــــابلك

ÉLLI DAA,, ÉL MORR ABLAK YÉ'AN-AK LAMMA YÉ-ABLAK.

Celui qui a souffert d'une expérience douloureuse, avant toi, te donnera une accolade quand il te verra.

CHAPITRE 14
Construction (Material of)
مَـــــــــواد البِنَـــــــــاءْ
Des matériaux de construction

A – Doors and Windows, Wood and Trades
Portes et fenêtres, bois et métiers
حرف ...خشـــــــب...أبــــــــواب

14/01 He who has nothing to do to keep himself busy, opens and closes the door.

اللــي ملوش شغلــة تشغلــه يفتـــح البــاب ويقفلـــه

ÉLLI MALOUSH SHOGHLA TÉSHGHÉLO YÉFTAHH ÉL BAAB WÉYÉ,,FÉLO.

Celui qui n'a rien à faire pour se tenir occupé ouvre et ferme la porte.

14/02 He gets rid of the one who causes him problems.
(Take the door with you.)

خــد البــاب معـــاك

KHODÉL BAAB MA'AAK.

Il se débarasse de celui qui lui cause des problèmes.
(Prenez la porte avec vous.)

14/03 He puts himself in big trouble.
(He opens on himself the doors of hell.)

فتـــح علـــي نفســـه أبـــواب جهنـــم

FATAHH 'ALA NAFSO ABWAAB GUHANNAM.

Il se met dans le trouble.
(Il ouvre sur lui les portes de l'enfer.)

B – Walls
Murs
حوائط...(حيطان)

14/04 That a wall sleeps on you.
(To show his anger against the lazy one who sleeps instead of doing his work.)

نامـــت عليـــك حيطـــة

NAAMÉTT 'ALEIK HHEITA.

Qu'un mur dorme sur toi.
(Pour montrer sa colère face au paresseux qui dort au lieu de travailler.)

14/05   Am I the emissary who serves your purpose ?
        (Am I the low wall ?)

هو أنا الحيطة الوطيـــة

HOWWA ANA ÉL HHÉTAL WATYA ?

Suis-je l'émissaire pour atteindre ton objectif ?
(Suis-je le muret ?)

C- Houses, Furnitures and Buildings
Maisons, meubles et bâtiments

بيـــــــوت ومنشـــــأت

14/06   Oh home ! That the misfortune doesn't cross your doorstep.

يــا دار مـا دخــلك شـــــــر

YA DAAR MA DAKHALÉK SHARR.

Ô maison ! Que les malheurs ne traversent pas ta porte.

D – Tools - *Outils* - عـــدة

14//07 The plank says to the nail : "you are bothering me." So the nail replies : " If you
        know how much of hammering I have over my head."

**اللـــوح قـــال للمســـمار انـــت فلقتنـــي. قـــال المســـمار لـــو كـــنت
تعـــرف الـــدق اللـــي فـــوق راســـي**

**ÉL LO-OHH AAL LÉL MOSMAAR ENTA FALA,,TÉNI. AAL ÉL MOSMAAR LAWE
KONT TÉA'RAF ÉDDA,, ÉLLI FO-O,, RAASSY**

*La planche dit au clou : « Tu me déranges. » Le clou lui répond : « Si tu savais les
coups de marteaux que j'aie sur ma tête. »*

14/08   Everyone has his own way of doing things. (Each hammer has its tone.)

لكـل شكـوش ولـه دقـة

LÉKOLLÉ SHAKOUSH WÉLOH DA,,A.

Chacun a sa façon de faire. (Chaque marteau a son coup.)

14/09   The pain you will endure is tolerable.
        (Like the needle injection.)

زي شكـــة الابـــرة

ZAY SHAKKÉTÉL ÉBRA.

La douleur que tu vas subir est supportable.
(Comme la piqûre d'une aiguille.)

14/10   You who thinks the stability is with women, you are like the one who thinks that
        water could remain in a sieve.

يـا فاكـر فـي الستـات دوام الحـال يـا فاكـر الميـة هاتفضل فـي الغربـال

**YA FAAKÉR FI ÉS SÉTTAATT DAWAAM ÉL HHAAL YA FAAKÉR ÉL MAYYA HA
TÉFDAL FI EL GHORBAAL.**

*Toi qui pense que la stabilité est avec les femmes, tu es comme celui qui pense que
l'eau pourrait rester dans la passoire.*

CHAPITRE 15
Death
المَـــوْت
De la mort

15/01   Death will visit you, you who have abandoned the prayer.

جـــالك المـــوْت يـا تـارك الصّـلاة

GAALAK ÉL MO-OT YA TAARÉK ÉS SALA.

La mort te visitera toi qui a abandonné la prière.

15/02   And he who fears to hear about the causes of death would undoubtedly fall in its trap, even if he tries to escape to the highest of the skies.
(ZOHEIR IBN ABI SALMA) (See also 23/02, page 108)

وَمَـنْ هَـابَ أسْبَـابَ المَنَايَـا يَنَلْـهُ   وَإنْ يَـرْقَ أسْبَـابَ السّـماءِ بِسُلّـم

WAMANN HAABA ASBAABAL MANIYYATI YANALNAHU WA-IN YARKA ASBAABA AS SAMAA-I BISULLAMI.

Et celui qui craint d'entendre parler des causes de la mort serait sans doute tombé dans leur piège, même s'il tente d'échapper au plus haut des cieux.
(ZOHEIR IBN ABI SALMA) (Voir aussi 23/02, page108)

15/03   I see living is like a treasure of days which shrinks every night and so goes life, although that days and nights know of no eternity.
(*TARFA IBN AL 'ABD)

أرَي العَيْشَ كَنْزَا نَاقِصَا كُـلّ ليْلـةِ   وَمَا تَنْقُصُ الأيّامِ والدّهْرُ يَنْفَـد

ARA AL 'AYSHA KANZANN NAKISANN KULLA LAYLATÉNN WAMAA TANKUSU AL AYYAAMA WADDAHRU YANFADU.

Je vois la vie comme un trésor qui diminue chaque nuit et ainsi va la vie, bien que les nuits et les jours n'aient pas de fin.
*(**TARFA IBN AL 'ABD)*

15/04   If you cannot save me from death, then allow me to enjoy lfe my way for the last of my days.
(*TARFA IBN AL 'ABD)

فإنْ كُنْتَ لا تَسْتطيعُ دَفـعَ مَنِيتِـي   فدَعْنـي أبَادِرْهَا بمَـا مَلكَـتْ يَدِي

FA-IN KUNTA LA TASTATEE'U DAF'A MANIYYATI   FADAA'NI UBADIRUHA BIMA MALAKAT YADI.

Si vous ne pouvez rien faire pour me sauver de la mort, permettez-moi de jouir de la vie à ma façon le restant de mes jours.
*(**TARFA IBN AL 'ABD)*

*TARFA IBN AL 'ABD (543 – 569) : he was a poet of the pre-Islamic period. His most well known work is Mu'allaqat. He was killed at the age of 26 years old.

*TARFA IBN AL 'ABD (543 – 569) : (Version française, voir la page suivante.)

15/05   I see death hitting so many people every day. Yet, I see that day so far even though it might be tomorrow.

(*TARFA IBN AL 'ABD) (See also 26/12)

(In memory of Rafik Tamraz)

أرَي المَوْتَ أعـدادَ النفُـوس وَلا أرَي بَعيداً غَداً مَـا أقـرَبُ اليَـوْمِ مِـن غَـد

ARA AL MAWTA AA'DAADA ANN NUFOUSI WALA ARA BA-'EEDANN GHADANN MA AKRABA AL YAWMA MINN GHADI.

Je vois la mort frapper tant de monde tous les jours. Mais moi, je vois ce jour si loin même si cela peut être demain.

*(**TARFA IBN AL 'ABD) (Voir aussi 26/12)*

(En mémoire de Rafik Tamraz)

15/06   I see that the sudden death strikes the benefactors, while it spares the rich, the oppressors and the tyrants.

(*TARFA IBN AL 'ABD) (See also 26/12)

أرَي المَـوْتَ يَعْتَـامُ الكِرامَ ويَصطَفِــي عَقِيلَةُ مَـالِ الفَاحِـشِ المُتَشَـدِّدِ

ARA AL MAWTA YAA'TAAMU AL KIRAAMA WAYASTAFI 'AKEELATA MAALI AL FAAHHISHI AL MUTASHADDIDI.

Je vois que la mort soudaine frappe les bienfaiteurs, tandis qu'elle épargne les riches, les oppresseurs et les tyrans.

*(**TARFA IBN AL 'ABD) (Voir aussi 26/12)*

15/07   When fate arrives, the unfortunate is driven to his death. And He who is driven by the rope of death, is like the animal with the noose around his neck ; the end of the rope is in the hand of his master. He lets go when he wants and he pulls if he desires so.

(*TARFA IBN AL 'ABD) (See also 26/12)

مَتَي مَـا يَشَـأ يَوْمَـا يَقُـدْهُ لِحَتْفِـه وَمَـنْ يَـكُ فِـي حَبْـل المَنِيَّـة يَنْقَـد

MATA MA YASHAA,, YAWMANN YAKUDHU LIHHATFIHI, WAMANN YAKU FI HHABL AL MANIYYATI YANKADI.

Quand le sort arrive, le malheureux est entraîné à sa mort. Et celui qui est entraîné par la corde de sa mort est comme l'animal avec le nœud coulant autour du cou. Le bout de la corde est dans la main de son maître. Il laisse aller quand il veut et il tire s'il le désire.

*(**TARFA IBN AL 'ABD) (Voir aussi 26/12)*

15/08   You who have inherited, think of who's going to inherit you ? You who are strong today, find the one who will keep you well, as long as you want.

يـا وارِث مِيـن يورِثِـك يـا حـي مِيـن يبقيـك

YA WAARÉS MEEN YÉWRÉSAK YA HHAY MEEN YÉB-EEK.

Vous qui avez hérité, pensez-y qui va vous hériter ? Vous qui êtes vigoureux aujourd'hui, trouvez celui qui va vous garder aussi longtemps que vous désirez.

***TARFA IBN AL 'ABD** (543 – 569) : il était un poète de la periode pré-islamique. Son œuvre la plus connue est AL MU'ALLAQA. Il a été tué à l'âge de 26 ans.*

15/09   The history of mankind is full of spectrum of people of all sorts ; those who live their life like dead and those, although they are glorious dead, they are forever alive in the memory.
(AL MUTANNABI) (See also volume 1)

فـي النّـاس أَمْثِلَــةٌ تَــدُورُ حَيَاتُهـا   كَمَمَاتِهـا وممَاتهُــا كَحَيَاتهـا

FI ANN NAASI AMTHILATONN TADOURU HHAYAATUHA KAMAMAATIHA WAMAMAATUHA KAHHAYAATIHA.

L'histoire de l'humanité est pleines des spectres des gens de toute sorte, ceux qui vivent leurs vies comme des morts et ceux, même qu'ils sont morts glorieux, sont vivants pour toujours dans la mémoire.
(AL MUTANABBI) (Voir aussi volume 1)

15/10   The unlucky. (When we started selling coffins death has taken leave.)

تاجرنــــا بالإكفـــان بـــطل حـــد يمــوت

TAGÉRNA BÉL AKFAANN BATTAL HHAD YÉMOUT.

Les malchanceux.
(Quand on a commencé à vendre des cercueils la mort a pris congé.)

15/11   The taste of death in a tawdry matter is like that in a dignified one.
(AL MUTANABBI) (See also volume 1)

فطَعْمُ المَـوْتِ فِي أمْر حقيـر   كطَعْمِ المَـوْتِ فِي أمْر عَظِيـم

FATAA'MU AL MAWTI FI AMRÉNN HHAKEERÉNN KATAA'MU AL MAWTI FI AMRÉNN 'AZEEMÉNN.

Le goût de la mort dans une affaire sordide est comme celui dans une affaire digne.
(AL MUTANABBI) (Voir aussi volume 1)

15/12   May his memory remains forever.
(From the ritual of the byzantine church in memory of the deceased.)

فليكـــــن ذكـــــره مؤبـــدا

FALYAKONN ZIKRUHU MU-ABBADANN.

Que sa mémoire reste pour toujours.
(Un rituel de l'église byzantine en mémoire du défunt.)

15/13   Immortality is but to God.

البقـــــاء للـــه

ALBAKAA,, LÉL LAAH.

L'immortalité n'est que pour Dieu .

15/14   O ! You who hold my source of living, you who wants my own death.

يـا واخـد قوتـي يا نـاوي علـي موتـي

YA WAAKHÉD OUTI YA NAAWI 'ALA MO-OTI.

Ô ! Vous qui détenez ma source de vie, vous-même voulez ma mort.

15/15   He is living as dead.

ميــت بالحيــاة

MAYYÉT BÉL HHAYA.

Un mort vivant.

15/16   We are living as "buried alive".
(It is the case of those who are deprived of everytning.)

زي المدفـــونين فـــي الحيـــا

ZAYYÉL MADFOUNEEN FIL HHAYA.

Nous vivons comme des entérrés.
(C'est le cas de ceux qui sont privés de tout.)

15/17   He died in bitterness.

مــات بحسرتــــه

MAAT BÉHHASRÉTO.

Il est mort dans l'amertume.

15/18   I am dying me ! (An exclamation of extreme joy.)

أمــوت أنـــا

AMOUT ANA.

Je meurs moi ! (Une exclamation de joie.)

15/19   Never searching into the graves has resurrected a dead.

عمر النبــش فـي القبـــور مـا يحيـــي ميــت

'OMR ÈNN NABSH FIL UBOUR MA YÉHHYI MAYYÉT.

Fouiller dans les tombes n'a Jamais ressuscité un mort.

15/20   You, who are worried about yourself and about the others, you will end up dying while you are standing on your feet.

يا حامـــل همــك وهــم غيـــرك تمـــوت وإنـــت واقـــف علـــي حيـــلك

YA HHAAMÉL HAMMAK WÉ HAM GHEIRAK TÉMOUT WÉNTA WAA-ÉF 'ALA HHEILAK.

Toi qui t'inquiètes de toi-même et des autres, tu finiras par mourir debout sur tes pieds.

15/21   He who lives worried, sick will die .

مـــن عـــاش بالحكمـــة مـــات بالمـــرض

MANN 'AASHA BIL HHIKMA MAATA BIL MARAD.

Celui qui vit inquiet mourra malade.

15/22   Death has not greater than itself.

المـــوت ملهـــوش كبيـــر

AL MO-OT MALOUSH KÉBEER.

La mort n'a pas de plus grand qu'elle.

15/23   He who sleeps a lot accelerates his death.

مـن كثـــر نومـه قـــرب يومـــه

MÉNN KOTR NO-OMO ARRAB YO-OMO.

Celui qui dort beaucoup accélère sa mort.

CHAPITRE 16
Despair and Disappointment
اليَــــأس وخيبـــــة الأمـــل
Du désespoir et du désappointement

16/01 The disappointment mounts a camel. (It is said when there is no hope.)

خيبـــة الأمـــل راكبـه جمـــل

KHEIBT ÉL AMAL RAKBA GAMAL

La déception monte un chameau. (Se dit quand il y a un manque d'espoir.)

16/02 The sunrise reminds me of my brother SAKHR, I think of him at every sunset.
And unless there are so many around me who mourn the loss of their brothers, I
would have killed myself.
(Proposed by Sami Maaloof)
*(AL KHANSAA,,)

يُذَكّرنـــي طُلـــوع الشمـس صخــــرًا   وأذكـــرُه لكُـــلّ غُــروب شمَــس
ولـــــــولا كَثـرة البَاكيــــــن حَولـــي   عَلــــي إخوَاتِهِم لَقَتَلـــت نَفسِــي

YUZAKKIRUNI TULOUA' ASH-SHAMSI SAKHRANN.
WA AZKURUHU LIKULLI GHROUBI SHAMSI.
WALAWLA KATHRATU AL BAAKEENA HHAWLI
'ALA IKHWAATIHIM LAKATALTU NAFSI.

*Le lever du soleil me fait penser à mon frère SAKHR, je pense à lui à chaque
coucher de soleil. Et si ce n'était ceux autour de moi qui pleurent la perte de leurs
frères je me serais tué.*
(Proposé par Sami Maalouf)
**(AL KHANSAA,,)*

AL KHANSAA (575 – 664) : a female Arab poet who lived in pre-Islamic era
and the early era of Islam. Her most esteemed brother SAKHR (the stone) and the
more loved one, died in a tribal feud. She sent her four sons to fight after his death
and all of them were killed. In the Arabic literature, AL KHANSSA is famous of her
lamentation poems among which this is the most memorable one.

***AL KHANSAA (575 – 664) :** une poète arabe qui vivait à l'ère pré-islamique. Son
frère SAKHR, le plus estimé et le plus aimé, est mort durant une querelle tribale.
Elle a envoyé ses quatre fils se battre après sa mort et tous ont été tués. Dans la
littérature arabe, AL KHANSAA est célèbre par ses poèmes de lamentation. C'est un
de ses poèmes les plus mémorables.*

16/03 I am invited in your bereavements but forgotten in your celebrations.

فــي حزْنكُـــم مَدعِيـــة وفـــي فرحْكُـم مَنسيـــة

FI HHOZNOKOM MAD'ÉYYA WÉF FARAHHKOM MANSÉYYA.

Vous pensez à moi dans le deuil mais vous m'oubliez dans vos célébrations.

16/04   Your tears are healing although they are of no use. So, weep my eyes, given that I already lost your equals.

(*By IBN AL ROUMY in grief of the death of his son.)

(Proposed by Renée Al Masri)

بّكاؤكّما يّشْفـي وإنْ كـانَ لا يّجْـدي   فجـودوا فقـدْ أودي نَظيرَكما عنـدي

BUKAA-UKUMA YUSHFY WA –INN KAANA LA YUGDY.

FAGOUDOU FAKAD AWDA NAZEERUKUMAA 'INDY.

Vos larmes guérissent même si elles ne sont d'aucune utilité. Alors, pleurez mes yeux étant donné que j'ai déjà perdu vos égaux.

(Par IBN AL ROUMI chagriné de la mort de son fils.)

(Proposé par Renée Al Masri)

*IBN AL ROUMY (801 – 864) : an Arab poet born at Baghdad in 801 and died in 864. His name is attributed to his father who was a "Roman".)

****IBN AL ROUMY (801 – 864) :** un poète arabe né à Baghdad l'an 801 et il est mort l'an 864. Il est surnommé Ibn Al Roumi, car son père était « grec ».)*

16/05   He is liberated from the great ordeal to fall in the easiest one.

(He gets out safe from the infernal to fall off the hill.)

يخــرج مــن نــار ويقــع فــي دحديــره

YOKHROG MÉNN NAAR WÉYO-AA' FI DOHHDÉRA.

Il sort indemne d'une grosse épreuve et tombe dans la plus facile.

(Il sort de l'enfer pour tomber de la petite colline.)

16/06   In what serve the regrets after the total loss !

ايـش ينفــع النــدم بعـد العــدم

ÉISH YÉNFA'A ÉNN NADAM BAA'D ÉL 'ADAM.

À quoi servent les regrets après le malheur !

16/07   Impossible.

(This one is the fourth impossibilities.)

(The tale behind this saying is that there are 3 other impossibilities, even-if they are breached, the subject matter will become the forth impossibility. The first three impossibilities are, the Ogre, the Phoenix and to find a sincere friend.

مــن رابـــع المستحيـــلات

MÉNN RABÉ-A' ALMUSTAHHEELAAT.

Impossible.

(De la quatrième impossibilité.)

(La fable derrière ce dicton est qu'il y a trois autres impossibilités, même si elles sont franchies, le sujet en question deviendra la quatrième impossibilité. Les trois premières sont, l'ogre, le phoenix et trouver un ami sincère.)

16/08   The shortage of the life's essentials, is humiliation.

القلــــة مذلــــة

AL KÉLLA MAZALLA.

Le manque de l'essentiel est humiliation.

16/09 This way of living is ridiculous. (This is something that shorten's life.)

دي عيشـــة تقصـــر العمـــر... دي حاجـــة تقصـــر العمر

DI HHAAGA TÉ-ASSAR ÉL 'OMR. DI 'EESHA TÉ-ASSAR ÉL 'OMR.

Ce mode de vie est ridicule. (C'est quelque chose qui racourcit la vie.)

16/10 He is like the hunter who opts to hunt at the lion's den.

كطالــب الصيـــد فـــي عريـــن الأسـد

KATAALIBI AS SAYDI FI 'AREENI AL ASAD.

Il est comme le chasseur qui chasse dans la fosse aux lions.

16/11 We did everything to satisfy you but we got nothing.
(We ventured in the forbidden land and we kissed the hand of the hateful, yet we did get neither the gold nor the copper.)

دسنـــا الأرض اللـــي مـــا تنــــداس وبوسنــــا اليـــد اللــــي مـــا تنبـــاس لا نبنـــا لاذهــــب ولا نحـــاس

DOSNA ÉL ARD ÉLLI MA TÉNDAAS WÉ BOSNA ÉL EED ÉLLI MA TÉNBAAS LA NABNA DAHAB WALA NAHHAAS.

Nous avons tout fait pour vous satisfaire mais nous n'avons rien eu.
(Nou nous sommes aventurés dans les territoires interdits et nous avons embrassé la main du haïssable, cependant, nous n'avons eu ni de l'or ni du cuivre.)

16/12 What could the patch does for a worn garment !

إيـــه يعمـــل الترقيـــع فـــي الثـــوب البالـــي

ÉIH YÉA'MÉL ÉT TAR-EEA' FI ÉTTO-OB ÉL BAALI.

À quoi sert le rapiéçage dans un vêtement usé !

16/13 O ! What a great disappointment for our bad luck.

جتنـــا خيبـــة فـــي حظنـــا الهبـــاب

GATNA KHEIBA FI HHAZZÉNA ÉL HÉBAAB.

Ô ! Quelle grande déception pour notre malchance.

16/14 It is not the weight which strains the back, but rather the load of sorrows that the chest is packed by.
(AHMED SHAWKI) (See also volume 1)

ليـــس بحمـل مـا يمـل الظهـر مـا الحمـل إلا مـا يُعانـي الصـدر

LAYSA BIHHIMLINN MA YAMÉLLU AZ ZAHRU, MAL HHIMLU ILLA MA YU'AANI AS SADRU

Ce n'est pas le poids qui fatigue le dos, mais plutôt le poids des douleurs que la poitrine supporte.
(AHMED SHAWKI) (Voir aussi volume 1)

16/15 It is me who deserve to be beaten by shoes for listening to you.

أنـا اللـي أستاهل ضرب الجزم اللي سمعت كلامك

ANAL LLI ASTAAHÉL DARBÉL GÉZAM ÉLLI SÉMÉ'AT KALAAMAK.

C'est moi qui mérite d'être battu avec les souliers pour vous avoir écouté.

16/16   I have enough problems and I don't need any more.

أنـا مـش ناقصنـي
أنـا مـش ناقصـك

ANA MUSH NA-ÉSNI.
ANA MUSH NA,,SAK.

J'ai suffisamment de problèmes et je n'ai pas besoin d'en avoir plus.

16/17   From the beginning of the day we have seen the bad luck coming.

كـان اليـوم بايـن مـن أولـه

KAANN ÉL YO-OM BAAYÉNN MÉNN AWWÉLOH.

Dès le début de la journée on voyait arriver la malchance.

16/18   He returned after total loss,disappointment and humiliation.
           (He returned back, my dear friend, as God created him.)

رجـع يـا مـولاي كمـا خلقتنـي

RÉGÉA' YA MAWLAY KAMA KHALAKTENI.

Il est revenu humilié après une perte totale.
(Il est revenu, mon cher ami, comme Dieu l'a créé.)

16/19   All the efforts have gone in vain.
           (It is as you, Abou Zayd, neither gone nor returned. (See also 30/09)

كأنـك يـا أبـو زيـد لا رحـت ولا جيـت

KA ÉNNAKYA ABOU ZEYD LA ROHHTT WALA GEITT.

Tous les efforts ont été vains.
(C'est comme si toi, Abou Zaed, n"était ni allé ni retourné.) (Voir aussi 30/09)

16/20   Every time I say never again, destiny pitches me in another ordeal.
           (Poem by ABDEL RAHHMAN AL ABNOUDI and song by ABD EL HALIM HAFEZ)
           (See also for AL ABNOUDI, 45/05, 45/06)

أنـا كـل مـا أقـول التوبـة يـا بـوي ترمينـي المقاديـر

ANA KOLLÉ MA OUL ÉTTO-OBA YA BOOY TÉRMEENI EL MA-ADEER.

À chaque fois que je dis jamais plus, le destin me jette dans une autre épreuve.
(Poème par ABDEL RAHHMAN AL ABNOUDI et chanson de ABD EL HALIM HAFEZ)
(Voir aussi pour AL ABNOUDI, 45/05. 45/06)

16/21   What a bad luck I have ! The winter is over and the mosquitoe's arrival begins.

أه مـن بختـي المتعـوس, راح الشتـا واحـا النامـوس

AAH MÉNN BAKHTI EL MANHHOUS RAAHH ÉSH SHÉTA WÉ ÉGA ENN NAMOUS.

Quelle malchance ! L'hiver est fini et arrivent les moustiques.

16/22   You, the tyrant nation, You have your day of judgment that is waiting for you.

يـا قـوم لكـم يـوم

YA O-UM LOKUM YO-UM.

Vous, les tyrans, vous avez votre jour de jugement qui vous attend.

16/23 When we decided to put the HENNA on the market, bad news were hindering us.
   (The HENNA is a herb applied by the bride before the wedding celebration.)
   (See also 75/120)

جينــــا نتاجــــر فــي الحنــة كتــرت الأحـــزان

GEINA NTAAGÉR FI EL HHÉNNA KÉTRÉTT ÉL AHHZAANN.

Lorsque nous avons décidé de mettre du HENNÉ sur le marché, les mauvaises nouvelles ont augmenté.
(Le HENNÉ est une sorte d'herbe orange utilisée par la nouvelle mariée avant la célébration du mariage.)
(Voir aussi : 75/120)

16/24 In such a case, a miracle is needed.
   (Nobody can do anything except God.)

العمــــل عمـــــل ربنــــا

ÉL 'AMAL 'AMAL RABBÉNA.

Dans ce cas, un miracle est nécessaire.
(Personne ne peut rien faire à part Dieu.)

16/25 The great tragedy. The black tragedy.

المصيبــــة الكبـــري ... المصيبــــة السـودة

AL MUSEEB AL KOBRA.

La grande tragédie. La tragédie noire.

16/26 What can we do more than what we have already done ?

ايـه اللــي ممكــن نعملـه اكثــر مــن اللــي عملنـاه

EIH ÉLLI MUMKÉNN NÉA'MÉLO AKTAR MÉNN ÉLLI 'AMALNAAH.

Que pouvons-nous faire plus que ce que nous avons déjà fait ?

16//27 You, the full moon, you shine even in midnight.

يـا بــدر شمسـك نــص الليـــل

YA BADR SHAMSAK NOSS ÉL LEIL.

Toi, la pleine lune, tu brilles même à minuit.

16/28 Alas, you the materialist, you are losing your hope.

يـا تابـــع الـــزوال يا خايـــب الرحـــاء

YA TAABÉA' AZ ZAWAAL YA KHAAYÉB AR RAGA.

Hélas, vous le matérialiste, vous perdez votre espoir.

16/29 You, who cares for people's burdens, who is going to care about yours ?

يـا حامـــل هـــم النـــاس خليـــت همـــك لميـــن

YA HHAAMÉL HAMMÉ NNAAS KHALLÉIT HAMMAK LÉMEEN.

Vous, qui vous souciez des gens, qui va prendre soin de vous ?

63/30 Alas ! Those who deserve and those who do not are ruling over us.

اللــي يسـوي واللـي مايسـواش

ÉLLI YÉSWA WÉLLI MAYÉSWAASH.

Hélas ! Ceux qui méritent et ceux qui ne méritent pas nous mènent.

16/31   He is the one who is going to solve the riddle.
(He is the one who is going to pull the huge pottery pitcher out of the well.)

يخـــرج الزيـــر مـــــن البيـــر

YÉKHARRAG ÉZ ZEER MÉNN ÉL BEER.

Il va résoudre l'énigme.
(C'est lui, qui va tirer la cruche du puits.)

16/32   Everyone is concerned about his own worries. (Everyone is hung up at his ankle.)

كـــل واحـــد متعلـــق مـــن عرقوبـــه

KOLLÉ WAHHÉD MÉT'ALLA,, MÉNN 'AR-OUBOH.

Chacun est préoccupé par ses propres soucis. (Chacun est suspendu à sa cheville.)

16/33   Too little too late. (After Malta's ruin.)

بعـــد خـــراب ملطـــه

BAA'D KHARAAB MALTA.

Trop peu, trop tard. (Après la ruine de Malte.)

16/34   The home of the gloomy person is banished.
(The home of the gloomy person is painted by mud.)

بيـــت الحزيـــن مدهـــون بالطيـــن

BEIT ÉL HHAZEEN MADHOUN BÉT TEEN.

Le domicile du chagriné est banni.
(Le domicile du chagriné est peint avec la boue.)

16/35   You the investor, Who did bring you to our country to fall in the trap ?
He said : "It was my dark fate and my mother's sanction against me."

يـا مـستثمر ايـــش حابــك بلدنـا ووقعــك فـي الخيــة ؟
قـــال : بختـــي الأســـود ودعـــاء أمـــي علـــي

YA MUSTASMÉR EISH GAABAK BALADNA WÉWA,,A'AK FIL KHAYYA ?
AAL : BAKHTI EL ÉSWÉD WÉ DO'A UMMI 'ALAYYA.

Toi l'investisseur, qui t'a amené dans notre pays pour tomber dans le piège ?
Il a dit : « C'était mon destin sombre et la sanction de ma mère. »

16/36   He is not selected for unjustified reasons.
(He fell from the bottom of the basket.)

وقـــع مـــن أعْـــرُ القفـــة

WÉ-ÉA' MÉNN AA'RÉL OFFA.

Il n'a pas été séléctionné pour des raisons injustifiées.
(Il est tombé du fond du panier.)

16/37   May God protect you from the hidden evil.

ربنـــا يكفيـــك شـــر المستخبـــي

RABBÉNA YÉKFEEK SHARR ÉL MÉSTAKHABBI.

Que Dieu vous protège du mal caché.

16/38   How could I know of what was hidden for us ?

أنــا عــارف كــان ده مستخبيلنــا فيــن

ANA 'AARÉF KAAN DAH MÉSTAKHABBÉLNA FEIN.

Comment aurais-je pu savoir ce qui nous était caché ?

16/39   O Thou who saves ! Save us from harm.

يــا ساتــر استــر ...استــر يـاللـي بتستــر

OSTOR YALLI BTOSTOR. YA SAATÉR OSTOR

Ô Vous qui sauvez ! Sauvez-nous du mal.

16/40   A hundred of sorrows to whom he loved but didn't succeed.

يــا ميــت ندامــة علــي اللــي حــب ولا طلــش

YA MEET NADAAMA 'ALA ÉLLI HHAB WALA TALSHI.

Une centaine de regrets sur celui qui aime et n'a pas réussi.

16/41   A difficulty that will end.

أزمــة وتعــدي

AZMA WÉT'ADDI.

Une difficulté qui passera.

16/42   I am driving on a single bolt and nut and your god is the savior.

أنــا ماشــي بصمــولة ومسمــار وربــك هــو الستــار

ANA MAASHY BSAMOULA WMUSMAAR WÉRABBAK HOWWA SSATTAAR.

Je marche sur un boulon et un écrou et ton Dieu est notre sauveur.

16/43   He is fed up.
        (His stomach regurgitates the overflow.)

طافــح الكوتــة

TAFÉHH EÉ KOOTÈ.

Il en a marre.
(Son estomac régurgite le trop-plein.)

16//44   He faces the life's hardship. Enough's enough. (He vomits blood.)

طافــح الــدم

TAAFÉHH ÉD DAM.

Il est a bout de force. (Il vomit du sang.)

16/45   He is penniless, destitute, impoverished.

مــا حلتــوش اللضــي

MA HHÉLTOUSHE ÉL LADA.

Il ne possède rien. Il est pauvre.

CHAPITRE 17
Destiny, Divinity and Mystery of Life
المَصيــــــــــــر, الحَـــــــــــظ والصـــــــــدْفة
Du destin, de la divinité et du mystère de la vie

17/01   O my God ! What a lucky man ! He got all that wealth and elegance, after he had nothing but the turkish slipper and the sabot.

سبحـــــان العاطــــي الوهـــاب مــــــــن بعــــــد الشبشـــب والقبقـــاب

SOBHHAAN ÉL 'AATY EL WAH-HAAB MÉNN BA-A'D ÉL SHÉBSHÉB WÉL OB-AAB.

Mon Dieu ! Quel homme heureux ! Il a eu toute cette richesse après qu'il n'avait qu'une pantoufle et un sabot.

17/02   Your luck, you the lucky one. (Your luck, you the father of luck.) (Drawing a loto.)

بختــــك يـــا أبـــو بخيـــت

BAKHTAK YABOU BKHEIT.

Votre chance, vous le chanceux. (Votre chance, vous le père de la chance.)
(Cette expression se dit lors d'un tirage d'une loto.)

17/03   "There is an evil which I have seen under the sun, and it is commun among men. A man to whom God has given riches and wealth and honor, so that he lacks nothing for himself of all he desires ; yet God does not give him power to eat from it, but a foreigner consumes it. This is vanity, and it is an evil affliction."
(Ecclesiates, 6 : 1,2)

يُوجَدُ شَرٌّ قَدْ رَأَيْتُهُ تَحْتَ الشَّمْسْ وَهُوَ كَثِيرٌ بَيْنَ النَّاسْ. رَجُلْ أَعْطاهُ اللّهْ غِنًي وَمالاَ
وكَرامَةً وَلَيْسَ لِنَفْسِه عَوزْ مِنْ كلّ مَا يَشْتَهِيهْ وَلَمْ يَعْطِه لهُ اسْتِطاعَةَعَلَي أَنْ
يَأْكُلَ مِنْهُ بَــلْ يَأْكَلَــهُ إِنْسَــانْ غَرِيبْ. هَــذا بَــاطِلْ وَمصيبَةٌ رَدِيئَةْ.
(الجامعة, 6 : 2)

YOOGADU SHARRONN TAHHTA ASH SHAMS   WAHUWA KATHEERONN BAYNA ANNAAS. RAGULONN A'ATAAHU ALLAAH GHINA WA MAALANN WA KARAAMA WALAYSA LINAFSIHI 'AWZ MINN KUL MAA YASHTAHEEH WALAM YUA'TIHI ALLAAHU ISTITAA-'ATANN 'ALA ANN YAA'KULA MINHU BAL YAA'KULUHU INSAANONN GHAREEB. HAAZA BAATÉL WA MUSEEBATONN RADEE-A.

J'ai observé encore un malheur sur la terre, un grand malheur pour l'homme. Voici quelqu'un à qui Dieu permet de s'enrichir, d'être formé et bien considéré. Cet homme a tout ce qu'il peut désirer. Mais Dieu ne le laisse pas jouir de ses biens, un autre en profite. Cette situation est absurde et cruellement injuste.
(Ecclésiaste, 6 : 1,2)

17/04   When destiny arrives he is blinded.

ساعـــة القــــدر يعمـــي البصـــر

SA-'ÉT ÉL KADAR YÉ-A'MA ÉL BASAR.

Quand le destin arrive il est aveuglé.

17/05   "IF" are two letters hanging in the air.
("IF" is wishful thinking and useless when applied to regret an action done in the past and yielded negative results.)

"لو" حـــرف شعلقـــة فـــي الجـــو

« LAWE » HHARF SHAA'LA-A FIL GAWE.

« SI » est composé de deux lettres suspendues dans l'air.
(« SI » est illusoire et inutile lorsqu'il est appliqué pour regretter une action faite dans le passé et qui a donné des résultats négatifs.)

17/06   "Your will be done on earth as it is in heaven."
(Matt, 06 : 10)

لتكـــن مشيئتـــك كمـــا فـــي السمـــاء كـــذلك علـــي الأرض

LITAKONN MASHEE-ATUKA KAMA FI AS SAMAA-I KAZAALIKA 'ALAL ARD.

« Que ta volonté soit faite sur la terre comme au ciel. »

17/07   As He takes He gives.

زي مـــا بياخـــد زي ما بيـــدي

ZAY MA BYAAKHOD ZAY MA BYÉDDI.

Comme il prend il donne.

17/08   Oh destiny ! What is coming up ? tell me and don't hide the truth.
Tell me of one who ever smiled, but didn't cry afterward.
So ! Tell me, you, my luck ! And you my fate !
Would it be the colour of celebration or the colour of sunset.
Oh Life ! It gives when it suits her to give and it holds when it suits her alike.
The wounds' healer treated the many, and I am the only one who remains.
All the wounded have been healed and I am the only one who remains.
I am a wounded one however, how many I have healed and how many !
And from my life I have always given and how many, how many !
And the heart has wandered and I became overwhelmed.
Where is my remedy ? I can see nothing left.
(A pop poem known by the "MAWWAL" and inspired from " AL DARB AL AHHMAR" movie. Al Darb Al Ahhmar is a common district in the suburb of Cairo. Dard means district and Ahhmar means red.) (See also 01/12)

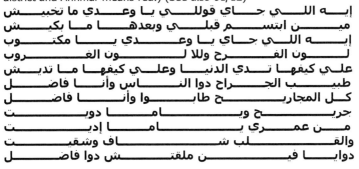

ÉIH ÉLLI GAAY OLLI YA WAA'DI MA TKHABBEESH.
MEEN ÉBTASAM ABLI WBAA'DAHA MABKEESH.
ÉIH ÉLLI GAAY YA WAA'DI YA MAKTOOB.
LO-ONN ÉL FARAHH WALLA LO-ONN ÉL GHUROUB.
'ALA KÉFHA TÉDDI ÉDDONYA WÉ 'ALA KÉFHA MATÉDDEESH.
TABEEB ÉL GÉRAAHH DAAWA NNAASS WANA FAADÉL.
KOLL ÉL MAGAAREEHH TAABU WANA FAADÉL.
GAREEHH WÉ YAAMA DAWEITT.
MÉNN 'OMRI YAAMA ÉDDEITT.
WÉL ALBÉ SHAAF WÉ SHAFÉITT.
DAWAAYA FEIN MAL ÉTSH DAWA FAADÉL.

Ô destin ! Qu'est-ce qui s'en vient ? Dites-moi et ne cachez pas la vérité.
Indiquez-moi un seul qui a déjà souri, mais n'a pas pleuré après.
Alors ! dis-moi, toi ma chance ! et toi mon sort !
Serait-il la couleur de la joie ou la couleur du coucher de soleil.
Ô la vie ! Elle donne quand elle lui convient de donner,
Et elle détient quand elle lui convient aussi bien.
Le guérissreur des blessures traitait des nombreux, et je suis le seul qui reste.
Tous les blessés ont été guéris, et je suis le seul qui reste.
Je suis un blessé, mais combien j'ai guéri et combien !
De ma vie, j'ai toujours donné, et combien et combien !
Et le coeur a erré et je suis devenu accablé.
Où est mon recours ? Je ne vois plus rien.
(C'est un poème folklorique connu sous le nom « MAWWAAAL » inspiré du film « AL DARB AL AHHMAR » Al Darb Al Ahhmar est un quartier populaire dans la banlieue du Caire. Darb veut dire district et Ahhmar veut dire rouge.) (Voir aussi 01/12)

17/09   Oh you, the lucky one ! (it has laid them for you in the cage.)

بيضـالك فـي القفص

BAYDAALAK FIL AFASS.

Ô Vous, le chanceux ! (Elle les a pondu pour vous dans la cage.)

17/10   Try your luck. Either you win or you lose.

يــا صابــت يا خابـــت

YA SAABÉTT YA KHAABÉTT.

Tentez votre chance. Soit vous gagnez ou vous perdez.

17/11   Might a day made me cry, but later when I picked its benefits I mourned its loss.
(YOUNES IBN MAYSARA : 750 – 844 An Egyptian great scholar and a wise man.)

رُبّ يَــوْم بَكَيْــتُ مِنْــهُ فلَمّــا صِرْتُ فِـي خيْـرِه بَكَيْـتُ عَلَيْـه

RUBBA YEWMÉNN BAKAYTU MINHU FALAMMA SIRTU FI KHAYRIHI BAKAYTU 'ALAYHI.

Un jour pouvait me faire pleurer, mais quand j'ai récolté ses biens plus tard, j'ai pleuré sa perte.
(YOUNÉS IBN MAYSARA : 750 – 844. Un intellectual égyptien et un éclairé.)

17/12 since I became aware of the sense of time I realized that its good side is associated with its bad one. So, if I am satisfied at the start, I must continue to exercise caution at critical moments and their harmful consequences.

وإنِّي رَأَيْتُ الدّهْرَ مُنْذُ صُحْبَتِهِ مَحَاسِنُهُ مَقرونَـةٌ بِمَعَايِبِـهِ

إذا سَرَّنِي فِي أوّلِ الأمْرِ لَمْ أزَلْ عَلَي حَـذَرٍ مِـنْ أنْ تُـذَمَّ عَواقِبُـه

WA INNI RA-AYTU ADDAHRA MUNZU SUHHBATIHI MAHHAASINUHU MAKROUNATONN BIMASAAWI-IHI. IZA SARRANI FI AWWALIL AMRI LAM AZAL 'ALA HHAZARÉNN MINN ANN TUZAMMU 'AWAAKIBUHU.

Depuis que j'ai pris conscience du temps, j'ai compris que son bon côté est associé à son mauvais côté. Donc, si je suis satisfait, je dois continuer à faire preuve de prudence des moments critiques et leurs conséquences néfastes.

17/13 IF fortune would be achieved by intelligence, gentleness and wisdom, I would have reached the highest echelon, however life is a stroke of luck with Godsend blessing and not a magic trick.
(ALI IBN ABI TAALÉB) (See also 10/04 et volume 1)

فَلَـوْ كَانَـتِ الدُّنْيَـا تُنَـال بِفِطْنَـةٍ وَفَضْلٍ وَعَقْلٍ لَنِلْتُ أعْلَي المَرَاتِب

ولَكِنَّمَـا الأرْزَاقِ حَـظٌّ وَقِسْمَـةٌ بِفَضْـلٍ مَلِيـكٍ لا بِحِيلَـةِ طَالِـبٍ

(علي ابن ابي طالب)

FALAW KANATI DDUNYA TUNAALU BIFITNATÉNN WA FADLÉNN WA 'AKLÉNN LANILTU AA'LA AL MARATIBA. WALAKINNAMA AL ARZAAKU HHAZZONN WA KISMATONN BIFADLI MALEEKÉNN LA BIHHEELATI TAALIBI.

Si on atteint la richesse par l'intelligence, la gentillesse ou la sagesse, j'aurais atteint le plus haut échelon, mais la vie est un coup de chance avec la bénédiction de Dieu et ce n'est pas un tour de magie.
(ALI IBN ABI TAALÉB) (Voir aussi 10/04 et volume 1)

17/14 What a fantastic coincidence !

يـا محاسِـن الصـدف

YA MAHHAASÉNN ASSODAF !

Quelle belle coïncidence !

17/15 Some people eat dates while others are being thrown by their pits.

نـاس ياكلـوا البلـح ونـاس بيترمـوا بنـواه

NAAS YAKLU EL BALAHH WÉNAAS BÉYÉTRÉMU BÉNAWAAH.

Certaines personnes mangent les dattes tandis que d'autres les lancent avec leur noyau.

17/16 Existence has no place for unending supremacy.

الدنيـا ملهـاش كبيـر

ÉDDONYA MALHAASH KÉBEER.

La vie n'a pas de plus supérieure qu'elle.

17/17   I want and you want, however God does what He wants.
       (Proposed by Henriette Sidhom)

أنــا أريـــد وأنـــت تريـــد واللـــه يفعــل مــا يريــد

ANA UREED WA ANTA TUREED WAL LLAAHU YAF'ALU MA YUREED.

Moi je veux et toi tu veux, mais Dieu fait ce qu'Il veut.
(Proposé par Henriette Sidhom)

17/18   When God wants, a miracle could happen with the least expected cause.

لمــا يريـــد ربنــا تيجـــي علـــي أهـــون ســـبب

LAMMA YÉREED RABBÉNA TEEGY 'ALA AHWANN SABAB.

Quand Dieu veut un miracle peut se réaliser avec un rien.

17/19   I readily accept the divine intervention.
       (I agree by what destiny reserved for me.)

رضيـــت بالمقســـوم

RÉDEIT BÉLMA,,SOUM.

J'accepte volontiers l'intervention divine.
(J'accepte ce que que le sort m'a concédé.)

17/20   And We raise some of them above others in rank so that He may try you in the gifts
       He hasth given you.
       He has raised you in ranks, some above others.

ورفعنــا بعْضـــهمْ فـــوْق بعْــض درجـــات
ورفـــع بعْضـــكمْ فـــوْق بعْــض درجـــات

(الزخرف 43 : 32)   (الأنعام 6 : 165)

WA RAFAA'NA BAA'DUHOM FAWKA BAA'DÉNN DARAGAAT.
WA RAFA'A BAA'DUKOM FAWKA BAA'DÉNN DARAGAAT

Il a élevé certains d'entres vous sur d'autres en hiérarchie pour vous éprouver en ce
qu'il vous a donné.

17/21   That's the strucik of luck that will change his life.

دي خبطــة العمـــر

DY KHBTÉT ÉL 'OMR

C'est le coup de chance qui va changer sa vie.

CHAPITRE 18
Dogs
الكِـــلابْ
Des chiens

18/01   He does not deserve this celebration.
(The funeral is spectacular and the deceased is a dog.)

الجنـــــازة حـــارة والميـت كلـــب

ÉL GANAAZA HHAARAH WÉL MAYYÉT KALB.

Il ne mérite pas ce spectacle.
(Les funérailles sont spectaculaires et le défunt est un chien.)

18/02   Running like hell. (Running like dogs.)

زي جـــري الكـــلاب

ZAY GARY ÉL KÉLAAB.

Courir comme un fou. (Courir comme les chiens.)

18/03   When a smart tyrant is in power, he entertains his subordinates to divert them from the essential subject.
(Keep the dog busy with a bone.)

الْهِـــي الكلـب بعظمـة

ÉLHI ÉL KALB BÉ 'ADMA.

Quand un tyran est au pouvoir, il divertit ses subordonnés pour les détourner de l'objet essentiel.
(Occupe le chien avec un os.)

18/04   A white dog or a black dog, what is the difference ? He replied : "All are dogs."

كلـــب أبيــــض أو كلـــب اســـود قـــال كلهـــم كـــلاب

KALB ABYAD AW KALB ÉSWÉD EIH ÉL FAR,,. AAL : KOLLOHOM KÉLAAB.

Un chien blanc ou un chien noir, quelle est la différence ? Il a répondu : « Tous sont des chiens. »

18/05   He is mean, yet there is a demand for his kind. (A filthy dog but lucky.)

كلـــب أجـــــرب وانفتحلــــه مطلــــب

KALB AGRAB WÉN FATAHHLO MATLAB.

Il est de la basse classe, mais il y a une demande pour son talent.
(Un chien crasseux mais chanceux.)

18/06   Love is more painful than the dog's bite.

الحـــب أصعـب مـن عضة الكلـب

ÉL HHOB AS 'AB MÉNN 'ADDÉT ÉL KELB.

L'amour est plus douloureux que la morsure du chien.

18/07   If he is aware of his condition he will have pity of himself.
(If the dog recognizes his condition, he wouldn't move his ears.)

الكلـــب ان بـــص لحالـــه مـــا يهـــــــزش ودانـــه

ÉL KALB ÉNN BASS LÉ HHAALO MAY HÉZZÉSH WÉDAANO.

S'il est conscient de son état, il aurait pitié de lui-même.
(Si le chien accepte son état, il ne voudrait pas bouger ses oreilles.)

18/08   He is making noise, only because he is at his camp.
(The dog barks, only when it is at its terrain.)

الكلـــب ميهوهـــــــوش الا قـــــــدام بيتـــــــه

ÉL KALB MAY HAWHAWSH ÉLLA ODDAAM BEITO.

Il ne fait de bruits, que devant son camp.
(Le chien aboie seulement quand il est devant sa niche.)

18/09   Every group of friends has a pet to have fun of. So, don't be your friends'pet.
(*LOKMANN)

لكـــــل قـــــوم كلـــب فلا تكـــــن كلـــب أصحابـــك

LIKULLI KAWMÉNN KELB. FALAA TAKONN KELBE ASSHHAABÉK.

Chaque groupe d'amis a un chien de compagnie pour le plaisir. Donc, ne soyez pas comme le chien de vos amis
*(*LOKMANN)*

18/10   Because of insufficient horses, they harnessed the dogs to fill the gap.

مـــن قلـــة خيولهـــم شـــدوا علـــي الكـــلاب ســـراج

MÉNN ÉLLÉT KHOYOLHOM SHADDOU 'ALAL KÉLAAB SÉRAAG.

D'un manque de chevaux, ils ont mobilisé leurs chiens pour combler l'écart.

18/11   Even if the ant could beget an austrich and the insect could become a dove, you, the dog's tail, could never be straight.
(Proposed by Joe Cassab)

إذا النملة ولدت نعام وإذا الناموسة صارت يمام يا ذيل الكلب ما تنقام

IZA ÉNNAMLA WÉLDÉT NA'AAM WA IZA ÉNNAMOUSA SAARÉT YAMAAM YA DEIL ÉK KALB MA TÉN-AAM.

Même si la fourmi pouvait engendrer une autruche et l'insecte pouvait devenir une colombe, toi la queue du chien, tu ne pourrais jamais être droite.
(Proposé par Joe Cassab)

*LOKMANN : he was a wise slave from NUBA and is mentioned in the Holy Koran. He was nicknamed "LOKMAN THE WISE."

*LUKMANN : *il était un esclave sage de NUBIE et il est mentionné dans Le Saint Coran. Il est reconnu comme « LOKMANN LE SAGE. »*

CHAPITRE 19
Donkey
الحِمَـــــار
De l'âne

19/01 After Om 'Amar had gone to accomplish her mission, both she and the donkey never returned.
(The donkey had gone by Om 'Amr. Neither she nor the donkey had returned.)

ذَهَـــــبَ الحِمَـــــارُ بِـأم عَمْـــــرْ فلا رَجِعَـــــتْ ولا رَجِــــعَ الحِمَـار

ZAHABA AL HHIMAARU BI-UMMI 'AMR' FALAA RAGI-'ATT WALAA RAGI-'A AL HHIMAARU.

Après qu'Om 'Amar soit partie en mission avec l'âne, ils ne sont pas revenus.
(L'âne était allé avec Om 'Amr. Ni elle ni l'âne n'étaient de retour.)

19/02 O sun ! O sunny sun ! Take the tooth of a donkey and bring me the tooth of a bride.
(This adage is said by the kid when his enfant's tooth falls. The mother asks her kid to go in a sunny place outdoor and throw away the fallen tooth while repeating the above adage.)

يــا شمـــس يــا شموســه خــدي ســن الحمــار وهاتــي ســن العروســة

YA SHAMS YA SHAMMOUSSA KHODI SÉNN ÉL HHOMAAR WÉHAATY SÉNN ÉL 'AROUSSA.

Ô Soleil ensoleillé ! Prend la dent de l'âne et apporte-moi la dent de la mariée.
(Cet adage se dit par l'enfant quand sa dent d'enfance tombe. La mère demande à son enfant d'aller dehors dans un endroit ensoleillé et jeter la dent tombée, en répétant l'adage ci-haut.)

19/03 Better to ride my lame ass than to request one from a hypocrite.

حمارتــي العارجــة ولا ســـؤال اللئيـــــم

HHOMARTI ÉL 'AARGA WALA SU-AAL ÉL LA-EEM.

Mieux vaut monter mon ânesse boîteuse que d'en demander une à l'hypocrite.

19/04 If you and me are princes, who then is going to drive these donkeys.

إذا أنــت أميـــر وأنـــا أميـــر ميـــن بيســـوق الحميـر

IZA ÉNTA AMIR WÉ ANA AMIR MEEN BÉYSOU,, ÉL HHÉMEER.

Si vous et moi sommes des princes, qui va ensuite conduire ces ânes.

19/05 He is fit for the hardwork. (He is a donkey work.)

هـــو حمــار شغـل

HOWWA HHOMAAR SHOGHL.

Il est fait pour le gros travail. (C'est un âne de labeur.)

19/06   The place is not big enough to receive guests.
(The house is small and the donkey is unleashed.)

البيـــت ضيـــق والحمـــار رفــاس

EL BEIT DAYYA,, WEL HHOMAAR RAFFAS.

L'endroit n'est pas assez grand pour recevoir des invités.
(La maison est petite et l'âne se déchaîne.)

19/07   May God never put his rulings into actions ! He had lived like a donkey and departed like a donkey !
(AHMED SHAWKI in "The lion's throne and the donkey") (See also volume 1)

لا جعـــل اللـــه لـــه قـــرارا عــاش حمـــارا ومـــات حمـــارا

LA GA'ALA ALLAAHU LAHU KARAARANN 'AASHA HHIMAARANN WAMAATA HHIMAARA !

Que Dieu ne mette plus jamais ses décisions en action ! Il avait vécu comme un âne et il est parti comme un âne.
(AHMED SHAWKI en « Le lion et l'âne » (Voir aussi volume 1)

19/08   The HAKIM's Donkey.
(See also TAWFIQ AL HAKIM, 21/11, page 94,95)
(The saying is the title of 3 works by the author : the first in 1938 which comprises a series of columns written in the Al Ahram newspaper under the headline "My Donkey Told Me", then in 1940, Al Hakim wrote his novel " The Hakim's Donkey" and in 1975 he wrote his last in that series, a playwright which was inspired from his written column of 1938. In these works, Al Hakim tried to evade the censorship by indirectly disapproving of what is wrong in the society in general and in the political scene in particular. He lets the donkey to speak his tongue and to reveal his thoughts. The playwright was banned from being published untill after 1975 because of its critics to the governing authority and the way it dealt with the defeat of 1967 's war against Israël.)

حمـــار الحكيـــم

HHIMAAR AL HHAKEEM.

L'äne de AL HAKIM.
(Voir aussi TAWFIQ AL HAKIM, 21/11, page 94,95)
(La phrase est le titre de 3 oeuvres de l'auteur : le premier en 1938 qui comprend une serie de chroniques publiées dans le journal Al Ahram sous le titre « Mon âne m'a dit » puis en 1940, Al Hakim a écrit son roman « L'âne de Al Hakim », et finalement en 1975 il a écrit la dernière de cette série. Dans ces oeuvres, Al Hakim a tenté d'éluder la censure indirectement désapprouvant ce qui va mal dans la société en général et sur la scène politique en particulier. Il permet à l'âne de s'exprimer et de révéler ses pensées. Le dramaturge n'a été proscrit de la publication qu'après 1975, en raison de ses critiques sur l'autorité dirigeante et sur la défaite de la guerre de 1967 contre Israël.)

19/09   He is absurd, he breaks his head for nothing.
(He is like a donkey that is carrying zeros.)

حمـــــار شايـــــل أسفـــــار

HHOMAAR WÉ SHAAYÉL ASFAAR.

Il est un idiot, il se casse la tête pour un rien.
(Un âne qui transporte des zéros.)

19/10   When they asked the donkey who's your father ? He replied : "My uncle, the horse."
(He is stupid and arrogant.)

قالـوا للحمـــار أبـــوك ميـن ؟ قــال : خالــي الحصـــان

AALU LÉL HHOMAAR ABOUK FÉIN. AAL : KHAALI ÉL HHOSAANN.

Quand ils ont demandé à l'âne : « qui est son père ? » Il a répondu : « Mon oncle est le cheval. »
(Il est stupide et orgueilleux.)

19/11   Even so, if the donkey puts on him the most elegant dress, the people would still say :" what a funny donkey." (One cannot escape from his reality.)

ولـو لبـــس الحمـار ثيـــاب خـــز لقــال النـاس يـا لـك مـــن حمــار

WALAW LABISA AL HHIMAARU THIYAABA KHIZZINN LAKAALA ANNAASU YA LAKA MINN HHIMAAR.

Même si l'âne revêt son plus bel ensemble, les gens vont continuer à dire : « Ô ! qu'il est drôle cet âne. » (On ne peut échapper à sa réalité.)

19/12   The ugliest sound is that of the troat of a donkey.

إن أنكـــر الأصـــوات لصـــوت الحميـــــر

INNA ANKARA AL ASWAAT LASAWTU AL HHAMEER.

Le son le plus laid est celui des braîments d'un âne.

19/13   He screams like a troating donkey.

بينهـــــــق زي الحمـــــار

BÉYNAH-HA,, ZAY ÉL HHOMAAR.

Il crie comme un âne qui brait.

19/14   Send the resourceful regardless, but don't send the ass without going with him.
(Proposed by Sami Maalouf)

ابعــت الشـــاطر ومـــا توصــي عليـــه, وابعـت الحمـــار وروح معـــاه

ÉB'AT ÉL HHOMAAR WÉ MA TWASSI ʿALEIH WÉ ÉB'AT ÉL HHOMAAR WÉ ROUHH MA'AAH.

Envoie le débrouillard sans recommandation, mais pas l'âne sans aller avec lui.
(proposé par Sami Maalouf)

19/15   If you lost the track of your donkey, you will find it at the butcher.

ان تـــاه منـــك الحمار هتلاقيـــه عنـد الجـــزار

ÉNN TAAH MÉNNAK ÉL HHUMAAR HATLA-EEH ʿANDÉL GAZZAAR.

Si vous avez perdu la trace de votre âne, vous le trouverez chez le boucher.

19/16   He wants to put himself at the same level as his superior.
         (He desires to tie up his donkey beside that of the mayor.)

عايـــز يربـــط حمـــاره جنـــب حمــار العمـــدة

'AAYÉZ YORBOT HHOMAARO GANB HHOMAAR ÉL 'OMDA.

Il veut se mettre au même niveau que son supérieur.
(Il veut attacher son âne à côté de celui du maire.)

19/17   You who's going in a business trip by the slowest mean of transport, you will gain
         nothing from your trip except the time lost in traveling.
         (You who's going to the market on the back of a donkey you will gain nothing from
         your trip except the time lost in traveling.)

يـا رايـح الخانكـة علـي حمـار مـا ينوبـك مـن السـفر قـد المشـــوار

YA RAAYÉHH ÉL KHANKA 'ALA HHOMAAR MA YÉNOUBAK MÉNN ÉS SAFAR
ADD ÉL MOSHWAAR.

Vous qui faites un voyage d'affaires par le moyen de transport le plus lent, vous ne
gagnerez rien de votre voyage sauf le temps perdu en déplacement.
(Vous qui allez au marché à dos d'âne, vous ne gagnerez rien de votre voyage sauf
le temps perdu en déplacement.)

19/18   The barn is not big enough to house the foreign ass.

مـا ضيـــق الزريبـــة إلا علـــي الحمـــارة الغريبـــة

MA DEE,, ÉZ ZÉREEBA ÉLLA 'ALA ÉL HHOMAARA ÉL GHAREEBA.

La grange n'est pas assez grande pour abriter l'ânesse étrangère.

19/19   The pampering of an elder is like tickling a donkey.
         (Proposed by Selim Zabbal)

الدلـــع فـــي الكبيـــر زي الزغزغـــة فـــي الحميـــر

ÉDDALAA' FEL KÉBEER ZAYYEL ZAGHZAGHA FEL HHÉMEER.

La gâterie d'un vieux est comme le chatouillement des ânes.
(Proposé par Sélim Zabbal)

CHAPITRE 20
Eating
الأَكْـــــل
Du manger

20/01   To be in good health, leave the table with the stomach not completely full.

جوعــوا تصحـــوا

GOU'OU TASIHHU.

Pour être en bonne santé, quittez la table avec l'estomac pas complètement plein.

20/02   Eat what you like and respect the dress customs where you are.

كـــل مـا يعجبـك والبـــس مـــا يعجــب النـــاس

KOL MA YÉA'GÉBAK WÉ ÉLBÉS MA YÉA'GÉB ÉNN NAAS.

Mangez ce que vous aimez et respectez les coutumes vestimentaires là où vous êtes.

20/03   Your fumes are making me blind, while I haven't received your food yet.

دخانــك عمانـــي وطعامـك مـا جانــي

DUKH-KHAANAK 'AMAANI WÉ TA'AAMAK MA GAANI.

Votre fumée m'aveugle, alors que je n'ai pas reçu votre nourriture.

20/04   A plot that is well planned. (A meal that is well put together.)

طبخـــــة متسبكـــة

TABKHA MÉTSABBÉKA.

Un complot très bien planifié. (Un repas bien concocté.)

CHAPITRE 21
Education, Civility, Moral, Values and Wisdom
العِلْـــمْ , الأَدَبْ, القِيَـــمْ, المَبَـــادِئْ والحِكْمَـــة
De l'éducation, de la politesse, de la moralité, de la courtoisie et de la sagesse

---

21/01   Shawki said without knowing my dilemma : "Stand-up to honor the teacher and pay him homage" (21/18 vol. I). Please sit down and think with me. how can a kindergarden teacher be honored if he should address these little children as friends ? The Prince worries me even more when he said : "Because, the teacher is almost considered as a prophet." If SHAWKI tried teaching for a single hour, he would spend the rest of his life in torment and depression.
*(IBRAHIM TOUKAN)

شَوْقِـــي يَقُـــولُ وَمَـا دَرَي بِمُصِيبَتِـي   قُـــمْ لِلْمُعَلِّـــمِ وَفِّـــه التَّبْجِيـــلاَ
أقْعُـــدْ قَدَيْتِـكَ. هَـلْ يَكُـونُ   مُبَجَّلاً مَنْ لِلنَّشْءِ الصِّغَـارِ خَلِيـل
وَيَكَـادُ يُقْلِقُنِــي الأمِيـــرُ يَقُولُـــه   كَـــادَ المُعَلِّـــمُ أنْ يَكُـونَ رَسُـــولا
لَـوْ جَرَّبْ شَوْقِـي التَـــدْرِيس سَاعَة   لَقَضَـي الحَيَـــاة شَقَـــاوَة وَخُمُـــولاَ

SHAWKI YAKOULU WAMAA DARA BIMUSIBATY KOM LIL MU-'ALLIMI WAFFIHI AT TABGEELA. OK'OD FADAYTUKA. HAL YAKOUNU MUBAGGALANN MANN LIL NASH-I ASSIGHAARA KHALEELA. WAYAKAADU YUKLIKUNI AL AMIRU BIKAWLIHI KAADA AL MU-'ALLIMU AN YAKOUNA RASOULA. LAWE GARRABA SHAWKI AT TADREESA SAA-'ATANN LAKADA AL HHAYAATA SHAKAAWATANN WA KHUMOULA.

Shawki disait sans connaître mon dilemme : « Mettez-vous debout pour honorer l'enseignant et lui rendre hommage. (21/18 vol. 1) » S'il vous plait assoyez-vous et réfléchissez avec moi. Comment un professeur de jardin d'enfants pourra être honoré s'il devra traiter ces petits enfants comme amis ? Le Prince m'inquiète encore plus, quand il dit : « Car le professeur est presque considéré comme un prophète. » Si Shawki essayait l'enseignement même une heure, il passerait le reste de sa vie en tourment et en dépression.
(IBRAHIM TOUKAN)

*IBRAHIM TOUKAN (1905 – 1941) : a Palestinian poet, born in Nablos to a renown wealthy family. He got his diploma in literature from the American University and then he taught the Arabic language there from 1931 to 1933. He was born with poor health and suffered from several sicknesses since his childhood and died at the age of 36 year-old.

*IBRAHIM TOUKAN (1905 – 1941) : *un poète palestinien, né à Nablus d'une famille renommée et riche. Il a obtenu son diplôme en littérature d'une université américaine puis il a enseigné la langue arabe de 1931 à 1933. Il était de santé faible et souffrait de certains maux depuis sa naissance. Il est mort à l'âge de 36 ans.*

21/02 Learn politeness and courtesy from those who are rude and not friendly.

اتعلـــــم الأدب مـــــن قليـــــل الأدب

ÉT'ALLÉM- ÉL ADAB MÉNN ALEEL-ÉL ADAB.

Apprends la politesse et la courtoisie de celui qui est impoli.

21/03 They have promoted civility over education.

الأدب فضـــلوه عـــن العلـــم

ÉL ADAB FADDALOUH 'ANN ÉL 'ÉLM.

Ils ont favorisé la politesse plutôt qu'à l'éducation.

21/04 You educate the stupid, he will end up forgetting everything.

تعلـــم فـي المتبلـــم يصبـــح ناســـي

TÉ'ALLÉM FI ÉL MÉTBALLÉM YÉSBAHH NAASY.

Tu éduques le stupide, il finit par tout oublier.
(Ne pas perdre de temps avec lui. Il ne cumpremd rien.)

21/05 It is regrettably that this country gives too much weight to certificates.
(The respect goes only to those who hold certificates and titles even thought those certificates might be false, not authentic, or bought by bribes.)
(*ADEL IMAM - in "ME, HIM AND HER" – "ANA WÉ-HOWWA WÉ-HÉYYA")

دي بلـــد شهـــدات صحيـــح
(عادل إمام في أنا وهو وهي)

DI BALAD SHAHADAAT SAHHEEHH.

Il est regrettable que ce pays donne trop de poids aux certificats.
(Le respect va à ceux qui détiennent des certificats et des titres honorifiques même si ces cerificats peuvent être faux, pas authentique ou achetés par des pots de vin.)
*(*ADEL IMAM - dans « MOI, LUI et ELLE »– « ANA WÉ-HOWWA WÉ-HÉYYA »)*

*ADEL IMAM : he is an Egyptian actor, born in 1946 and he is a graduate from the faculty of agriculture. Adel Imam is considered one of the best Arabic comedian and the highest paid actor in Egypt. He became more famous in his theatrical role "MADRASAT AL MOSHAGHEBIN" or the school of rascals.

****ADEL IMAM :** il est un acteur égyptien, né en 1946 et il est diplomé de la faculté de l'agriculture. Adel Imam est considéré comme l'un des meilleurs comédiens arabes et l'acteur le plus payé en Égypte. Il est devenu le plus célèbre après son rôle dans la pièce thêâtrale « MADRASAT AL MOSHAGHEBIN » ou l'école des vauriens.*

21/06   A person's civility is not complete, unless he accepts the people's critics at the same footing as their praises. *(KASSEM AMINE)

لاتَكْمُلُ أَخْـــلاقُ المَــــرْءِ إلاَّ إذَا أَسْتَـوَي عِنْدَهُ مَدْحُ النـّاسِ لَـهُ وَذَمُّهِمْ إِيَّاه

LA TAKMULU AKHLAAKU AL MAR-I ILLA IZA ISTAWA 'INDAHU MADHHU ANNAASI LAHU WA ZAMMUHUM IYYAH.

*La civilité d'une personne n'est pas complète à moins qu'elle accepte les critiques du monde sur le même pied d'égalité que les louanges. *(KASSEM AMINE)*

*KASSEM AMINE (1863-1908) : he is one of the leaders of modern Arab renaissance, known as the liberator of the Arabic Woman and one of the founders of the first modern Arabic University in the Middle East, Cairo University. Kassem Amin had expressed the need to improve women's status through education, because he believed that "had it not been for education, the fate of any society would be backwardness and deterioration in all walks of life."

__*KASSEM AMINE (1863-1908) :__ il est l'un des leaders de la renaissance arabe moderne, connu comme le libérateur de la femme arabe et l'un des fondateurs de la première Université du Monde Arabe moderne au Moyen Orient, l'Université du Caire. Kassem Amin avait exprimé le besoin d'améliorer le statut des femmes par l'éducation sinon la société serait retardée et déterriorée dans tous les domaines de la vie. »

21/07   If someone allows you to render him a service, his favor to you is greater than your kindness to him.
*('OMAR IBN 'ABDEL 'AZIZ)

إذا مَكَّنَكَ امْـرِيءَ مِـنْ أَنْ تُسْــدِي فَضْـلاً عَلَيْـهِ كَــانَ فَضْلُـهُ عَلَيْكَ أَكْبـَـر

IZA MAKKANAKA IMRI-ÉNN MINN ANN TUSDI FADLANN 'ALAYHI KAANA FADLUHU 'ALAYKA AKBARU.

*Si quelqu'un vous permet de lui rendre un service, sa faveur est plus grande que votre bonté pour lui.
('OMAR IBN 'ABDEL 'AZIZ)

*OMAR IBN 'ABDEL 'AZIZ : born around 682 at Medina. He was the eighth Umayyad caliph. He was the son of Abd Al Aziz, the governor of Egypt. He lived in Madina until the death of his father, then he was called in Damascus. 'Omar was a religious man and contemptuous to luxury. There are many tales enlightening his honesty and generosity.

__*'OMAR IBN 'ABDEL 'AZIZ :__ il est né vers 682, à Médine. Il fut le huitième calife umeyyade. Il était le fils de ʾAbd al-Azîz, le gouverneur de l'Égypte. Il a vécu à Médine jusqu'à la mort de son père. 'Omar était un homme religieux et méprisant le luxe. Il y a des histoires qui glorifient son honnêteté et sa générosité.

The Hymn of the Patriarcal School
نشيـــــد المدرســـــة البطركيـــة
L'hymne de l'école patriarcale
(The author's school)
(The poem by *KHALIL MUTRAN, the poet of the two countries.)
(See also / *Voir aussi* 54/02, by KHALIL MUTRAN)
(The music by COSTANDI KHOURI)

You ! the sons of the knowledge and virtue, work hard !
For every hardwork yields good results. So persist !
And for those who work hard, victory is a promise.
Seek knowledge tirelessly,
Without being bothered, ask for it.
And don't give up if you face difficulty.
For, any difficulty will set back in face of the persistent who push forward.
Our God ! Our God ! Keep that beacon always bright in this country.
Our patriarcal school raised us young.
And with her discipline we became successful men..
And don't shy from virtue but consider it as your objective.
For, virtue and knowledge are well considered since very long time,
They are the backbone of those who seek the higher ups.
This is how that house instructs his students,
May God bless that house,
And keep the guidance and wisdom as its emblem.

يـا بنـي العلـم والفضيلـة جـدوا
كـل كـد فيـه فـلاح فكـدوا
إنمـا الفـوز للمجديـن وعـد
اطلبـوا العلـم لا تملـوا طلابـا
لا تكـلوا إذا لقيتـم صعابـا
أي ذل لمقـدم يرتـد
ربنـا ربنـا أعلـي فـي البلاد منـارأ
بطريركيـة نمتنـا صغـارا
وبنأديبهـا كبـارا سنغـدوا
وابتغـوا بالفضيلـة التقويمـا
فهـي والعلـم لـم يـزالا قديمـا
للمعالـي عتـادا مـن يعتـد
ذالكـم مـا تقولـه لبنيهـا
هـذه الـدار بـارك اللـه فيهـا
والهدي فـي شعارهـا والرشـد

YA BANIL 'ILMI WALFADEELATI GIDDU.
KULLU KADDÉNN FEEHI FALAAHHONN FAKIDDU.
INNAMAL FAWZU LILMUGIDDEENA WAA'DU.
ITLUBUL 'ILMA LA TAMILLU TILAABANN.
LA TAKILLU IZA LAKEETUM SI'AABA
AYYU ZULLÉNN LIMUKDIMINN YARTADDU.
RABBANA RABBANA AA'LI FIL BILAADI MANAARA.
BATRIYARKIYYATANN NAMMATNA SIGHAARA.
WA BITA,,DIBIHA KIBAARANN SANAGHDU.
WABTAGHU BILFADEELATI TTAKWEEMA.
FAHIYA WAL 'ILMU LAM YAZAALA KADEEMA.
LILMA'AALI 'ITAADA MANN YAA'TADDU.
ZALIKUM MA TAKOULUHU LIBANEEHA.
HAZIHI DDAARU BAARAKA LLAAHU FEEHA.
WAL HUDA FI SHI'AARIHA WA RRUSHDU.

L'hymne de l'école patriarcale.
(L'école de l'auteur)
*(Le poème par **KHALIL MOUTRAN, le poète des deux pays.)*
*(La musique par **COSTANDI KHOURI)*

Vous ! Les fils de la connaissance et la vertu, travaillez fort !
Car chaque travail acharné donne de bons résultas. Alors, persistez !
Et pour ceux qui travaillent dur, la victoire est une promesse.
Recherchez la connaissance sans relâche,
Et sans vous sentir agacés par sa demande.
Et ne vous découragez pas si vous rencontrez des difficultés.
Car toute difficulté sera effacée par ceux qui poussent vers l'avant.
Notre Dieu ! Notre Dieu ! Gardez ce phare toujours lumineux dans ce pays.
Notre école patriarcale nous a élevés jeunes.
Et avec sa discipline nous sommes devenus des hommes réussis.
Et n'hésitez pas à la vertu, mais considèrez la comme votre objectif.
En effet, la vertu et la connaissance sont bien considérées depuis très longtemps,
L'épine dorsale de ceux qui cherchent le plus haut.
C'est ainsi que cette institution enseigne à ses étudiants.
Que Dieu bénisse cette institution
Et garde la bonne conduite et la sagesse comme son emblème.

*KHALIL MUTRAN (1872 – 1949) : he was born in Baalbek in Lebanon to a Palestinian father. In 1890, he left Lebanon to France. Although he planned to immigrate to Chili, he actually settled in Egypt in 1892. Here, he found his first job at AL-AHRAM then, he contributed to other newspapers. He founded his own magazine, Al-Mijalla Al-Misriyya (1900 – 1909). He supported MUSTAFA KAMEL's nationalist movement and collaborated with HAFEZ IBRAHIM in translating a French book on political economy. He translated many plays including Shakespeare drama into Arabic. He later took a post as secretary to the Agricultural Syndicate and helped to found BANQUE MISR in 1920. In 1924, he made a long Journey through Syria and Palestine, after which he claimed himself as a poet of the Arab countries. After the death of AHMED SHAWKI in 1932, he chaired the Apollo literary group till his death. In 1935, he became director of the "Al-Firka Al-Qawmiyya" (The National Idea) of the Egyptian theatre. He is called the poet of the two countries.

*KHALIL MUTRAN (1872 – 1949) : il est né à Baalbek au Liban de père palestinien. En 1890, il quitte le Liban pour la France. Bien qu'il ait prévu d'immigrer au Chlili, il s'est établi en Égypte en 1892. Ici, il a trouvé son premier emploi au journal AL-AHRAM. Par la suite, il a fondé son propre magazine, Al-Mijalla Al-Misriyya (1900 – 1909). Il a appuyé le mouvement nationaliste de MUSTAFA KAMÉL et collaboré avec HAFEZ IBRAHIM dans la traduction d'un livre français sur l'économie politique. En 1932, il anima le groupe Apollo et fit connaître aux arabes de nombreuses œuvres européennes – Hamlet, le Cid et Hermani. Mais c'est surtout sa poésie lyrique et romantique qui eut un rayonnement dans tout le monde arabe – Dîwân en quatre volume. Après la mort de AHMED SHAWKI en 1932, il a présidé le groupe littéraire Apollo jusqu'à sa mort. En 1935, il est devenu le directeur de « Al-Fikra Al-Qawmiyya » (L'idée Nationale) du théâtre égyptien. Il est surnommé le poète des deux pays.

21/09   He is ignorant.
(He can't distinguish between the Alpha letter in arabic and the Indian corn.

مــا يعْــرَفْــشْ الألِــفْ مِــنْ كـــوزِ الدُّرَة
MA YÉA'RAFSH ÉL ALÉF MÉNN KOOZ ÉL DORA.
Il est ignorant.
(Il n'arrive pas à distinguer un seul caractère arabe du blé d'Inde.)

21/10   If the expert in the subject is in town, no one could dare to give his opinion in such matter,
(If *"MAALÉK" is in town, no one could dare to give his religious and legal opinion in that matter.)
(Proposed by Assad Kotaite)

لا يُفْتَــي ومَــالكُ فِـــي المَدينـــة
LA YUFTA WA MAALÉK FIL MADEENA.
Personne ne peut oser donner son avis à ce sujet si l'expert en cette matière est en ville.
(Personne ne pourrait donner son opinion morale sur cette matière si *MAALÉK est en ville.)
(Proposé par Assad Kotaite)

*MAALÉK (715 – 796) : he is MAALÉK IBN ONSS and the founder of one of the four schools of islamic law, known by the name "FIKH". (See also 71/07, volume 1)

*MAALÉK (715 – 796) : *il est MAALÉK IBN ONSS et le fondateur de l'une des quatre écoles de la loi islamique connues sous le nom de « FIKH ». (Voir aussi 71/07 et volume 1)*

21/11   "The pencil's era is over and the foot's era is beginning. That football player has touched in one single year as revenue what the all Egyptian writers and authors couldn't touch since the time of Akhenaton."
*TAWFIQ AL HAKIM (See also 19/08, page 84)
(Tawfiq Al Hakim said this famous citation in the early 50's when, one day, he read in a newspaper that a less than 20 years old soccer athlete, has signed a contract for some millions of dollars per year.)

انتهى عصر القلم وبدأ عصر القدم لقد أخذ هذا اللاعب فـي سنـة واحـدة ما لـم يأخذه كـل أدباء مصـر مـن أيام اخناتون

INTAHA 'ASRU AL KALAM WABADA-A 'ASRU AL KADAM. LAKAD AKHAZA HAAZA AL LAA'EB FI SANA WAAHHIDA MA LAM YA,,KHUZUHU UDABAA-U MISR MINN AYYAAM AKHNAATUN.

« Le temps de la plume est fini tandis que le temps du pied commence. Ce joueur du Football a touché en une seule année en tant que revenus ce que les écrivains égyptiens et les auteurs ne pouvaient touchaient depuis l'époque d'Akhénaton. »
*TAWFIQ AL HAKIM (Voir aussi 19/08, page 84)
(Tawfiq Al Hakim a déclaré cette citation célèbre au début des années 50 quand, un jour, il a lu dans le journal qu'un jeune athlète de moins de 20 ans ait signé un contrat de plusieurs millions de dollars par an.)

*TAWFIQ AL HAKIM : **(1898 – 1987)** a prominent Egyptian writer, born in Alexandria from an Egyptian father who was a wealthy judge and a wealthy mother from Turlish origin. He grew up learning aristocracy and loving arts and music. He lived his youth in seclusion which gave him the chance to love reading and in particular, literature, history and poems. In 1919, he participated in the revolution against Egypt occupation by a foreign country and had been jailed. His liberation few months after, marked him with great contempt against colonization. In 1925, he was graduated from the Faculty of Law, then he traveled to live and study for his doctoral degree in law from France, untill 1928. While in France, he visited the Louvre Museum, and learned about the Cinema and theater and gained a substantial background in arts and literature through his intellectual curiosity that led him to appreciate the French and Greek culture as well as the international one. When he returned back to Egypt, he taught the law in one of the newly established Egyptian universities and afterward was employed as a lawyer and then untill 1934 as a solicitor in many of the Egyptian small towns. In that period, he wrote his famous memory : "The memory of a solicitors in rural communities" and "The people of the cave". Al Hakim was the founder of the "Mental theater" and he was known for his voluninous novels, short stories, essays and playwrights that he wrote for the theater and adapted its complex modes of communication to Egyptian society. Tawfiq Al Hakim filled many prestigious posts as he was the director of the national library and archives, and in 1959 he was elected to represent his country at Unisco organization, the president of the Egyptian writers association, the honorary director of the Al Ahram newspaper. He was awarded several of the traditional national awards such as : The Nile award, the highest order of the Republic. Al Hakim left a treasure of literature comprising over 100 playwrights, and 62 books.

TAWFIQ AL HAKIM : (1898 – 1987) un éminent écrivain égyptien, né à Alexandrie d'un père riche qui était juge et d'une mère riche d'origine turque. Il a grandi dans un milieu aristocratique appréciait l'art et adorait la musique. Il a vécu sa jeunesse dans la solitude ce qui lui a donné la chance d'aimer la lecture et en particulier la littérature historique et la poésie. En 1919, il a participé à la révolution contre l'occupation du pays par des étrangers et il avait été emprisonné et libéré quelques mois après. En 1925, il a été diplômé de la faculté de droit selon le désir de son père et contre sa propre volonté car il préférait l'art et la littérature. Après sa graduation, il a voyagé en France pour compléter ses études pour un doctorat en droit qu'il n'a pas complété. En France, en 1928, il a visité le Musée du Louvre et il a appris beaucoup sur le cinéma et le théâtre. Il a obtenu par sa curiosité intellectuelle une formation substantielle sur l'art, la culture française, grecque et mondiale. Quand il est rentré en Égypte, il a enseigné le droit dans une des universités nouvellement créées. Il a été employé ensuite comme avocat et juriste dans beaucoup de petites villes égyptiennes jusqu'en 1934. Durant cette période, il a écrit son mémoire célèbre « Le journal d'un attaché dans les petits villages ruraux » et les gens de la caverne ». Al Hakim a été le fondateur du « Théâtre Mental » et a été connu pour ses volumineux romans, ses histoires courtes, ses essais et ses dramaturgies qu'il a écrit pour le théâtre. Tawfiq Al Hakim a rempli plusieurs postes prestigieux comme directeur de la bibliothèque nationale et des archives d'Égypte ainsi en 1959, il a été élu pour représenter l'Égypte à L'Unesco où il a été le président de l'association des écrivains égyptiens et le directeur honorifique du journal Al Ahram.
Il a reçu plusieurs prix dont l'attribution du ruban du Nil et l'Ordre prestigieux de la république. Il a laissé un trésor de 100 pièces théâtrales et 62 romans.

21/12   For each scientist, there will be a day when he will be surpassed by one who will replace him by new knowledge.
وفـــوق كـــل ذي علـــم عليـــم
WA FAWKA KULLU ZY 'ILMÉNN 'ALEEM.
Pour chaque savant, il y aura un jour où il sera dépassé par celui qui le remplacera grâce à des nouvelles connaissances.

21/13   Seek knowledge wherever it is available even if you were to go as far as China.
اطلبـــوا العلـــم ولـــو بالصيـــن
ITLUBUL 'ILMA WALAW BI SSEEN.
Cherchez la connaissance là où elle est disponible, même si vous deviez aller aussi loin que la Chine.

21/14   Keep seeking out knowledge from the day of your birth to the day of your death.

اطلبـــــوا العلـــم مـــن المهـد إلــي اللحــــد

ITLUBU AL 'ILMA MINA AL MAHDI ILAL LAHHD.

Demandez l'éducation dès votre naissance jusqu'au jour de votre décès.

21/15   Why are you so gloomy ? He replied : "My son is passing the pre-university Exams."

ايـه اللي عَمَّــكْ دي القَمَّــة ؟ قــال : الولــد فــي الثانويــة العامــة

EIH ÉLLI GHAMMAK DIL GHAMMA ? AAL : ÉLWALAD FI ÉS SANAWÉYYA ÉL 'AAMMA.

Pourquoi êtes-vous si inquiet ? Il répondit : « Mon fils passe les examens pré-universitaires.»

21/16   Oh, 20 private lessons ! This is a catastophy, Oh poor me Khulousi !

عشرين درس خصوصي ! يا خـراب بيتك يـا خلوصي

'ÉSHREEN DARS KHOSOUSI YA KHARAAB BEITAK YA KOUHLOUSI.

Oh, 20 leçons privées ! Ça c'est une catastrophe. Pauvre de moi Khoulousi !

21/17   The exam results have been publicized. Start crying Khadiga.

ظهـــرت النتيجـــة. الطُمـــــي يـا خديحـــة

ZAHARÉTT ÉL NATEEGA. OLTUMI YA KHADIGA.

Les résultats des examens sont sortis. Commence à pleurer Khadiga.

21/18   Your pre-university score is your horse, it will carry you and run. It will allow you to go up and be admitted to the faculty of medicine or it will send you down the sewer.

مجموعـك حصانـك واخـدك وحاريِ. يا يدخـل بيك الطب يا يوديك المجاري

MAGMOU'AK HHOSAANAK WAKHDAK WÉ GAARI. YA YODKHOL BEEK ÉT TEB YA YÉWADDEEK ÉL MAGAARI.

Votre pourcentage pré-universitaire est votre cheval, il vous prend et court. Il vous permettra d'être admis à la faculté de médecine ou il vous envoie dans les égouts.

21/19   Oh my grade ! You are the cause of my tears.

يــا مجموعــي يـا ســبب دموعــي

YA MAGMOU'I YA SABAB DUMOU'I.

Oh mes notes ! Vous êtes la cause de mes larmes.

21/20   The knowledge is a mean to bring the scholars closer to each other.
(WAKEEHH IBN AL GARRAAHH, the IMAM ASHSHAAFI'I's teacher)

العلــــم رَحِــــمُ بيـــن أهلـــه

AL 'ILMU RAHHIMONN BAYNA AHLIHI.

La connaissance est un moyen de rapprocher les chercheurs, les uns des autres.
(WAKEEHH IBN AL GARRAAHH, le professeur d' IMAM ASHSHAAFI'I)

21/21   Is it forbidden to ask a question ?

هُــــو حـــــرَمُ الســـــؤالْ ؟

HOWWA HHOROM ÉSSUAAL ?

Est-il interdit de poser une question ?

CHAPITRE 22
Enmity and Love
العَـــــداءْ والحُـــــبّ
De l'inimitié et de l'amour

22/01   My lover walks barefooted and the hot ground burns them. I wish I could be a turkish slipper to be useful to him.

حبيبـــــي ماشــــي حافـــي والأرض بتلسعـــــه
يا ريتنـــي كنت شبشب كنت أقـــدر أنفعـــــه

HHABEEBI MAASHI HHAAFI WÉL ARDÉ BTÉLSA-'O
YA RÉTNY KONTÉ SHÉBSHÉB KONT A,,DAR ANFA-'O

Mon amant marche pieds nus et la chaleur du sol les brûle. J'aurais aimé être une pantoufle pour lui être utile.

22/02   The mailmen were complaining. (An old song of the 50's by RAGAA,, 'ABDO)

ألبسـطجيــة اشتــكوا

EL BASTAGUÉYYA ÉSH-TAKU

Les facteurs se plaignaient. (Une vieille chanson des années 50, de RAGAA,, 'ABDO)
The mailmen were complaining from the large amount of my correspondences. And when my eyes were kept on weeping, my handkecshiefves were worn out. You the moon ! In the name of the prophet, please go and greet my darling on my behalf. I keep on sending parcels and I continue writing letters. I wait and say : "What will I do if the mailmen delayed while my patience reaches its limit ?". The days run one after the other while I am deprived of your image even in my dreams. If I have wings, I would fly and enjoy our get-together. The separation is hell and I cannot bear its cruelty. You ! You are oppressing me with your circumstances, my intense passion towards you drags me to open my handkerchieves. You make me drink the bitterness cups after cups. And you, the indifferent to my anguish, you haven't even sent one single word to say hallo.
(Proposed by Antoine Tabet)

البسطجيــة اشتكـــوا مـــن كتـــر مراسيلــي
وعيوتـــــي لمـــا بكـــوا دابـــت مناديلـــي
روح يا قمر والنبي علي الحلـو مسـي لـي
أبعـت مراسيل واكتب جوابـات وأستني وأقـول
لـو غـاب مين راح يجيب الكلمـات والصبـر يطـول
والعمـــــر يفـــــوت يـــــوم وري يـــــوم
مـا بشفـــش خيــالك ولا فـــي النـــوم
لو لي جناح لكنـت أطيــر وافـرح بلقــاك
دي الفرقة عـذاب وأساهـا كتيـر يا ظالمني معاك
مـن كتـر شوقـي بافتـح مناديلـي
تسقيتـي المـــر كسـات وكسـات
ولا بعـت مـــرة تقـــول سلامـات

ÉL BOSTAGÉYYA ÉSHTAKOU MÉNN KOTRÉ MARASEELI.
WÉ-A' YOUNI LAMMA BAKU DAABÉTT MANAADEELI.
ROOHH YA AMR WÉNNABI 'AL HHÉLWÉ MASSILI.
AB 'AT MARASEEL WAKTÉB GAWABAAT WASTANNA WA-OUL.
LAWE GHAAB MEEN RAAHH YÉGEEB ÉL KÉLIMAAT WÉ SSABRI YÉTOUL.
WÉL'OMR YÉFOOT YO-OM WARA YO-OM.
MA BASHOFSH KHAYAALAK WALA FI ÉNNO-OM.
ROUHH YA AMR 'AL HHÉLWÉ MASSEELI.
LAWE LÉYYA GNAAHH LAKONT ATEER WAFRAHH BÉLO-AAK.
DIL FOR-A 'AZAAB WÉ ASAAHA KÉTEER YA ZALÉMNI MA'AAK.
MÉNN KOTRÉ SHO-O-I BAFTAHH MANAADEELI.
TÉS-EENI ÉL MORR KASAAT WÉ KASAAT.
WALA TÉB'AT MARRA TÉ-OUL SALAMAAT.

Les facteurs se plaignaient de la grande quantité de mes correspondances. Et quand mes yeux ont pleuré, mes mouchoirs se sont usés. Vous la lune, au nom du prophète, allez saluer mon chéri de ma part. Je continue à envoyer des colis et je continue à écrire des lettres. J'attends et je dis : « Que vais-je faire si le facteur tarde tandis que ma patience atteint sa limite ? » Les journées passent une après l'autre alors que je suis privé de votre image même dans mes rêves. Si j'ai des ailes, je voudrais voler et profiter d'un rendez-vous. La séparation est l'enfer et sa cruauté est insupportable. Vous, vous me désespérez par votre situation, ma passion intense vers vous me traîne à ouvrir mes mouchoirs. Vous me faites boire l'amertume tasse après tasse. Et vous, l'indifférent à ma souffrance, vous n'avez même pas envoyé un mot pour me dire bonjour.
(Proposé par Antoine Tabet)

22/03 The mirror of love is blind. It makes okra from the zucchini.

مرايــة الحــب عامــية تخلــي الكوسـة باميــة

MÉRAAYÉT ÉL HHOB AA'MYA TÉKHALLI ÉL KOSA BAMYA.
Le miroir de l'amour est aveugle. Il fait de la courgette de l'okra.

22/04 Never the opponent could become a friend, as never the fig tree could yield dry raisins.

عمــر العـدو مـا بيقـي حبيـب وعمــر شجـرة التيـن مـا تطـرح زبيـب

'OMR ÉL 'ADOW MA YÉB-A HHABEEB WÉ-'OMR SHAGARÉT ÉT TEEN MA TÉTRAHH ZÉBEEB.
Jamais l'ennemi pourrait devenir un ami ni le figuier ne pourrait donner des raisins secs.

22/05 "Why do you go to your enemy's home ?" He replied : "My sweet heart is there."

داخــل بيــت عــدوك ليــه قــال حبيــي فيــه

DAAKHÉL BEIT 'ADOWWAK LEIH AAL : HHABEEBY FEEH.
« Pourquoi rentres-tu dans la maison de ton ennemi ? » Il répondit : « Mon amour est là.-bas. »

22/06 Don't consider my intense love to you as sign of weakness. Yes I do love you to death and whatever you ask me, my heart will willingly do, yet it shouldn't cross your mind to dare and think that I lost my self control by your daring demands. (IMRA-UL KAIS)

أَغـــرُّكِ مِنّــي أنّ حُبّــــكِ قاتِلِي   وَأنَّــكِ مَهْمَــا تأمُــري القلـــبُ يَفْعَــلُ

AGHARRAKI MINNI ANNA HHUBBAKI KAATILI WA ANNAKI MAHMA TA,,MURI AL KALBA YAF'ALU.

Ne pensez pas que mon amour intense pour vous est un signe de faiblesse de ma part. Oui, je vous aime à mort et tout ce que vous demandez, mon cœur va le faire volontiers, mais il ne doit traverser votre esprit que j'ai perdu mon contrôle par vos demandes audacieuses.
(IMRA-UL KAIS)

22/07 **She Is White** ابيـــــضاء *Elle est blanche*
She is white and no impurity smears her whiteness.
Like the jasmin in its purity and fragrance.
She came into my sight embracing me,
And I saw the moonlight in midnight with her face surrounded by the dark hair,
And with her two rosy cheeks I became drunk for a moment,
While I satisfied myself with a bright smiling lips.
And when my chest touched hers, I felt like in a trance,
And I forgot that life is a dissipating dream and,
This moment seemed to me like I am living the eternity fully.
A quick observing look from the side of her eye,
Makes the lions of the forest not to dare looking back.
And by this very fact, she put down many of the famous admirers.
So be careful from the arrows that are thrown from the curve of her eyebrow.
For my friend, you, the sharpshooter, the spear is one of her favorite toys.
When she appears with her face under her scarf,
she resembles the sun when setting, while the nightfall is cautious to advance.
At the end she told him : "Don't you see our house with my jealous father and my seven strong brothers ? Aren't you concerned ?"
And he answered her : "Don't worry, I am a powerful lion."
Then she said : "But our bastion is so high and hard to reach ?"
Then he answered : "Don't worry, I am a bird that flies over and around."
Then she said : "But we are on an island that is surrounded by high tides."
Then he answered : "Don't worry, I am a good swimmer."
Then she said : "Aren't you afraid of God who's watching from the height ?"
Then he replied : "Don't worry, my God is forgiving."
Then she ended by saying : "I am surrendering, I have no other pretext."
Then he said : "So I am coming."
The young girl is beautified by her virgin spirit.
And in her cheek there is a grain of beauty that is blooming.
And me when I watched, I lost my reason as I lost my mind.
And when she was willing and approached me, I asked her to make love.
And she declined and said : "Don't you feel embarrassed, you Imam? "
(A song by *ADEEB AL DAYEKH)
(Proposed by Pierre Bali)

99

بيضـــــاءُ لا قـــــدَرٌ يشـــــوبُ صفاؤُهـــــا

كاليـاسميـــــــــنِ نقاوتـــــا وعبيـــــــرا

هـــلّتْ علــيَّ فضمَّنـــــي مــن شعـــرها

ليـلٌ رأيــــتُ البــــدرَ فيـــه منيـــــرا

وسكـــــرتُ مـــــن خمـــرٍ قــد نالَـــق رحيبهــــا

وأرضي ينفـــــــــرُ قـــد نالَـــق نــــــورا

وشعـــــرتُ لمّـا مــسَّ صــــدري صــــدرُها

أنّـــــــــي أذوبُ صبابـــةً وحُبــــــــــورا

فنســـــيتُ أنّ العمـــــــــرَ حلـــــمٌ زائـــــلٌ

وشعـــرتُ أنّـي قـــد حيـــــــتُ دهـــــورا

ســــلتْ لحاظـاً أسـود الغـــــاب تخشـــاها

فأرخصتْ مُهجـا مـــا كـــان أعـلاهــــا

احذرْ ســـــهـاما بدتْ مـــن قـــوسِ حاجبِهـــا

فالرمـــي يا صاحـبَ الرمّــي مــن سجايـهـــا

مـــا وجهـها حيــن يبـــدوا تحـــت غرّتِهــا

إلّا كشـــــمسِ الضّحـــى والليـــلُ يخشـاهـا

قالتْ : ألّا تجـدْ دارَنـا إنّ أبـانـا لرحـــلٌ غائِـرُ

قالتْ : إنّ لــــــي سبعـــــة إخــــوةٌ

قال لها : إنِّــي أســـــــدٌ كاسِــــــــــرُ

قالتْ : إنّ قصرنــــا عالِـــــي البنـــــاءِ

قال لها : إنِّــي فوقــــــهُ طائـــــــــــرُ

قالتْ : إنّ البحـــــــــــرَ بينـــنـــــا

قال لها : إنّـِـــــي سابـــــــحٌ ماهـــــرُ

قالتْ : ألَيـــــــسَ اللـــــــهُ فوقنـــا

قال لها : إنّ اللــــــهَ راحـــــــمٌ غافِـــرُ

قالتْ لهُ : لقـــــــدْ عانيـــــتُ حِجحــ

قالا لهَا : إنِّـــــــــــيَ إلَيـــكِ سائـــــــرُ

بـــروحِ الفــــتـات بالعفـــاف تجمّلَـــــتْ

وفـــي خدِّها حــبٌ مــن المسـكِ نبتْ

وقـــدْ ضـــاعَ رُشـــدي وقـــدْ ضـاعَ عقلــي

واستعـــــــــدّت وأقبَـلَـــــــــــت

ولمّـــا طلبـــــتُ الوصـــلَ منهــا تمنعــــت

وقالت : أمـــا تخشــــى وأنـــــت إمـــامُ

BAYDA-U LA KAZARA YASHOUBU SAFA-UHA
KALYAASIMEENI NAKAAWATANN WA 'ABEERA.
HALLAT 'ALAYYA FADAMMANI MINN SHAA'RIHA
LAYLONN RA-AYTUL BADRA FEEHI MUNEERA.
WASAKARTU MINN KHAMRAYNI KHAMRI LIHHAAZIHA.
WA ARDA BITHAGHRÉNN KAD TA-ALLAKA NOURA.
WA SHA'ARTU LAMMA MASSA SADRI SADRAHA
ANNI AZOUBU SABAABATANN WA HHUBOURA.
FANASAYTU ANNAL 'OMRA HHULMONN ZA-ILONN
WA SHA'ARTU ANNI KAD HHAYYTU DUHOURA.
SELET LIHHAAZANN USOUDUL GHAABI TAKHSHAAHA.
FA ARKHASAT MUHAGANN MA KAANA AGHLAAHA.
IHHZAR SIHAAMANN BADAT MINN KAWSI HHAAGIBIHA
FARRAMYU YA SAAHHIBI ARRAMYI MINN SAGAAYAAHAA.
MA WAG-HUHA HHEENA YABDU TAHHTA GHURRATIHA
ILLA KASHAMSI ADDUHHA WAL LAYLU YAKHSHAAHA.
KAALAT : ALA TAGIDU DAARANA
INNA ABAANA LARAGULONN GHAA-IRONN.
KAALAT : INNA LI SAB'ATU IKHWATU
KAALA LAHA : INNI ASADONN KAASIRU.
KAALAT : INNA KASRUNA 'AALI AL BUNAA,,.
KAALA LAHA : INNI FAWKAHU TAA-IRU.
KAALAT : INNA AL BAHHRA BAYNANA.
KAALA LAHA : INNI SABBAHHONN MAAHIRU.
KAALAT : ALAYSA ALLAAHU FAWKANA.
KAALA LAHA : INNA ALLAAHA RAHHIMONN GHAAFIRU.
KAALAT LAHU : LAKAD 'AANAYTU HHUGAGANN.
KAALA LAHA : INNI ILAYKI SAA IRU.
BIROUHHI AL FATAATI BIL 'AFAAFI TAGAMMALAT.
WAFI KHADDIHA HHABONN MINAL MISKI NABAT.
WAKAD DAA-'A RUSHDI WAKAD DAA-'A 'AKLI.
WASTA'ADDAT WA AKBALAT.
WALAMMA TALABTU AL WASLA MINHA TAMANNA'AT
WA KAALAT : AMAA TAKHSHA WA ANTA IMAAMU.

Elle est blanche et aucune impureté ne brouille sa blancheur.
Comme le jasmin dans sa pureté et son parfum.
Elle est venue vers moi m'enlacer tendrement,
Et j'ai vu la lune de minuit avec son visage entouré de cheveux noirs.
Et avec ses deux joues roses, je suis devenu ivre un moment,
Le sourire lumineux de ses lèvres m'a rassuré.
Et quand ma poitrine a touché la sienne,
Je me suis senti comme dans en transe.
J'ai oublié que la vie n'est qu'un rêve se dissipant.
Ce moment m'a semblé que je vivais pleinement l'éternité.
Un rapide coup d'œil fait trembler les lions de la forêt
Et les empêche d'oser se retourner.
Et par ce fait même, elle a humilié de nombreux admirateurs célèbres.
Soyez donc prudent et évitez les flèches qu'elle jette de la courbe de ses sourcils.
Car mon cher ami, vous le tireur d'élite, la lance est un de ses jouets favoris.
Quand elle apparaît avec son visage sous son écharpe,
Elle ressemble au coucher du soleil, alors que la nuit n'ose s'avancer.
À la fin, elle m'a dit : « Ne voyez-vous pas notre maison,
Avec mon père jaloux et mes sept frères forts ? N'êtes-vous pas concerné ? »
Et j'ai retorqué : « Ne vous inquiétez pas. Je suis un lion puissant. »
Puis s'est objecté : « Mais notre bastion est si élevé et difficile à atteindre. »
Puis j'ai répondu : « Ne vous inquiétez pas. Je suis un oiseau qui survole. »
Puis elle m'a dit : « Mais, nous sommes sur une île qui est entourée par la marée haute. »
Puis j'ai répondu : « Ne vous inquiétez pas. Je suis un bon nageur. »
Puis elle m'a dit : « Vous n'avez pas peur de Dieu qui nous regarde de haut ? »
Puis je lui ai répondu : « Ne vous inquiétez pas. Mon Dieu est miséricordieux. »
Puis elle m'a dit : « Je m'abandonne. Je n'ai aucun autre prétexte. »
Puis j'ai répondu : « J'arrive. »
La jeune fille est embellie par son esprit vierge,
Et sur sa joue il y a un grain de beauté qui est en plein floraison.
Et moi lorsque j'ai regardé ! j'ai perdu la tête comme j'ai perdu la raison.
Et quand elle a été prête et s'est approchée de moi, je lui ai demandé de faire l'amour.
Elle s'est retirée en s'objectant : « Vous n'êtes pas gêné, vous l'imam ? »
(Une chanson-poème par *ADEEB AL DAYEKH)
(Proposé par Pierre Bali)

*ADEEB AL DAYEKH : Born in Alep, Syria in 1938. He is one of the best spiritual singers of the middle East.

*ADEEB AL DAYEKH : né à Alep en Syrie en 1938. Il est un des meilleurs chanteurs spirituels au Moyen Orient.

22/08   In this occasion, I said a quotation that become famous : "He who keeps company with his enemy, one day, he will get lost".
(AHMED SHAWKI in "The cat and mice") (See also : volume 1)

فقَـلْـتُ فـي المَقـام قـولاً شَـاعَـا : مَـنْ حَفِـظ الأَعْـداء يَوْمـاً صَاعَـا

FAKOLTU FI AL MAKAAMI KAWLANN SHAA-'A MANN HHAFIZA AL AA'DAA-A YAWMANN DAA-'A.

À cette occasion, j'ai dit un dicton qui est devenu célèbre: « Celui qui a des relations avec ses ennemis, un jour, il va se perdre. »
(AHMED SHAWKI du poème « Le chat et le rat ») (Voir aussi volume 1)

22/09   Love is like a bait and the lover is blind.

الحـب مطـب والعاشـق أعمـي

ÉL HHOB MATAB WÉL 'AASHÉ,, AA'MA.

L'amour est un appât et l'amant est aveugle.

22/10   They say that Laila is sick in Irak. I would have liked to be her healing physician.
(*KAYS IBN MULOUHH)

يَقُولـونَ لَيْلَـي فـي العِراق مَريضَةُ   أَيا لَيْتَنِـي كُـنْتُ الطَبيـبَ المُداوِيَـا

YAKOULOONA LAYLA FIL 'IRAAKI MAREEDATONN. YA LAYTANI KUNTU ATTABEEBA AL MUDAAWIYA.

Ils disent que Laila est malade en Iraq. J'aurais aimé être son médecin soignant.
*(*KAYS IBN MULOUHH)*

*KAYS IBN MULOUHH (545 -588) : he is a poet from Najd, Saudi Arabia and was in intense love of his girlfriend Laia to whom he wrote this poet. He died without marrying her and was known by the "Laila's crazy lover".

****KAYS IBN MULOUHH (545 -588) :** il est de Najd en Arabie Saudite. Il vivait un amour intense avec son amie Laila à qui il a écrit ce poème. Il est mort sans l'épouser. Il était renommé comme « Le fou amoureux de Laïla ».*

22/11   And they said you are a black Ethiopian woman, but they didn't know that the **musk too, is black and is precious.
('ANTAR IBN SHADDAD) (See also ('ANTAR in volume 1) (See also 74/32)

وَقالـوا عَنْـكي سَـوْداءُ حَبَشِيّـةٌ   وَلَـوْلا سَـوادُ المِسـكِ مَا انْبـاعَ غَالِـيا

WA KAALU 'ANKI SAWDAA-U HHABASHIYYATONN WALAWLA SAWAADU AL MISKI MA INBAA'A GHAALIYA.

Et ils ont dit que vous êtes une femme noire éthiopienne. Mais ils ne savaient pas que, le **musk est aussi noir et a une valeur inestimable.
('ANTAR IBN SHADDAD) (Voir aussi ANTAR au volume 1) (Voir aussi 74/32)

THE MUSK : it is a secretion which found in the adult deer. It is used as a component of fragrance and as anti-inflammatory.

***LE MUSC :** c'est une secrétion qui se trouve chez les cerfs adultes. Il est utilisé comme parfum et comme anti-inflammatoire.*

22/12   O my darling ! I have painted your image in my mind.
And nobody else is on the screen of my thoughts.
I make you the holy and sacred temple of my love,
And I keep it in my heart in the difficult days as in the heydays.
I am dreaming of those nights in which I was forgetting myself in.
How many of these nights were wonderful !
I swear, my love of you is deep and I am totally ravished.
It was urgent to write to you explaining my condition, with tears flowing.
I didn't complain but to God and this is the dogma of the noble men.

وَلَـمْ يُرْسَـمُ سِـوَاكِ يِلَـوْحِ بَالِـي   رَسَمْتُـكِ يَـا حَبِيبَتِـي فِـي خَيَالِـي
بِقَلبِـي فِـي الهَجِيـرِ وَفِـي الظِّلَالِ   جَعَلتُـــكِ قَبْلتِـي وَمِحـــرَابَ حُبِّـي
أَبَـا طِيـبَ هَاتِيـكَ اللَّيَالِـي   أَهِيـمُ إلَـى لَيَالٍ كُنْتُ أَنْسَـي بِهَـا
وَحَالِي لَـمْ يَـزَلْ بِهَـوَاكِ حَالِـي   وَحَقُّـكِ إنَّ وَحْـدِي فِيـكِ وَحْـدِي
بِدَمْـــعٍ سَـــحٍ مِنِّـي كَالأَلِـي   كَتَبْـتُ إلَيْـكِ عَـرْضَ الحَـالِ لَهَـفَا
وَهَـذَا دِيـنُ سَـادَاتِ الرِّحَـالِ   وَلَـــمْ أَرْفَـــعْ لِغَيْـرِ اللَّـه أَمْـرِي

RASAMTUKI YA HHABEEBATI FI KHAYAALI WALAM YURSAMU SIWAAKI
BILAWHHI BAALI. GA'ALTUKI KUBLATI WAMIHHRABA HHUBBI, BIKALBI
FIL HAGEERI WAFI ZZILALI. AHEEMU ILA LAYAALÉNN KUNTU ANSA BIHA,
AYAA TEEBA HAATAYKA AL LAYAALI. WAHHAKKUKI INNA WAGDI FEEKI
WAGDI, WAHHAALI LAM YAZAL BIHAWAAKI HHAALI. KATABTU ILAYKI
'ARDU AL HHAALI LAHFANN. BIDAM'ÉNN SAHH-HHA MINNI KAL-AALI.
WALAM ARFAA' LIGHAYRIL ALLAAHI AMRI WAHAAZA DEENU SAADAATU
AI RIGAALI.

*Ö ma chérie ! J'ai peint votre image dans mon esprit et personne d'autre n'est sur
l'écran de mes pensées. Je ferai de vous le sanctuaire et le temple sacré de mon
amour et je le garderai dans mon cœur, dans les jours difficiles comme dans les
beaux jours. Je rêve de ces nuits dont je m'étais oublié, combien de ces nuits
merveilleuses ont été ! Je jure que mon affection pour vous est profonde et je suis
totalement ravi. C'était urgent de vous écrire pour vous expliquer mon état ainsi que
mes larmes qui coulent. Je ne me suis plaint qu'à Dieu et cela est le dogme des
hommes nobles.*

22/13   Love begins with a look, followed by a smile, than by a chat, than by a date, than
by getting together, and finally by falling in love.

الحِــــبُّ نظـــرة فابتســـامة فكـــلام فموعـــد فلقـــاء فغــــرام

AL HHOBBU NAZRATONN FABTISAAMATONN FAKALAAMONN FAMAW-
'IDONN FALIKAA-ONN FAGHARAMU.

*L'amour commence par un coup d'oeil, suivi d'un sourire, d'une conversation, d'un
rendez-vous, d'une réunion et enfin finir par tomber en amour.*

22/14   The most humiliating in life is to fall in love with one who doesn't share your
feelings.

ذُلُّ الحَيَـــاةِ بِـــأَنْ تَكُـــونَ مُتَّيَمـــاً بِهَـوَى حَبِيــبٍ لا يُبَـادِلُكَ الهَـوَى

ZULLU AL HHAYAATI BI-AN TAKOUNA MUTAYYAMANN BIHAWA
HHABEEBÉNN LA YUBADILUKA AL HAWA.

*Le plus humiliant dans la vie c'est d'être amoureux de quelqu'un qui ne partage pas
vos sentiments.*

22/15   I would never forget you since you called me with that pretty sound from your cute mouth. Then, you stretched a hand toward me, like that which is stretched to a drowned through the high tide. A thirsty rambler would long for the glow of your eyes, I wonder, how did you get that marvelous glow !
(From AL ATLAAL by Dr. IBRAHIM NAGUI.) (See also AL ATLAAL volume 1)

لَسْـتُ أَنْسَـاكَ وَقَـدْ نَادَيْتَنِـي   بِفَـمٍ عَـذْبِ المُنَـادَاةِ رَقِيـقْ
وَيَـدٌ تَمْتَـدُ نَحْـوِي كَيَـدٍ   مِنْ خِـلالِ المَـوْجِ مُـدَّتْ لِغَرِيـقْ
وَبَرِيـقٌ يَظْمَـأُ السَّـارِي لَـهُ   أَيْـنَ فِـي عَيْنَيْـكَ ذَيَّاكَ البَرِيـقْ

LASTU ANSAAKA WA KAD NAADAYTANI BIFAMÉNN 'AZBIL MUNAADATI RAKEEK. WA YADONN TAMTADDU NAHHWI KAYADÉNN MINN KHILAALIL MAWGI MUDDATT LIGHAREEK. WA BAREEKONN YAZMA-U AL SAARI LAHU AYNA MINN 'AYNAYKA ZAYYAAKA AL BAREEK.

Je ne vous oublierai jamais car vous m'avez appelé avec ce son savoureux qui sort de votre bouche. Puis vous avez tendu la main vers moi, comme celle qui est tendu à un noyé dans les vagues. Un randonneur assoiffé aurait besoin de la lueur de vos yeux. Je me demande, comment avez-vous cette lumière merveilleuse dans vos yeux ! (Du poème AL ATLAAL) (Voir aussi, AL ATLAAL volume 1)

22/16   What kind of gift can I offer you in that celebration, you my angel who has everything. I have nothing more precious to offer except my soul which is already in your hands.
(ILIYA ABU MADY) (See also 24/01 and volume 1)

أَيُّ شَيْئٍ فِـي العِيدِ أَهْـدِي إِلَيْـكِ   يَا مَلاكِـي وَكُـلُّ شَيْئٍ لَدَيْـكِ
لَيْـسَ عِنْـدِي شَيْئٌ أَعَـزُ مِنَ الـرُّوحِ   وَرُوحِـي مَرْهُونَـةٌ فِـي يَدَيْـكِ

AYYU SHAY-ÉNN FIL 'EEDI UHDI ILAYKI YAA MALAAKI WAKULLU SHAY-ÉNN LADAYKI. LAYSA 'INDI SHAY-ONN A'AZZU MIN RRO-OHHI WA RO-ROHHI MARHOUNATONN FI YADAYKI.

*Quel sorte de cadeau puis-je vous offrir à cette occasion mon ange, vous qui avez tout. Je n'ai rien de précieux de plus à vous offrir sauf mon âme qui est déjà dans vos mains.
(ILIYA ABU MADY) (Voir aussi 24/01 et volume 1)*

22/17   No one knows the meaning of the lovesick except those who are truly fell in love. And not everyone who says I am in love is telling the truth. For, lovers pass by a stage of transformation, of anxiety and of insomnia, only known among themselves.

لا يعرف الحزن إلاّ كل مـن عشـق   وليس كل مـن قـال إنـي عاشـق صـدق
للعاشقين تحـول يعـرفون بـه   مــن طــول ما حالفـوا الأحـزان والأرق

LA YAA'RIFU AL HHUZNA ILLA KULLU MANN 'ASHAK, WA LAYSA KULLU MANN KAALA INNI 'AASHIKONN SADAK. LIL'AASHIKEENA TAHHAWWULONN YUA'RAFOUNA BIHI MINN TOULI MA HHAALAFU AL AHHZAANA WA AL ARAK.

Nul ne connaît le sens de l'amour sauf ceux qui sont tombés amoureux. Et ce n'est pas tous ceux qui disent nous sommes tombés amoureux sont sincères, car les vrais amoureux passent par une transformation d'angoisse et d'insomnie, connues seulement entre eux.

Does he think ?

أَيَظُــــنّ

AYAZUNNU

Croit-il que ?

(Poem by / *Poème par* ** NIZAR AL KABBANI)

(A song by / *Une chanson de* ***NAGAAT ASSAGHEERA)

(Music by / *Musique par* ***MUHAMMED ABDEL WAHAB) (See also page 120)

Does he think that I am a toy in his hand ? I never think of returning back to him.
Today he came back as nothing happened,
With the innocence of a child in his eyes,
To tell me that I am the company of his life. And I am his only love.
And in a sudden, I forgot all my anger.
Who did say that I was angry against him ?
How many times I said that I will not return to him !
but I returned...And what a sweet return.

أَيَظُـــنّ أَنِّــي لُعْبَـــةٌ فِـــي يَدَيْـــهِ ؟
أَنـا لاَ أَفَكِّـــرُ فِـــي الرُّجُـــوعِ إِلَيْـــهِ
اليَـــوْمَ عَـادَ وَكَـأَنَّ شَيْـأً لَـمْ يَكُـــنْ
وِبَـــرَاءَةُ الأَطْفَـــالِ فِـــي عَيْنَيْـــهِ
لِيَقُـــولَ لِـــي إِنِّـــي رفِيقَـــةُ دَرْبِــهِ
وَأَنَّنِـــي الحُــــبُّ الوَحِــــدُ لَدَيْـــهِ
وَسِيـــتُ حِقْدِي كُلَّـــهُ فِـــي لَحْظَـــةٍ
مَـــنْ قَــــالَ إِنِّـــي حَقَـــدْتُ عَلَيْـــهِ
كَـمْ قُلْـتُ إِنِّـي غَيـرُ عَائِـــدَةٍ لَــهُ
ورَجِعْـتُ ...مَا أَحْلَى الـرُّجُوعُ إِلَيْـهِ

AYAZUNNU ANNI LUA'BATONN FI YADAYHI ?
ANA LA UFAKKIRU FI RRUGOU-'I ILAYHI.
ALYAWMA 'AAD WA KA-ANNA SHAY-ANN LAM YAKONN.
WA BARAA-ATU AL ATFAALI FI 'AYNAYHI.
LIYAKOULA LI INNI RAFEEKATU DARBIHI.
WA BI-ANNANI AL HHUBBU AL WAHHEEDU LADAYHI.
WANASEETU HHIKDI KULLAHU FI LAHHZATÉNN.
MANN KAALA INNI HHAKADTU 'ALAYHI.
KAM KULTU INNI GHAYRU RAAGI'ATÉNN LAHU
WARAGIA'TU...MA AHHLA AL RUGOU'A ILAYHI.

Croit-il que je suis un jouet dans sa main ? Je ne pense jamais lui revenir.
Aujourd'hui, il est retourné, comme si rien ne s'était passé.
Avec l'innocence d'un enfant à ses yeux.
Pour me dire que je suis le compagnon de sa vie et son seul amour.
Et d'un seul coup, j'ai oublié toutes mes colères.
Qui a dit que j'étais en colère contre lui ?
Combien de fois j'ai dit que je ne vais pas lui revenir.
Mais je suis retourné... Et quel doux retour !

22/19   Oh 'Abdo ! Don't tickle me. (No 'Abdo ! In the name of the prophet, don't.)
(An old song by *SALEH ABDEL HHAY)

لا والنبــي يــا عبـــده

LA WE NNABI YA 'ABDO.

Ô 'Abdo ! Ne me chatouille pas. (Non 'Abdo ! Au nom du prophète je te supplie.)
*(Une vieille chanson de *SALEH ABDEL HHAY)*

* **SALEH ABDEL HHAY (1889 – 1962) :** he is one of the reputed singer of the MUWASHSHAHHAAT of his time. He also represents the middle generation between an ancient one of ABDO AL HAMOULI and SALAMA HEGAZI and a recent one of OM KULTHOUM and ABDEL WAHAB.

*SALEH ABDEL HHAY (1889 – 1962) : il est l'un des plus connus des MUWASHSHHHAAT de son temps. Il représente aussi une génération du milieu artistique, soit entre une ancienne de ABDO AL HAMOULI et SALAMA HEGAZI et une nouvelle de OM KULTHOUM et ABDEL WAHAB.

** **NIZAR AL KABBANI (1923 – 1998) :** born in Damascous, Syria. was a Syrian diplomat, poet and publisher. His poetic style combines simplicity and elegance in exploring themes of love, feminism, religion, and Arab Nationalism. He is one of the most revered contemporary poets in the Aeab World.

**NIZAR AL KABBANI (1923 – 1998) : né à Damas en Syrie. Il était un diplomate, un poète et un éditeur. Son style poétique combine la simplicité, l'élégance en explorant des thèmes comme l'amour, le féminisme, la religion et le nationalisme arabe. Il est le poète contemporain le plus vénéré dans le monde arabe.

*** **NAGAAT ASSAGHEERA :** a famous Egyptian singer, born in Cairo, Egypt. She is the sister of the diva actress SOUAD HOSNI who died in a mysterious accident in the year 2000.

***NAGAAT ASSAGHEERA : une chanteuse fameuse égyptienne, née au Caire, en Égypte. Elle est la sœur de la célèbre actrice SOUAD HOSNI qui est morte dans un accident mystérieux en l'an 2000.

CHAPITRE 23
Community Help
المُسَـــاعدةْ الجَماعيَّـــة
De l'entraide

23/01   Helping people, equates fasting and prayer.
(Proposed by my brother Gabriel Sinki)

مســـــاعدة القـــوم زي الصـــلاة والصـــوم

MUSSAA-A'DÉT ÉL O-OM ZAY ÉL SALA WÉL SO-OM.

Aider les gens c'est comme la prière et le jeûne .
(Proposé par mon frère Gabriel Sinki)

23/02   We keep asking you for favours and you have always responded favorably. however, the one who exagerates will be deprived.
(*ZOHEIR IBN ABI SALMA)

سَألَنـا فأعْطيتُـمْ وَعُدْنـا فعُدْتُـمْ ومَـنْ أكْثَـرَ التَسَـألَ يَوْمـاً سيُحْرَم

SA-ALNA FA AA'TAYTUM WA 'UDNA FA 'UDTUM WAMANN AKTHARA AT TASAA-ALA YAWMANN SAYUHHRAMU.

Nous vous demandons des faveurs et vous avez toujours répondu favorablement. Cependant, celui qui exagère en sera privé.
*(*ZOHEIR IBN ABI SALMA)*

23/03   Put your hand in my hand and together we will prosper.
(From the movie entitled "The quarrel of the little sons" or "Siraa-'a Al Ahhfaad".
(NOUR EL SHERIF)

حـــط إيـــدك فـــي أيـــدي والخيـــر يجيـــلك ويجيلـي

HHOT EEDAK FI EEDI WÉL KHEIR YÉGEELAK WÉY GEELI.

Mets ta main dans ma main et ensemble nous allons prospérer.
(Du film « Des querelles des petits enfants » ou « Siraa-'a Al Ahhfaad ».
(NOUR EL SHERIF)

23/04   There is no account to pay between the benefactors.

مـا بيـــــن الخيريـــــن حســـــاب

MA BAYNA AL KHAYYÉREENA HHISSAAB.

Il n'y a pas de compte entre les bienfaiteurs.

*ZOHEIR IBN ABI SALMA : he was a poet of the pre-Islamic period. His most well known work is Mu'allaqa. In his poems he preached the principles of noble conduct for individuals and society. *AL KHANSSAA,,* is his sister.

*ZOHEIR IBN ABI SALMA : il était un poète de la période pré-islamique. Son oeuvre la plus connue est AL MU'ALLAQA. Dans ce poème il a prêché les principes de la bonne conduite autant pour les individus que pour la société. AL KHANSSAA est sa sœur.

CHAPITRE 24
Excuses
الأعْـــــزَارُ
De l'excuse

24/01   No one is more miserable than he who is pessimist, he perceives life as tough and bitter and sees the life enjoyment as of no value. In real life, the shrewdest people are those who take it one day at a time and deals with its difficulties with positive sense.
(ELIA ABU MADI) (See also 22/16 and volume 1)

لَيْسَ أَشْقَى مِمَـنْ يَـرَي العَيْشَ مُـرَّاً   وَيَظُــنُّ اللَّــذّاتَ فِيهَــا فضــولا
أحْكَــــــــمُ الـنَّاس فِـي الحَيَــاةِ أَنَـاسٌ   عَللوهَـــــا فأحْسنَـوا التَعْلِيـلَ

LAYSA ASHKA MIMMANN YARA AL 'AYSHA MURRANN WAYAZUNNU AL LAZZAATI FEEHA FUDOULANN. AHHAKKU ANNAASA FIL HHAYAATI UNAASONN 'ALLALOUHA FA AHHSANU ATTAA'LEELA.

Nul n'est plus misérable que celui qui est pessimiste, il perçoit la vie aussi dure et amère et voit la jouissance de la vie sans valeur. Dans la vraie vie, les gens les plus rusés sont ceux qui prennent la vie un jour à la fois et font face aux difficultés positivement.
(ELIA ABU MADI) (Voir aussi 22/16 et volume 1)

CHAPITRE 25
Eyes and Temptation
العُيــــــونْ والإغـــــراء
Des yeux et de la tentation

25/01   And when the heartstring was touched and the heart fell in love, the eye was the cause.

والقلـــب لمـا انشبــك كـان السـبب مـن العيــن

WÉL ALB LAMMA ÉNSHABAK KAAN ÉS SABAB MÉL 'ÉIN.

Quand la corde a été touchée et que le cœur est tombé amoureux, l'œil en a été la cause.

25/02   I put my finger in the eye of he who can deny those facts.
(An expression which demonstrates a defiance with anger.)

احـــط صباعــي فــي عيــن أتخــن تخيــن

AHHOTT SOBA-I' FI 'ÉIN ATKHANN TÉKHEEN.

Je mets mon doigt dans l'œil de celui qui peut nier ces faits..
(Une expression qui démontre du mépris, de la colère.)

25/03   He who has the temptation in his eyes deserves to be blind for his safety.
(AHMED SHAWKI in "The monkey and the elephant".) (See also volume 1)

مَـنْ كــانَ فِـي عَيْنَيْـهِ هَـذا الـدّاءْ فَفِـي العَمَـي لِنَفْسِـهِ وَقـاءْ

MANN KAANA FI 'AYNAYHI HAAZA ADDAA,, FAFI AL 'AMA LINAFSIHI WAKA,,.

Celui qui a la tentation dans ses yeux mérite d'être aveugle pour son salut.
(AHMED SHAWKI dans « Le singe et l'éléphant ».) (Voir aussi volume 1)

25/04   He who looks at me with one eye I will look at him with both.

اللــي يبصللــي بعيــن أبصللــه بالإثنيــن

ÉLLI YÉBOSSÉLLI BÉ É'IN ABOSSÉLLO BÉL ÉTNEIN.

Celui qui me regarde d'un œil, je le regarderai avec les deux.

25/05   The stranger is blind, even if he can see.

الغريـب أعمــي ولو كــان بصيــر

EL GHAREEB AA'MA WALAW KAAN BASEER.

L'étranger est aveugle, même s'il peut voir.

25/06   ...regardless of...,.

بغَــضْ النظـر

BIGHADD ANNAZAR.

Sans se soucier de..., peu importe..., quand même.

25/07 "Thank God that he created me blind to not see those who are like you."
*(TAHA HUSSEIN)
(This is the famous response by Taha Hussein to the one who called him once "you the blind".)

الحمــد للــه الذي خلقنــي أعمــي كــي لا أري أمــثالك.
AL HHAMDU LILLAAH ALLAZI KHALAKANI AA'MA HHATTA LA ARA AMTHAALAK.

« Merci mon Dieu qui m'a rendu aveugle pour ne pas voir ceux qui sont comme vous. »
(TAHA HUSSEIN)
(Ceci est la réponse célèbre de Taha Hussein à celui qu'il a appelé une fois « vous l'aveugle ».)

*TAHA HUSSEIN (1889 – 1973) : was called "the dean of Arabic literature and was one of the most influential Egyptian writers and intellectuals. He was a figurehead for the modernist movement in Egypt. He was born in the village of Izbet el Kilo in Minya province in central Upper Egypt. He contracted an eye infection as a child and faulty treatment by an unskilled practitioner that rendered him blind at the age of three, and dealt with a great deal of anguish throughout his entire life. He went to a Kottab and then was sent to Al Azhar University, where he was educated in religion and Arabic literature. From his childhood days, he was reluctant to engrave the traditional education in his heart. Hussein was the seventh of thirteen children, living in a lower-middle class family. He met and married Suzanne while attending Montpellier in France. She was referred to as "sweet voice". This name came from her ability to read to him as he was trying to pick up the French language. Suzanne became his wife, best friend, mother of his two children and mentor throughout his life. Taha Hussein's children, Amina and brother Moenis, both were important figures in Egypt. Amina, who died at the age of 46, was among the first Egyptian women to graduation from the university. She and her brother, Moenis, translated his "Adib" (The Intellectual) into French. This was especially important to their father, who was an Egyptian, who moved to France and learned the language. Even more importantly, this story shared the cultural shock suffered by an Egyptian in the years spent in France. When the secular Cairo University was founded in 1908, he was keen to enter and despite being blind and poor, he earned a place. In 1914, he became the first graduate to receive a Ph D., with a thesis on the skeptic poet and philosopher Abu-Alala' Al-Ma'ari. He went on to become a professor of Arabic L iterature there. In 1919, he was appointed a professor of history at Cairo University. Additionally, he was the founding Rector of the University of Alexandria. He wrote many novels and essays, though in the West he is best known for his autobiography, El-Ayyam which was published in English as "An Egyptian Childhood" (1932) and "The Stream of Days" (1943). An important episode in his life was the writing in the 1920s of "on Pre-Islamic Poetry" " في الشعر الجاهلي", "Fil-Shiir al-Jāhilī" in which he expressed doubt about the authenticity of much traditional Arabic poetry, claiming that it may have been faked during ancient times due to tribal pride and competition between those tribes. In this book, he also hinted indirectly that the Quran should not be taken as an objective source of history. Naturally this book aroused the intense anger and hostility of al-Azhar and

many other traditionalists. He was prosecuted with the accusation of insulting Islam, but the public prosecutor stated that what Taha Hussein said was the opinion of an academic researcher and no legal action was taken against him. His book was banned but was later published with slight modifications under the title "On Pre-Islamic Literature"-"في الأدب الجاهلي"- "Fil Adab al-Jāhilī" . Taha Hussein was an Egyptian renaissance intellectual and a proponent of the ideology of Pharaonism, believing that Egyptian and Arab / Eastern civilizations were diametrically opposed, and stressing that Egypt would only progress by reclaiming its ancient roots. After Hussein obtained his MA degree from the University of Montpellier, he continued on with his academics and received another PHD at Sorbonne University, which is considered to be one of Europe's most prestigious universities. With this accomplishment, Hussein became the first Egyptian born and member of the mission to receive an MA and PhD from France. For his doctoral dissertation, written in 1917, Hussein wrote on Ibn Khaldun, an Arab historian who was the founder of sociology. Two years later in 1919, Hussein made his way back to Egypt from France with his wife, Suzanne, where he was appointed to be a professor of history at Cairo University. While being a professor there, his joy for knowledge and his strong will, led him to become the leader of the Arab cultural renaissance. In 1950, Hussein was appointed as the 'Minister of Education' and from there was able to put his motto into motion: "Education is like the air we breath and the water we drink." Without Taha Hussein and his willingness to promote education, millions of Egyptians would not be literate throughout the generations. Taha Hussein led a controversial life starting in 1926, as he waged many battles for enlightenment, women's emancipation and the respect of reason and thought. With his views on these subjects, Hussein found himself in the middle of wide-scale arguments as he issued the "Pre-Islamic Poetry". This found itself on the front pages of newspapers, where people would argue the pros and cons of his points. It was seen as highly controversial among the political and literary circles. As he defended himself, he argued that he adopted a method of approach in his dissertation on Pre-Islamic poetry. This method was adopted by western philosophers, scientists and men of letters who followed the French philosopher Descartes in his reasoning in search of the truth of the beginning. This renovated philosophy had changed the outlook of men of letters and artists in the West. His well known literary works are : The Sufferers: Stories and Polemics, The Call of the Curlew and the days (3-Part Autobiography).
(Reference : Wikipedia)

***TAHA HUSSEIN (1889 - 1973) :** a été appelé « le doyen de la littérature arabe » et a été l'un des écrivains les plus influents et intellectuels égyptiens, un des plus importants penseurs du vingtième siècle. Il est un romancier, essayiste et critique littéraire égyptien. Hussein est né au sein d'une famille pauvre dans un village de Izbet el Kilo à Minieh, au centre de la Haute Égypte. Septième d'une famille de treize enfants, il devient aveugle à l'âge de trois ans des suites d'une conjonctivite mal soignée. Cette rencontre précoce avec les méfaits de la pauvreté et de l'ignorance le marquera toute sa vie. Il apprend le Coran par cœur avant de quitter son village. Il fait ses études à la célèbre université religieuse d'Al Azhar puis suit les cours de la jeune université laïque égyptienne. Par chance, il bénéficie d'une bourse d'État pour aller poursuivre ses études à Paris. Il soutiendra à la Sorbonne une* *thèse de doctorat sur la pensée d'« Abou Alaa Al Ma'ari ». Il y rencontre sa future femme Suzanne qui l'aidait à apprendre le français et lui lisait des livres. Elle fut un facteur important dans la carrière et la vie de Taha Hussein. Quand il revient de France en 1919, il travaille au poste de professeur d'histoire greco-romaine jusqu'en 1925. Dès son retour en Égypte, il s'est activé à moderniser l'enseignement supérieur et à dynamiser la vie culturelle du pays. Il a également été professeur de littérature arabe à la faculté des Lettres du Caire, doyen de cette faculté en 1930, premier recteur de l'Université d'Alexandrie créée par lui en 1942, contrôleur général de la culture, conseiller technique, sous-secrétaire d'État au ministère de l'Instruction Publique, puis finalement Ministre de l'Éducation Nationale. Une force de volonté extraordinaire et une grande rigueur permettent à ce jeune aveugle issu d'un milieu modeste et paysan une évolution sociale impressionnante. Sur le plan littéraire, il commencera comme de nombreux écrivains de la Nahda par des travaux de traduction dont « Les Tragédies de Sophocle ». Son œuvre principale, "Al-ayyâm", littéralement « Les Jours » traduite en français sous les titres « Le livre des jours » pour les deux premiers tomes, puis « La traversée intérieure » pour le dernier, est une autobiographie à la troisième personne. L'écriture dans les années 1920 sur la poésie pré-islamique a été un épisode important dans sa vie dans lequel il a exprimé des doutes sur l'authenticité d'une grande partie de la poésie arabe également laissé entendre indirectement que le Coran ne doit pas être considéré comme une source objective de l'histoire. Naturellement, ce livre a suscité la colère et l'hostilité intense d'Al-Azhar et de nombreux auteurs traditionnalistes. Il a été poursuivi avec l'accusation d'insulte à l'Islam, mais le procureur a déclaré que ce TAHA HUSSEIN a été l'avis d'un chercheur universitaire et aucune action juridique n'a été prise contre lui. Son livre a été. Interdit, mais a ensuite été publié avec de légères modifications sous le titre « De la littérature pré-islamique » Taha Hussein était un intellectuel de la renaissance égyptienne et un promoteur de l'idéologie du Pharaonisme, estimant que la civilisation égyptienne et celle de l'arabe du Moyen Orient étaient diamétralement opposées et soulignant que l'Égypte ne progresse que par la reconquête de ses anciennes racines. Après que Hussein ait obtenu sa maîtrise de l'Université de Montpellier, il a continué ses travaux académiques et a reçu un autre doctorat à la Sorbonne qui est considéré comme l'une des plus prestigieuses universités d'Europe. Avec cette réalisation, Hussein est devenu le premier égyptien ayant reçu une maîtrise et un doctorat de France. Pour sa thèse de doctorat en 1917, Hussein a écrit sur Ibn Khaldoun, un historien arabe qui a fondé la sociologie. Deux ans plus tard, en 1919, Hussein est revenu en Égypte avec son épouse Suzanne, où il a été désigné comme un professeur d'histoire à l'Université du Caire. Sa joie de la connaissance et sa volonté l'ont amené à devenir le leader de la renaissance culturelle arabe. En 1950, Hussein a été nommé ministre de l'éducation et de là, il a pu mettre en mouvement sa devise « L'éducation est comme l'air que nous respirons et l'eau que nous buvons. ». Sans Taha Hussein et sa volonté de promouvoir l'éducation, des millions d'Égyptiens ne sauraient pas lire ou écrire à travers les générations. Taha Hussein a mené une vie controversée à partir de 1926. Comme il a mené plusieurs batailles comme de conscientiser la société, d'émanciper des femmes et de respecter la raison et la pensée. Avec ses opinions sur ces sujets, Hussein se trouvait au milieu de controverses comme lors de la parution de la « Poésie pré-islamique ». Son opinion est apparu sur la première page des journaux, où les gens disaient les avantages et les inconvénients*

de ses propos. Il a été contesté dans les milieux politiques et littéraires. Comme il se défendait, il a fait valoir qu'il a adopté une méthode d'approche dans sa thèse sur la poésie pré-islamique. Sa méthode a été adoptée par les philosophes occidentaux, les scientifiques et les hommes de lettres qui ont suivi le philosophe français Descartes dans son raisonnement à la recherche de la vérité. Cette façon de voir la philosophie et la science a changé les perspectives des hommes de lettres et artistes de l'Ouest. Ses œuvres littéraires bien connues sont le livre « Des jours » et l'appel du courlie en 1934 ou « Du'aa al karawân ».
(Référence : Wikipédia)

25/08   You ! The shameful, the disgraceful, the outrageous, the loss, the failure.
         (You ! That a mishap be in your eye.)
         يـــا منيـــل علــي عينـــك
         YA MÉNAYYÉL 'ALA 'EINAK.
         Vous ! Le honteux, le scandaleux, le terrible.
         (Que le malheur soit sur ton oeil.)

25/09   "And do not lead us into temptation."
         (Matt, 06 : 13)
         ولا تدخلنـــا فـــي تجربـــة
         WALAA TUDKHILUNA FI TAGRUBA.
         « Et ne nous expose pas à la tentation. »

25/10   Between the two shores and the water, my eyes has admired the scene and admired you much more, you the Alexandria's people, who are so dear to me.
         (A song by *MUHAMMED KANDIL.)
         بيـــن شـــــطين وميـــه عشقتهـــــم عنيـــه.. يا غاليـــن
         عليـــا... يا غاليـــن عليـــا... يا اهـــل اسكندريـــة ... يا اهـل اسكندرية
         BEIN SHATTEIN WÉ MAYYA 'ÉSH-ÉT-HOM 'EINAYYA...YA GHAALYEEN 'ALAYYA...YA GHAALYEEN 'ALAYYA...YA AHL ÉSSKÉNDÉRÉYYA YA AHL ÉSSKÉNDÉRÉYYA.
         Entre deux rives et l'eau, mes yeux ont admiré la scène et vous admirent beaucoup plus, vous les gens d'Alexandrie qui sont si chers à mon coeur.
         *(Une chanson de *MUHAMMAD KANDIL)*

25/11   Am I not at the height of your expectation ?
        (Don't I fill your eye ?)

أنا مـــش مالــي عينــك ؟

ANA MUSH MAALI 'EINAK ?

Ne suis-je pas à la hauteur de vos attentes ?(Ne remplis-je pas ton oeil ?

25/12   This is the right idea. This is the right decision. (This is the eye of the brain.)

ده عيـن العقـل

DA 'EIN ÉL 'A,,L.

Quelle bonne idée ! C'est la bonne décision. (C'est l'oeil du cerveau.)

25/13   Be ashamed of yourself. (Put a grain of salt in your eye.)

حــط فــي عينــك حصــوة ملــح

HHOTTÉ FI 'EINAK HHASWÉT MALHH.

Ayez honte de vous-même. (Mettez un grain de sel dans votre oeil.)

25/14   With great pleasure. (From this eye before that one.)

من العيـن دي قبـل العيـن دي

MÉNN ÉL 'ÉIN DI ABL ÉL 'EIN DI.

Avec un très grand plaisir. (De cet oeil avant l'autre.)

25/15   Someone has been envious of you. (An eye has hit you.)

عيـــن وصبتـــك

'ÉIN WÉ SABÉTAK.

Quelqu'un est jaloux de vous. (Un oeil vous a frappé.)

25/16   This is not for the beauty of your black eyes but is rather for...

ده مـــش عشـــان ســـواد عيونــك ولكــن...

DA MUSH 'ASHAANN SAWAAD 'UYOUNAK WALAAKÉNN...

Ce n'est pas pour la beauté de vos yeux noirs, mais plutôt pour...

25/17   This is for the bliss of your eyes.

علشـــان خاطـــر عيونــك

'ALASHAANN KHAATÉR 'UYOUNAK.

C'est pour l'amour de vos yeux.

25/18   He was being envied. (He was beaten by an eye.)

انضـــرب عيـــن

ÉNDARAB 'ÉIN.

Il a été envié. (Il a été frappé par un oeil.)

25/19   He starts to like something that he didn't appreciate previously.
        (It starts to embellish in his eyes.)

ابتـــدت تحلــي فـي عينيــه

ÉBTADÉTT TÉHHLA FI É'NEIH.

Il commence à aimer ce qu'il n'a pas apprécié auparavant.
(Elle a commencé à embellir à ses yeux.)

25/20   I am an optometrist ; I understand in the eye domain and I am also an expert in the eyelashes. I can tell whereabouts their dear ones and where they dwell. I know too from where their cure could be brought.

(A song by*** MUHAMMED ABDEL WAHAB from the movie of "A bullet in the heart", in Arabic, "ROSSASSA FIL ALB".) (See also 22/18, 45/12, 61/03, 61/04)

حكيــم عيــون أفهــم فــي العيــن   وأفهـــم كمــان فــي رمــوش العيــن
أعـــرف هواهـــم ساكـــن فيـــن   وأعـــرف دواهـــم يجـــي منيـــن

HHAKEEM 'UYOUN AFHAM FIL 'EIN WAFHAM KAMAANN FI RMOUSH ÉL 'EIN. AA'RAF HAWAAHUM SAKÉNN FEINN WA'ARAF DAWAAHUM YIGY MÉNEINN.

Je suis un optométriste ; je comprends dans le domaine de l'oeil et je suis également un expert dans les cils. Je peux dire les allées et venues de leur amour et où il habite. Je sais aussi d'où leur guérison viendrait.

*(Une chanson de ***MUHAMMED ABDEL WAHAB du film « Une balle dans le coeur », en Arabe, « ROSSASSA FIL ALB ».) (Voir aussi 22/18, 45/12, 61/03, 61/04)*

25/21   While the mouths are silent, the eye utters by revealing the innermost feelings of the heart.

العَيْـنُ تَنْطِـقُ والأفـواهُ صَامِتَـةٌ حَتّٰي تَـرَي مِـنْ صَمَيـمِ القَلْـبِ تَبْيَانَـا

AL 'AYNU TANTIKU WA AL AFWAAHU SAMITATONN HHATTA TARA MINN SAMEEMI AL KALBI TIBYAANA.

Bien que les bouches se taisent, les yeux se prononcent en révélant les sentiments les plus intimes du cœur.

25/22   He follows up the situation from behind the screen, to jump on the first opportunity.

فــي الخُــصّ وعينــه بتبــص

FIL KHOSS W 'EINO BÉTBOSS.

L'œil regarde derrière les rideaux pour sauter sur la première occasion.

25/23   He is not ambitious. His horizon is narrow and near to ground.
(He looks underneath his feet.)

يبــص تحــت رجليــه

YÉBOS TAHHT RÉGLEIH.

Il n'est pas ambitieux. Son horizon est étroit et près du sol.
(Il regarde sous ses pieds.)

25/24   Calm yourself. It is better for you to withdraw. (Avoid the eye of the devil.)

اخـــزي عيـــن الشـــيطان

ÉKHZI 'EIN ÉSH SHITAANN.

Calmez-vous. Il est préférable pour vous de vous retirer. (Évitez l'oeil du diable.)

25/25   To draw the attention of..., to warn, to notify. (It catches the eye.)

يُلفِــت النَطِـــر

YULFÉT ANN NAZAR.

Il attire l'attention de..., il avertit et informe. (Il attire le regard.)

25/26   You have no idea to what extent I love you. Even my soul is astounded from its habitual state because of my love. My poetry resides in the gardens of your eyes. So, if it is not for them that I write, there was no poetry would be composed.
(NIZAR AL KABBANY) (See also 22/18 page 106)

كَـــمْ أَنَا...كَـــمْ أَنَا أُحِبُّــكِ...حتَّـــي   أَنَّ نَفْسِـــي مِـــنْ نَفْسِهَـا تَتَعَجَّـــبُ
يَسكُنُ الشِّعْـرُ فِي حَدَائِـقَ عَيْنَيْـكِ   فَلَـــوْلَا عَيْنَــــاكِ لاشِعْـرَ يُكْتَــــبُ

KAM ANA ...KAM ANA UHHIBBUKI...HHATTA ANNA NAFSI MINN NAFSIHA TATA'AGGABU. YASKUNU ESH SHIA'RU FI HHADAA-IKI 'AYNAYKI FALAWLA 'AYNAAKI LAA SHIA'RA YUKTABU.

Vous n'avez pas idée à quel point je vous aime. Même, mon âme est dérouté de son état habituel à cause de mon amour. Ma poésie réside dans les jardins de vos yeux. Donc, si ce n'est pas pour eux que j'écris, il n'y aurait pas de poésie qui serait composée.
(NIZAR AL KABBANY) (Voir aussi 22/18 page 106)

25/27   The shameful eye. The despicable eye. (The empty eye.)

العيـــــن الفارغـــة

AL 'EIN EL FAARGHA.
L'oeil honteux, l'œil méprisable. (L'oeil vide.)

25/28   A curse of the jealous eye. (That, his eye being hit by a bullet.)

عينــه تنــدب فيهــا رصاصة

'EINO TÉNDAB FEEHA ROSAASA.
La malédiction de l'oeil jaloux. (Que son oeil soit touché par une balle.)

25/29   If you meet an ignorant, take advantage of his ignorance even if you could put your hand on his source of living, do it. You are not more compassionate than his God. (See also 30/25)
(From the movie " The traitor" or" AL KHAWANA" , staring **FARID SHAWKI.)

انْ شُفْـتْ أَعْمَـي دبّـه وخُـدْ عَشَـاهُ مِـنْ عِبّـه, مانتـاش أرْحَـمْ مِـنْ ربّـه

INN SHOFT AA'MA DÉBBO WÉ KHOD 'ASHAAH MÉNN 'ÉBBO, MANTAASH ARHHAM MÉNN RABBO.

Si vous rencontrez un ignorant, profitez de son ignorance même si vous pouvez mettre la main sur sa source de vie.
(Si tu vois un aveugle, prend son repas, car tu n'as pas plus de compassion que son Dieu. (Voir aussi 30/25)
*(Du film « Le traitre » ou « AL KHAWANA » en vedette **FARID SHAWKI.)*

25/30   I wish I could, but sorry. I can't. (It was on my eye.)

كــان علي عينـي

KAAN 'ALA 'EINY.
J'aurai voulu, mais je suis désolé. (C'était sur mon oeil.)

25/31   To protect her from the eye of the envious. (To heap God's blessings on her.)

تبخرهــا مـن العيــن

TÉBAKHKHARHA MÉL 'EIN.
Pour la protèger du mauvais œil. (Brûle de l'encens.)

25/32   To discard an idea, to change his opinion.
(To discard a point of view.)

صـرف النظـر

SARAF ÉNN NAZAR.

Pour supprimer une idée, à changer d'avis.
(L'abandon d'un point de vue.)

25/33   He is very envious. He has a green eye. (His eye splits the rocks.)

عينـه تفلـــق الحجـــر

'EINO TÉFLA,, ÉL HHAGAR.

Il est envieux. Il a le mauvais œil. (Son œil fend les pierres.)

25/34   In spite of you. (In spite of your eye.)

غصـباً عـن عينـك

GHASBANN 'AN 'EINAK.

En dépit de vous. (Malgré votre œil.)

25/35   To review the matter. (To reassess his point of view.)

يعيـد النظـر

YU'EED ANN NAZAR.

Pour réexaminer le sujet. (Il revoit son point de vue.)

25/36   He surpasses him. (He hits him on the eye.)

يضرب ده علي عينـه

YÉDRAB DA 'ALA 'EINO.

Il le surpasse. (Il le frappe sur son œil.)

25/37   An eye that didn't see, a heart that didn't grieve.
(Proposed by Sami Maalouf)

عيـــن لا تقشـــع قلـب لا يوحـع

'AYNONN LA TAKSHAA' KALBONN LA YOUJAA'.

Un œil qui ne voit pas, un cœur qui ne s'afflige pas.
(Proposé par Sami Maalouf)

25/38   The hospital of the faculty of medicine of Cairo University.
(The palace of my eye.)

القصـر العينـي

AL KASR AL 'EINY.

L'hôpital de la faculté de médecine de l'Université du Caire.
(Le palais de mon oeil.)

25/39   The eye sees many and the heart is devoted to one.

العيـن تشـوف كثيـر والقلـب لـه واحـد

ÉL 'EIN TÉSHOUF KÉTEER WÉ EL ALB LOH WAAHHÉD.

L'œil voit beaucoup et le cœur n'est consacré qu' à un.

25/40   He is dying yet, he has a mischievous eye.
(He is dying yet his eye is desiring the blueberry.)

بيـموت وعينـه فـي التـوت

BÉYMOUT WÉ 'ÉINO FI ÉT TOUTE.

Il est mourant pourtant, il a l'œil polisson.
(Il meurt et son oeil est dans les bleuets.)

25/41   This is the one we are looking for, for sure.

هـوده بعينـه

HOWWA DA BÉ'EINO.

C'est sûrement celui que nous cherchons.

25/42   You who's precious than my eye, my heart doesn't lean but to you. We both cherish each other. What the envious and jealous can do ?
(A song of LAILA MURAD) (See also volume 1)

يا اعـز مـــن عينـــي قلبـــي لقلبـك مـــال
شاريـــاك وشارينـــي وإيش يعملـــوا العـــذال

YA A'AZ MÉNN 'EINY GALBY LIGALBAK MAAL. SHARYAAK WÉ SHAAREENY WÉ EISH TÉA'MÉL ÉL 'OZZAAL.

Vous qui êtes plus précieux que mon oeil, mon coeur ne penche qu'envers vous.
Nous avons tous les deux chéri l'un l'autre. Qu'est-ce que les envieux et les jaloux peuvent faire ?
(Une chanson de LAILA MURAD) (Voir aussi volume 1)

25/43   At the heart of the matter. (In his eye.)

فـي أم عينـه

FI OMM 'AYNÉH.

Au cœur du sujet. (Dans son œil.)

25/44   Eyewitness.

شهـــود عيــان

SHUHOUD 'OYYAAN.

Témoin oculaire.

25/45   For the purpose of very specific targets.

مـــن أجـــل أشيـــاء بعينهـا

MINN AGLI ASHYAAÉNN BI 'AYNIHA.

Pour des buts très précis.

*MUHAMMAD KANDIL (1929 – 2004) : he is one among a group of the most important Egyptian singers who sang the traditional folk melodies. In this group we can list among others : Karém Mahmoud, Muhammed Rushdi, Shérifa Fadél, Fayza Ahmad.

*MUHAMMAD KANDIL (1929 – 2004) : il est un parmi un groupe des plus importants chanteurs égyptiens qui chantaient des mélodies traditionnelles et folkloriques. Dans ce groupe, on peut citer entre autres : Karém Mahmoud, Muhammed Rushdi, Shérifa Fadél, Fayza Ahmad.

**FARID SHAWKI (1920 1988) : an actor, screenwriter and producer. He acted in 361 films, 12 TV serials and 12 playwrights. He also wrote 26 scripts and produced 26 films. He is known by "Malék El Térso" or "The King of the Third Class", for his popularity among the poor. He is also known by "Wahsh Al Shaasha" or "The Monster of the Screen" in horror of his various roles of   beloved   heros.In his private life, he was known by "Abou el Banaat" for he had 5 daughters and   no sons. He begot his first daughter from his first marriage in 1941, the second and hird from his marriage with Hoda Sultan in 1951, and the last ones, from his fourth wife Soheir Turk in 1970 with whom he stayed until his death.)

**FARID SHAWKI (1920 1988) : Un acteur, scénariste et producteur. Il a joué dans 361 films, 12 séries de télévision et 12 pièces théâtrales. Il a également écrit 26 scripts et a produit 26 films. Il est connu par « Malék él Térso » ou « Le roi de la troisième classe » pour sa popularité parmi les pauvres. Il est également   connu pour « Wahhsh el shaasha » ou « Le monstre de l'écran » pour les divers rôles d'horreur. Dans sa vie familiale, il était connu comme « Abou el banaat », car il avait 5 filles et pas de fils. Il a engendré sa première fille de son premier mariage en 1941, la deuxième et la troisième en 1951 de son troisième mariage   de   Hoda Soultane et les deux dernières après son quatrième mariage par Soheir Turk en 1970 et il est resté avec elle jusqu'à sa mort.

***MUHAMMED ABDEL WAHAB (1899 – 1991) : born in Bab El Shaariyah, a district of Cairo, where his statue stands. He was a promionent 20th century Egyptian singer and composer and played oud before the prince of poets AHMAD SHAWKI. He was a very close friend to ABDEL HALIM HAFEZ and he composed 10 songs to OM KULTHOUM. He introduced the western rhythms to Arab songs.His personal belongings were exhibited in the museum of the institute of music in Cairo.

***MUHAMMED ABDEL WAHAB (1899 – 1991) : né à Bab El Shéa'riyah dans la banlieu du Caire où sa statue se trouve. Il était un chanteur et compositeur égyptien important du 20ème siècle et il a introduit les rythmes occidentaux aux chansons arabes. Il a joué du oud devant le prince des poètes AHMAD SHAWKi. Il était un ami très proche de ABDEL HALIM HAFEZ et il a composé 10 chansons à OM KULTHOUM. Ses effets personnels ont été exposés dans le musée de l'institut de musique au Caire.

26/01   I will tolerate the flood and fire but not my mother-in-law at home.

المـيـــــه والنـــــار ولا حماتـــــي فـــي الـــــدار

ÉLMAYYA WÉNNAR WALA HHAMAATY FI ÉDDAAR.

Je vais tolérer les inondations et les incendies, mais pas ma belle-mère à la maison.

26/02   They brought the jug, have turned it upside down and they found that the girl is a copy of her father.

جابـــوا القــدره وكفوهــا طلعـــت البنـــت لأبوهــا

GAABU EL ÉDRA WÉ KAFOUHA TÉL'ÉT EL BÉNT LÉ ABOUHA.

Ils ont apporté la cruche, l'ont renversée et ils ont constaté que la jeune fille est une copie de son père.

26/03   He is greatly saddened who is motherless.

اللـــي مـــن غيـــر أم حالتـــه تغـــم

ÉLLI MÉNN GHEIR OM HHALTO TÉ GHOM.

Son état attriste celui qui est sans mère .

26/04   You the naïve ! Raise your son for the one who will call you : my stepmother.
(Proposed by Eleine Naoum Assaf)

ربـــي يـــا خايبـة للغايبـــة

RABBI YA KHAYBA LÉL GHAYBA.

Toi la naïve ! Élève ton fils pour celle qui t'appellera ma belle-mère.
(Proposé par Élaine Naoum Assaf)

26/05   The lucky is the one who got her girls before the boys !
(Proposed by Eleine NaoUm Assaf)

يـا بخـــت زمنهــا اللـــي جابـــت البنـــات قبـل الـولاد

YA BAKHT ZAMANHA ÉLLI GAABÉT ÉL BANAAT ABL ÉL WÉLAAD.

Toi la chanceuse qui a eu des filles avant les garçons.
(par Élaine Naoum Assaf)

26/06   My son-in-law, is more precious than my eye sight.

جـــوز البنيـــة أغلـــي مـــن عنيـــة

GOZ ÉL BÉNAYYA AGHLA MÉNN 'ÉNAYYA.

Mon beau-fils est plus cher que ma vue.

26/07   He who insults his wife allows others to laugh at her.
(He who says to his wife "you are blind with one eye", allows others to treat her like a ball to play with.)

اللـــي يقولّهـــا جــوزهـــا يا عــورة النـــاس يلعبـــوا بيـــها الكـــورة

ÉLLI YÉ-OLLAHA GOZHA YA 'ORA, ÉNNAAS YÉL'ABU BEEHA ÉL KORA.

Celui qui insulte sa femme permet aux autres de se moquer d'elle.
(Celui qui dit à sa femme « tu es borgne » permet aux autres de la traiter comme une balle à jouer.)

26/08   He who is of my blood cannot be free from my worries.

اللـي مـن دمـي مـا يخلـي مـن همـي

ÉLLI MÉNN DAMMI MA YÉKHLA MÉNN HAMMI.

Celui qui est de mon sang ne peut se libérer de mon malheur.

26/09   The stepmother is the stepmother evenso, she is an angel from heaven.

الحمـــاة حمـــاة ولـــو كانـــت مـلاك مـن السـما

ÉL HHAMA HHAMA WALAW KAANÉT MALAAK MÉNÉ SSAMA.

La belle-mère est une belle-mère même si elle est un ange du ciel.

26/10   Your brother departs and you lose him, yet the lost money could be regained.

يَمْضِي أَخُـوكَ فَلاَ تَلْقَـي لَهُ خَلَفَـاً وَالمَالُ بَعْدَ ذَهَابِ المَالِ يُكْتَسَبَ

YAMDI AKHOUKA FALA TALKA LAHU KHALAFANN WALMAALU BAA'DA ZAHAABA AL MALI YUKTASABA.

Ton frère part et tu l'as perdu, mais l'argent perdu sera retrouvé.

26/11   The daughter is the ennemy of her mother.
(The daughter to her mother is like a second wife.)

البنـــت ضـــرة أمهـــا

ÉLBÉNT DORRÉT OMMAHA.

La fille est l'ennemie de sa mère.
(La fille est comme une deuxième épouse par rapport à sa mère.)

26/12   The wrongdoing that is accomplished by the relatives is much bitter to swallow than being struck by a sharp sword.
(TARFA IBN AL 'ABD) (See also : 15/03, 04, 05, 06, 07, page 65, 66)

وَظُلْمَ ذَوي القَرْبَي أَشَـدُّ مَضَاضَةً عَلَـي المَرءِ مِـنْ وَقْـعِ الحُسـامِ المُهَتّـد

WA ZULMU ZAWY AL KURBA ASHDDU MARARATANN 'ALA AL MAR-I MINN WAK-'I AL HHISSAAMI AL MUHANNADI.

Les actes répréhensibles accumplis par les proches sont beaucoup plus difficiles que d'être frappé par une épée tranchante.
(TARFA IBN AL 'ABD) (Voir aussi : 15/03, 04, 05, 06, 07, page 65,66)

26/13   I am the man of the house.

أنـا رجـل البيـــت

ANA RAAGÉL ÉL BEITT.

Je suis l'homme de la maison.

26/14 He whose family doesn't offer him support, will not get it from elsewhere.
(AHMED SHAWKI)

مَــنْ خَذَلَتْــهُ أُسْــرَتُــهُ   لَــمْ تَــأْتِ مِــنَ الأباعِدِ نَصْرَتُــهْ

MANN KHAZALATHU USRATOH LAM TA,,TI MINA AL ABAA-'IDI NUSRATOH.

Celui qui n'a pas le soutien de sa famille ne le trouvera pas ailleurs.
(AHMED SHAWKI)

26/15 Ö rain ! Continue raining over my niece's bald-headed.
(This expression is said by the little kids in a rainy day while playing outside.)

يا مَطَــرَة رُخِــي رُخِــي عَلــي أرْعِــة بِنـْـتْ أُختــي

YA MATARA ROKHKHI ROKHKHI 'ALA AR'ÉTT BÉNT OKHTI.

Ô la pluie ! continue à pleuvoir sur ma nièce chauve.
(Cette expression se dit par les enfants un jour de pluie.)

26/16 Wish your brother what you wish yourself.

أحِــب لأخِيـــك مــا تحِــب لنفسِــك

AHHÉB LI AKHEEKA MA TUHHIB LINAFSIK.

Souhaite à ton frère ce que tu te souhaites.

26/17 May sorrow never to set foot in this house and may time never to disappoint his people. May this receptive house be blessed for, it embraces those who have no others to embrace them.
(*MALIK IBN DINAR)

ألا يــــــا دار يَدْخُـــلكِ حُـــــزْنْ   ولا يَغـــدُرُ بصاحِبَــكِ الزَمَــانْ

فنِعْــمَ الـدار تـُـؤوي كُلَّ ضَيْــف   إذا مَا ضَاقَ بالضَيـْـف المَـكانْ

ALAA YA DAARU YADKHULUKI HHUZNONN WALA YAGHDURU BI SAAHHIBIKI AZ ZAMAANU. FANI-A'MA AD DARU TU,,WI KULLA DAYFÉNN IZA MA DAAKA BI AD DAYFI AL MAKAANNU.

Que la détresse ne rentre jamais dans cette maison et que le temps ne déçoive jamais son peuple. Que cette maison accueillante soit bénie car elle embrasse ceux qui n'ont pas d'autres à embrasser.
*(*MALIK IBN DINAR)*

26/18 As God confuses the mother of one, He organizes the mother of ten.

أم وحـــدة ربنــا محيـــرها وأم عشــيـرة ربنـا مدبرهـا

OM WAHHDA RABBÉNA MÉHHAYYARHA WÉ OM 'ASHARA RABBÉNA MÉDABBARHA.

Dieu désorganise la mère de l'un et il organise la mère de dix.

26/19 She becomes an old unmarried daughter. She missed the opportunity to marry.
(She missed the train.)

فاتهـــا القطــر

FATHA ÉL ATR.

Elle devient une fille célibataire, elle a raté l'occasion de se marier.
(Elle a raté le train.)

26/20   My elder sister, what a marvelous person she is. She showered me with her tenderness and when my mother is away, she is the one who takes over her role.
(Proposed by Sami Maalouf)

أختــــي الكبــري مـا أحسنهـــا   قد غمرتـــي بمحبتهــا
فإذا غابــــت أمــــي عنـــــي   قامــت أختـــي بمهمتهـا

OKHTI AL KUBRA MA AHHSANUHA, KAD GHAMARATNI BIMAHHABBATIHA. FA-IZA GHAABAT OMMI 'ANNI, KAAMAT OKHTI BIMUHIMMATUHA.

Ma soeur ainée, quelle merveilleuse personne elle est. Elle me comble avec sa tendresse et si ma mère s'absente, c'est elle qui la remplace.
(Proposé par Sami Maalouf)

26/21   After the father, God is your refuge. After the mother, dig and bury the nice memory.
(Proposed by Raymond Sabbagh)

بعـــد الأب لــك رب. بعـــــد الأم أحفــــر وطــم

BAA'D ÉL AB LAK RAB. BAA'D ÉL OM OHHFOR WÉ TOM.

Après le père, Dieu est là. Après la mère, creusez et enterrez les bons souvenirs.
(Proposé par Raymond Sabbagh)

26/22   Your son will become the way you raise him and your husband the way you encourage him to be.

ابنـــك زي مـــا بتربيــــه وجـــــوزك زي مـــا بتعوديـــه

ÉBNÉK ZAY MA BÉTRABBEEH WÉ GO-OZÉK ZAY MA BÉT 'AWWÉDEEH.

Votre enfant est comme vous l'avez élevez et votre mari comme vous l'avez encouragé.

26/23   O mother ! I pray the Lord to not deprive me of you.

ربنـــا مـا يحرمــــنيش منــــك يـا أمــــي

RABBÉNA MA YÉHHRÉMNEESH MÉNNÉK YA OMMI.

Ô mère ! Je prie le Seigneur de ne pas me priver de vous.

26/24   O Mother ! Only you who cares about my worries.

يـا أمــي يـا حاملــة همـــي

YA OMMI YA HHAMLA HAMMI.

Ô mère ! Vous êtes la seule qui se soucie de moi.

26/25   You who flatter the strangers and are proud of them, better if you compliment your family members and gain their satisfaction.

يـا مُجامـلَ الغُـرْب تَفْتَخـرُ بيهـم جامـل أهْـلَ بَيْتِكَ تكْسَـبْ أجْرَهـم

YA MÉGAAMÉL ÉL GHORB TÉFTÉKHÉR BEEHOM GAAMÉL AHL BEITAK TÉKSAB AGROHOM.

Vous qui flattez les étrangers et êtes fier d'eux, mieux si vous félicitez les membres de la famille pour gagner leur satisfaction.

26/26 Two sisters with two different characters.

أختيـــــن ولهـــــم طبعيـــن

OKHTEIN WÉ LOHOM TAB'EIN.

Deux sœurs avec deux caractères différents.

26/27 He has a priority over the stranger.

هـو أولـي مـن الغريـــب

HOWWA AWLA MÉNN ÉL GHAREEB.

Il a la priorité sur l'étranger.

26/28 My family wants me rich, my neighbour appreciates my generosity and my husband desires me to be strong. (Proposed by Jeannette Rabbat)

أهلي عايزني غنية, حارتي عايزاني سخية وحوزي عايزني قوية

AHLY 'AYZENNY GHANÉYYA, GARTY 'AYZAANY SAKHÉYYA, GO-OZY 'AYÉZNY AWÉYYA.

Ma famille me veut riche, ma voisine a besoin de ma générosité et mon mari veut que je sois forte. (Proposé par Jeannette Rabbat)

*MALIK IBN DINAR (658 – 748) : born in Basra, Iraq. and was the son of a Persian slave. Although he was known as great scholar, he was unjust and disliked by his people. He prayed with insincerity for a whole year to convince the people for his fidelity and to be appointed the head of a mosque. He repented afterward for his pretense and declined the appointment when he got it. After this incident, he lived a life of austerity and discipline and became a sufi muslim and theologian.

*MALIK IBN DINAR (658 – 748) : *né à Basra en Irak, il était le fils d'un esclave persan. Bien qu'il était connu comme grand érudit, il était injuste et détesté par son peuple. Il prie avec hypocrisie durant une année entière pour convaincre les gens de sa fidélité et pour être nommé responsable d'une mosquée. Mais il s'est repenti et a refusé la nomination quand il l'a eu. Après cet incident, il a vécu une vie d'austérité et de discipline et il est devenu un musulman soufi et théologien.*

CHAPITRE 27
Faithfulness, Prayer and Gratefulness
الإيمــــانْ, الصَـــــلاةْ والإعْتِـــرافْ بالجَميـــلْ
De la croyance, de la prière et de la reconnaissance

27/01   God is a God of compassion. (God is a God of hearts.)
ربنــــا رب قلـــوب
RABBÉNA RAB OLOUB.
Dieu est un Dieu de compassion. (Dieu est le Dieu des cœurs)

27/02   Before that God launches a disasters, He inspires humanity of how to cope with.
ربنــــا قبـــل مــا يبلـــــي بيدبـــــر
RABBÉNA ABL MA YÉBLI BÉYDABBAR.
Avant que Dieu n'envoie une catastrophe, il inspire l'humanité sur la façon de l'affronter.

27/03   The lamentation to other than God is humiliation.
الشكــــوي لغيــــر اللــــه مزلــــة
ASH-SHAKWA LIGHAYRI LLAH MAZALLA.
Une lamentation autre qu'à Dieu est une humiliation.

27/04   The faithful's heart is his guidance.
قلــب المؤمـــن دليلــه
ALB ÉL MO,,MÉNN DALEELO.
Le cœur du fidèle est son guide.

27/05   The good advise equates good action.
الــدال علــي الخيــر كفاعلــه
ÉD DAAL 'AL AL KHEIR KAFAA'ÉLOH.
Le bon conseil équivaut à la bonne action.

27/06   We usually forget to be grateful toward our healers.
يطيـــب العليــــل وينســـــي جميــــل المـــداوي
YÉTEEB ÉL 'ALEEL WÉ YÉNSA GAMIL ÉL MÉDAAWI.
On oublie souvent d'être reconnaissant envers notre guérisseur.

27/07   Open the gates to the King of Glory.
(The hymn of Easter celebration known by "AL HAGMA".)
إفْتَحُـــــوا الأبـــواب لِمـــــلِك المَجْـــــد
IFTAHHU AL ABWAABA LIMALIKI AL MAGD.
Ouvrez les portes au Roi de la gloire.
(L'Hymne de Pâques connue par « AL HAGMA ».)

27/08   He passes without saying hello, I, who raised him on my shoulders.

يفــوت علـيـا مــا يقــولش عوافــي وأنــا مربيــاه مــن لحــم كنافــي

YÉFOUT 'ALAYYA MAY OLSH 'AWAAFI WANA MÉRABBÉYAAH MÉNN LAHHM KÉTAAFI.

Il passe sans me dire bonjour, moi, qui l'a porté sur mes épaules.

27/09   Today, he was hung on a trunk, He who hung the earth on the water. A crown of thorn has been put on the head of the king of angels. The son of the virgin was pierced wirh a lance. We kneel down worshipping your suffering, You our Christ. So show us your glorious resurrection.
(From Friday Saint prayer.)

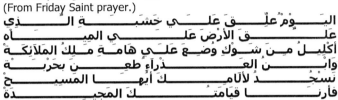

AL YAWM 'ULLIKA 'ALA KHASHABA ALLAZI 'ALLAKA AL ARDA 'ALA AL MIYAAH. IKLEELONN MÉNA ASH-SHAWKI WUDI'A 'ALA HAAMATI MALIKU AL MALAA-IKA. WABNU AL 'AZRAA,, TO'INA BIHHARBA. NASGUDU LIKIYAAMATIKA AYYUHA AL MASSEEHH. FA AREENA KIYAAMATUKA AL MAGEEDA.

Aujourd'hui, il était accroché à un tronc et lui-même a accroché la terre sur l'eau. Une couronne d'épines a été mise sur la tête du Roi des anges. Le fils de la Vierge a été percé d'une lance. Nous nous agenouillons pour adorer Votre souffrance notre Christ. Donc, montrez-nous votre résurrection glorieuse.
(De la prière du Vendredi Saint.)

27/10   This angel who is moving forward had been sent from heaven to read to the Mother of God the message of peace.
(From the Friday prayer of the glorification of Saint Mary - "AL MADAAYÉHH" during lent and before Easter.)
(Dedicated to Father Archemandrite George Rizk)

إنّ المَلاكَ المُتَقـدِّمْ أرْسِـلَ مِـنَ السـماءِ لِيَقْـرَأ السّلامَ عَلـى والِـدَةِ الإلـهْ

INNA AL MALAAKA AL MUTAKADDÉM URSILA MINA ASSAMAA,, LIYAKRA-ASSALAAMA 'ALA WAALIDATI AL ILAAH.

Cet ange qui va de l'avant avait été envoyé du ciel pour lire à la Mère de Dieu le message de paix.
(De la prière du vendredi de la glorification de la Vierge Marie, « AL MADAAY-ÉHH » durant le carême et avant Pâques.)
(Dédié au Père Archemandrite George Rizk)

27/11   Oh Lord ! the Governer of all these troops ! Be with us as we have no one elese but You to deliver us from sadness.
(From the daily prayer of "YA RABBAL KUWWAAT" during lent and before Easter.)
(In memery of Mgr. l'Éveque Sleiman Hajjar)

يا رَبَّ الْقُــوات كُــنْ مَعَنَا فلَيْسَ لَنَا فِـي الأَحْـــزَانِ مَعِيـــنٌ سِـــواكْ

YA RABBAL KUWWAT KUN MA'ANA FALAYSA LANA FIL AHHZAANI MU'EENONN SIWAAK.

Ô Seigneur ! Le gouverneur de toutes ses troupes ! Soyez avec nous puisque nous n'avons que vous pour nous délivrer de la tristesse.
(De la prière quotidienne de « AL MADAAYÉHH » Durant le jeûne et avant Pâques.)
(En mémoire de l'Évêque Sleiman Hajjar)

27/12   The Christ is risen among the dead, trampling down death by death, and granting life to those who are in the tombs.
(The Hymn of Easter.)
(In memory of my father)

Christos Anesti ek nekron, thanato thanaton patisas, kai tis en tis mnimasi zoin harisamenos.

المَســـــــيحُ قَـــــــامَ مِـــــنْ بَيْـــــنِ الأَمْـــــواتْ
ووَطِـــــئَ الْمـــوتَ بِالمــــوْتِ ووَهَـــــبَ الحِيـــاةَ للذيــنَ فِـــي القُبـــــور

AL MASEEHHU KAAMA MINN BAYNI AL AMWAAT WAWATI-A AL MAWTA BIL MAWTT. WAWAHABA AL HHAYAATA LILAZEENA FI AL KUBOUR.

Le Christ est ressuscité d'entre les morts et il a piétiné la mort par la mort. Il a donné la vie à ceux qui sont dans leur tombe.
(L'hymne de Pâques.)
(En mémoire de mon père)

27/13   This is the day that God has made. So let us rejoice.
(From the Hymn of Easter.)

هَــــذا هُـــوَ اليَــوْمُ اللـــــذي صَنَعَـــــهُ الــــــرّبْ فلْنَفْـــرَحْ ونَتَــهَللْ بِـــه

HAAZA HUWAL YAWMUL LLAZI SANA'AHU RRAB FALNAFRAHH WANATAHALLAL BIHI.

C'est le jour que Dieu a fait donc réjouissons-nous.
(De l'hymne de Pâques.)

27/14   The Christ is risen ! He is truly risen !
(From the Hymn of Easter.)

المَســـــيحُ قَــامَ ! حَقَــــــاً قَــــامْ !

AL MASSEEHH GAAM ! HHAKKANN. KAAM !

Le Christ est ressuscité ! Il est vraiment ressuscité !
(De l'hymne de Pâques.)

27/15 Lord, Lord ! Look after this vine from heaven and make it grow, because Your right hand had planted it.

يَـــارَبُ يَـــارَبْ, إطْلِــعْ مِـــنَ الْسَّمَاء وَانــــظُرْ, وَتَعهـــــدْ هَــــذِهِ
الكــــــرمَةَ وَانَمِــــــها لأنَّ يَمِيـــــــكَ غَرستـــــها

YA RABBU YA RAB. ITTALIA' MINA ASSAMAA-I WANZOR, WATA'A-HHAD
HAZIHI AL KARMATA WA ANMIHA. LI-ANNA YAMEENIKA GHARASATHA.

Seigneur, Seigneur ! Regardez du ciel cette vigne et faites-la grandir. Car, c'est votre main droite qui l'a planté.

27/16 Praise the Lord from the heaven ! Praise Him in the height !
Praise Him, all His angels ! Praise Him, all His hosts !
Praise Him, sun and moon ! Praise him, all you stars of light !
Praise Him, you heavens of heavens ! And you waters above the heavens !
Let them praise the name of the Lord, For He commanded and they were created.
He has established them for ever and ever.
He has made a decree which shall not pass away.
(Psalm 148) (In memory of Archemandrite Mgr Georges Coriaty)

سَبِّحُــوا الــرَّبَّ مِــنَ السَّموات سَبِّحُـــوهُ فِـي الأعَالِـــي
سَبِّحوهُ يَـا جَميـــعَ مَلائكتِـــه سَبِّحـــوهُ يَـا كُـلَّ جُنــودِهِ
سَبِّحيـــهِ يَـا أيّتهـــا الشّمـــــسُ والقمــــر
سَبِّحيـــهِ يَـا جَميـــعَ كواكِـــبَ النـــــور
سَبِّحيـــهِ يَـا سَمـــــاءَ السَمــــوات
ويا أيّتهـــا الميــــاهُ التـــي فــوقَ السَمـــوات
لتسبِّــح اسمَ الـــرّبِّ لأنّـه أمَـــرَ فخَلِقــــت
وَثَبتهـا إلـى الدَّهــر والأبـــد ووضَع لها حـدًّا فلَـن تَتَعـدّاهُ

SABBIHHU ARRABA MINA- SSAMAWAAT ! SABBIHHOUHU FIL A'AALI !
SABBIHHOUHU YA GAMEE'A MALAA-IKATIHI !
SABBIHHOUHU YA KULLA GUNOUDIHI !
SABBIHHEEHI YA AYYATUHA ASH SHAMSU WAL KAMAR !
SABBIHHEEHI YA GAMEE'A KAWAAKIBI ANNOUR !
SABBIHHEEHI YA SAMAA-A SSAMAWAATT!
WAYA AYYATUHA AL MIYAAH ALLATI FAWKA ASSAMAWAATT !
LINUSABBIHH ISMA ARRAB ! LI-ANNAHU AMARA FAKHALAKA,
WATHABBATAHA ILA AL DAHRI WAL ABAD.
WAWADA'A LAHA HHADDANN FALANN TATA'ADDAAH.

Du haut du ciel glorifiez le seigneur ! Glorifiez-le, vous qui êtes là-haut !
Glorifiez-le, vous ses anges ! Glorifiez-le, toutes ses troupes !
Glorifiez-le, soleil et lune ! Glorifiez-le toutes étoiles scintillantes !
Glorifiez-le, espaces reculés du ciel !
et vous aussi, masses d'eau plus hautes encore, que vous glorifie le Seigneur !
car il n'a eu qu'un mot à dire, et ils ont commencé à exister.
Il les a mis en place pour toujours, leur fixant une loi à ne pas enfreindre.
(Psaumes 148) (En mémoire de Mgr Archemandrite Georges Coriaty)

Have mercy upon me, O God. According to your loving kindness ; According to the multitude of Your tender mercy, blot out my transgression. Wash me thouroughtly from my iniquity, and cleanse me from my sin. For I acknowledge my transgressions and my sin is ever before me. Against You, You only, have I sinned, and done this evil in Your sight that You may be found just when You speak, and blamless when you judge. Behold, I was brought forth in iniquity, and in sin my mother conceived me. Purge me with hyssop, and I shall be clean. Wash me and I shall be whiter than snow.
(Psalm 51) (In memory of my father)

إِرْحَمْنِي يَا اللّٰهْ حَسَبَ رَحْمَتِكْ. حَسَبَ كَثْرَةِ رَأْفَتِكَ أُمْحُ مَعَاصِيَ. اغْسِلْنِي كَثِيرًا مِنْ إِثْمِي وَمِنْ خَطِيئَتِي طَهِّرْنِي. لِأَنِّي عَارِفٌ بِمَعَاصِي وَخَطِيئَتِي أَمَامِي دَائِمًا. إِلَيْكَ وَحْدَكَ أَخْطَأْتُ وَالشَّرَ قُدَّامَ عَيْنَيْكَ صَنَعْتْ لِكَيْ تَتَبَرَّرَ فِي أَقْوَالِكَ وَتَزْكُو فِي قَضَائِكَ. هَاأَنَذَا بِالإِثْمِ صُوِّرْتْ وَبِالْخَطِيئَةِ حَبَلَتْ فِيَ أُمِّي. طَهِّرْنِي بِالزُّوفَا فَأَطْهَرْ. اغْسِلْنِي فَأَبْيَضَّ أَفْضَلَ مِنَ الثَّلْجِ.

IRHHAMNI YA ALLAAH HHASABA RAHHMATIK. HHASABA KATHRATT RA,,FATUKA UMHHU MA'AASI-YA. IGHSILNI KATHEERANN MINN ITHMI WAMINN KHATEE-ATI TAH-HÉRNI. LI-ANNI 'AARÉF BIMA'AASIYA WAKHATIYYATI AMMAMI DA-IMANN. ILAYKA WAHHDAK AKHTA,,T WA ASHSHARRU KUDDAMA 'AYNAYKA SANAA'T LIKAY TATABARRAR FI AKWAALÉK WATAZKU FI KADAA-ÉK. HAA-ANA ZA BIL ITHMI SOWWIRTU WABIL KHATEE-ATI HHABALATT FIYA UMMI. TAH-HÉRNI BI AZZOUFA FA-AT-HAR. ÉGHSILNI FA ABYADDU AFDALA MINA ATH-THALG.

Ô Dieu, toi qui es si bon, aie pitié de moi ; toi dont le coeur est si grand, efface mes désobéissances. Lave-moi complètement de mes torts et purifie-moi de ma faute. Je te désobéis, je le reconnais ; ma faute est toujours là, je la revois sans cesse. C'est contre toi seul que j'ai mal agi, puisque j'ai fait ce que tu désapprouves. Ainsi tu as raison quand tu prononces ta sentence, tu es irréprochable quand tu rends ton jugement. Oui, je suis marqué par le péché depuis que je suis né, plongé dans le mal depuis que ma mère m'a porté en elle. Fais disparaître ma faute et je serai pur. Lave-moi et je serai plus blanc que neige.
(Psaume 51) (En mémoire de mon père)

"He who dwells in the secret place of the Most High shall abide under the shadow of the almighty. I will say of the Lord "He is my refuge and my fortress ; My God, in Him I will trust." Surely He will deliver you from the snare of the fowler and from the perilous pestilence. He shall cover you with his feather and under His wings you shall take refuge. His truth shall be your shield and buckler. You shall not be afraid of the terror by night, nor of the arrow that flies by day, nor of the pestilence that walks in darkness, nor of the destruction that lays waste at noonday. A thousand may fall at your side and ten thousand at your right hand, but it shall not come near you. Only with your eyes shall you look and see the reward of the wicked. Because you have made the Lord who is my refuge, even the Most Hight, your habitation, no evil shall befall you, nor shall any plague come near your dwelling ; for He shall give His angels charge over you, to keep you in all your ways. They shall bear you up in their hands. Lest you dash your foot against a stone. You shall tread upon the lion and the cobra, the young lion and the serpent you shall tremple under foot. Because He has set his love upon Me, therefore I will deliver him, I will set him on high because he has known My name. He shall call upon Me and I will be with him in trouble. I will deliver him and honor him. With long life I will satisfy him and show him My salvation." (Psalm 91) (In memory of my father)

الْسَاكِنْ فِي سِتْرِ العَلْي فِي ظِلِّ القَدِيرِ يَبِيت. أَقُولُ لِلرَّبِّ مَلْجَائِ وَحِصْنِي إلهِي فَأَتْكِلُ عَلَيْه. لأَنّه يُنجِّيكَ مِنْ فَخِّ الصَّيَّاد وَمِنَ الوَبَاء الخَطِر. يخَوافِيه يُظَلِّلُكَ وَتحْتَ اجْنِحَته تَحْتَمِي. تُرسٌ وَمِجَنٌ حَقِّه. لاَ تَخْشَي مِنْ خَوفِ اللَّيْل وَلا مِنْ سَهْمٍ يَطِير فِي النَهَار. وَلاَ مِنْ وَبَاءٍ يَسلُكَ فِي الدَّجِي وَلاَ مِنْ هَلاَك يُفسِدُ فِي الظَّهِيرة. يَسْقُطُ عَنْ جَانِبِكَ أَلْف وَرِبوَاتٌ عَنْ يَمِينِكَ إلَيْكَ لاَ يَقْرَب. إنَّما بِعَيْنِكَ تَنْظُرُ وَتَرَي مُجَازَاةَ الأَشرَار. لأَنَّكَ قُلتَ يَا رَبِّ مَلْجَائِ, جَعَلْتَ العُلِي مِسكِنَك. لاَ يُلاقِيكَ شَرٌ وَلاَ تَدنُو ضَرْبَةٌ مِنْ خَيمَتِك. لأَنَّه يُوصِي مَلاَئِكَتَه بِكَ لِكَي يَحفَظُوكَ فِي كُلِّ طُرُقِك. عَلَى الأَيدِي يَحمِلُونَكَ لِئَلاَّ تَصدِمَ بِحَجَرٍ رِجْلِك. عَلَى الأَسَدِ وَالصِلِ تَطأْ, الشِبلِ وَالثُّعبَانِ تَدُوس. لأَنَّه تَعَلَّقَ بِي انَجِّيه ارْفَعُهُ لأَنَّه عَرَفَ اسْمِي. يَدعُونِي فَأَستَجِيب لَه. مَعَه أَنَا فِي الضِّيق. أُنقِذُهُ وَأُمجِّدُهُ. مِنْ طُولِ الأَيَام اشْبِعُه وَأُرِيه خَلاَصِي.

ASSAAKÉN FI SATRIL 'ULA FI ZILLIL KADEERI YABEET. AKOULU LIRRABBI MALGA-I WA HHISNI ILAAHI FA ATTAKILU 'ALAYH. LI-ANNAHU YUNGEEKA MINN FAKHKHI SSAYYAAD WA MINAL WABAA,, AL KHATÉR. BIKHAWAAFEEH YUZALLILAK WA TAHHTA AGNIHHATIHI TAHHTAMI. TARISU WAMUGNU HHAKKIHI. LA TAKHSHA MINN KHAWFIL LAYL WALA MINN SAHMÉNN YATEERU FI NNAHAAR WALA MINN WABAA,, YASLUKU FI DDUGA WALA MINN HALAAK YUFSIDU FI ZZUHAYRA. YASKUTU 'ANN GAANIBIKA ALFONN WARABAWAAT 'ANN YAMEENIK, ILAYKA LA YAKRUB. AL 'ALIYU MASKINAK. LA YULAKEEKA SHARRANN WALA TADNU DARBATONN MINN KHAYMATÉK. LI-ANNAHU YOOSI MALAA-IKATUHU BIK LIKAY YAHHFAZOUK FI KULLI TURUKÉK. 'ALAL AYDI YAHHMILOUNAK LI-ALLA TUSDAMA BIHHAGARI RIGLIK 'ALAL USDI WAL SULLI TATA,, ASHSHIBLU WATTTU-A'BAANU TADOUS. LI-ANNAHU TA'ALLAKA BEE UNAGGEEH. ARFA-'UHU LI-ANNAHU 'ARAFA ISMI. YAD'OUNI FA-ASTAGEEBU LAHU. MA'AHU ANA FI DDEEK. UNKIZUHU WA UMAGGIDUHU MINN TOULIL AYYAM USHBI-'UHU WA UREEHU KHALAASY

131

« Celui qui se place à l'abri auprès de Dieu, le Très-Haut et se met sous la protection du Tout-Puissant, celui-là doit dire au Seigneur « Tu es la forteresse où je trouve refuge, tu es mon Dieu, j'ai confiance en toi. » C'est le Seigneur qui te délivrera des pièges que l'on tend devant toi et de la peste meurtrière. Il te protégera, tu trouveras chez lui un refuge, comme un poussin sous les ailes de sa mère. Sa fidélité est un bouclier protecteur. Tu n'auras rien à redouter : ni les dangers terrifiants de la nuit, ni la flèche qui vole pendant le jour, ni la peste qui rôde dans l'obscurité, ni l'insolation qui frappe en plein midi. Oui, même si ces fléaux font mille victimes près de toi et dix mille encore à ta droite, il ne t'arrivera rien. Ouvre seulement les yeux et tu verras comment Dieu paie les méchants. Oui, le Seigneur est pour toi un abri, tu as fait du Très-Haut ton refuge. Aucun mal ne t'atteindra, aucun malheur n'approchera de chez toi, car le Seigneur donnera l'ordre à ses anges de te garder où que tu ailles. Ils te porteront sur leurs mains pour éviter que ton pied ne heurte une pierre. Tu marcheras sans risque sur le lion ou la vipère, tu pourras piétiner le fauve ou le serpent. Il est attaché à moi, dit le Seigneur, je le mettrai donc à l'abri ; je le protégerai parce qu'il sait qui je suis. S'il m'appelle au secours, je lui répondrai. Je serai à ses côtés dans la détresse, je le délivrerai, je lui rendrai son honneur. Je lui donnerai une vie longue et pleine et je lui ferai voir que je suis son sauveur. » (Psaume 91) (En mémoire de mon père)

27/19   The true believers are like a set up structure, they reinforce each other.

المُؤمِـــنُ لِلْمُؤمِـــنِ كالبُنْيَـــانِ المَرْصُـــوصِ يَشُـــدُّ بَعْضُهُـــمْ بَعْـــضًا

AL MU,,MINU LIL MU,,MINI KAL BUNYAANIL MARSOUS YASHUDU BAA'DUHOM BAA'DAA.

Les vrais croyants sont comme une structure mise en place, ils se renforcent mutuellement.

27/20   May God makes of every step of yours a safe and secure step.

رَبـنا يجعـلْك فـي كـل خطـــوة سلامـــة

RABBÉNA YÉG'ALLAK FI KOL KHATWA SALAMA.

Que Dieu fasse de chaque étape de ta vie une étape sûre et sécuritaire.

27/21   Each act shall only be judged by its own circumstances and environment. Judgment shall be totally independent and shall not be influenced by any other similar judgment, either good or bad.
Proposed by Fathi Mustafa)

ولا تَـــزرُ وازرَةَ وزرَ أخــــرى

WALA TAZRU WAAZIRATANN WIZRA UKHRA.

Chaque acte ne doit être jugé que par ses propres circonstances. Le jugement doit être totalement indépendant et ne doit pas être influencé par tout autre jugement similaire qu'il soit bon ou mauvais.
(Proposé par Fathi Mustafa)

27/22   Don't throw yourself in the ruin with your own hands.

ولاَ تلقُـوا بِأَيدِيكُـمْ إلَـي التَهْلكَـة (2 – 195 البقرة)

WALA TULKU BI-AYDEEKOM ILA ATTAHLIKA.

Ne vous jetez pas dans les ruines de vos propres mains.

27/23   When the King of kings bestows, don't ask why.
(Proposed by Aulfat Moussa)

مَـــــلِكُ المُلُـــوكِ إِذَا وَهَـــبْ لاَ تَسألَـــنْ عَـــنِ السَــــبَبْ

MALIKUL MULOUKI IZA WAHAB LAA TAS-ALANNA 'ANI SSABAB.

Quand le Roi des rois donne, ne demandez pas pourquoi.
(Proposé par Aulfat Moussa)

27/24   Before God closes a door He makes His arrangements to open another.
(God cuts from one side and gives to another side.)

رِبِنــا قبِــل مـا يقطــع من هنــا بيوصــل مــن هنــا

RABBÉNA ABL MA YÉ,,TAA' MÉNN HÉNA BÉYÉWSÉL MÉNN HÉNA.

Dieu avant de fermer une porte s'arrange pour ouvrir une autre.
(Dieu coupe d'une part et donne de l'autre.)

27/25   If you are grateful, I would certainly give to you more.

لَئِنْ شَكَرْتُـمْ لأَزِيدَنّكُـمْ (14 – 7 إبراهيم)

LA-IN SHAKARTUM LA-AZEEDANNAKUM.

Certes, si vous êtes reconnaissants, je vous en rajouterai.

27/26   O God ! Forgive me and have pity of me because I am a sinner.

يَــارَبْ اغْفِــرْ لِي أنَا الخَاطِــئْ وَارْحَمْنِــي

YAA RAB ÉGHFÉR LI ANA AL KHAATÉ,, WA ÉRHHAMNI.

Ö Seigneur ! Pardonne-moi et aie pitié de moi car je suis un pécheur.

27/27   That the name of the Lord be blessed now and forever.

لَيَكُـنْ اسْـمُ الـرَّبِ مُبَـارَكاً مِـنَ الآنِ وَإلَي الدَّهَــرْ

LIYAKONN ISMU ARRABBI MUBAARAKANN MINA AL AANA WA ILA ADDAHR.

Que le nom du Seigneur soit béni maintenant et pour toujours.

27/28   May God reward you in the highest. (May God raises your grades.)

رِبِنــا يعلِلِــي مَرْتَبَـــكْ

RABBÉNA YÉ'ALLI MARATBAK.

Que Dieu vous récompense au plus haut. (Que Dieu hausse vos grades.)

27/29   - Has anyone seen God ? - No, but they recognized Him by reasoning.

رِبِنــا حَــدْ شَافــهْ ؟ - لأَ, عرفــوه بالعقــلْ.

- RABBÉNA HHAD SHAAFO ? – LA,, 'ÉRFOUH BÉL 'A,,L.

- Quelqu'un at-il vu Dieu ? - Non, mais Ils le reconnurent par raisonnement.

27/30   He says : "Who will give life to the bones when they are rotten ?"

قَـالَ مَـنْ يُحْيِـي العِــظَامَ وَهِــيَ رَمِيـمٌ (ياسين 36 : 78)

KAALA MANN YUHHYI AL 'IZAAMA WAHIYA RAMEEMU.

Il dit : « Qui va redonner la vie aux os quand ils seront pourris ? »

27/31 Unless he repents, believes and works righteous deeds, for Allah will change the evil of such persons into good. Allah is Forgiving and Most Merciful.

إلاّ مَــنْ تَـابَ وَأمَــنَ وعمِــلَ عَمَــلاً صَالِحَــاً, فَأُولئِــكَ يُبَــدِّلُ اللّــه سَيِّئاتِهِــمْ حسَنَــاتٍ وَكَانَ اللّــه غَفُــــورَاً رحِيمَـــاً (الفرقان 25 : 70)

ILLA MANN TAABA WA AAMANA WA 'AMILA 'AMALANN SAALIHHANN, FA-ULAA-IKA YUBADDILU ALLAAHA SAYYI-ATUHUM HHASANAAT WA KAANNA ALLAAHU GHAFOURANN RAHHEEMANN.

Exception faite pour ceux qui sont revenus de leurs fautes, ont été croyants, ont fait œuvre pie. Pour ceux-là, Allah changera leurs mauvaises œuvres en bonnes oeuvres. Allah est pardon et miséricordieux.

27/32 Behold ! the angels said : "O Mary ! Allah hath chosen thee and purified thee – chosen thee above the women of all nations."

وَإذْ قالَــتِ المَــلائِكَةُ يَا مَرْيَــمُ إنَّ اللّــه اصْطَفَــاكِ وَطَهَّــــرَكِ وَاصْطَفَــاكِ علَــــي نِسَــــاءِ العَالمِيــــنَ (العمران 3 : 42)

WA IZ KAALAT AL MALAA-IKA YA MARYAM INNA AL LLAAHA ISTAFAAKI WA TAH-HARAKI WA ISTAFAAKI 'ALA NISAA-IL 'AALAMEEN.

Et quand les anges dirent : « Ô Marie ! Allah t'a choisie et t'a purifiée. Il t'a choisie sur toutes les femmes de ce monde.. »

27/33 Behold ! the angels said : "O Mary ! Allah giveth thee Glad tidings of a Word from Him : His name will be Christ Jesus. The son of Mary, held in honour in this world and the Hereafter and of the company of those nearest to Allah."

إذْ قالتِ المَلائِكَةُ يَا مَرْيَمُ إنَّ اللّه يُبَشِّرُكِ يكَلِمَةٍ مِنْهُ أسْمُهُ المَسيحُ عِيسَي ابْنُ مَرْيَمَ وجِيهَــاً فــي الدّنيــا والأخِرة وَمِــنَ المُقَرّبِيــنْ (العمران 3 : 45)

IZ KAALAT AL MALAA-IKA YA MARYAM INNA AL LLAAHA YUBASHSHIRUKI BIKALIMATÉNN MINHU ISMUHU AL MASSEEHH 'EESA IBNU MARYAM WAGEEHANN FI ADDUNYA WAL AAKHIRA WAMINA AL MUKARRABEEN.

Et quand les anges dirent : « Ô Marie ! Allah t'annonce un Verbe émanant de Lui, dont le nom est le Messie, Jésus fils de Marie sera illustre dans la vie immédiate et dernière et parmi les proches du Seigneur. »

27/34 He shall speak to the people in cradle and in maturity and He shall be of the company of the righteous.

وَيكَــلّمُ النّــاسَ فــي المَهْــدِ وكَهْــلاً وَمِــنَ الصّالِحِيــنَ (العمران 3 : 46)

WA YUKALLIMU ANNAASA FIL MAHDI WA KAHLANN WAMINA ASSAALIHHEEN.

Il parlera aux hommes, au berceau, comme aux vieillards et il sera parmi les Saints.

27/35 " And Allah will teach Him the Book and Wisdom, the Law and the Gospel."

وَيعَلّمُــه الكِتَــابَ والحِكمَــــة والتَّـــوْراة والإنْجِيـــلْ (العمران 48: 3)

WA YU'ALLIMUHUL KITAABA WAL HHIKMA WAL TAWRAAH WAL INGEEL.

« Allah lui enseignera l'Écriture, la Sagesse, la Thora, et l'Évangile. »

27/36　O Lord ! how much generous and comprehensive You are !

يــا مــا انــت كريـــم وعليـــم يا رب

YA MA ÉNTA KAREEM WÉ 'ALEEM YA RAB.

Ô Seigneur ! Combien Vous êtes généreux et complet.

27/37　She said : "O my Lord ! How shall I have a son when no man hath touched me ?"
He said : "Even so : Allah createth what He willeth when He hath decreed a plan.
He but saith to it , "Be" and it is.

قالت رَبُّ أَنِّي يَكُونُ لِي وَلَدُ وَلَمْ يَمْسَنِي بَشَرٌ قالَ كَذَلِكَ اللّهُ يَخْلِقُ مَا يَشَاءُ
إذَا قضــي أمـــرًا فإنَّمــــا يقـــول لــه كـــن فيـــكون (العمران 3 : 47)

**KAALAT RABBI ANN YAKOUNA LI WALADONN WALAM YAMUSSANI
BASHAR KAALA KAZAALIKA ALLAAHU YAKHLIKU MA YASHAA-U IZA KADA
AMRANN FA-INNAMA YAKOULU LAHU KONN FAYAKOUN.**

*« Seigneur ! », répondit Marie, « Comment aurais-je un enfant alors que nul mortel
ne m'a touchée ? » --- « Ainsi », répondit-il, « Allah crée ce qu'il veut. Quand Il
décrète une affaire, Il dit seulement à son propos : « Sois ! » et elle est. »*

27/38　Our Father in heaven. Hallowed be Your name.
(Matt, 06 : 09)

أَبَانَا الِذِي فِــي السَمَـــوَاتْ لِيَتَقَدَّسْ إِسْمُـــــكَ

ABAANA ALLAZI FI ASSAMAWAATT LIYATAKADDASS ISMOK.

Notre Père qui es dans les cieux, que la sainteté de ton nom soit reconnue.

27/39　O Mother of God ! Affectionate ! O treasure of mercy and aid.
You are our refuge and hope.
Intercede on our behalf You Virgin, and be affectionate with our dead.

يــا أمُّ اللَّــهْ يــا حَنونــة يا كنْـــز الرَّحْمـــة وَالمَعُونــــةْ
انـــت مَلْجَانــا وَعَلَيْــكِ رَجانـــا
تَشفَعِـــي قِينــا يا عَــــذراء وَتَحَنِّــــي عَلـــي مَوْتانـا

**YA UMMA ALLLAH YA HHANOUNA. YA KANZA ARRAHHMA WAL MA'OONA.
ANTI MALJAANA WA 'ALAYKI RAJAANA. TASHAFFA-'I FEENA YA 'AZRAA,,
WA TAHHANNANI 'ALA MAWTAANA.**

Ô Mère de Dieu ! Affectueuse !
Ô Trésor de la miséricorde et de l'aide.
Vous êtes notre refuge et espérance.
Intercède pour nous, Ô Vierge ! Soyez tendre avec nos morts.

CHAPITRE 28
Fear and Stinginess
الخَـــــــــوفْ والبُخْـــــــــلْ
De la peur et de l'avarice

28/01   These are people who, upon hearing their dog barking to announce the arrival of a guest, they ask their mother to urinate over the fire, thus turning the guest away from their tent. Yet, she was so stingy, she refrained from greed. Finally, when she urinated she let go a small dose to extinguish the fire. (See also74/10)
*(AL AKHTAL)

قَـــوْمٌ إذَا اسْتَنْبَحَ الأضْيَافَ كَلْبُهُمْ   قالُـوا لأُمِهِـمْ بُولِــي عَلَــي النَّـار

فَتَمْسِكُ البَـوْلَ بُخْـلاً أنْ تَجُـودَ بِـهِ   وَمَـــا تَبَـــوْلُ لَهُـــمْ إلاّ بِمِقْـدَار

KAWMONN IZA ISTANBAHHA AL ADYAAFU KALBUHUM, KALOU LI-UMMIHIM BOULY 'ALA ANNARI. FATAMSIKU ALBAWLA BUKHLANN ANN TAGOUDA BIHI. WAMAA TABOULU LAHUM ILLA BIMIKDAARI.

Ce sont des personnes qui en entendant leur chien aboyer pour annoncer l'arrivée d'un invité, demandent à leur mère d'uriner sur le feu. Pourtant elle était si avare, qu'elle se retenait par cupidité. Enfin, quand elle l'urinait elle ne laissait aller qu'une petite dose pour éteindre le feu. (Voir aussi 74/10)
(AL AKHTAL)

*AL AKHTAL (640 – 710) : was one of the most famous Arab poets of the Umayyad period. He was a christian enjoying the freedom of his religion while not taking its duties very seriously. In his literary strife between his contemporaries JARIR and FARAZDAK, he was induced to support the later one. AKHTAL, JARIR and FARAZDAK form a trio celebrated among the Arabs, but as to the relative superiority, there is always a dispute.

AL AKHTAL (640 – 710) : il a été l'un les plus célèbres des poètes arabes de la période UMAYYADE. Il était un chrétien jouissant de la liberté de sa religion tout en ne prenant pas ses fonctions très au sérieux. Dans sa lutte littéraire entre les contemporains JARIR et FARAZDAK, il a été amené à appuyer ce dernier. AKHTAL, JARIR et FARAZDAK formaient un trio célèbre parmi les arabes, mais quant à la superiorité poétique, il y a toujours un débat entre eux.

28/02   He sleeps in the water, however, he is afraid from being wet by the rain.

نايِــم فـــي الميــه وخايِــف مـــن المطــر

NAAYEM FIL MAYYA WKHAAYÉF MÉNN ÉL MATAR.
Il dort dans l'eau, toutefois, il a peur d'être mouillé par la pluie.

28/03   If you are afraid don't speak and if you speak don't be afraid.

إن خفت ما تقلش وإن قلت ما تخفش

ÉNN KHOFT MAT-OLSH WÉNN OLT MATKHAFSH.

Si vous avez peur ne parlez pas et si vous parlez n'ayez pas peur.

28/04   He who is gifted and does not share his talent with others will be criticized and put aside.
(ZOHEIR IBN ABI SALMA) (See also 23/02, page 108)

ومــنْ يَـكُ ذا فضْل فيَبْخَـلُ بفضْلِه علَـي قوْمِه يَسْـتغْنَ عنْـه ويُـذَمّمُ

WAMANN YAKU ZI FADLÉNN FAYABKHALU BIFADLIHI 'ALA KAWMIHI YUSTAGHNA 'ANHU WA YUZAMMAMU.

Celui qui est doué et ne partage pas ses dons avec autrui sera critiqué et mis de côté.
(ZOHEIR IBN ABI SALMA) (Voir aussi 23/02, page 108)

28/05   Ring the silver coins on his vault and I assure you to bring him back to life.
(TAMER BEIK MALLAT – A contemporary Lebanese poet)
(Proposed by Sami Maalouf)

رنّـوا الفُلْـوسَ علَـي صَريـح قبْـره   وأنَـا كَفِيـلٌ لكُـمْ بـرَدٌ حَياتـه

RINNU AL FULOUSA 'ALA DAREEHHI KABRIHI WA ANA KAFEELONN BIRADDI HHAYAATIHI.

Sonnez les pièces d'argent sur son caveau et je vous assure de le ramener à la vie.
(TAMER BEIK MALLAT- Un poète Libanais contemporain)
(Proposé par Sami Maalouf)

28/06   You ! You should be afraid of God.

يـا شيـخ خــاف ربنـا

YA SHEIKH KHAAF RABBÉNA.

Vous ! Vous devriez avoir peur de Dieu.

28/07   I am afraid of this and that and I end up hiding underneath the quilt.

مـن ده أخــاف وٍ مـن ده أخـاف وٍ استحبي تحـت اللحـاف

MÉNN DA AKHAAF WÉ MÉNN DA AKHAAF WÉ ASTAKHABBA TAHHT ÉL LAHHAAF.

J'ai peur de ceci et de cela et finis par me cacher sous la couette.

28/08   He who fears the danger would be saved.

مـن خــاف ســـلم

MANN KHAAFA SÉLIM.

Celui qui craint le danger sera sauvé.

CHAPITRE 29
Friendship and Neighborhood
الصُّحُويِّـــــــــة والجيـــــــــرانْ
De l'amitié et du voisinage

29/01   When you have a friend that you cherish and want to keep, never lend or borrow money from him.

إذا كـــان لــك صديـــق وبـــدك تبقيـــه لا تاخـــد منـــه ولا تديـــه

IZA KAAN LAK SADEE,, WÉ BÉDDAK TÉB-EEH LA TAAKHOD MÉNNO WALA TÉDDEEH.

Lorsque vous avez un ami que vous chérissez et que vous souhaitez garder, ne jamais lui prêter ou emprunter de l'argent.

29/02   "Do not invite everyone into your home, for many are the tricks of the crafty." (Sirach, 11 : 29)

لاتدخـل كـــل إنسـان إلــي بيتــك فإن مكايـد الغشاش كثيـرة
(إبن سيراخ, 31 : 11)

LA TUDKHÉL KULLA INSAAN ILA BAYTÉK FA-INNA MAKAAYÉD AL GHASH-SHAASH KATHEERA.

« Les gens malins ont cent moyens de te tromper ; ne fais donc pas entrer n'importe qui chez toi. »
(Siracide, 11 : 29)

29/03   He who emigrates, could make an enemy for a friend. And he who doesn't comply, will not be respected.
(ZOHEIR IBN ABI SALMA) (See also 23/02, page 108)

وَمَــنْ يَغْتَــرِبْ يَحْسُــبْ عَــدُوّاً صَدِيقَــهُ وَمَــنْ لا يُكَرِمْ نَفْسَــهُ لا يُكَــرَمْ

WAMANN YAGHTARÉB YAHHSIBU 'ADUWWANN SADIKAHU WAMANN LA YUKRIMU NAFSAHU LA YUKRRAMU.

Celui qui émigre, pourrait prendre un ennemi pour un ami. Et celui qui ne se respecte pas, ne sera pas respecté.
(ZOHEIR IBN ABI SALMA) (Voir aussi 23/02, page 108)

CHAPITRE 30
Folklore and the Egyptian movie
أقـوالْ شَعْبيَّـةْ والسينما المصرية
Du folklore et le cinéma Égyptien

30/01   Bring the bottle and sit down to play with me.
         The appetizers are fresh and I like the atmosphere.

هــات القــزازة واقعــد لاعبنــي
المــزة طـــازه والحــال عجبنــي

**HAT ÉL ÉZAAZA WO,,'OD LA-'ÉBNY
DI ÉL MAZZA TAAZA WÉL HHAAL 'AGÉBNI.**

*Apportez la bouteille et asseyez-vous pour jouer avec moi.
Les entrées sont fraîches et j'aime l'atmosphère..*

30/02   You ZAMALÉK ! You are a school, an art, a fun and an engineering.
         (ZAMALEK sporting club is an Egyptian football team and the rival of Al-Ahli.)

يـا زمالك يـا مدرســة, فـن, ولعـب, وهندسـة
YA AHLI YA MADRASA FANN WLÉ-A'BÉ WHANDASA.

*Vous ZAMALÉK ! Vous êtes une école, un art, un jeu et du génie.
(Le Zamalek sporting club est un club égyptien de football et rival du club Al-Ahli.)*

30/03   You AHLI ! You who make them fuming.
         (AL AHLI sporting club is a football Egyptian team and the rival of ZAMALÉK.)

يـا أهلـــي يا كيدهــم
YA AHLI YA KAYÉDHUM.

*Vous AHLI ! Vous qui les rendez furieux.
(AL AHLI SPORTING CLUB est un club de football qui est rival au ZAMALÉK.)*

30/04   AS SAYYED AL BADAWY
         Is a revered Sufi figure from the 13th century Whose shrine is in the city of TANTA.
         "MOULED AS SAYYÉD AL BADAWY" is a festival celebrated once a year all over the
         city.

السيـــــد البـــدوي
AS SAYYED AL BADAWY.

*AS SAYYED AL BADAWI
est un personnage soufie vénéré du 13ème siècle dont le sanctuaire se trouve dans la
ville de TANTA. « MOULED AS SAYYED AL BADAWY » c'est une fête célébrée une
fois par an dans toute la ville.*

30/05   A crowded place and in a state of disorder. (A show whose owner is away.)

مَوْلِــدْ وصَحْبُـــهْ غَايِـــبْ
MOULED WÉ SAHHBO GHAAYÉB.

Un endroit bondé et en désordre. (Une foire dont le propriétaire est absent.)

30/06   Be at the same time ; an open minded, shrewd, calm and composed.
(Enlarge your skull and calm your head. – the "GEE" is for "GUMGUMA" = Skull and
the "Dee" is for "DÉMAAGH" = head.)
(ADEL IMAM in MORGAN AHMAD MORGAN movie.) (See also 21/05, page 89)

كَبِّــــرْ اللجِـــي ورَوّقْ الــــدِي
KABBAR ÉL GEE WÉ RAWWA,, ÉD DEE.
Soyez en même temps ouvert d'esprit, rusé et calme en ayant le contrôle de soi.
(Agrandir le crâne et calmer ta tête. – le « GEE » est pour « GUMGUMA » = crâne
et le « DEE » est pour « DÉMAAGH » = la tête.)
(ADEL IMAM dans le film : MORGAN AHMAD MORGAN.) (Voir aussi 21/05, page 89)

30/07   The overcrowded district of ladies' market.
A common and famous market in the city of Alexandria. It is a labyrinth-like of
about four feet wide alleys, and small shops on both sides. The following stanza is
from the movie under the same title, with the actress FIFI 'ABDO playing the main
role :
You, the overcrowded district of ladies' market, you who gather them with your
stories of the past and present. You are unique in your stories, tales, mélayaat and
your sweet girls. (See also, 30/67, 64/12)

زنقـــــــة السـتـــــات
يـا زنقـــــــة السـتـــــات يـا مجمعـــــة السـتـــــات
الماضــــــي لـه حكايـــــــات والحاضـــر لـه علامـــــات
حكايـــــات, روايـــات, ملايـــــات وبنـــات أمـرات زي الشربـات
ZAN-ÉTT ÉS SÉTTAAT.
Le quartier surpeuplé du marché des femmes.
c'est un quartier commun et célèbre d'Alexandrie. Il s'agit d'un labyrinthe de petites
ruelles d'environ quatre pieds de large et de petites boutiques des deux côtés. Voici
un passage tiré du film qui porte le même titre avec la vedette FIFI 'ABDO :
Toi, le quartier surpeuplé du marché des femmes, toi qui les rassemble avec tes
belles histoires du passé et du présent. Tu es unique dans ton genre avec tes
histoires, tes fables, tes mélayaates et tes filles, belles comme la lune. (Voir aussi,
30/67, 64/12)

30/08   O ! What a crowded world !

زحمـــة يـا دنيـــا زحمـــة
ZAHHMA YA DONYA ZAHHMA.
Ô ! Quel monde surpeuplé !

30/09   The *ABOU ZEID's path is maze of alleyways.
(Proposed by Raymond Sabbagh) (See also 16/19)

سكـــة أبـــو زيـــد كلهـــا مسـالك
SÉKKÉT ABOU ZEID KULLAHA MASAALÉK.
*Le chemin d'*ABOU ZEID est un labyrinthe de petites ruelles.*
(Proposé par Raymond Sabbagh) (Voir aussi 16/19)

*ABOU ZEID AL HILALI : he was a great fighter, shrewd and legendary hero. A black baby born to a white parents, something which prompted his father to renounce his mother. He lived in the 11th century and was considered the Arab leader and hero of the Banu Hilal tribe who lived in Najd, in the central region of Arabia peninsula. On the order of the Ismaiili Fatimid caliph, Abou Zeid and his tribe were punished for adopting Shiism, by being evicted from their land toTunisia via Egypt.The event was known by Taghribat Banu Hilal or "Sirat Banu Hilal". Sirat Banu Hilal is an Arabic epic recounting their journey. The epic is folkloric and was not submitted to writing until recently. It was declared "One of the Mankind's Masterpiece of the Oral and Intangible Heritage of Humanity" by the UNESCO in 2003. The Egyptian poet Al-Abnoudi (See 45/06, page 238) who spent 35 years to record and publish the oral epic, considers Banu Hilal saga the "Lliad of the Arab World."

*ABOU ZEID AL HILALI : il a été un grand combattant, un héros rusé et légendaire. Il est le bébé noir d'un des parents blanc, ce qui a incité son père de renier sa mère. Il a vécu au 11ème siècle et était considéré comme le leader arabe de la tribu des Banu Hilal qui a vécu dans le Najd, une région de l'Arabie. Sur l'ordre du calife fatimide Ismaiili, Abou Zeid et sa tribu ont été punis pour l'adoption du chisme, en les expulsant de leur terre pour aller en Tunisie via l'Égypte. L' Événement a été connu par Taghribat Banu Hilal, ou « Sirat Banu Hilal ». Sirat Banu Hilal est une épopée arabe racontant leur voyage.. Cette épopée n'a pas été soumise à l'écriture jusqu'à très récemment et il n'y a pas de date bien définie de sa création. Elle a été déclarée « l'un des chefs-d'œuvre de l'héritage oral et intangible de l'humanité », par l'UNESCO en 2003. Le poète égyptien Al-Abnoudi (voir 45/06, page 238) a passé 35 ans à enregistrer et à publier l'épopée orale, il a estimé que la saga de Banu Hilal est « l'Iliade du monde arabe. »

30/10   Appear and become visible You who emanates confidence.
(A famous expression from the kid's tale of "ALA ED DIN and HIS MAGIC LAMP".)
اظهـــر وبـــان عليـــك الآمـــان
ÉZHAR WÉBAAN 'ALEIK ÉL AMAAN.
Apparais et soit visible. Toi qui émane la confiance.
(Une expression célèbre de l'Histoire pour enfant de « ALA ED DIN et SA LAMPE MAGIQUE ».)

30/11   SHOBBEIK LOBBEIK your slave is in your hand. (See also 30/10)
(This is a magician's expression.)
شبيـــك ليبـــك عبـــدك بيـــن إديـــك
SHOBBEIK LOBBEIK 'ABDAK BEIN ÉDEIK.
SHOBEIK LOBEIK, votre esclave est entre vos mains. (Voir aussi 30/10)
(C'est une formule de magicien.)

30/12   Open sesame.
(Open sesame is a legendary expression from the kid's tale of "ALI BABA AND THE FORTY THIEVES".)

افتـــح يـــا سمســم

ÉFTAHH YA SÉMSÉM.

Sésame ! Ouvre-toi.
(Une expression légendaire du conte pour l'enfant de « ALI BABA ET LES QUARANTE VOLEURS ».)

30/13   The girl's reputation is like a matchstick.
(YOUSSEF WAHBA) (See also 01/07, 38/13, 63/02)

شـــرف البنـــت زي عـــود الكبريـــت

SHARAF ÉL BÉNT ZAY 'OUD ÉL KABREET.

La réputation de la jeune fille est comme une allumette.
(YOUSSEF WAHBA) (Voir aussi 01/07, 38/13, 63/02)

30/14   Short and useful. (Short and precise.)

المختصـــر المفيـــد

AL MUKHTASAR AL MUFEED.

Ce qui est court et précis.

30/15   No worries. Everything is o.k. (Fish, milk and tamarind.)

سمـــك لبـــن تمـــر هنـــدي

SAMAK, LABANN, TAMR HINDI.

Pas de soucis., tout est bien. (Poisson, du lait et tamarin.)

30/16   He is well known and has an excellent reputation. His name is a landmark.
(His reputation is like the drum sounds.)

سيطه زي الطبـــــل

SEETO ZAYYÉ TTABL.

Il est bien connu et a une excellente réputation.
(Sa réputation résonne comme le tambour.)

30/17   This is fantastic ! (The prophet's prayer is better.)

صـــلاة النبـــي أحســـن

SALAATÉ NNABI AHHSANN.

C'est merveilleux ! (La prière du phrophète est meilleure.)

30/18   The magic carpet. (zephyr's carpet.) (See also, 30/10, 30/11)

بســـاط الريـــح

BOSAATÉ RREEHH.

Le tapis magique. (Le tapis du zéphyr.) (Voir aussi, 30/10, 30/11)

30/19   Focus with me.

ركـــز معايـــا

RAKKÉZ MA'AAYA.

Concentre-toi en même temps que moi.

30/20   A warm welcome to the braves. (a square greeting to the braves.)
(This saying is typical in a pop celebration and is called by the party host when receiving the dignitary guests and followed by the brass band.)

سَـــلام مربــــع للجدعـــان

SALAAM MÉRABBAA' LÉLGÉD'AANN.

Un accueil chaleureux pour les braves. (Un vœu au carré pour les braves.)
(Cette phrase est typique dans une célébration folklorique. Elle est dite par l'animateur lors des soirées aux dignitaires et suivie par la fanfare.)

30/21   Good morning my sweet..., my darling..., my love...,honey.
(Good morning on the cristal.)
(It is said to a child, to a sweetheart.)

صبـــــاح النـــــور علـي البنـــور

SABAAHH ÉL NNOUR 'AL BANNOUR.

Bonjour ma douce, ma chérie.
(Bonjour sur le cristal.)
(Se dit à un enfant, un jeune ou un amant.)

30/22   The most respected. The strongest. The most feared. (The elder of the area.)

كبيــــــر الحتـــة

KÉBEER ÉL HHÉTTA.

Le plus respecté. Le plus fort. Le plus redouté. (L'aîné du quartier.)

30/23

SHUKOUKOU statuette against an empty bottle.
(This was the slogan of the barterer who was exchanging the household junk, known by "RUBABIKYA" (see 75/47, volume I). In this case, the exchange was an empty bottle for a SHUKOUKOU figurine or another one. SHUKOUKOU was a famous folk actor in the years 50's.) (See also 61/02 and volume 1)

عزيــــزة بقـــــزازة... شكوكــــو بقــــزازة

'AZEEZA BÉ,,ZAAZA... SHUKOUKOU BÉ,,ZAAZA.

La figurine de SHUKOUKOU contre une bouteille vide.
(Tel était le slogan du troqueur qui était d'échanger des vieux objets connus par « RUBABIKYA » (voir 75/47, volume 1). Dans ce cas, l'échange était une figurine contre une bouteille vide ou autre chose. SHUKOUKOU était un comédien célèbre dans les années 50.) (Voir aussi 61/02 et volume 1)

30/24   He is green, artless and ingenuous. (He is half a pip.)

هـــو نـص لبّــة

HOWWA NOS LÉBBA.

Il est naïf, simple et ingénu. (Il est d'un demi-pépin.)

30/25   We import the sun of Europe, we fill it in bottles and we will find those who will buy it.
(By FARID SHAWKI in the "AL GHOOL" or "The Ogre" movie.) (See also 25/29)

احنا نشتري الشمس من أوروبا ونعبيها في قرايز وهنلاقي اللي يشتريها

ÉHHNA NÉSHTÉRI ÉSH-SHAMSS MÉNN OROPPA WÉ N'ABBEEHA F-AZAAYÉZ WÉ HANLAA-I ELLÉ YÉSHTÉREEHA.

Nous importons le soleil de l'Europe, nous le remplissons dans des bouteilles et nous trouverons un preneur. (Voir aussi 25/29)
(Par FARID SHAWKI dans le fim « AL GHOUL » ou « L'Ogre ».)

30/26   Where did it disappear ? It's as if the earth did split and swallowed it.
(Something lost in an unexplained manner.)

هــــــــي الأرض انشقـــــــت وبلعتهـــــــا ؟

HÉYYA EL ARD ÉNSHA-,,ÉTT WÉ BALA-'ÉT-HA.

Où a-t-elle disparue ? C'est comme si la terre s'est fendue et l'a avalé.
(Quelque chose de perdu d'une façon inexpliquée.)

30/27   What is the matter ? (What is the phrase ?)

إيــه العبــــارة

EIH ÉL 'ÉBAARA.

Quelle est la question ? (Quelle est la phrase ?)

30/28   Oh AZIZ ! Oh AZIZ ! That God frees us from the British.
(This was the famous solgan that was repeated by the Egyptian demonstrators against the British occupation of Egypt. This occupation started when Britain declared Egypt a protectorate in 1914 and used it as a base in World War I for the Allied operations against the Ottoman Empire and ended by the Egyptian revolution in 1952. AZIZ is AZIZ ALI EL MASRI (1880 – 1964), he was a military officer and considered an Egyptian hero for his struggle throughout all his life against the foreign power. After the Egyptian revolution in 1952, GAMAL ABDEL NASSER assigned Aziz as the first Egyptian Ambassador to Russia in recognition of his valor.)

يا عزيـــز يا عزيـــز كبـــة تاخـــد الإنجليـــز

YA 'AZIZ YA 'AZIZ KOBBA TAAKHOD ÉL ÉNGÉLEEZE.

Ô 'AZIZ ! Ô 'AZIZ ! Que Dieu nous Libère de Britanniques.
(Ce fut le slogan le plus célèbre qui a été répété par les manifestants égyptiens contre l'occupation Britannique de l'Égypte. Cette occupation a commencé quand la Grande-Bretagne a déclaré l'Égypte un protectorat en 1914 et l'a utilisée comme une base militaire durant la Première Guerre Mondiale pour les opérations Alliées contre l'Empire Ottoman qui s'est terminée en 1952 par la Révolution égyptienne. AZIZ est AZIZ ALI EL MASRI (1880 – 1964), il était un officier militaire et considéré comme un héros égyptien pour sa lutte contre la puissance étrangère. Après la révolution de 1952, GAMAL ABDEL NASSER a nommé Aziz comme le premier ambassadeur égyptien en Russie en reconnaissance de sa vaillance.)

30/29   Go directly through the subject.

خـــش فـــي الموضـــوع

KHOSH FÉL MAWDOUA'.

Rentre directement dans le sujet.

30/30   Come to the conclusion. (Start from the end.)

جيــب مــن الآخـــر

GEEB MÉNN ÉL AAKHÉR.

Arrive à la conclusion. (Arrive à la fin.)

30/31   Oh Gazelle ! Oh Gazelle ! Love is beyond reproach. You are dissolving me and I became like a shadow."
(From the Oprette" Al Laila Al Kibeera" – "The Great Night",
By SAYYED MEKKAWI (1928 - 1997) : a distinguished Egyptian composer.)

يا غــزال يا غــزال العشــق حــلال دوبتني دوب خلتني خيــال خيــال

YA GHAZAAL YA GHAZAAL ÉL 'ÉSH-É HHALAAL DAWWÉBTÉNI DO-OB KHALLÉTNI KHAYAAL KHAYAAL.

Ô Gazelle Ô Gazelle ! L'amour est irréprochable. Vous m'avez fait fondre et je suis devenu comme une ombre.
(De L'opérette « Al Laila Al Kabeera » « La grande soirée »,
Par SAYYED MEKKAWI (1928 - 1997) : un compositeur de musique distingué.)

30/32   The head of the family.

كبيــر العائلــة

KÉBEER ÉL 'EILA.

Le chef de la famille.

30/33   Tuesday market. (A market that opens every Tuesday and not the other days.)

ســوق الثــلاث (الثلاثاء)

SOO,, ÉLTALAATT.

Le marché du mardi. (Un marché ouvert tous les mardis et non les autres jours.)

30/34   He was duped without being aware. (They put the skull-cap on his head.)

لبّســـوه العمّــة

LABBÉSOUH ÉL 'ÉMMA.

Il a été dupé sans le savoir. (Ils lui ont mis la calotte sur la tête.)

30/35   The local folklor is privileged.

البلــدي يوكـــل

ÉL BALADI YOUKAL

Le folklore local est privilégié.

30/36   They put him with a fait accompli. (To put him within the cannon-shot.)

حطـوه فــي بــوز المدفع

HHATTOUH FI BOUZ ÉL MADFAA'.

Ils l'ont mis devant le fait accompli. (Ils l'ont mis devant la bouche du canon.)

30/37　He is on the brink of bankruptcy. He is penniless. (He is on the iron.)

هـــو علــي الحديــدة

HOWWA 'ALA EL HHADEEDA.

Il est au bord de la faillite. Il est sans le sou. (Il est sur le fer.)

30/38　Welcome. (A highly appreciated step.)

خطـــوة عزيـــزة

KHATWA 'AZEEZA.

Bienvenue. (Une présence bien appréciée.)

30/39　People are like metals.

النــاس مَعَــادِنْ

ÉNNAASS MA'AADÉNN.

Les gens sont comme les métaux.

30/40　The beginning of the end of a beautiful episode.

ياللـه حُسْــنْ الخِتــامْ

HOSN ÉL KHÉTAAM.

Par Dieu la fin d'un bel épisode.

30/41　Crafty work. (Cabinetwork.) A work well done.

شُغْــل أويْمَـــا

SHOGHL OYMA.

Un travail bien léché. (Un travail d'ébénisterie.)

30/42　To probe about someone. (To dig after someone.)

يحْفْــــر وَراه

YOHHFOR WARAAH.

Afin de sonder quelqu'un. (Creuser derrière quelqu'un.)

30/43　To control the damage caused by a scandalous subject. (To collect the subject.)

نلــم الموضـــوع

NÉLÉMM ÉL MAWDOUA'.

Afin de limiter les dégâts causés par un objet scandaleux. (On ramasse le sujet.)

30/44　We are honored by your visit. (It is the prophet who visited us.)

ده احنــا زارنــا النبــي

DAHHNA ZARNA NNABI.

Nous sommes honorés par votre visite. (C'est le prophète qui nous a rendu visite.)

30/45　He is gone astray. He said things that are meaningless.
(He hit the oil lamp with the chair.)

ضــرب الكرسـي فـي الكولــب

DARAB EL KORSY FI ÉL KOLOB.

Il est égaré. Il dit des choses qui n'ont pas de sens.
(Il frappe la lampe à l'huile avec la chaise.)

30/46 "And you have one coffee with more sugar and adjust it."
(This is how the waiter takes the order and delivers it at the coffee shop. He shouts with a loud voice in order to be heard by the coffee maker who executes the orders.)

وعنـــدك واحـــد قهـــوة سكـــر زيـــادة وصلحـــه

WÉ 'ANDAK WAAHHÉD AHWA SOKKAR ZIYAADA WÉ SALLAHHO.

« Et vous avez un café avec plus de sucre et ajustez-le. »
(C'est ainsi que le serveur prend la commande et livre le café. Il crie à haute voix pour être entendu, en s'adressant à celui qui prépare le café et exécute les commandes.)

30/47 You aren't good except at making silliness.

أهـــو ده اللي انـــت فالـــح فيـــه

AHO DA ÉLLI ÉNTA FAALÉHH FEEH.

Tu n'es bon qu'à faire des bêtises.

30/48 You who strolls while getting dressed too tight and the waist is strangled. Your body is like a sticky paste, and you have forgotten the sense of taste. Your face is splashed with bright colours, while you snub the world with your nose that you keep high up.

ياللـــي ماشيـــة ولابسة محـــزق والوســـط قـــال مخنـــوق
جسمـــك معجـــون وملـــزق ونسيتـــي معنـــي الـــزوق
والـــوش فيـــه كـــل الألـــوان والمناخيـــر قـال طلعة لفـــوق

YALLI MASHYA WÉ LAABSA MÉHHAZZA,, WÉL WÉST AAL MAKHNOU,,.
GÉSMÉK MAA'GOUN WÉ MÉLAZZA,, WÉ NÉSEITI MA'ANA ÉZZO,,. WÉL
WÉSH FEEH KOL ÉL ALWAANN WÉL MANAAKHEER AAL TAL'A LFO-O,,.

Toi qui déambule en t'habillant trop serré et la taille étranglée.
Ton corps est comme une pâte collante et tu as oublié le sens du goût.
Ton visage est bariolé de toutes les couleurs,
Pendant que tu snobes le monde avec ton nez que tu gardes bien haut.

30/49 - I have pity for him.
- Don't be duped. He is not worth your pity.

- هـــو صعبـــان علـــي
- ما يصعبش عليك غالي

- HOWWA SA'ABAAN 'ALAYYA
- MA YÉS'ABSH 'ALEIK GHAALI.

- Il me fait pitié.
- Ne soyez pas dupe, il ne vaut pas cher.

30/50 Do you think I am a banker to pass you money as you want ?
(Do you think that I print money ?)

هو أنـــا بـــأدق الفلـــوس ؟

HOWWA ANA BADO,, ÉL FÉLOUS ?

Je ne suis pas un banquier pour vous transmettre l'argent que vous souhaitez.
(Pensez-vous que j'étampe de l'argent ?) (Pensez-vous que je suis un banquier ?)

30/51 His reputation is like an Egyptian golden pound.

سمعتـــه زي الجنيـــه الدهـــب

SUM-'ÉTO ZAY ÉL GÉNEIH ÉD DAHAB.

Sa réputation est comme une livre égyptienne en or.

30/52 He pays the amount promptly, in cash and with resoluteness
(Each Egyptian pound knocks the preceding one.)

كــل جنيـــه ينطــح جنيـــه

KOLL GÉNEIH YÉNTAHH GÉNEIH.

Il paie le montant rapidement.
(Chaque livre égyptienne frappe la précédente.)

30/53 O Lord ! This is Your wisdom.

حكمتـــك يـــا رب

HHÉKMÉTAK YAA RABB.

Ô Seigneur ! Cela est Votre sagesse.

30/54 Thank God. You had considered and acted with compassion.
(We have been saved from a serious ordeal.)

قـــدّر ولطــف

ADDAR WÉ LATAF.

Merci mon Dieu. Vous avez considéré et agi avec compassion.
(Nous avons été sauvés d'une grave épreuve.)

30/55 I would like to see that day when I take pleasure of his misfortune.
(The revenge of the oppressed is his utmost desire.)

نفسـي أشـوف فيـــه يـــوم

NÉFSI ASHOUF FEEH YO-OM.

Je voudrais voir le jour où je prendrai plaisir devant son malheur.
(La vengeance de l'opprimé est son plus grand désir.)

30/56 He who is too picky will be getting tired.

اللـي يـدق يتعـب

ÉLLI YÉDO,, YÉT'AB.

Celui qui est trop pointilleux se fatigue.

30/57 He is worthy of his title. He is capable. (He fills his dress.)

هـو ملـو هدومـه

HOWWA MALWÉ HDOUMO.

Il est digne de son titre. Il est capable. (Il remplit ses habits.)

30/58 That God not to deprive us from your kindness.

ربنـا ميحرمنـــاش مـــن فضــلك

RABBÉNA MA YÉHHRÉMNAASH MÉNN FADLAK.

Que Dieu ne nous prive pas de tes dons.

30/59　The appreciation is the thanks to the Lord.

اللهـــم لك الحمـــد والشــكر

AL HHAMDU WA SHSHUKRU LAK.

La gratitude est le remerciement envers le Seigneur.

30/60　To start a subject head-on with no introduction. (Hammering and gluing.)

خبط لزق

KHABT LAZ,,.

Commencer un sujet sans introduction. (Martelage et collage.)

30/61　He is dressing, according to the latest fashion.
　　　 (Sénga is the trolley pole which supplies electric power to the tramway.)

علـي سنجـــة عشـــرة

'ALA SÉNGÉTT 'ASHARA.

Il s'habille selon la dernière mode.
(Sénga est Le mât qui fournit l'alimentation éléctrique du tramway.)

30/62　He doesn't suit me. He is different from my social class.
　　　 (He is not from my fabric.)

هـــو مـــش مـــن ثوبـــي

HOWWA MUSH MÉNN TO-OBI.

Il ne me convient pas. Il est différent de mon milieu.
(Il n'est pas de mon tissu.)

30/63　He is the master of the show. He is drawing all attention.
　　　 (He is eating the climate.)

هـــو واكـــل الحـــو

HOWWA WAAKÉL ÉL GAWW.

Il est le maître du spectacle. Il attire toute l'attention.
(Il mange l'atmosphère.)

30/64　I will do my best based on the situation.

حســب التساهيـل

HHASAB ÉL TASAAHEEL.

Je ferai de mon mieux selon la situation.

30/65　The shabby behaviour. A paltry excuse.
　　　 (The lop-sided situation.)

الحـــال المايـــل

ÉL HHAAL ÉL MAAYÉL.

Une conduite minable. Une excuse mesquine.
(La situation est penchée.)

30/66 Thank you my friend for this wonderful gift.
(Thank you PASHA for this delightful pancake. BUGHASHA means sweet.)

مشكـــور يـــا باشـــا علـــي البوغاشـــا

MASHKOUR YA BASHA 'ALAL BUGHAASHA.

Merci mon ami pour le merveilleux cadeau.
(Merci PACHA pour ce bon biscuit. BUGHASHA signifie : sucrerie.)

30/67 Beware of the shrimp to not bite you and of the policeman not to frighten you.
(It is said to tease someone who is not familier with sea-food. (See also, 30/07, 64/11)

الجمبـــري أوعـــي يعضـــك والعســـكري أوعـــي يخضـــك

EL GAMBARI OW-'A Y-'ODDAK WEL 'ASKARI OW-'A Y-KHODDAK.

Méfiez-vous de la crevette pour ne pas vous faire mordre et du policier pour ne pas vous effrayer. (Voir aussi, 30/07, 64/11)
(Se dit pour taquiner quelqu'un qui n'est pas familier avec les fruits de mer.)

30/68 An understood right among Arabs.
(This expression is said to confirm the rules, duty and rights of hospitality, among Arabs.)

حـــق عـرب

HHAK 'ARAB.

Un droit acquis chez les Arabes.
(Cette expression se dit pour confirmer les règles de l'hospitalité et le devoir d'accueil chez les Arabes.)

30/69 I beg you, please. (That the propphet guides you.)

سايق عليك النبي

SAAYÉ,, 'ALEIK ÉNNABI.

Je vous en prie, s'il vous plaît. (Le prophète te conduit.)

30/70 He who joins me break me.
(It is said by the little kids when they play hide and seek.)

اللـــي يحصلنـــي يكسرنـــي

ÉLLI Y-HHASSALNI YÉKASSARNI.

Que celui qui me rejoint me casse.
(Se dit par les enfants quand ils jouent à cache-cache.)

30/71 The world is small.

الدنيـــا صغيـــرة

ÉD DONYA SOGHAYYARA.

Le monde est petit.

30/72 That our day to be fantastic. (That our day to be cream.)

نهارنـــا قشطـــة

NAHARNA ÉSHTA.

Que notre journée soit merveilleuse. (Que notre journée devienne de la crème.)

30/73   That our day to be peaceful. (That our day to be milk.)

نهارنـــا لبـــن

NAHARNA LABANN.

Que notre journée soit tranquille. (Que notre journée devienne du lait.)

30/74   By the Creator's name who created the creatures. (A serious pledge.)

والخالـــق اللـــي خلـــق الخلـــق....

WELKHAALE,, ÉLLI KHAL,, ÉL KHAL,,.

Au nom du créateur qui a créé les humains. (Une promesse sérieuse.)

30/75   Let it be simple and unpretentious.

خللـــي البســـاط أحمـــدي

KHALLI ÉL BUSAAT AHHMADI.

Qu'il soit simple et sans prétention.

30/76   We are pious people. (We are the people of God.)

احنـــا نـــاس بتـــوع ربنـــا

ÉHHNA NAAS BÉTOUA' RABBÉNA.

Nous sommes des gens pieux. (Nous sommes le peuple de Dieu.)

30/77   He is a courageous man, we can count on him.

واد مجـــدع

WAAD MAGDAA'.

Il est un brave homme, on peut compter sur lui.

30/78   The relations are very tense. (The weather is electrified.)

الجـــو مكهـــرب

ÉL GAWW MÉKAHRAB.

Les relations sont très tendues. (L'atmosphère est éléctrique.)

30/79   I have been criticized by those who are worthy and those who are not.

اللـــي يســـوي واللـــي ما يســـواش

ÉLLI YÉSWA WÉLLI MAYÉSWAASH.

J'ai été critiqué par ceux qui sont dignes ainsi que par ceux qui ne le sont pas.

30/80   Let us be open and generous !
    (A sarcastic expression to ridicule or criticize a person for his irrational acts.)

أنعـــم وأكـــرم !

AN'ÉM WA AKRÉM !

Soyos ouverts et généreux !
(Une expression sarcastique pour ridiculiser ou critiquer une personne pour ces actes irrationnels.)

30/81 Your system is not like mine. (Your way of life is not like mine.)
(The word "System" is arabicized as shown in this expression.)

سيستمك مش زي سيستمي

SISTÉMAK MUSH ZAY SISTÉMI.

Votre système n'est pas comme le mien.)
(Le mot : « Système » est arabisé comme démontré dans cette expression.)

30/82 Tell me what is in your mind ? What do you mean ?

قوللي هـو انـت قصدك ايـه ؟

OLLI HOWWA ÉNTA ASDAK EIH ?

Dis-moi quelles sont tes intentions? Que voulez-vous dire ?

30/83 We go to bed very early. (We sleep like chicks.)

بننـــام زي الكتاكيـــت
بننـــام زي الفـــراخ

BÉNNAAM ZAY ÉL KATAAKEET.

Nous allons nous coucher très tôt. (Nous dormons comme des poussins.)

30/84 He starts to deviate from his duty. (He starts to play with his tail.)

ابـدي يلعـب بديلـه

ÉBTADA YÉL'AB BÉDEILOH.

Il commence à s'écarter de ses engagements. (Il commence à jouer de sa queue.)

30/85 I beg God's mercy to save me from His anger.

أعــوذ بالله مــن غضــب الله

A'OUZU BIL LLAH MINN GHADAB ALLAAH.

Je demande la miséricorde de Dieu pour me sauver de Sa colère.

30/86 A cup of tea with teabag. (A glass of tea with a string.)
(The common way to drink tea in Egypt is in a glass and not a cup. The tea is generally loose and not in bags. The loose tea is called "KOSHARI" while the tea in bags is called a tea with a string.)

كبايـة شــاي بفتلـة

KUBBAAYÉT SHAAY BÉ FATLA.

Un verre de thé en sachet. (Un verre de thé avec une ficelle.)
(La façon courante de boire le thé en Égypte est dans un verre et non pas une tasse. Le thé généralement est en vrac et non pas en sachet. Le thé en vrac est appelé « KOSHARI » et le thé en sachet s'appelle du thé avec une ficelle.)

30/87 He thinks I am easy to be swallowed. (He thinks I am a soft piece of bread.)

فاكرنـي لقمـة طربـة

FAKÉRNI LO,,MA TARÉYYA.

Il pense pouvoir me duper. (Il pense que je suis un morceau de pain tendre.)

30/88   The piece of wood of the Ethoipien. (This expression is a play of articulation.)

خشبــــة حبشـــي

KHASHABÉT HHABASHI.

Le morceau de bois de l'Éthiopien. (L'expression est un effet d'articulation.)

30/89   He brings out the bad of the repressed memories as of the good ones.

يقلـــــب المواجـــــع

YÉ-ALLÉB ÉL MAWAAGÉA'.

Il fait ressortir les mauvais comme les bons souvenirs.

30/90   Is your mother in the nest or she has flown away ?

أمك فــي العـش ولا طـــارت

OMMAK FÉL 'ÉSH WALA TAARÉT ?

Ta mère est dans le nid et ne s'est envolée ?

30/91   When overwhelmed by a deluge, put your son under your feet.
(A quote from a recent Egyptian movie)
(This kind of quotations are against our tradions and values.)

ان جـــالك الطوفــان حـــط ابنـك تحـــت رجليـك

ÉNN GAALAK ÉT TAWAFAANN HHOT ÉBNAK TAHHT RÉGLEIK.

Quand tu es submergé par un déluge, mets ton fils sous tes pieds.
(Une citation d'un récent film égyptien)
(Ce genre des citations est contre nos traditions et valeurs.)

30/92   He is at risk of his act.
(He will end up by finding himself at tokar.)
(Tokar is a Sudanese town on the Red Sea used to be an exile.)

يــروح فــي طوكــر

YÉROUHH FÉ TOKAR.

I est en danger.
(Il finira par se trouver à TOKAR.)
(TOKAR est une ville soudanaise sur la Mer Rouge utilisée comme un exil.)

30/93   If we go to heaven, we will not find a single one we knew.
(*ADEL ADHAM in "The lady dancer and the drummer" or "ARRAAKÉSA WA AT
TABBAAL.)

احنـا لـو رحنـا الجنـــة مـــش هنلاقــي حــد نعرفـــه

ÉHHNA LAWE ROHHNA ÉL GANNA MOSH HANLA-I HHAD NÉA'RAFO.

Si nous allons au paradis, nous ne trouverons personne que nous connaîssions.
*(*ADEL ADHAM dans le film « La danseuse et le tambour » ou « *ARRAKÉSA   WA
AT TABBAAL. »*

30/94   He is elegant. (He is long and wide.)

هـــو طـــول بعـــرض

HOWWA TOOL BÉ'ARD.

Il est imposant. (Il est de long en large.)

30/95   - Will you allow me madame to dance on this music ? (Stephan Rosti)
- Go ahead my friend ! No one is preventing you from doing so.   (F. Muhamad)
- So, allow me to go for a minute to tie my hip and come back. (Stephan Rosti)
(From "The lady's palace" or SAYYÉDATU AL KASR")

-    مـــــــــدام, تسمحيلـــي بالرقصــــة دي ؟ (استفان روستي)
-    ما ترقــص يا خـــويا هـو حـــد حايشـــك ! (فردوس محمد)
-    حاضر دقيقة واحدة اروح اتحــــــــزم وأجيلك. (استفان روستي)
-    **MADAME, TÉSMAHHEELI BI ÉRRA,,SA DI ?**
-    **MA TOR-OS YA KHOUYA HOWWA HHAD HHAYSHAK.**
-    **HHADÉR, DÉ-I-A WAHHDA AROUHH ATHHAZZÉM WÉ AGEELÉK.**
-    *Me permettez-vous madame cette danse? (STÉPHANE ROSTI)*
-    *Allez-y mon ami, personne ne vous empêche de le faire. (FÉRDOS MOHAMAD)*
-    *Alors, permettez-moi d'aller me déhancher et revenir.*
(Du film « La femme du palais » ou « SAYYÉDATU AL KASR »)

30/96   Is this your target shooting, you bum ! (To shoot oneself in the foot.)
(A famous sarcastic expression by **STEPHAN ROSTI in one of his movies.)
(Proposed by Dr. Hassan El Ghobary)

نَشْنـــــتْ يا فالــــــح !
NASHSHÉNT YA FAALÉHH !
Est-ce bien ta cible le bon à rien !
*(Une expression célèbre et sarcastique de **STÉPHANE ROSTI dans un de ses films.) (Proposé par Dr. Hassan El Ghobary)*

*ADEL ADHAM (1928 – 1996) : born in Alexandria and excelled in sport when he was young. He practiced dancing with REDA TROUP and played as dancer in three movies. He was an expert broker in the cotton exchange at the Alexandria stock market. In the 1964 he thought of leaving the country but while preparing his papers, he received an offer as actor and it was the beginning of his career. he played in 84 films, known by the prince and awarded several prizes.

*ADEL ADHAM (1928 – 1996) : *il est né à Alexandrie et il a excellé dans le sport quand il était jeune. Il a pratiqué la danse avec la TROUPE de RÉDA et a joué dans des films en tant que danseur dans trois films. Il a été un courtier expert en coton sur le marché boursier d'Alexandrie. En 1964, il a songé de quitter le pays mais, tout en préparant ses papiers il a reçu une offre comme acteur et ce fut le début de sa carrière. Il a joué dans 84 films et on lui a donné le nom de prince et a aussi remporté plusieurs prix.*

**STEPHAN ROSTI (1891 – 1964) : his mother was an Italan Egyptian dancer and his father was the Austrian Ambassador to Cairo. He stayed with his mother in Alexandria after his father returned back to his country. He played in 24 films.

**STEPHAN ROSTI (1891 – 1964) : *Sa mère était une danseuse italienne et son père était l'ambassadeur d'Autriche au Caire. Il a vécu avec sa mère à Alexandrie et après que son père soit retounré dans son pays, il a joué dans 24 films.*

30/97 In any case, it will end up with the same result. In any case, it is impossible.
(By the length, by the width,...) (You go right or left,...) (You go up or down,...)

تروح يمين تيجي شمال... بالطـــول بالعـرض... تطلـــع تنـــزل

BÉTTOOL BÉL'ARD. TÉROOHH YÉMEEN TÉROOHH SHÉMAAL. TÉTLAA'
TÉNZÉL.

Dans tous les cas, tu vas te retrouver avec le même résultat. Dans tous les cas, il
est impossible.
(Tu vas à droite, tu reviens à gauche,...En long, en large,... tu montes et tu
descends,...)

30/98 And since he left, we never saw him again.
(And this is the guest's face.)

وأدي وش الضيـــــف

WÉ AADI WÉSHSH ÉD DEIF.

Depuis qu'il nous a quittés, nous ne l'avons pas revu.
(Et c'est cela le visage de l'invité.)

30/99 All means will ultimately serve the same purpose. Everything is connected.

كُلـــه مِحصُـــل بَعْضـــه

KOLLO MÉHHASSAL BAA'DO.

Tout est relié. (Tout se suit.)

30/100 The subject is crystal clear. (The subject is clear like the sunshine.)

الموضـــوع واضـــح زي الشمـــس

ÉL MAWDOUA' WAADÉHH ZAY ÉSH SHAMSS.

Le sujet est clair comme le jour ou comme l'eau de roche.
(Le sujet est clair comme le soleil.)

30/101 The subjet is in a stagnant state.

الموضـــوع محـــلك ســـر

ÉL MAWDOUA' MAHHALLAK SÉRR.

Le sujet est dans un état stagnant.

30/102 With no notice.

ولا إحـــم ولا دُستُـــور

WALA IHHIM WALA DUSTOOR.

Sans avis.

30/103 He got it in its finest shape. (He got it peeled.)

أخدهـــا مقشـــرة

AKHADHA MÉ-ASHSHARA.

Il l'a obtenue dans sa plus belle forme. (Il l'a obtenue épluchée.)

30/104 A great idea, a smart solution. (A hellish of an idea.)

فكـــرة جهنميـــة

FÉKRA GUHANNAMIYYA.

Une idée extraordinaire. (Une idée infernale.)

30/105 Let us settle with a proposal accepted by both parties.
(Let us divide the city on two halves.)

خـــلاص, تقســـم البلـــد نصيـــن

KHALAAS, NÉ,,SÉM ÉL BALAD NOSSÉIN.

Réglons nos différents équitablement.
(Divisons la ville en deux.)

30/106 ...and I was traveling in foreign lands, some were friendly and others were rude.
(Countries were carrying me up and others were laying me down.)

بـــلاد تشيلنـــي وبـــلاد تحطنـــي

BÉLAAD TÉSHÉLNY WÉ BÉLAAD TÉHHOTTÉNY.

...et j'ai voyagé dans des pays étranges, dont certains étaient accueillants et d'autres rudes.
(Des pays m'ont porté et d'autres m'ont laissé tomber.)

30/107 That your religion would be triumphant.
(A statement of approval with enthusiasm.)

ينصـــر دينـــك

YONSOR DEENAK.

Que ta religion triomphe.
(C'est une affirmation d'approbation et d'enthousiasme.)

30/108 This is more than enough, thank you.

ده زيـــادة عـــن اللـــزوم

DA ZIYADA 'AN ÉL LUZOUM.

C'est plus que suffisant, je vous remercie.

30/109 What an odd comparison ! You the magnificent.
(What an odd comparison ! you the Kebab dish.)

إيـــش جـــاب لجـــاب يا صحـــن كبـــاب

EISH GAAB LÉGAAB YA SAHHN KABAAB.

Quelle cumparaison bizarre ! Vous le magnifique.
(Pourquoi comparer l'un à l'autre, toi le plat de kebab.)

30/110 Call it whatever you like, it makes no difference.

سميهـــا زي متسميهـــا

SAMMEEHA ZAY MATSAMMEEHA.

Appelle-la comme tu veux, cela ne fait aucune différence.

30/111 "That God bestows His blessing on you."
(A rude retort to someone who takes his time to respond.)

نعـــم اللـــه عليـــك

NA'AMA LLAH 'ALEIK.

« Que Dieu t'accorde sa bénédiction. »
(C'est une riposte rude à quelqu'un qui prend son temps pour répondre.)

30/112 The poor me. (The slave is to God.)

العبـد لله

AL 'ABD LÉL LLAAH.

Pauvre de moi. (L'esclave est à Dieu.)

30/113 Manage your business with diligence.

ســايس أمـــورك

SAAYÉS UMOURAK.

Gérez vos affaires avec diligence.

30/114 The almighty power.

الشديـــد القـــوي

ASH SHADEED AL-AWY.

Le fort et puissant.

30/115 Regardless of critics, find any suitable alternative that is functional. (Be practical and go forward.)

مَشِـي حـــالك

MASHSHI HHAALAK.

Peu importe les critiques, trouve une alternative valable. (Avance tes affaires.)

30/116 I couldn't control my body from fear and shock. (My body became loose.)

جتتـي ســـابت

GÉTTÉTI SAABÉT.

Je ne contrôle plus mon corps. (Mon corps est devenu figé par la peur.)

30/117 Hats off to you ! Well done, my friend !

عفـــارم عليــــك

'AFAARÉM 'ALEIK.

Bravo mon vieux ! (Mon approbation est sur toi.)

30/118 She displays in public all the ugly traits of a person. (The peasant woman extends her black cloth - MÉLAAYA.)

تفـــرش الملابـــة

TÉFRÉSH ÉL MÉLAAYA.

Elle étale en public tous les traits disgracieux d'une personne. (La paysanne étend son drap noir - MÉLAAYA.)

30/119 Better act quickly while the subject is hot.

خلليهــا فـــي حموتهـــا

KHALLEEHA FI HHAMWÉTHA.

Il vaut mieux agir rapidement pendant que le sujet est chaud.

30/120　He is witty and devilishly brave. (He is the image of a jinn.)

جــــن مصــــور

GUÉNN MÉSAWWAR.

Il est plein d'esprit et diablement courageux. (C'est l'image du djinn.)

30/121　In a sudden, he became a spendthrift. (He is opening it on the northern side.)

فتحهـا علـي البحـــري

FATÉHH-HA 'AL BAHHARI.

D'un seul coup, il est devenu dépensier. (Il l'a ouvert sur le côté nord.)

30/122　And in which legislation this matter is banned ?
(To rise up against an odd regulation.)

وده فـــي شـــرع ميــن !

WÉ DAH FI SHARA' MEEN !

Et dans quelle législation cette question est interdite ?
(Se révolter contre un règlement injustifié.)

30/123　It seems that this problematic story will have no happy ending.

الحكايـة دي مش بايـن هتعدي علـي خيـر

ÉL HHÉKAAYA DI MUSH BAAYÉN HAT'ADDI 'ALA KHEIR.

Il semble que cette histoire problématique n'aura pas de fin heureuse.

30/124　This story is full of doubts and question marks.

الحكايـــة دي فيهـــا إنّ

ÉL HHÉKAAYA DI FEEHA INNA.

Cette histoire est pleine de doutes et d'interrogations.

30/125　Just for information. (By the door of the subject knowledge.)

مــن يــاب العلــم بالشيـــئ

MÉNN BAAB ÉL 'ÉLM BÉSH-SHÉ,,.

Juste pour l'information. (Par la porte de la connaissance du sujet.)

30/126　Promise me that you will salute him on my behalf.
(A greeting is the pledge of my sincerity.)

الســـلام أمانـــة

ÉS SALAAM AMAANA.

Promets-moi de le saluer en mon nom.
(Une salutation est le gage de ma sincérité.)

30/127　This is the God's boarder line between you and me that I shouldn't cross.

حَــــدّ اللـه بينـــي وبينـك

HHADD ALLAAH BEINY WÉ BEINAK.

Ceci est la frontière de Dieu entre nous et que je ne dois pas franchir.

30128   What a catastrophe ! (What a black news !)

يـا خبـر اسـود

YA KHABAR ÉSWÉD.

Quelle catastrophe ! (Quelle nouvelle noire !)

30/129   What a shocking surprise ! (What a white news !)

يـا خبـر أبيـض

YA KHABAR ABYAD.

Quelle nouvelle surprenante. ! (Quelle nouvelle blanche !)

30/130   Is it forbidden to ask the question ?

هـو السـؤال حـرم

HOWWA ÉSSU-AAL HHOROM.

Est-ce interdit de poser la question ?

30/131   No one is better than anyone else.

مـاحـدش أحسـن مـن حـد

MA HHADDÉSH AHHSANN MÉNN HHAD.

Personne n'est mieux qu'une autre.

30/132   Get out of it and things will be better.

اطلـع منهـا وهـي تعمـر

ÉTLAA' MÉNHA WÉ HÉYYA TÉ-A'MAR.

Sort de là et la situation s'arrangera d'elle même.

30/133   He is testing the water. (He feels the pulse.)

يحـس النبـض

YÉGÉSS ÉNN NABD.

Il tâte le terrain. (Il tâte le pouls.)

30/134   Don't worry, be happy. (Nobody will depart with anything.)

يالله محـدش واخد منهـا حاجـة

YALLA MAHHADDÉSH WAKHÉD MÉNHA HHAAGA.

Ne vous inquiètez pas, soyez heureux. (Personne n'en tirera rien.)

30/135   An integrated part of the main frame.

منـه وفيـه

MÉNNO WFEE.

Une partie intégrante de la trame principale.

30/136   You know as much as me. I do not know more than you.
        (My guess is as good as yours.)

علمـي علمـك

'ÉLMI 'ÉLMAK.

Vous en savez autant que moi. Je n'en sais pas plus que vous.

30/137 It doesn't seem he will end it up peacefully.
        (It doesn't seem he will bring it safely to berth.)
        مـــش بايــــن عليــــه هيجيبهــــا لبــــر
        MUSH BAAYÉN 'ALEIH HAYGÉBHA LÉ BARR.
        Il ne semble pas y mettre fin pacifiquement.
        (Il ne semble pas vouloir amener à bon port.)

30/138 For charity. Volunteer work. (For the face of God.)
        لوحــــه اللــــه
        LIWAGH ÉLLAAH.
        Par charité. (Pour le visage de Dieu.)

30/139 Too far. (At the far end of the Muslim countries.)
        أخــــر بــــلاد المســــلمين.
        AAKHÉR BÉLAAD EÉ MUSLÉMEEN.
        Trop loin. (Au bout des pays des musulmans.)

30/140 The uninhabitable land.
        (The world of the primitive people and the people who ride the elephants.)
        بــــلاد الــــواق واق وبــــلاد تركــــب الأفيــــال
        BÉLAAD ÉL WAA,, WAA,, WÉ BÉLAAD BÉTÉRKAB ÉL AFYAAL.
        La terre inhabitable.
        (Le monde des primitifs et le monde à dos d'éléphants.)

30//141 The state of the affairs is very bad. (The state of the affairs is like the asphalt.)
        (Proposed by Sami Maalouf)
        الحالــــة زي الزفــــت
        ÉL HHAALA ZAY ÉL ZÉFT.
        Les affaires sont très mauvaises. (La situation est noire comme le goudron.)
        (Proposed by Sami Maalouf)

CHAPITRE 31
Food and Condiments
الطَعَــــــــامْ
De la nourriture et des condiments

31/01   Neither the fig nor the raisins are like you, the sycamore.
(Proposed by Magdi Nicolas)

ولا تيــــن ولا عنـــب زيـــك يـا جميـــز

LA TEEN WALA 'ÉNAB ZAYYAK YA GOMMÉIZ.

Ni les figues ni les raisins ne sont comme vous, les sycumores.
(Proposé par Magdi Nicolas)

31/02   Very crazy is the tomatoe. (Its price is never stable.)

مجنونـــة أوي يا أوطـــه

MAGNOUNA AWI YA OUTA.

Très folle est la tomate. (Son prix n'est jamais stable.)

31/03   You the sweetish, you the potatoe.

يـا معســـلة يـا بطاطـــة

YA M-'ASSÉLA YA BATATA.

Tu es sucrée, toi la patate douce.

31/04   There are plenty of... (Like rice.)

زي الـــــرز

ZAY ÉR ROZ

Il y en a beaucoup de... (Comme le riz.)

31/05   The onion of the beloved one substitutes the meat of a sheep.

بصلة المحـــب خـــروف

BASALÉT ÉL MOHHÉB KHAROUF.

L'oignon de la bien-aimée remplace la viande de mouton.

31/06   He is always in a hurry. (His onion is burned.)

بصلتـــه محروقـــة

BASALTO MAHHROU-A.

Il est toujours pressé. (Son oignon est brûlé.)

31/07   Life has its ups and downs.
(One day honey and the other onion.)

يـــوم عســـل ويـــوم بصـــل

YO-UM 'ASAL WÉ YO-UM BASAL.

La vie a des hauts et des bas.
(Un jour miel et l'autre oignon.)

31/08   Without you, I am not worth even an onion.

مـــن غيــرك مســـواش بصلــة

MÉNN GHEIRAK MASWAASH BASALA.

Sans toi, je ne vaux même pas un oignon.

31/09   The Epiphany is the feast of COLOCASIA. The one who doesn't eat COLOCASIA that day will become a body without head.

(A popular saying in the Christian community.)

(Proposed by Henriette Sidhom and Mary Awad)

الغْطاس عيد القْلقـاس واللي مـا بيكلـش قلقـاس

يـــوم الغطاس يصبــح جتـــه مــــن غيــــر راس

ÉL GHOTAAS 'EED ÉL KOLCAS WÉLLI MA YAKOLSH KOLCAAS YOM ÉL GHOTAAS YÉSBAHH GÉTTA MÉNN GHEIR RAAS.

L'Épiphanie est la fête de la COLOCASIA. Celui qui ne mange pas la COLOCASIA ce jour-là va devenir un corps sans tête.

(Un dicton populaire dans la communauté chrétienne.)

(Proposé par Henriette Sidhom et Mary Awad)

31/10   They said : "Why do your meat is full of scrap ?" He replied : "Because the butcher Is an acquaintance."

قالــــوا : لحمتــك مشغتـــة ليــه ؟ قــال : أصــل الجـــزار معرفــة

AALU : LAHHMÉTAK MÉSHAGH-GHATA LÉH ? AAL : ASL ÉL GAZZAAR MAA'-RÉFA.

Ils ont dit : « Pourquoi votre viande est fibreuse ? » Il répondit : « Parce que le boucher est une connaissance. »

31/11   The MOLOKHIYA

Molokhiya is a vegetable native to Egypt and its national dish is very popular in the Middle Eastern and Mediterranean Regions. It has also become very popular in Japan and Southeastern Asia. Molokhiya is a very nutritious and healthy and it has been reported that this vegetable contains iron, calcium, carotine, minerals, vitamin A, B1 and B2. .

ملوخيـــــــة

MOLOKHIYA

كانت في القدم تسمي الملوكية حيث تقول الأسطورة أن الفراعنة كانوا يزرعونها ويمنعون تناولها الا لمن كان من الأسرة الملكية .. لكن مع مرور الزمن أصبحت شائعة واصبحت في متناول الجميع وتحور اسمها إلي الملوخية .. طبعا الملوخية أكلة محببة عند الصغار والكبار علي حد السواء وسهلة التحضير كل ما تحتاجه هو مرق.. ثم تضاف الملوخية والتقلية وتقدم بالعادة مع الأرز الأبيض.. الملوخية لها فوائد كثيرة منها : تحتوي علي الحديد أقل من السبانخ والفول الأخضر لكن مفيدة جداً لمرضي فقر الدم, الكالسيوم المذاب : تكاد توازي كميته في الحليب وهو مهم جداً لبناء العظام والمحافظة علي الكتلة العظمية عند الكبار .. المادة اللزجة : وهذه كنز الملوخية حيث أثبتت الأبحاث حيث أنها تساعد علي البناء السليم للغضاريف في الركب والمفاصل بشكل عام وتساعد علي استمرارية اللزوجة في هذه المفاصل علي مر الزمن .. وتساعد أيضاً علي خفض الكلسترول السـيء

في الكبد ومصل الدم كما أنها تساعد علي الهضم وتقي أيضاً الجهاز
الهضمي وتخفف الإمساك وأثاره المضرة .. الألياف الغذائية : وهي أيضاً
موجودة بوفرة في الملوخية بشكل ملحوظ وتساعد الجهاز الهضمي بطريقة
صحية وطبيعية علي التخلص من الفضلات .. كما أنها تخفف الإمساك
ومضاره الجانبية وتقلل من إمتصاص الدهون.

La MOLOKHIYA

La Molokhiya est un légume originaire d'Égypte et c'est son plat nationale. Elle est très populaire au Moyen Orient et dans la région méditérranéenne, est devenue également très populaire au Japon et au Sud-Est de l'Asie. Il a été rapporté que ce légume contient du fer, du calcium, de la carotène, des minéraux et des vitamines A, B1 et B2. La Molokhiya est un légume très nutritif et sain.

31/12 The LINSEED

Linseed have many benefits : They are rich in fats containing omega-3. This type of fat helps lower cholesterol and triglycarides in the blood. The seeds also have a good heart protective effect, as they decrease the risk of heart desease by making blood platelets less sticky in the arteries and prevent blood clotting as they offer good blood circulation in the arteries. In addition, they are beneficial for hypertension, certain types of cancer, inflammatory deseases and autoimmune deseases like the rheumatoïd arthritis. The linseed and fish oil are also used in feeding chickens that lay eggs enriched with omega 3 fatty acids. The linseeds can be laxative since they are valuable source of soluble fiber. These fibers in the seeds form a gel in the intestine and become barrier to fat and simple ingested sugars.

بذر الكتـــان
BÉZR ÉL KÉTTAANN.

Les GRAINES DE LIN

Les graines de lin ont beaucoup d'avantages. Elles sont riches en gras comportant des acides gras d'oméga-3. Ce type de gras favorise une diminution des triglycérides dans le sang et contribue à abaisser le taux de cholestérol. Elles ont aussi un bel effet de protection pour le cœur ; diminuent le risque de maladies cardiaques en rendant les plaquettes sanguines moins collantes dans les artères et préviennent la formation de caillots de sang. Les graines sont également bénéfiques pour l'hypertension, certains types de cancer, des maladies inflammatoires et auto- immunes contre l'arthrite et le rhumatoïde. Ces graines de lin et l'huile de poisson sont également utilisées dans l'alimentation des poules qui pondent des oeufs enrichis d'oméga-3, elles peuvent être laxatives puisqu'elles sont une source de fibres solubles intéressantes. Les fibres contenues dans ces graines forment un gel dans l'intestin et font ainsi une barrière aux matières grasses et aux sucres simples ingérés.

31/13 Be cool and you will achieve your goal.
(Be firm and the rice will be well cooked.)

انقـــل علـي الـرز يستـــوي
ÉT-AL 'AR ROZ YÉSTÉWI.

*Ayez du sang froid et vous aurez ce que vous voulez.
(Sois ferme et le riz sera bien cuit.)*

31/14   The POPPY SEEDS

Puppy seeds act as source for a variety of minerals such as iodine, manganese, magnesium, zinc and copper. They also help in enhancing the enzymes in the human body. These seeds are also good sources of fatty acids, especially the omega-3 which are required by human body to ensure good health. They might also be considered as good sources of carbohydrates and thus, these are helpful in enhancing the level of energy supplied to human body for routine functions. They are also considered as useful remedies for facilitating effective process of digestion in human body. Their oil is also used as condiment to add flavor to different types of recipes. The presence of linoleic acid in poppy seeds protect human body from heart attacks and other heart disorders.The oil made from poppy seeds is helpful in treating breast cancer, as it contains oleic acid.

حبـــة البركـــة

HHABBÉTÉL BARAKA.

Les GRAINES DE PAVOT

Les graines de pavot constituent une source variée de minéraux comme : l'iode, le manganèse, le magnesium, le zinc et le cuivre. Elles contribuent à l'efficacité des enzymes dans le corps humain. Elles sont une bonne source d'acides gras, particulièrement l'omega-3 qui est nécessaire pour le corps humain et qui assure une bonne santé. Elles peuvent être aussi considérées comme une source riche de carbohydrates qui sont utiles pour rehausser le niveau d'énergie fournie au corps humain pour ses fonctions routinières. Elles sont considérées comme une remède utile dans le processus digestif du corps humain et aussi utilisées comme condiment pour ajouter de la saveur sur différents types de recettes. La présence de l'acide linoléique dans les graines de pavot protège le corps humain contre les crises et désordres cardiaques. L'huile faite des graines de pavot est utile pour le traitement du cancer du sein étant donné qu'elle contient de l'acide oléique.

31/15   The CUMIN

This traditional herbal remedy has many uses : It is a stimulant for digestive disorders and even as a antiseptic of sorts. The seeds themselves are rich in iron and are thought to help stimulate the secretion of enzymes from the pancreas which can help absorb nutrients into the system. It has also been shown to boost the power of the liver's ability to detoxify the human body. Recent studies have revealed that cumin seeds might also have anti-carcinogenic properties. In laboratory tests, this seed was shown to reduce the risk of stomach and liver tumors in animals. The health benefits of cumin for digestive disorders has been well known throughout history. It can help with flatulence, indigestion, diarrhea, nausea, morning sickness, and atonic dyspepsia. Cumin is also said to help relieve symptoms of the common cold due to it's antiseptic properties. Cumin makes a great tonic for the body even if you don't have a specific ailment to cure. It is said to increase the heat in the body thus making metabolism more efficient. It is also thought to be a powerful kidney and liver herb and can help boost your immune system. Though the appropriate studies have yet to be conducted, some believe black cumin seeds may even be able to help treat asthma and arthritis.

الكمــــون
KAMMOUN
Le CUMIN

Ce genre d'herbe a de nombreuses fonctions : il agit comme stimulant, comme un antiseptique et il est important pour les troubles digestifs. Les graines sont riches en fer et des chercheurs pensent qu'il aide à stimuler la sécrétion des enzymes du pancréas qui à son tour peut aider à absorber les éléments nutritifs dans le système. Il a également été prouvé qu'il renforce la puissance de la capacité du foie à désintoxiquer le corps humain. Des études récentes ont révélé que les graines de cumin pourraient aussi avoir des propriétés anti-cancérigènes. Il peut aider aux flatulences, à l'indigestion, à la diarrhée, aux nausées et à la dyspepsie. Le cumin est connu aussi pour aider à soulager les symptômes du rhume en raison de ses propriétés antiseptiques. Le cumin est un grand tonique pour le corps, même si on n'a pas de maladie à guérir. On dit aussi que le cumin augmente la chaleur dans le corps humain, ce qui rend le métabolisme plus efficace. On pense également qu'il est une herbe puissante pour les reins, le foie et peut aider à stimuler le système immunitaire. Bien que des études doivent encore être menées, certains pensent que les graines de cumin noir sont en mesure de contribuer à traiter l'asthme et l'arthrite.

31/16   The CURCUMA

The Curcuma has long been used in traditional Asian medicine to treat gastrointestinal upset, arthritic pain, and "low energy." Laboratory and animal research has demonstrated anti-inflammatory, antioxidant, and anti-cancer properties of curcuma and its constituent. Preliminary human evidence, albeit poor quality, suggests possible efficacy in the management of heartburn, high cholesterol, and scabies when used on the skin.

الكــركــم
KORKUM
Le CURCUMA

Le Curcuma est utilisé depuis longtemps dans la médecine asiatique traditionnelle pour traiter les troubles gastro-intestinaux, des douleurs arthritiques et du manque d'énergie. Des recherches en laboratoire ont été faites sur des animaux et ont démontré les propriétés anti-inflammatoires, antioxydantes et anti-cancereuses du curcuma et de ses éléments constitutifs. Le curcuma semble efficace dans le traitement des brûlures d'estomac, dans le taux élevé du cholestérol et de la gale lorsqu'il est utilisé sur la peau.

31/17   I am like the grains of corn, I don't like to have a rival.
(The grains of corn is like burghul and kuskus.)

أنــا زي الفريـــك محـــبـــش شريـــك
ANA ZAYYÉL FÉREEK MAHHÉBBÉSH SHÉREEK.
Je suis comme le gruau de maïs, je n'aime pas avoir de rival.
(Le gruau de maïs est comme le burghul et le couscous.)

31/18 The CORIANDER

The coriander contains many antioxidant components, mainly in the form of phenolic acids. In sddition, the evidence of these substances, observed in vitro, partially explains his activity as antibacterian. Always under experimental conditions, it has been proven that some of the antioxidant components of the coriander seeds, exposed and have antioxidant effect on human cells ; lipides and blood. Researches that were carried out on mice revealed that adding coriander seeds to their diets could reduce the rate of the bad cholesterol and the triglycirides. In addition, it increases the rate of the good cholesterol.

الكســــــبره

AL KOSBARA

La CORIANDRE

La coriandre possède plusieurs composantes antioxydantes principalement sous forme d'acides phénoliques. De plus, la présence de ces substances observées in vitro expliquent en partie sa capacité antibactérienne. Toujours, sous des conditions expérimentales, il a été démontré que certaines des composantes antioxydantes des graines de coriandre ont été découvertes, présentant un effet antioxydant sur des cellules humaines lipides et sanguines. Des recherches réalisées sur des rats ont démontré que l'ajout des graines de coriandre à leur diètes pouvait diminuer les taux de mauvais cholestérol et de triglycérides, en plus d'augmenter le taux de bon cholestérol.

31/19 The SESAME

Sesame seeds contain sesamin and sesamolin substances that is believed to prevent high blood pressure and protect the liver against damage. Sesame seed is a good source of Vitamin E, that is why it can help strengthen the heart and the nervous system. Sesame oil can help remove wrinkles and other skin diseases when applied externally. A large amount of sesame seed can help in increasing weight because it is high in calories. Half cup of sesame seeds contains 3 times more calcium than half cup of whole milk. It is valuable in removing intestinal worm and removing pus formation in the body.

السمسم

SÉMSÉM

Le SÉSAME

Les graines de sésame contiennent le sesamin et le sesamolin, des substances qui sont censées empêcher l'hypertension artérielle et de protéger le foie contre les dommages. Les graines de sésame sont une bonne source de vitamine E, c'est pourquoi elles peuvent contribuer à renforcer le cœur et le système nerveux. L'huile de sésame peut aider à éliminer les rides et les autres maladies de la peau lorsqu'elle est appliquée à l'externe. Une grande quantité de graines de sésame peuvent contribuer à l'augmentation de poids car elles sont riches en calories. Une demi-tasse de graines de sésame contient 3 fois plus de calcium que la demi-tasse de lait entier. Elles sont aussi utiles pour éliminer les vers intestinaux et supprimer la formation de pus dans le corps.

31/20   The TAMARIND

Tamarind is a good source of antioxidants that fight against cancer. It contains carotenes, vitamin C, flavanoids and the B-vitamins. it protects against vitamin C deficiency, reduces fevers and provides protection against colds. It helps the body digest food and is used to treat bile disorders. The tamarind is a mild laxative, it lowers cholesterol, promotes a healthy heart and it can be gargled to ease soar throat. The heated juice is applied to cure the conjuctiva. The tamarind is also applied to the skin to heal inflammation.

التمـــــر الهنـــــدي

AL TAMR AL HÉNDI

Le TAMARIN

Le tamarin est une bonne source d'antioxidants qui lutte contre le cancer. Il contient des carotènes, vitamine C, flavonoïdes et les vitamines B. Il protège contre la carence en vitamine C, réduit la fièvre et offre une protection contre la rhume. La pulpe du tamarin est connue pour ses effets laxatifs. Le jus du tamarin et utilisé pour traiter les troubles de la bile, réduit le taux de cholestérol et favorise la santé du cœur. La pulpe, les feuilles et les fleurs du tamarin sont appliquées sur les articulations douloureuses et gonflées. Il est aussi utilisé comme gargarisme pour les maux de gorge et son jus chauffé est utilisé pour soigner la conjonctivite et il est aussi appliqué sur la peau afin de soigner les inflammations.

31/21   The CINNAMON

In medicine it had a reputation as a cure for cold. It has also been used to treat diarrhea and other problems of the digestive system. Cinnamon is high in antioxidant activity. The essential oil of cinnamon also has antimicrobial properties, which can aid in the preservation of certain foods. Cinnamon has traditionally been used to treat toothache and fight bad breath and its regular use is believed to stave off common cold and aid digestion. Cinnamon has been proposed for use as anti-insect repellent, although it remains untested. Cinnamon leaf oil has been found to be very effective in killing mosquito larvae. Studies have shown that only ½ teaspoon of cinnamon a day can lower LDL cholesterol. Several studies suggest that cinnamon has a regulatory effect on blood sugar, whch makes it especially beneficial for people with type 2 diabeties. Other studies show that cinnamon reduced the proliferation of Leukaemia and lymphuma cancer cells. It had an anti blood clotting and is good for treating the pain of Arthritis.The smell of cinnamon boosts cognitive function and memory. Cinamon is a great source of manganese, fibre, iron and calcium.

القرفــــــة

ÉL ÉRFA

La CANNELLE

En médecine, la cannelle a la réputation d'être un remède contre le froid. Elle a également été utilisée pour traiter la diarrhée, les problèmes du système digestif et aussi riche en activité anti-oxydante. L'huile de cannelle a également des propriétés anti-microbiennes qui peuvent contribuer à la conservation de certains aliments. La cannelle a été utilisée traditionnellement pour traiter les maux de dents et de combattre la mauvaise haleine. Même si ça n'a pas été vérifié, la cannelle est utilisée comme anti-insectifuge. L'huile de feuille de cannelle a été jugée très

---

efficace pour tuer les larves des moustiques. Des études ont montré que seulement 1 / 2 cuillère à café de cannelle par jour peut réduire le cholestérol (LDL) et indique qu'elle a un effet régulateur sur la glycémie, ce qui la rend particulièrement bénéfique pour les personnes avec le diabète de type 2. D'autres études démontrent que la cannelle réduit la prolifération de la leucémie et le lymphome des cellules cancéreuse, elle a un effet anti-coagulation du sang et traite les douleurs de l'arthrite et elle est une grande source de manganèse, de fibres, de fer et de calcium. L'odeur de la cannelle stimule les fonctions cognitives de la mémoire.

31/22   He sleeps. (He eats rice with the angels.)

بياكـــــل رز مـــــع الملائكـــــة

BÉYAAKOL ROZ MAA' ÉL MALAAYKA.

Il dort. (Il mange du riz avec les anges.)

31/23   Oh ! The salted Lupini.
(The Lupins family is of the leguminous plants and are one of the highest in protein content, second only to soy beans.)

الترمـــس المملـــح

LUPINI

É TTÉRMÉS ÉL MÉMALLAHH.

Ô ! Les lupinis salés.
(La famille des lupinis fait partie des légumineuses, elle est l'une des graines les plus élevées en teneur de protéines.)

31/24   The FENUGREEK
Fenugreek is a popular drink and is used in a variety of sweet confections. The seed increases lactation and is widely used as a milk producing agent by nursing mothers. The fresh or dried leaves have a bitter taste and a strong smell. In the middle ages, the plant was supposed to fight against hair loss and it still plays a role in hair conditioning in India and the Middle East. Fenugreek seeds are rich in protein, stimulate the appetite, have been used to reduce blood sugar in some diabetics, reduce cholesterol and triglycerides, which makes this plant very valuable in the treatment of cardiovascular risk factors and the increase of sexual hormones. In Antiquity, the plant was used as fodder and entered in the process of embalming of the ancient Egyptians. Charred fenugreek seeds have been found in the tomb of Tutankhamen.

الحلبـــــة

HHÉLBA

Le FENUGREC
Le fenugrec est une graine très populaire en Égypte. On l'utilise comme tisane ainsi que dans certaines friandises. Le fenugrec contribue à l'augmentation du lait lors de l'allaitement et aide à la lactation. Quand on l'écrase, il dégage un goût amer et une forte odeur. Au Moyen-Âge, la plante était censée lutter contre la chute des cheveux et elle se trouve toujours dans les préparations capillaires en Inde et au Moyen-Orient. Le fenugrec est une épice très riche en protéines, elle stimule l'appétit et contribue à la réduction du taux de glycémie dans certains diabète, ce qui rend cette plante très intéressante dans le traitement des types de

troubles de cardiovasculaires et elle renforce les hormones sexuelles. Dans l'antiquité, la plante était utilisée comme fourrage, et entrait dans le processus d'embaumement des anciens Égyptiens. Des graines de fenugrec carbonisées ont été retrouvées dans la tombe de Toutankhamon

31/25   The MOGHAAT
It is a herbal plant which exists in the north of Irak and brought to Egypt in 1932. The Moghaat is mainly served by women after childbirth for a duration of seven consecutive days for its nutritional value. It is also used as a medicine for the treatment of gout and spasms.

المغــــــات

AL MOGHAAT
Le MOGHAAT
C'est une plante herbacée qui existe au nord de l'Iraq et transplantée en Égypte en 1932. Le Moghaat est principalement prescrit pour les femmes après l'accouchement pour une durée de sept jours consécutifs pour sa juste valeur nutritive. Il est également utilisé en médecine traditionnelle pour le traitement de la goutte et des spasmes.

31/26   Your father is fond of onions and garlic is your mother's favorite, so where will you find the fresh breath, you the cursed !

أبـوك البصـل وأمـك الثـوم منيـن تجيـب الريحـة الحلـوة يـا مشئـوم

ABOUK ÉL BASAL WÉ UMMAK ÉL TO-oM MÉNÉIN TÉGEEB ÉL REEHHAA ÉL HHÉLWA YA MASH-OUM.
Ton père est amateur d'oignons et ta mère d'ail, donc comment peux-tu retrouver une haleine fraîche, toi le maudit !

31/27   He is like pumkins that extends on the surface. (He takes advantage.)

هـو زي القـرع يمـد لبـره

HOWWA ZAY ÉL ARA' YÉMÉD LÉ BARRA.
Il est comme une sorte de citrouille qui s'étend sur la surface. (Il prend avantage.)

31/28   When the pumkin became ripe, it tells the cucumber : "You the zucchini". (Irony.)

القـرع لمـا استـوي قـال للخيـار يـا كوسـه

ÉL ARA' LAMMA ÉSSTAWA AAL LÉL KHÉYAAR YA LOBYA.
Quand la citrouille mûrit, elle dit au concombre : « Toi la courgette ». (Ironie.)

31/29   When the pumkins became ripe, it tells the cucumber : "You the bean". (Irony.)

القـرع لمـا استـوي قـال للخيـار يـا لوبيـا

ÉL ARA' LAMMA SSTAWA AAL LÉL KHÉYAAR YA LOBYA.
Lorsque la citrouille a mûri, elle dit au concombre : « Toi l'haricot ». (Ironie.)

31/30   If the fava bean is sold out, I am not the one to be blamed.
(Fava bean is known as "FOUL MEDAMMÉS" in Egyptian spoken language. It is one of the most favorite Egyptian dish for breakfast. These beans are rich in proteine and contains "L- dopa" which is a viagra-like replacement for men. These beans are also one of Nature's best plant sources of a compound called L-dopa, the natural precursor of dopamine in the brain which control the brain's reward and pleasure centers. As food for medicine, these fava beans have the potential to treat a variety of a group of neurological disorder characterized by trembling and shaking, slowing of movement, loss of muscle control and muscle rigidity. including Parkinson's disease.)

أن خـلــص الفـول أنــا مـش مســـؤل

ÉNN KHÉLÉS ÉL FOOL ANA MUSH MAS-OUL.

Si les fèves sont épuisées, je n'en suis pas responsable..

(Les fèves sont connues comme le « FOUL MÉDAMMÉS » dans la langue égyptienne parlée. Elles sont l'un des plats préférés des égyptiens pour le petit déjeuner. Elles sont riches en protéines et contiennent « L-dopa » qui est le viagra pour les hommes. Elles sont aussi un précurseur naturel de la dopamine qui contrôle les centres de récompense et de plaisir du cerveau. Elles sont considérées comme aliments médicinales, puisque elles ont le potentiel de traiter une variété de désordres neurologiques caractérisés par le tremblement, l'agitation, le ralentissement de mouvement, la perte de contrôle musculaire ainsi qu'une rigidité des muscles y compris la maladie de Parkinson.)

31/31   I love ABOU TAREk's KOSHARI, since it is 100% genuine. It is made of lentil and macaroni, chili and fried onions. (A popular promotional song)
(The Koshari is a popular and traditional Egyptian dish and is the working man's meal. It is easy to make and it consists of a base of rice, brown lentils, chickpeas, macaroni, and a topping of garlic, vinegar, spicy tumato sauce and caramelized onions are commonly added as a garnish. Kushari is normally a vegeterian and inexpensive meal.)

بأحـــب كشـــري أبـــو طــارق اكمنـــه ميــه ميــه
بالعــدس والمكرونــــه والشطــــه والتقليـــــه

BAHHÉB KOSHARI ABOU TARÉ,, ÉKMÉNNO MÉYYA MÉYYA.
BÉL 'ADSÉ WÉL MAKARONA WÉ SHATTA WÉ TTA,,LÉYYA.

J'aime le KOSHARI d'ABOU TAREK car il est 100% authentique. Il est composé de lentilles, de macaroni, de sauce pimentée et d'oignons frits. (Une chanson populaire de promotion.)

(Le Koshari est un plat égyptien populaire et traditionnel, il est le repas principal de la classe ouvrière. Le koshari est facile à faire et se compose de riz, de lentilles brunes, de pois chiche, de macaroni et d'une garniture d'ail, de vinaigre et de sauce tomate épicée. Des oignons caramélisés sont couramment ajoutés comme garniture. (C'est un plat végétarien et peu coûteux.)

31/32   He who didn't see the pistachio would be ecstatic when he sees the peanuts.

اللــــي مشفــــــش الفـــزدُقْ شـــاف السُـودانــي واتْحنِّــــنْ

ÉLLI MASHAFSH ÉL FOZDO,,. SHAAF ÉL SUDAANI WÉT GANNÉNN.

Celui qui n'a pas vu les pistaches a vu les arachides et il en est devenu fou.

31/33   The bread is rather be eaten with falafels.

The FALAFEL or TAA'-MÉYYA is very popular in the Middle East as a fast food. Vendors sell it on the street corners in Cairo. As a main meal, it is served as a sandwich, stuffed in pita bread with lettuce, tomatoes, and tehina. It is a favorite among vegetarians. Falafel is a fritter made from soaked and mashed chickpeas and / or fava beans, flavoured with onion, garlic, herbs and spices.

أكـــل العيـــش يحـــب الطعميـــة

AKL ÉL 'EISH YÉHHÉB ÉT TAA'MÉYYA.

Le pain aime mieux être mangé avec des falafels.

Les FALAFELS ou TAA'MÉYYA sont très populaires au Moyen Orient comme prêt-à-manger ou « fast food ». Les vendeurs ambulants les proposent aux coins des rues au Caire. Ce sont des beignets à base de purée de pois chiches et / ou des fèves aromatisés avec de l'oignon, de l'ail, des herbes et des épices. Comme repas principal, elles sont servies dans du pain pita avec de la laitue, des tomates et de la téhina. Ils sont le plat favori des végétariens.

31/34   skip the tour of Cairo, but don't miss its afternoon coffee.

(Proposed by Jeannette Rabbat)

فــوّت شـــوفة مصــر ولا تفــوّت قهـــوة العصـــر..

FAWWÉT SHO-OFÉT MASR WALA TÉ FAWWÉT AHWÉT ÉL 'ASR.

Sautez la visite du Caire, mais ne manquez pas le café de l'après-midi.

(Proposé par Jeannette Rabbat)

31/35   AMMI

AMMI or AL KHÉLLAH

It is A chiefly Mediterranean plant and a kind of herbal weed which grows in shady places. this plant is considered among the worst of weeds, as it readily spreads over large areas of ground. It is extremely invasive, and crowds out native species. It is grown as an ornamental plant. It is a medicinal plant and has important therapeutic properties as it dilate the bronchial, urinary and blood vessels without affecting blood pressure. It has been used for centuries to alleviate the excruciating pain of the trapped kidney stones. It reduces the pain and helps ease the stone down into the bladder.

الخلـــــــــة

AL KHÉLLAH.

AMMI ou AL KHÉLLAH

C'est une plante méditerranéenne principalement et une sorte de mauvaise herbe à base de plantes qui poussent dans les endroits ombragés. Cette plante est considérée parmi les pires des mauvaises herbes car elle se répand rapidement sur de grandes superficies de terrain. Elle est extrêmement envahissante et surplante les espèces indigènes. Elle est cultivée comme plante ornementale et aussi médicinale, elle a d'importantes propriétés thérapeutiques car elle dilate les vaissesaux bronchiques, urinaires et sanguins sans affecter la pression artérielle. Elle a été utilisée pendant des siècles pour soulager les douleurs atroces des calculs rénaux piégés. Elle réduit la douleur et permet de faire descendre la pierre vers le bas, dans la vessie.

31/36   La CARDAMON or HAIL
AL HHABBAHAAN

Cardamon is a widely used as a flavoring agent for sweets and coffee. Its medicinal use dates back to ancient times. Herbalists recommended it to improve digestion and relieve flatulence. It is also popular in India as ayurvedic medicine. The herb has been used to heal bronchitis, colds, cough and has been recommended as an appetite stimulant in anorexic patients.

الحَبّهـــــــــان

HHABBAHAANN.

La cardamone ou hail est largement utilisée comme aromatisant pour les bonbons et le café. Son utilisation médicinale remonte à l'antiquité. Les herboristes la recommandent pour améliorer la digestion et soulager les flatulences. Elle est également populaire en Inde comme médecine ayurvedique. L'herbe est utilisée pour soigner la bronchite, le rhume, la toux et recommandée comme stimulant de l'appétit chez les patients anorexiques.

31/37   He is hungry. (He falls from hunger.)

واقـــع مـــن الجـــــوع

WAA-ÉA' MÉNN ÉL GOOA'.

Il a faim. (Il tombe de faim.)

31/38   You ! The sweetish LADIDA.

(Ladida is a type of popular pastry in Egypt. Its name is confused with the adjectif "The LAZIZA" in arabic, which means delicious. When hearing the salesman calling his poduct : "Helwa ya ladida" the listener is confused with "Helwa ya laziza". "Helwa" means sweetish and "ya" is a pronoun.

حلـــــوة يـا لديـــدة

HHÉLWA YA LADIDA.

Belle et délicieuse la ladida.

(La LADIDA est une sorte de pâtisserie populaire en Égypte. Son nom est confondu avec l'adjectif « LAZIZA » en arabe, ce qui signifie délicieuse. En entendant le vendeur crier : « Helwa ya ladida » le passant est confondu avec « Helwa ya laziza ». « Helwa » signifie sucrée et « ya » est un pronom.

31/39   "Bagel, eggs and Cheese."

(This is the common saying by the street vendors who sell the above food as a snack, near the theater doors and in the public parks.)

سمـيــط، وبيـــض وجبنـة

SÉMEET, GÉBNA WBEID.

Bagel, oeufs et fromage.

(Ce dicton se dit par les marchands ambulants qui les vendent en guise de collation près des portes de théâtre et dans les parcs publics.)

31/40   Instead of eating meat and eggplant, you better get a shirt, you the naked.

بــدل اللحمـــة والبتنجـــان هـــات لــك قميـــص يـــا عريـــان

BADAL ÉL LAHHMA WÉL BÉTÉNGAANN HAAT AMEES YA 'ÉRYAANN.

Au lieu de manger de la viande et de l'aubergine, mieux te vaut procurer une chemise, toi le nu.

31/41   I find it amazing that the Egyptians become ill, while they have onions and lemons in their country.

عجبـــت لأهـــل مصـــر كيـــف يمرضـــون وفـــي بلدهـم البصـل والليمـــون

'AGIBTU LI AHLA MISRA KAYFA YAMRUDOUN WAFY BALADIHIM AL BASAL WAL LAYMOUN.

Je trouve étonnant que les Égyptiens tombent malade alors qu'ils ont des oignons et des citrons dans leur pays.

31/42   The CYPERUS

"A quarter of cyperus for a dime."

Very famous phrase said by the street venders at the central staion of TANTA. Cyperus ranks among the oldest cultivated plants in Ancient Egypt which grows in the wetland, the marshland and especially on the banks of the Nile Delta. The plant forms tubers which are the size of a pistachio and are generally eaten fresh or dried as candy. This family of plants includes the papyrus, the best known and important plant to Egyptians who had made out of it sheets to write on. In Spain, they were introduced by Arabs, almost exclusively in the Valencia region and they are used to make horchata. They are sometimes known by their Spanish name, "chufa". The cyperus are edibles, with a slightly sweet, nutty flavour. They have excellent nutritional qualities with a fat composition similar to olives and a rich mineral content, especially phosphorus and potassium. The city of Tanta is famous with this kind of fruit.

حـــب العزيـــز الربعـــة بقـــرش

HHABBÉL 'AZEEZ ÉRROB'A B-ÉRSH.

« Un quart de CYPERUS pour une piastre.»

Phrase très célèbre dite par les vendeurs ambulants à la gare centrale de Tanta. Le CYPERUS est une plante parmi les plus cultivées en Égypte ancienne qui croît dans la zone humide et en terrain marécageux. Elle pousse notamment sur les rives du Nil et le Delta. La plante forme des tubercules qui ont la grosseur d'une pistache et qui sont généralement consommés frais ou secs en tant que friandises. Cette famille de plantes comprend le papyrus, plante importante pour les Égyptiens qui avaient fait de celles-ci des feuilles pour écrire. En Espagne, elles ont été introduites par les Arabes presque exclusivement dans la région de Valence et utilisées pour faire une boisson appelée "horchata de chufa". Chufa est son nom en Espagnol. Les tubercules ont une qualité alimentaire excellente avec une composition de gras semblable à ceux des olives, riches en minéraux et particulièrement en phosphore et potassium. Tanta est la ville la plus renommée ayant ce fruit.

31/43   Give me a break ! You are lucky, you should thank God instead of complaining.
(Go and suck a lemon.)

روح مــص للــك لمونــة

ROUHH MOSSÉLLAK LAMOUNA.

Donne-moi une pause ! Tu es chanceux, tu devrais remercier Dieu au lieu de te plaindre.
(Va et suce-toi un citron.)

31/44   I decline your offer. I would like to live in peace and far from trouble.
(No sir, thank you. I need to eat bread.)

لآ يـا عــم أنـا عايــز أكــل عيــش

LA YA 'AMM. ANA 'AAYÉZ AAKOL 'ÉISH.

Je refuse ton offre. Je voudrais vivre en paix et loin des problèmes.
(Non monsieur. Je vous remercie, j'ai besoin de manger du pain.)

31/45   HIBISCUS
Hibiscus are grown in upper Egypt and South-East Asia. Their dry red flowers are used as a refreshing red drink, drunk with ice. Persons with kidney problems often drink it without adding sugar for its beneficial properties The plant was earlier served in traditional medecine to calm the cough, to reduce the arterial hypertension, to heal the angina, to increase the blood circulation and to kill microbes. Hibiscus is useful in treating the epidemic infectuous deseases.

كركديــه

KARKADÉIH

L'HIBISCUS

L'hibiscus est une plante cultivée en Haute Égypte et au Sud-Est asiatique. Ses pétales rouges sont utilisés comme boisson rafraîchissante et on la boit froide avec de la glace. Les personnes ayant des problèmes rénaux souvent boivent l'hibiscus sans ajouter de sucre pour ses propriétés bénéfiques. L'hibiscus était utilisée auparavant en médecine traditionnelle pour calmer la toux, guérir l'angine, réduire l'hypertension artérielle, tuer les microbes et augmenter la vitesse de la circulation du sang. L'hibiscus est utile pour traiter les épidémies et les maladies infectueuses.

31/46   The sea knows no conqueror.

البحــر ملهــوش كبيــر

ÉL BAHHR MALHOUSH KÉBEER.

La mer ne connaît pas de vainqueur.

31/47   You make me dizzy, lemon.

دوخينــي يـا لمونــة

DAWWAKHEENI YA LAMOUNA.

Tu me donnes le vertige, citron.

31/48   His face is pale. (His face is like a lemon.)

وشــه زي اللمونــة

WÉSHSHO ZAY ÉL LAMOUNA.

Son visage est pâle. (Son visage est comme un citron.)

31/49   On the knife, there are redness and sweetness.

This saying was very popular and said by the watermelon street vendor. As a condition to guaranty that the watermelon is red and sweet, the street vendor has to cut a small part of it and show it to the buyer before being paid.

علــــي السِـــكّينْ حَمـــــارْ وحَــــــلاوة

'ALA ÉS SÉKKEENN HHAMAAR WÉ HHALAAWA.

Sur le couteau il y a rougeur et douceur.

Cet adage a été très populaire en Égypte et se disait par les vendeurs de pastèques dans la rue. Pour les vendre, ils les tranchaient et les montraient aux clients avant d'être payés.

31/50   He is taking advantage of the circumstances to the fullest.

(He swallowed it while hot.)

وكلهــــا ولعـــــة

WAKÉLHA WAL'A.

Il profite de la situation au maximum.

(Il l'a avalé à chaud.)

31/51   Can anyone become a chef ?

هــي كــل مــن نفخــت طبخــت

HÉYYA KOL MÉNN NAFAKHÉT TABAKHÉT.

N'importe qui, peut-il devenir chef cuisinier ?

31/52   The PARSELEY

It is a vegetable and medicinal plant. It is very employed in the oriental kitchen to decorate the dishes and for the preparation of the Libanese tabboulé salade. The parsley helps to get rid of the bad breath and equally contribute to return back the women's periods in case of delay and assists in the flow of blood. The parsley is a diuretic herb and it is important to the urinary tracts, the kidney, and to the water retention problems. The parsley is rich in vitamin A, iron and helps the digestif system.

البقدونـس

AL BAKDOUNÉS

Le PERSIL

C'est un légume ainsi qu'une plante médicinale. Il est très utilisé dans la cuisine orientale pour décorer des plats et pour la préparation de la salade libanaise tabboulé. Le persil aide à se débarrasser de la mauvaise haleine et contribue également à régulariser les règles chez les femmes en cas de retard. Il est une plante diurétique importante pour les reins et les problèmes de rétention d'eau. Il est riche en vitamine A, en fer et aide à la digestion.

31/53 He who knows the benefits of the watercress, will plant it underneath his bed.
Watercress has been found to prevent cancer growth, critical to tumor development at several different points. It also has a unique component which inhibits the growth of both the human prostate and colon cancer as well as it can block the breast cancer cells. Watercress allows to curb the fall of hair, it has the vision preservation properties, the benefits of preventing the development of coronary artery desease and heart attack and it also has the power against premature aging, due to its antioxidant ability to neutralize the body's free radicals. Watercress is known as a cleaning herb for purifying the blood and toning the whole system. It also has a revitalising power. Watercress contains vitamin A, B1, B2, B3, B5, B6, B17, C, D, E, K as well as many minerals such as calcium, phosphorus, potassium, iron, sodium, magnesium, copper, manganesse, florine, sulphur, chlorine, germanium, silica, Zinc, Iodine.

اللـــي يعـــرف للجرجيـــر يزرعـــه تحـــت السريــــر
ELLI YÉA'RAF LÉL GARGEER YÉZRA-'O TAHHTÉ SSÉREER.
Celui qui connaît les avantages du cresson, le planterait sous son lit.
Le cresson a une composante unique qui inhibe la croissance de la prostate et le cancer du colon. Il peut bloquer les cellules cancereuses des seins. Le cresson permet de freiner la chute des cheveux et, semble-t-il, a les propriétés de conservation de la vision. Aussi, il a une action protectrice contre les maladies cardio-vasculaires et les crises cardiaques, comme il a aussi un effet contre le vieillissement prématuré grâce à sa capacité antioxydante qui neutralise dans l'organisme les radicaux libres. Il est aussi connu comme une herbe qui purifie le sang et tonifie l'ensemble du système. Il a également un pouvoir revitalisant qui renferme des vitamines telles que ; A, B1, B2, B3, B5, B17, C, D, E, K ainsi que plusieurs minéraux tels que le calcium, le phosphore, le potassium, le fer, le magnésium, le cuivre, le manganèse, le florine, le soufre, le chlore, le germanium, la silice, l'iode et finalement le zinc..

31/54 You, the young attractive, you the radish.

يـــا وراور يا فجـــل
YA WARAAWÉR YA FÉGL.
Toi, la jeune attirante, toi le radis.

31/55 The mirror of love is blind. It shows the zucchini like okra.

مرايـــة الحـــب عاميـــة تخلـــي الكوســـة باميـــة
MÉRAAYÉT ÉL HHOB 'AMYA TÉKHALLI ÉL KOSA BAMYA.
Le miroir de l'amour est aveugle. Il fait que la courgette devienne okra.

31/56 He passed away suddenly in unexpected circumstances.
(He is gone in a soup of water.) (He is gone in a gulp of water.)
("Soup" and "Gulp" have the same phonetic expression in Arabic = "Shorbétt".)

راح فـــي شربـــة ميـــة
RAAHH FI SHORBÉTT MAYYAH.
Il est décédé subitement dans des circonstances inattendues à la surprise de tous.
(Il est parti dans une gorgée d'eau.)
(Soupe et gorgée ont la même expression phonétique en arabe = « Shorbét ».)

31/57   Piminella Anisum (Anis).
The anis is native of ancient Egypt and was cultivated during many decades. Anisum was formerly used with other spices, in part payment of taxes. It is largely employed in France, Spain Italy, South America, Lebanon and Greece in the preparation of cordial liqueurs. The liqueur Anisette added to cold water on a hot summer's day, makes a most refreshing drink. Anise is one of the herbs that was supposed to avert the Evil Eye. Anise enjoys considerable reputation as a medicine in coughs and pectoral infections. It has been reported recently that Anise and Aniseed could serve as a good remedial vaccination against H1N1, Swine flu and Avian flu if taken as a warm herbal drink in the morning after wake-up.

اليـنسـون
AL YANSOON
Piminella Anisum (L'anis).
L'anis est originaire de l'Égypte ancienne et a été cultivé durant des décennies. l'Anisum était autrefois utilisé avec d'autres épices pour payer les taxes imposées. Il est largement utilisé en France, en Espagne, en Italie, en Amérique du Sud, au Liban et en Grèce dans la préparation de liqueurs. L'anisette est servie comme liqueur de rafraîchissement en ajoutant de l'eau froide. Elle jouit d'une réputation considérable en tant que médicament contre la toux et l'infection pectorale. On a mentionné récemment que l'anis pourrait servir de vaccin contre la grippe H1N1, la grippe porcine et la grippe aviaire s'il est pris comme boisson chaude le matin après le réveil.

31/58   The sea is traitor.

البحـــر غـــدار
ÉL BAHHR GHADDAAR.
La mer est traître.

31/59   'Ali ! O 'Ali ! You the oil merchant, in your love 'Ali I repented and have become slim. O 'Ali ! O 'Ali ! Make me dance, you the oil merchant.
(Popular folk song)

علـــي يا علـــي يا بتـــاع الزيـــت   في حبـك يا علـي تبت وخسيت
رقصنـــي يا علـــــي   يـــا بتـــــاع الزيـــــت
'AL YA 'ALI YA BTAAA' ÉZ ZEIT, FÉ HHOBBAK YA 'ALI TOBT WÉ KHASSEIT.
RA,,ASNI YA 'ALI YA BTAAA' ÉZ ZEIT.
Ali ! Ô Ali ! Toi le marchand d'huile, dans ton amour je me suis repenti et j'ai maigri. Fais-moi danser Ali, toi le marchand d'huile.
(Chanson folklorique populaire)

31/60   The CAROB

The carob is grown in the Mediterranean countries and Morocco is the second largest world producer. It is used for its medicinal properties for its high fiber content and regulatory effect on intestinal function. It has proven effective in relieving diarrhea and constipation in infants. Carob is used as a substitute for choclate in many processed foods, as a snack, like a fresh fruit juice, in syrup form, as animal feed and also believed of being an aphrodisiac.

الخــــروب

AL KHARROUBE

Le CAROUBE

Le caroube est cultivé dans les pays méditerranéens et surtout au Maroc qui est le deuxième pays producteur au monde. Le caroube a des vertus médicinales, il a une teneur élevée en fibre et a un effet régulateur sur la fonction intestinale comme la diarrhée ou la constipation chez les enfants. On l'utilise comme substitut au chocolat dans de nombreux aliments transformés, comme la collation, le jus de fruits frais et le sirop. Il est considéré comme aliment énergisant pour le bétail et a probablement un effet aphrodisiaque.

CHAPITRE 32
Forgiveness
التســـــامُحْ
Du pardon

32/01   "And forgive us our debts, as we forgive our debtors."
(Matt, 06 : 12)

واغْفِـــرْ لَنَـــا ذُنُوبَنَـــا كَمَـــا نَغْفِـــرْ نَحْـــنْ أَيْضَـــاً للمُذْنِبِيـــنَ إِليْنَـــا

WA ÉGHFÉR LANA ZUNOUBANA KAMA NAGHFÉRU NAHHNU AYDANN LIL MUZNIBEENA ILAYNA.

« Pardonne-nous nos offenses, comme nous pardonnons aussi à ceux qui nous ont offensés. »

32/02   I must never repeat this mistake.
(To take caution from what happened last time.)

توبـــــة مـــــن دي النوبـــــة

TO-OBA MÉNN DI ÉNNO-OBA.

Je ne dois jamais recommencer cette erreur.
(Pour éviter ce qui s'est passé la dernière fois.)

32/03   I have no grudge. (This is already an old forgotten story.)

دي حكايـــة اتنســـــت خـــلاص

DI HHÉKAAYA ÉTNASÉTT KHALAAS.

Je n'ai pas de rancune. (C'est déjà une vieille histoire oubliée.)

32/04   Do not curse the nonbeliever if he doesn't know.

مـــا تدعيـــش علـــي الكافـــر وهـــو غافـــل

MA TÉD'EESH 'AL KAAFÉR WÉ HOWWA GHAAFÉL.

Ne maudissez pas le non- croyant s'il n'est pas au courant.

32/05   Say : O my servants who have transgressed against their souls ! Despair not of the mercy of Allah ! For Allah forgives all sins. For He is the Forgiving, the most Merciful.

قـــلْ يَا عِبَادِي الَّذِينَ أَسْرَفُوا عَلَي أَنْفُسِـهِمْ لاَ تَقْنِطُوا مِنْ رَحْمَـة اللَّـه
إنَّ اللَّـه يَغْفِـرُ الذُّنُـوبَ جَميعَـاً إنَّـه هُـوَ الغَفُـورُ الرَّحيـمْ (الزمر 39 : 53)

KOL YAA 'IBAABI ALLAZEENA ASRAFU 'ALA ANFUSIHIM LA TAKNITU MINN RAHHMATI - LLAAH INNA - LLAAHA YAGHFIRU AZ ZUNOUBA GAMEE'ANN INNAHU HUWA AL GHAFOURU AR RAHHEEM.

Dites : « Ô mes serviteurs qui avez péché à votre propre détriment ! Ne désespérez point de la miséricorde d'Allah ! Car Allah pardonne tous les péchés. Il est le Pardonneur, le Très Miséricordieux. »

CHAPITRE 33
Goha
حــــا

De Goha

In the popular tales, they speak about, a silly-looking fellow who once lived in the city of Cairo and was hiding beneath an extravagant buffoonery, an endless fund of intelligence and true learning. He was the most amusing, the best educated and the most ironical man of his time. His name was Goha and his trade was just nothing at all, though he would on occasion take the place of a teacher in the mosques. His short stories made his surrounding laugh, yet, they comprised certain logics and spontaneous fun with invaluable educational values that perpetuated over time.

One of his famous tales tells that one day Goha brought home two kilograms of meat and asked his wife to prepare meatballs. In the afternoon, two women of Goha's neighbors are attracted by the smell of the meat and are invited by Goha's wife to share the diner with her. Goha returned in the evening, full of hope, to the idea of testing a good dish. Disappointed to find only boiled beans, he asked his wife : "But where are the meatballs Khadiga ?" "The cat ate them all." "Incredible ! An amount so big ?" "You just look to see by yourself that the cat is guilty." Goha took the cat and put it on the scale. "Woman, I am confused, it seems you are right. The scale shows exactly 2 kilos. So, my meat is found, but yet, if this is the meat, where is the cat ?"

Dans les contes populaires, on parle d'un sot qui vivait autrefois dans la ville du Caire et qui se cachait sous une bouffonnerie extravagante. Il était le plus amusant, le mieux instruit et l'homme le plus ironique de son temps. Son nom était Goha et il n'avait d'emploi mais il pouvait à l'occasion prendre la place d'un enseignant dans les mosquées. Il faisait rire son entourage ; ses petits contes ont été perpétués au fil du temps portant certaines logiques spontanées et amusantes qui ont des valeurs éducatives inappréciables.

Un de ses contes célèbres raconte qu'un jour Goha ramena 2 kilos de viande hachée et demanda à sa femme de lui préparer des boulettes. Dans l'après-midi, deux voisines attirées par l'odeur de la viande se font inviter par la femme de Goha pour partager le repas. Goha revint le soir, plein d'espoir, à l'idée de la dégustation d'un bon plat. Déçu de ne trouver que des haricots bouillis, il demanda à sa femme : « Mais ou sont les boulettes, Khadija ? » « Le chat les a toutes mangées. » « Incroyable ! Une quantité si grande ? » « Tu n'as qu'à regarder pour voir que c'est lui le coupable. » Goha a pris le chat et l'a mis sur la balance. « Femme, je suis confus, il paraît que tu as raison. La balance montre exactement 2 kilos, donc ma viande est retrouvée. Alors, si cela est la viande, où est le chat ? »

33/01　They ask Goha to count the sea waves. So he said : "The waves that come are more numerous than those that disappear."

قـالــوا لجحــا عــد أمــواج البحــر قـال : الجيــات أكثــر مــن الريحــات

KAALU LÉ-GOHHA 'ÉD AMWAAG ÉL BAHHR, KAAL : ÉL GAYYAT AKTAR MÉNN ÉL RAYHHAAT.

Ils demandent à Goha de compter les vagues de la mer. Alors, il a dit : « les vagues qui arrivent sont plus nombreuses que celles qui disparaissent. »

33/02　They said : "Your stepmother loves you Goha". He replied : "Because I love her daughter."

قالـوا : جماتـك بتحبـك يـا جحـا. قـال : علشــان بأحــب بنتهـا

AALO : HHAMAATAK BÉTHHÉBBAK YA GOHHA. AAL : 'ALASHAANN BAHHÉB BÉNTAHA.

Ils ont dit à Goha : « Ta belle-mère t'aime Goha. » Il répondit : « Parce que j'aime sa fille. »

33/03　They ask Goha : " Who's older, you or your son ?" He replied : "Let me ask my son."

سألوا جحا : مين أكبر انت ولآ ابنك. قأل : خلليني أسأل ابني

SA-ALU GOHA : MEEN AKBAR ÉNTA WALLA ÉBNAK AAL : KHALLEENY AS-AL ÉBNI

Ils demandent à Goha : « Qui est le plus vieux, vous ou votre fils ? » Il répond : « Je vais demander à mon fils. »

33/04　They ask Goha : "When the end of the world will be ?" He replied : "The day I die".

قالـو ا : يـا جحـا امتـي القيامــة ؟ قـال : لمـا أمــوت

AALU : YA GOHHA ÉMTA ÉL ÉYAAMA ? AAL : LAMMA AMOUT.

Ils demandent à Goha : « Quand la fin du monde aura lieu ? » Il répond : « Le jour où je mourrais. »

33/05　They told Goha : " Indecency is everywhere in your town," He replied : " So what ! As far as it fails to reach my home I don't give a damn." They came later and told him : "Goha, indecency is now at your home." And he replied : "What indecency ? I see nothing."

قالـوا لجحــا : "المسخــرة مليــا بلدكــم : "وأنــا مالـي, مــا دام بعيـدة عــن بيتـي خــلاص." بعديــن جــم قالولــه : " المسخــرة فـي بيتـك يـا جحـا." رد عليهـم وقـال : " مسخــرة إيـه ؟"

AALU LÉ-GOHHA : "ÉL MASKHARA MALYA BALADKOM." RAD 'ALEIHOM WÉ AAL : WANA MAALI, MA DAAM MA WASALÉTSH BEITI KHALAAS." BAA'DEINN GOM ALOULOH : "ÉL MASKHARA FÉ BEITAK YA GOHHA." RAD 'ALEIHUM WÉ AAL : "MASKHARÉTT EIH. ? ANA MOSH SHAAYÉF HHAAGA."

Ils ont dit à Goha : « L'indécence est partout dans ta ville.» Il a répondu : « Alors quoi ! Tant qu'elle ne parvient pas à ma maison, je m'en fous. » Ils sont revenus plus tard et lui disent, : «Goha, l'indécence est désormais dans ta maison. » Et il répondit : « Quelle indécence ? Je ne vois rien. »

33/06   Goha lost his donkey and he started looking for it while he was thanking God for the loss. Those who were watching, were puzzeled and asked him : "Why are you thanking God for this misfortune ?" He replied : "I thank Him that I wasn't riding the donkey when it got lost, otherwise, I might have got lost with it."

ضـــاع حمـــاره فقعد يدور عليه ويحمـــد ربنا شاكـــراً، فسـألوه: لمــاذا تشكـــر اللــه، فقـــال: أشكـــره لأنــي لــم أكن راكبـــاً علـيه ولــو كنـــت راكبـــاً عليـــــه لضعـــــت معـــــه.

DAA-A' HHOMAAROH FA-A'AD YÉDAWWAR 'ALEIH WÉ YÉHHMÉD RABBÉNA FASA-ALOOH : LIMAAZA TASHKOR ÉL LLAAH FAKAAL : ASHKOROH LI-ANNI MA KONTÉSH RAAKÉB 'ALEIH, WALAW KONT RAAKÉB 'ALEIH LA DÉA'T MA'AAH.

Goha a perdu son âne et a commencé à le chercher, alors, qu'il était en train de remercier Dieu pour cette perte. Ceux qui l'ont regardé ont été surpris et lui demandèrent : « Pourquoi tu remercies Dieu de ce malheur ?. » Il répondit : « Je le remercie car je n'étais pas sur le dos de mon âne quand il s'est perdu, autrement j'aurais pu me perdre avec lui. »

33/07   Come Goha and invest with us. He replied : "No thanks. I like to die a natural death."

تعالـي يـا جحا اسـتثمـر عنـدنـا. قـال : لا، أحـــب موتــة ربنــا

TA'AALA YA GOHA ÉSTASMÉR 'ANDÉNA. AAL LA, AHHÉB AMOUT MOTÉT RABBÉNA.

« Venez Goha investir avec nous. » Il a répondu : « Non merci, je voudrais mourir d'une mort naturelle. »

33/08   They said : "Your father's wife loves you, Goha". He replied : "She can't unless she is foolish".

قالــوا : مــرات أبــوك بتحبـك يـا جحـا. قـال : هي كانت اتجننـت

AALO : MÉRAAT ABOUK BÉTHHÉBBAK YA GOHHA. AAL : 'HÉYYA KAANÉT ÉTGANNÉNÉT ".

Ils ont dit : « La femme de votre père vous aime, Goha. » Il a répondu : « Elle ne peut pas sauf si elle est folle. »

33/09   "Your donkey is sick and has a flu Goha." He replied : "I am free and have nothing to do. So I will keep crying."

يـا جحا حمارتك عيانة وعندها سخونـة. قـال : هَوَلـولْ وفاصيلهـا

YA GOHA HHOMARTAK 'AYYAANA WÉ 'ANDAHA SUKHOUNA. AAL : HAWALWÉL WÉ FADILHA.

« Votre âne est malade et a la grippe, Goha. » Il répondit : « Je suis libre et je n''ai rien à faire. Donc, je vais en à pleurer. »

CHAPITRE 34
Greediness
الطمَـــــــــــع
De la cupidité

34/01   The slave is freed by his modesty while the free is enslaved by his ambition.

العَبْـــــــدُ حُـــــرٌّ مَـــا قنَــــعْ وَالحُـــــرُّ عَبْـــــدٌ مَـــا طَمَـــــعْ

AL 'ABDU HHURRONN MA KANAA' WAL HHURRU 'ABDONN MA TAMAA'.

L'esclave est libre par sa modestie tandis que l'homme libre est l'esclave de son ambition.

CHAPITRE 35
Greeting and Ethics
أقـــوالْ المُناسِبَـــــــاتْ
Des éthiques quotidiennes

35/01   We didn't commit a big error. It is not a big mistake.
(Oh ! We haven't wronged the BUKHAARY.)
(AL BUKHAARY is an authentic collection of major Hadith. – oral traditions recounting events in the lives of the Islamic Prophet Mohamed – Most sunny muslims view this as their most trusted and authentic book after the Koran.) The writer 0f this collection is MUHAMED IBN ISMAIL AL BUKHAARY : (810 – 870), from BUKHARA, the capital of UZBEKISTAN.)

مــا غلطنـــاش فــي البخـــاري
MAGHLÉTNAASH FIL BUKHAARY.
Nous n'avons pas commis une grande erreur. Ce n'est pas une grosse erreur.
(Nous ne nous sommes pas trompés sur le BUKHAARY.)
(AL BUKHAARY est une collection authentique des Grands Recueils de Hadith – Des traditions orales relate les évènements dans la vie du Prophète Muhamed – La plupart des musulmans sunnites regardent cette collection comme le livre de confiance le plus authentique après le Coran. L'écrivain de cette collection est MUHAMED IBN ISMAIL AL BUKHARY : (810 – 870), de BUKHARA, la capitale d'UZBEKISTAN.)

35/02   Let us hurry up and greet Abou Fasaad. His today's birthday is one of the most cherished celebration.
(This is the most popular song in a birthday party and is being inspired by *BABA SHARO's program for kids, by its producer *MUHAMMED MAHMOUD SHA'BAAN .)
(Proposed by Angèle Sautiry)

يالــله حـالاَ بـالاَ بـالاَ حــيوا أبــو الفصـاد
هايكون عيد ميلاده الليلة أسـعد الأعيـاد
YALLA HHAALANN BAALANN BAALANN HHAYYU ABOUL FASAAD.
HAYKOON 'EED MILAADO ÉLLÉILA AS-'AD ÉL AA'YAAD..
Hâtons-nous et saluons Aboul Fasad, car c'est son anniversaire aujourd'hui et c'est l'une des célébrations les plus joyeuses.
*(C'est la chanson la plus populaire dans les anniversaires et l'idée a été prise du programme de « *BABA SHAAARO » pour les enfants, qui était réalisé par *MUHAMMED MAHMOUD SHA'BAAN.)*
(Proposé par Angèle Sautiry)

35/03   You are the most cherished of us all, and you are in the mind and heart of everyone.
انـت الكُـلْ فـي الكُـل
ÉNTA ÉL KOL FI ÉL KOL.
Vous êtes le plus aimé de tous et vous êtes dans le coeur et l'esprit de chacun.

35/04   That our meeting are always joyful.

بالمســـــــــرات...بالأفـــــــــراح

BIL MASARRAATT...BIL AFRAAHH.

Que nos rencontres soient toujours joyeuses.

35/05   May God allocates the righteous people, throughout your journey.

الاهــــــي يوَقفــــلك ولادْ الحــــلال

ILAAHI YÉWA,, AFLAK WÉLAAD ÉL HHALAAL.

Que Dieu vous mette des gens vertueux, tout au long de votre chemin.

35/06   I wish you a quick recovery mother !
        (A son saluting his ill mother.)
        The mother replies : "That peace be upon you, the apple of my eyes".

سلامتــــك

(تحية شخص إلي أمه المريضة)

الأم تــــرد : تسـلم يـا عيونــــي

SALAMTÉK YA OMMI !

TÉSLAM YA U' YOUNI.

Je te souhaite un bon rétablissement maman !
(Un fils salue sa mère qui est malade.)
La mère lui répond : « Que la paix soit sur toi, prunelle de mes yeux. »

35/07   That God keeps you away from the path of the wicked.

ربنــا يكفيــك شــــر ولاد الحــرام

RABBÉNA YÉKFEEK SHARRÉ W-LAAD ÉL HHARAAM.

Que Dieu te garde loin du chemin des méchants.

35/08   And that's it, that's all.
        (And God loved the benefactors.)
        (This expression is said at the closing of a discussion.)

وكــــان اللــــه يحـب المحســـنين

WAKAANA LLAAHU YUHHIBBUL MUHHSINEEN.

Et c'est ça, c'est tout.
(Et Dieu aimait les bienfaiteurs.)
(Cette expression se dit pour clôturer une discussion.)

35/09   That God keeps our spirit of beneficial actions.

ربنــــا يديــــم المعــــروف

RABBÉNA YÉDEEM ÉL MAAROUF.

Que Dieu garde notre esprit de bienfaisance.

35/10   Your intentions are well appreciated. (offering condolences.)

سعيــــكم مشــــكور

SAA'YOKOM MASHKOOR.

Vos intentions sont grandement appréciées. (Offrir des condoléances.)

35/11   Good wake up.

صــح النــوم

SAHH-HH ÉNNO-OM.

Bon réveil.

35/12   Lord have mercy on your subjects.

يـــارب ألطُـــف بعبيـــدك

YAARAB OLTOF BÉ'ABEEDAK.

Seigneur ayez pitié de vos sujets.

35/13   Your blessing, sheikh.

بركاتــــك يا شيـــخ

BARAKAATAK YA SHEIKH.

Tes bénédictions, cheik.

35/14   I beg the prophet that you listen to me.
        (I drive the prophet on you to listen to me.)

ســايق عليك النبـي تسمعني

SAA-YÉ,, 'ALEIK ÉNNABI.

Je supplie le prophète de m'écouter.
(Je conduis le prophète sur toi afin de m'écouter.)

35/15   - You make us honored by your visit.
        (An expression that is said to greet a guest of honor.)
        - That God honor your quality.
        (The answer to the guest.)

- شرفتنـــا

- اللــه يشـــرف مقــدارك

- SHARRAFTÉNA.

- ALLAAH YÉSHARRAF MÉ,,DAARAK.

- Vous nous rendez honneur par votre visite.
(Une expression qui se dit pour saluer un invité d'honneur.)
- Que Dieu vous rende ce grand honneur.
(La réponse de l'invité)

35/16   May God make you happy and keep you faraway. (Personna non-grata)

ربنـــا يســــعدك ويبــــعدك

RABBÉNA YÉS-'ÉDAK WÉ YÉB-'ÉDAK.

Que Dieu vous rende heureux et vous éloigne. (Un indésirable)

35/17   Stop asking me questions, it is not of your business.
        (It looks as if you want to open an inquiry about me.)

هـــو انـــت هتفتحلـــي محضـــر

HOWWA ÉNTA HATÉFTAHHLI MAHHDAR.

Arrête de me questionner, ce n'est pas de tes affaires.
(Est-ce bien toi qui veux ouvrir une enquête sur moi !)

35/18 As you wish.
بخاطـــرك
BÉKHATRAK.
Comme vous voulez.

35/19 We are honored by your visit. (We are blessed by your visit.)
حصلـــت لنــا البركـــة
HHASALÉT LÉNA ÉL BARAKA.
Nous sommes honorés de votre visite. (Nous sommes bénis par votre visite.)

35/20 In your dream. This is out of question.
دَه بُعْـــدَكْ
DA BOA'DAK.
Il n'en n'est pas question. (C'est hors de question.)

35/21 - Yes. (I am here.)
       - May God send thee prosperity to you. (The retort to the above reply.)
- حاضـــر
- يحضـــرلك الخيـــر
- HHAADÉR.
- YÉHHADDAR LAK ÉL KHEIR.
- Oui. (Je suis présent.)
- Que Dieu t'envoie la prospérité. (La réplique sur la réponse précédente.)

35/22 Bless you.
       (This expression is said to someone who sneezes.)
يرحمكـــم اللـــه
YAHHAMUKUM ALLAAH.
À vos souhaits.
(Cette expression se dit quand quelqu'un éternue.)

35/23 You have scattered the hay.
       (This expression is said to an acquaintance who sneezes.)
       (Proposed by Maged Roufael)
بَعْتَـــرْت التِبْـــن
BAA'TART ÉT TÉBN.
Vous avez dispersé le foin.
(Cette expression se dit à une connaissance qui éternue.)
(Proposé par Maguéd Roufael)

35/24 I am talking to you openly. I am speaking with you frankly.
اقـــولك بالمفتـــوح كده...
A-OLLAK BÉL MAFTOUHH KÉDA...
Je vous parle avec franchise. Je m'adresse à vous ouvertement.

35/25　You are exhausting me. You are making me tired. (You made me expiate my sins.)

كَفَّـــرْتْ سَيِّئاتِـــي

KAFFART SAYYI-AATI.

Vous me fatiguez. Vous m'épuisez. (Vous m'avez fait expier mes péchés.)

35/26　That you will be rewarded in joyful occasions.

يتَـــردلك فـــي الأفـــراح

YÉTRADDÉLLAK FIL AFRAAHH.

On vous les rendra dans les occasions joyeuses.

35/27　We will leave this problem to the almighty to solve it.

يحلهــــا الحــــلال

YÉHÉLLAHA ÉL HHALLAAL.

Nous allons laisser ce problème au Tout-puissant pour le résoudre.

35/28　It doesn't make any difference with me.

ما تفرقــــش معايـــا

MA TÉFRÉ,,'SH MA'AAYA.

Ça m'est égal. Ça ne fait aucune différence avec moi.

35/29　That God never deprive us from you.

ربنــا مـــا يحرمنـــاش منـــك أبـــداً

RABBÉNA MA YÉHHRÉMNAASHE MÉNNAK ABADANN.

Que Dieu ne nous prive jamais de vous.

* MUHAMMAD MAHMOUD SHAA'BAAN and BABA SHARO (1912 – 1999) :
born in Alexandria and graduated from the faculty of arts, Cairo University in 1939,
his professor is TAHA HUSSEIN. After his graduation, he worked as news anchor
and then, from 1940 – 1960 Shaa'baan's voice was associated with BABA SHARO or
"Children talks". He set a trend of introducing the operettas and he, with TAHER
ABOU FASHA transformed the "A Thousand and One Night" to a series of drama
with 900 episodes. In 1971, he was appointed the general director of the Egyptian
radio and TV corporation. He also filled the post of minister of information and
taught in one of the Egyptian Universities. Throughtout his life, he received a
number of awards and prizes.

**MUHAMMAD MAHMOUD SHAA'BAAN and BABA SHARO (1912 – 1999) : il
Naquit à Alexandrie et gradua de la faculté des arts à l'université du Caire en 1939,
son professeur était TAHA HUSSEIN. Après ses études, il a travallé à la radio
comme présentateur de nouvelles et puis la voix de SHAA'BAAN a été associée
avec BABA SHARO ou « Le programme des enfants » et avec TAHER ABOU FASHA
ils ont transformé les « Mille et une nuit » à une série de 900 épisodes. En 1971, il
a été nommé directeur général de la radio et la télévision. Plus tard, il a occupé le
poste de ministre de l'information, il a enseigné dans l'une des universités
égyptiennes et il a reçu plusieurs prix et récompenses.*

CHAPITRE 36
Habit
الإعتيــــــــــــاد
De l'habitude

36/01   The habit is like a cult.
(Proposed by my brother Gabriel Sinki)
العــادة زي العبــادة
ÉL 'AADA ZAY ÉL 'ÉBAADA.
L' habitude est comme un culte.
(Proposé par mon frère Gabriel Sinki)

CHAPITRE 37
Health
الصِّحّـــة
De la santé

37/01 Health is a crown on the heads of those who are healthy and the sick are the only ones who could see it.
(Proposed by Raymond Sabbagh)

الصحــــــة تـــــاج علــــــي رؤوس الأصحـــــاء لا يـــــراه إلآ المرضـــــي

ASSÉHH-HHATU TAAGONN 'ALA RU-OOS AL ASSIHH-HHA,, LA YARAAHU ILLA AL MARDA.

La santé est une couronne sur les têtes de ceux qui sont en bonne santé et les malades sont les seuls qui peuvent la voir.
(Proposé par Raymond Sabbagh)

37/02 The cigarettes are bad for both, the health and wealth.
(The cigarettes suck the face and pull the money.)

السجاير تمص الوش وتسحب القرش

ÉSSAGAAYÉR TÉMOSS ÉL WÉSH W TÉS-HHAB ÉL ÉRSH.

Les cigarettes sont mauvaises pour la santé et coûtent très chères.
(Les cigarettes sucent le visage et retirent l'argent.)

CHAPITRE 38
Humility, Humbleness, Mercy, Sacrifice and True Love
التواضُـعْ , الرَحْمَـة , التضْحِيـة , الشَفَقـة والحُـبّ الحَقيقى
De l'humilité, de la pitié, du sacrifice et du vrai amour

38/01 **I live at *the Sayyéda quarter**

سـاكن فــي حــي السيــدة

SAAKÉNN FI HHAY ÉS SAYYÉDA.
Je demeure au quartier *ÉL SAYYÉDA
A song by / *Une chanson par* : ****MUHAMMED ABDEL MUTTÉLÉB
Poem by / *Poème par* : ZEIN EL 'ABÉDEEN
Music by / *La Musique par* : ** MOHAMMED FAWZY

I live in "AL SAYYÉDA" neighborhood and my lover stays at ***"Al HÉSSÉIN".
And to gain her complete satisfaction, I go to see her twice a day.
Given that my lover is like a gazelle, I withdraw from my neighborhood every day.
And everyone talks about me and says that I'm in love and my heart is no longer there.
And my heart is tormented between "EL SAYYÉDA" and SAYYÉDNA "AL HÉSSEIN".
I pass by the house of the dear and cry : "Oh you ! The world of lovers !
I am no longer the same.
I hope to have a date and love unites us.
And my joy will be doubled from "AL SAYYDA to "SAYYÉDNA AL HÉSSEIN".

وحبيبــي سـاكن فــي الحسـين   سـاكن فــي حــي السيــدة
يوماتــي أروحــلو مرتيــن   وعشــان أنـول كـل الرضا
يوماتــي أهجــر حينــا   وعلشـان حبيبـي زي الغـزال
عاشــق وقلبــومــش هنـا   وكـل واحـد عنـي قـال عنـي
السيـدة وسـيدنا الحـسـين   وأنـا قلبـي متحـير مـا بيـن
أقـول جريـح يـا أهـل الهـوي   أفـوت علـي بيـت الحبيـب
والحــب يجمعنـا ســوي   ويـا ريـت يكـون لـي معـاد
مـن السـيدة لسـيدنا الحـسـين   والفرحــة تبقـي فرحتـين

SAAKÉNN FI HHAY ÉS SAYYÉDA. WÉ HHABEEBI SAAKÉNN FIL HUSSEIN.
WÉ-'ASHAANN ANOUL KOLL ÉR RÉDA, YUMAATI AROUHHLO MARRÉTEIN.
'ALASHANN HHABEEBY ZAY ÉL GHAZAAL, YUMAATI AHGOR HHAYYÉNA.
WÉKOLL WAHHED 'ANNI AAL, 'ANNI 'AASHÉ,, WÉ ALBO MÉSH HÉNA.
WANA ALBY MÉT-HHAYYAR MABEIN, EL SAYYÉDA WÉ SAYYÉDN ÉL HUSSEIN.
AFOUT 'ALA BEIT ÉL HHABEEB, A-OUL GAREEHH YA AHL ÉL HAWA,
WÉ YAREIT YÉKOUN LÉYYA MÉ'AAD, WÉL HHOB YÉGMA-A'-NA SAWA.
WÉL FARHHA TÉB-A FARHHÉTEINN, MÉN ÉS SAYYÉDA LÉ SÉDNA ÉL HUSSEIN.

Je vis dans le quartier « ÉL SAYYÉDA » et ma bien-aimée reste à « ÉL HHUSSEIN ».
Pour obtenir son entière satisfaction, je vais la voir deux fois par jour.
Étant donné que mon amante est comme une gazelle, je renonce à mon quartier tous les jours.
Chacun parle de moi et dit que je suis en amour et mon cœur n'est plus là.
Mon cœur est tourmenté entre ÉL SAYYÉDA et SAYYÉDNAL HUSSEIN.
Je passe par la maison de ma chérie Et je crie : Ô Toi ! Le monde des amoureux !
Je ne suis plus le même.
J'espère bien savoir la date où l'amour nous réunira.
Et la joie sera doublée, passant d'ÉL SAYYÉDA à SAYYÉDNA ÉL HUSSEIN.

* EL SAYYDA : is the name of a common quarter in Cairo and is also the nick name (Holy) of the eldest daughter among the PROPHET's four daughters ; ZEINAB or EL SAYYÉDA, RAKIYYA, OM KULTHOUM and FATIMA,.

* EL SAYÉDA : est le nom d'un quartier très populaire en Égypte. Il est aussi le saint nom de la fille aînée du PROPHÈTE parmi ses quatre filles : ZEINAB ou EL SAYYÉDA, RAKIYYA, OM KULTHOUM, et FATIMA.

** EL HUSSEIN : it is the name of a common quarter in Egypt and also the shrine of the youngest son of ALI IBN ABI TALEB, the fourth and the last among the "AL KHULAFA,, AL RASHIDEEN". He is the grand son of the PROPHET and his mother is the PROPHET's daughter, FATIMA. He and his grand brother EL HASSAN were killed as martyrs by MU'AWIYA and EL HUSSEIN was buried in Egypt.

** EL HUSSEIN : Il est le nom d'un quartier populaire du Caire. Il est aussi le nom d'un lieu de pélérinage du grand fils de ALI IBN ABI TALEB et le quatrième et dernier calife d'« AL RACHIDINES ». Il est le petit fils du PROPHÈTE et sa mère FATIMA est sa fille. Lui et son grand frère EL HASSAN ont été assassinés par MOU'AWIYA.

*** MUHAMMED FAWZI : is the name of a great Egyptian musician. Was born in Tanta, Egypt and after his death in 1966, he left 400 songs and lyrics that he sang and composed. He was famous with his songs for the little kids such as "Mama zamanha gayya" and "Zahaba al laylu talaa'al fagru".

*** MUHAMED FAWZI : Il est le nom d'un des plus grands musiciens Égyptiens. Il est né à Tanta en Égypte et après sa mort en 1966, il a laissé 400 chansons et lyriques qu'il chantait et composait. Il était aussi célèbre pour ses chansons aux tout petits comme : « Mama zamanha gayya » et « Zahab al laylu talaa' al fagru ».

****MUHAMED ABDEL MUTTÉLÉB (1907 – 1980) : born in a small town south of Alexandria. Moved to Cairo in 1933 he started his career at "Casino Badi'a".

****MUHAMED ABDEL MUTTÉLÉB (1907 – 1980) : il est né dans une petite ville au sud d'Alexandrie et a déménagé au Caire en 1933 pout entamer sa carrière au « Casino Badi'a ».

38/02 Since you are in love why do you deny it. Love can be seen in the eyes of one who
loves.
(From a song by OM KULTHOUM and the lyrics by *BIRAM AL TOUNISI.)

ما دام بتحــب بتنكــر ليــه   ده اللــي بيحـــب يبـــان فــي عينيعه

MADAAM BÉT HHÉB BÉ TÉNKÉR LEIH. DA ÉLLI BÉYHHÉB YÉBAAN
FI 'ÉNEIH.

*Puisque vous êtes amoureux pourquoi le niez-vous ? L'amour se lit dans les yeux de
celui qui aime.*
*(Chanson d'OM KULTHOUM, et les lyriques par *BIRAM AL TOUNISY.)*

38/03 **What is that love you come talking about !**

حـــب إيـــه اللــي إنــت جـــي تقـــول عليــه

Quel est cet amour là que tu viens me raconter !
HHOB EIH ELLENTA GAAYET OUL 'ALEIH !
A song by / *Une chanson par :* OM KULTHOUM
Poem by / *Poème par :* 'ABDEL WAHAB MOHAMED

What is this love you come talking to me about ?
Did you first understand what love means before you begin to pronounce it ?
Between you and love there is a world apart.
A world that you are not able to reach even with your imagination.
But love for me is something else and another world.
It is that thing which is dearer than my life and your beauty.
And another world that you are too far from reaching.
Why do you accuse love all the time ?
You ! If you fall in love just for two days.
This love would make you an angel.
So, why do you reproach love this way ! Why ?

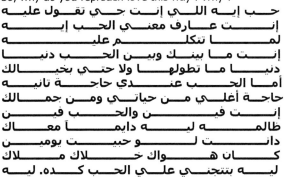

HHOBBÉ EIH ÉLLI ENTA GAYY TÉ- OUL 'ALEIH.
ENTA 'AAREF MA'ANA ÉL HHOBB EIH.
LAMMA TÉTKALLÉM 'ALEIH.
ENTA MA BEINAK WÉ BEIN ÉL HHOBBÉ DONYA.
DONYA MA TÉTOLHA WALA HHATTA BÉKHAYAALAK.

AMMA ÉL HHOBB 'ANDY HHAAGA TANYA.
HHAAGA AGHLA MENN HHAYAATI WÉ MENN GAMAALAK.
ENTA FEIN WEL HHOBB FEIN.
ZALMO LEIH DAYMANN MA'AAK .
DA ÉNTA LAWE HHABBÉIT YOMEINN.
KAAN HAWAAK KHALLAAK MALAAK.
LEIH BÉTÉTGANNA KÉDA 'AL HHOBB LEIH.

Quel est cet amour-là que vous venez me raconter ?
Avez-vous d'abord compris ce que ne signifie l'amour
avant que vous ne commenciez à le prononcer ?
Entre vous et l'amour, il y a un monde à part.
Un monde que vous n'êtes pas capable d'atteindre même avec votre imagination.
Mais l'amour pour moi c'est autre chose et un autre monde.
Une chose qui est plus chère que ma vie et votre beauté.
Et un autre monde que vous êtes trop loin pour y accéder.
Pourquoi l'accusiez-vous tout le temps ?
Vous ! si vous tombez en amour seulement deux jours.
Cet amour allait faire de vous un ange.
Pourquoi ! Pourquoi ! reprochez-vous l'amour, pourquoi ?

38/04   **Yesterday's story**
قصــة الأمـــس
KISSATU AL AMS
L'histoire d'hier
A song by / *Une chanson par :* OM KULTHOUM
Poem by / *Poème par :* AHMAD FATHHI

I will never go back to you, despite All the cries of forgiveness and the beating of
my heart which implores me. You are the first who started to be indifferent in
avoiding me and to betraying my love. So, if you do call for reconciliation now, my
heart will not resonate.

أنــا لـــن أعــــــود إلَيْـــــــكَ   مَهْمَـــا أسْــتَرْحَمَتْ دَقّـــاتُ قَلْبـــي
أنْــت الّـــذِي بَـــدَأَ المَلَالَـــة   والصّـــــدُودُ وَخَـــان حبّـــــــي
فَـــــإذَا دَعَــــوْتَ قَلْبـــــي لَـــــنْ يُلَبّــــــي   للتّصَـــافي

ANA LAN A'OUDA ILAYK ,
MAHMA ISTARHHAMAT DAKKATU KALBY.
ANTA ALLAZY BADA-A AL MALAALATA
WA ASSUDOUDA WAKHAANA HHUBY.
FA-IZA DA'AWTA AL YAWMA KALBY LI ATTASAAFY LAN YULABBY.

Je ne retournerai plus avec toi, malgré tous les cris de pardon et les battements de
mon cœur qui me le demandent ! C'est toi qui a commencé à être indifférent, à
m'éviter et à trahir mon amour. Donc, si tu fais appel à la réconciliation,
aujourd'hui, mon cœur ne t'écoutera pas.

38/05   **The torment of boubt**

ثـــــورة الشــــــك

THAWRATU SH-SHAK

Le tourment du doute.

A song by / *Une chanson par :* OM KULTHOUM

Poem by / *Poème par :* the Prince / *Le Prince* *'*ABDALLAH AL FAYSAL

I almost start to doubt of myself, for I started to doubt of you and you are part of me. People say that you have betrayed me, you love me no more and you don't defend me. You are all my hopes ; my feet led me to you with the steady steps of the confident youth. People are advised otherwise about your feeling for me, while their ears listening to nothing but my praise to you. And how many times, the shadow of doubts was visiting my imagination, overwhelming my sleep and dominating my thoughts. I became like one who goes around in all directions talking about you and me. I deny everything wrong I hear about you and my eyes do not see anything that draws my suspicion. I do not believe any cynic word said against you however, my unsuspecting mind tortures me. Again, I live in a gloomy state and spend sleepless nights. I beg you, don't fail me. The fire of doubt torments my soul and caught her between the suffering of doubt and the anguish of hope. For God's sake answer me if I ask, is it true what people mumble ? Tell me you do not betray me.

أكَـــادُ أشُـــكُ فيــكَ وأنْــتَ منِّـي	أكَـــادُ أشُكُ فــي نَفْسِــي لأِبِّــي
ولَــمْ تَحْفَـــظْ هَـــواي ولَــمْ تَصُنِّي	يقُـول النَّـاسُ إنَّـكَ خُنْــتَ حُبِّــي
إليــكَ خُطَـى الشَّبَابِ المُطْمَئِــنْ	وأنْتَ منَـاي أجْمعُهـا مَشَــتْ بِــي
وتَسْـمَعُ فيــكَ كُـلَّ النَّـاسِ أذُنِــي	يُكَــذِّبُ فيــكَ كُـلَّ النَّـاسِ قلْبِــي
أقَضَّــتْ مَضْجَعـي واسْتَعْبَدَتْنِـي	وكَــمْ طَافَــتْ علَــى ظِـلالِ شَكِّ
يُحَـدِّثُ عنْـكَ فـي الدُّنيـا وعَنِّـي	كأنِّـي طَــافَ بِـي رَكَـبُ اللَّيَالِـي
وتُبْصِــرُ فيـكَ غيـرَ الشَّـكِّ عينِـي	علَـى أنِّـي اعَالِـطُ فيـكَ سمْعِـي
ولكِنِّــي شَقِيْـتُ بحُسْــنِ ظنِّـي	ومَـا أنَـا بالمُصَــدِّقِ فيـكَ قــوْلاً
من الشَّجَـنِ المُــؤرِّقِ لا تَخْذعْنِـي	وبِــي ممَّـا يُسَاوِرُنِـي كَثِيـــرُ
وتَشْقَــي بالظَّنُــــونِ وبالتمَنِّـي	تَعَذَّبُ فـي لهِــيبِ الشَّـكِّ روحِـي
حَــدِيثُ النَّـاسِ ألَــمْ تَخُنِّـي	أجِبْنِـي إذ سَألْتَـكَ هَـلْ صَحِيـح

AKAADU ASHKKU Fi NAFSY LI-ANNI,

AKAADU ASHUKKU FEEKA WA-ANTA MINNY.

YAKOULU ANNASU INNAKA KHUNTA HHUBBY,

WALAM TAHHFAZ HAWAAYA WALAM TASONNY.

WA-ANTA MUNAAYA AGMA'UHA MASHAT BI,

ILAYKA KHUTA ASH-SHBAABI AL MUTMA-INNI.

YUKAZZIBU FEEKA KULLU ANNAASU KALBY,

WATSMA'U KULLU ANNAASA FEEKA UZUNY.

WAKAM TAAFAT 'ALAYYA ZILAALU SHAKKÉNN,

AKDAT MADGA'I WA ISSTA-A'BADATNY.

KA-ANNY TAAFA BI RAKBU AL LLAYAALI,

YUHHADDITHU 'ANKA FI DDUNYA WA'ANNY.

'ALA ANNY UGHALITU FEEKA SAM-'I,

WA TUBSIRU FEEKA GHAYRU ASH-SHAKKI 'AYNY.
WAMAA ANA BILMUSSADDIKI FEEKA KAWLANN,
WALAKINNY SHAKAYTU BIHHUSNI ZANNY.
WABY MIMMA YUSAAWIRUNY KATHEERANN,
MINA ASH-SHAGANI AL MU-ARRIKI LA TAKHDA-'UNY.
TU'AZZIBU FI LAHEEBI ASH-SHEKKI ROUHHY,
WATASHKA BI AZ ZUNOUNY WABI AT TAMANNY.
AGIBNY IZA SA-ALTUKA HAL SAHHEEHHONN,
HHADEETHU ANNAASI ALM TAKHUNNY.

J'ai failli commencer à douter de moi-même puisque j'ai commencé à douter de vous et vous faites partie de moi. Les gens disent que vous m'avez trahi, vous ne m'aimez plus et vous ne me défendez pas.   Dans l'espoir de vous reconquérir, mes pieds m'ont amené jusqu'à vous. Les gens sont d'avis contraire au sujet de vos sentiments envers moi, car leurs oreilles n'écoutent rien que ma louange envers vous. Et combien de fois l'ombre du doute visitait mon imagination, accablant mon sommeil et dominant mes pensées. Je suis devenu comme quelqu'un qui fait le tour dans tous les sens, parlant de vous et de moi. Je nie tout ce que j'entends de mal sur vous et mes yeux ne voient rien qui attire ma méfiance. Je ne crois aucun mot cynique dit contre vous, cependant mon esprit peu soupçonneux me torture. Encore là, je vis dans un état morose et je passe des nuits blanches. Je vous en prie, ne me décevez pas, l'enfer du soupçon tourmente mon âme qui est prise entre le châtiment du doute et l'angoisse. Pour l'amour de Dieu, répondez-moi si je vous demande, si c'est vrai ce que les gens marmonnent ? Dites-moi que vous ne m'avez pas trahi !

*BIRAM AL TOUNISI (1893 – 1961) : he is a famous folks poet, born in Alexandria. His grand father emigrated from Tunisia to Egypt in 1833 and so Biram got his name "ALTUNISI". He was exiled twice to France because of his critics of the authority. In 1960 he was awarded the Egyptian prize for literature by Abdel Nasser

__*BIRAM AL TOUNISI (1893 – 1961) :__ il est un poète célèbre, né à Alexandrie, son grand-père a émigré de la Tunisie à l'Égypte en 1833 et c'est pour cela qu'on l'a surnommé Biram « AL TOUNISI ». Il fut exilé deux fois en France en raison de ses critiques de l'autorité. En 1960, il a reçu du président Gamal Abdel Nasser le prix de la littérature.

**The Prince 'ABDALLAH AL FAYSAL : (1923 – 2007) he is from Saudi Arabia and the son of king Faysal Ibn Abdel 'Aziz. He is a great poet and wrote to NAGAT AL SAGHEERA and ABDEL HALIM HAFEZ.

__**Le Prince   'ABDALLAH AL FAYSAL : (1923 – 2007)__   il est de l'Arabie Saoudite et le fils du roi Faysal Ibn Abdel 'Aziz. Il est un grand poète et a écrit pour les chanteurs NAGAT AL SAGHIRA et ABDEL HALIM HAFEZ.

Is it true that love is influential ?

هـــو صحيـــح الهـوي غــلاب

HOWWA SAHHEEHH ÉL HAWA GHALLAAB

Est-ce l'amour est influent ?

A song by / *Une chanson par* : OM KULTHOUM

The poem by / *poème par* : BIRAM AL TOUNISI (See also / *Voir aussi* 38/03)

A look and I thought it was a salute and it will quickly pass.

But to my surprise, it was a look full of promises, of commitments, of restrictions and of anguish.

Promises hard to believe and difficult to maintain.

Commitments with someone who is misleading.

Patience on his oppression and deprivation.

And instead of telling myself "that's enough, I have to stop loving him ".

I say "My God ! give me more of that.

How did it happen ?

But it happened without realizing it.

Oh ! My heart ! Love has its side effect.

It carries with it sorrows and sufferings.

I was sorry and I said I will never do it again.

But regret is of no utility to what it meant to be.

I wish I could have the power to choose.

Not to live tormented between two fires : paradise and hell.

My life is turned upside-down ; my days are nights and my nights are days.

Lovers prescribed to me the recipe.

Yet, I found that medicine doubled my anguish.

How come ?

That's what happened without realizing it.

نظــرة... وكنـــت أحسبهــا ســلام... وتمـــر أوام

أتــاري فيهـا وعـــود...وعهـــود...وصـــدود...وألام

وعـــود لا تصـــدق ولا تنصـــان

عهـــود مـــع اللــي مالوهـــش أمـــان

صبـــر علــــي ذلـــه وحرمـــان

ويـــدال مـا اقـــول حرمـــت خـــلاص

أقـــول يـا رب زدنـي كمـان إزاي يا تـــري

أهـــوه ده اللــــي جـــري وأنـا مـاعرفـش

يــا قلبــــي أه الحـــب وراه

أشجـــان وألـــم وأنـــدم وأتـــوب

وعلــــي المكتـــوب مـا يفـــدش نـــدم

يـا ريـــت أنـــا أقـــدر أختـــار

ولا كنـــت أعيـــش بيـــن جنـــة ونـــار

نهـــاري ليــــل وليلــــي نهـــار

أهــــل الهــــوي وصفولـــــي دواه

لقيـــت دواه زودنــي فـــي أســـاه

إزاي يا تري أهـو ده اللي جـري أنـا مـا أعـرفش

NAZRA ...WEKONT AHHSÉBHA SALAAM...WÉTMORRÉ AWAAM.
ATAARY FEEHA WU'OUD WESDOUD WE ALAAM.
WU'OUD LA TÉSDA,, WALA TENSAANN.
'OHOUD MAA'ÉLLI MALOHSHI AMAAN.
SABR 'ALA ZOLLOH WÉHHÉRMAAN.
WÉ BADAAL MA A-OUL HHARRAMT KHALAAS.
A-OUL YA RAB ZÉDNY KAMAANN.
ÉZAY YA TARA.
AHO DA ÉLLI GARA.
WANA MA-A'RAFSH.
YA ALBI AH.
EL HHOBB WARAAH.
ASHGAANN WÉ ALAAM.
WÉ ANDAM WÉ ATOUB.
WÉ 'ALAL MAKTOUB.
MAYFÉDSHI NADAM.
YA REIT ANA A,,DAR AKHTAAR.
WALA KONT A'EESH BEINN GANNA WÉ NAAR.
NAHAARI LEIL WÉ LEILI NHAAR.
AHL ÉL HAWA WASAFOULI DAWAAH.
LA-EIT DAWAAH ZAWWÉDNY FI ASAAH.
ÉZAAY YA TARA.
AHO DA ÉLLI GARA. MA AA'RAFSH ANA.

Ce regard... et moi qui pensais que c'était un bonjour qui passerait rapidement.
Mais à ma surprise, ce regard était plein de promesses, d'engagements, d'entraves et de peines.
De promesses difficiles à croire et difficiles à maintenir.
D'engagements avec quelqu'un de trompeur.
Patience sur ses oppressions et ses privations.
Et au lieu de me dire c'est assez, je dois m'arrêter de l'aimer.
Je dis, mon Dieu donne-moi plus de cela.
Comment ça s'est passé ?
Mais cela s'est passé sans que je me rendre compte.
Ô ! Mon cœur ! L'amour a ses effets secondaires.
Il porte avec lui les chagrins et les souffrances.
Je regrettais et je me disais je ne recommencerai jamais.
Mais, aucun regret n'est utile sur ce qui est destiné.
J'aimerai avoir le pouvoir de choisir.
Pour ne pas rester entre deux feux : l'enfer et le paradis.
Ma vie est chambardée ; mes jours sont des nuits et mes nuits sont des jours.
Les amoureux m'ont décrit la recette.
Mais je trouvais que le remède doublait ma souffrance.
Comment ça se fait ?
C'est ce qui est arrivé sans m'en rendre compte.

38/07   Complain to other than God is humiliation.

الشكـــوي لغيـــر اللــه مزلـــة

ÉSH-SHAKWA LÉGHEIR ÉLLAH MAZALLA.

Se plaindre à d'autres qu'à Dieu est humiliation.

38/08   He said : "Please give me alms, my master." He replied : "Your master is a beggar too."

حسنـــة يـا سيـــدي. قــال : سيـــدك شحـــات

HHASANA YA SEEDY. AAL : SEEDAK SHAHHAAT.

Il a dit : « Je vous prie accordez-moi l'aumône, mon maître. » Il a répondu : « Votre maître est aussi mendiant. »

38/09   God commands us to be discreet.
(God commands us to be careful in our speech and our conducts, especially with regard to the discretion of sensitive issue affecting the honor, dignity and integrity of others.)

ربنـــا أمرنـــا بالســـتر

RABBÉNA AMARNA BI ÉS SATR.

Dieu nous ordonne d'être discret.
(Dieu nous ordonne d'être judicieux dans notre conduite ainsi que dans notre discours, en particulier en ce qui concerne la discrétion sur une question délicate touchant à l'honneur, la dignité et à l'intégrité d'autrui.)

38/10   Be compassionate on earth and God in heaven will be merciful with you.

ارْحَمـــوا مَـنْ فِـــي الأرْض يَرْحَمْكُـمْ مَــنْ فِـــي السَّمَـــاء

IRHHAMU MANN FIL ARD YARHHAMUKUM MANN FI SSAMAA,,.

Faites preuve de compassion sur terre et Dieu au ciel sera compatissant avec vous.

38/11   Keep a bit of mercy in your hearts.

خللـــي فـــي قلوبكـــم شويـــة رحمـة

KHALLI FI OLOBKOM SHÉWAYYÉT RAHHMA.

Gardez un peu de pitié dans vos cœurs.

38/12 **I have no hope in this world**

مليـــش أمـــل فـــي الدنيـــا دي

MALEESH AMAL FI DDUNYA DI

Je n'ai aucun espoir dans ce monde

(A song by / *Une chanson de* LEILA MOURAD)

(From the movie of / *du film de* Ghazal EL Banaat)

I have no hope in this world other than to see you happy. Even so if you find that being away from me will make you happy, leave me. But whatever happens, I'll always be faithful to our love. And if you go for a day or a year I'll stay as I am, always faithful. If one day you stop loving me, I beg you to lie, and not to tell me the truth.

MALEESH AMAL FI ÉDDUNYA DI GHEIR ÉNNI ASHOUFAK MÉTHANNI. HHATTA ÉNN LAKEIT   ÉNN BU'AADI RAAHH YÉS'ÉDAK ÉB'ÉD 'ANNI. AMMA ANA MAHMA GARA HAFDAL ASOUN 'AHD ÉL HAWA.   WÉNN GHÉBT YO-OM WALLA SANA, HAFDAL ANA BARDO ANA.   ÉNN GEIT FI YO-OM WÉ MAHHABBÉTNEESH, ÉKZÉB 'ALAYYA WALAT OLLEESH.

Je n'ai aucun espoir dans ce monde que de vous voir content. Même si vous trouvez que d'être loin de moi vous rendra heureux, laissez-moi. Mais quoi qu'il arrive, je resterai toujours fidèle à notre amour et si vous partez pour une journée ou une année, je resterai comme je le suis, toujours fidèle. Si un jour vous arrêtez de m'aimer, je vous en prie de mentir et ne me dites pas la vérité.

38/13　The charity touches the human heart and the reward is costly.
(From "The Eternal Melody" or LAHHN EL KHULOUD by *FATEN HAMAMA.)

المعــــــــروف يأثـــــــر قلـــــــب الإنســــان والجميـــــل ثمنـــــه غالــــــي

AL MMAA'ROUF YAA,,SIRU KALBAL INSAAN WAL GAMILTAMANO GHAALI.

La bienfaisance touche le coeur humain et le remboursement est dispendieux.
*(Du fim La mélodie éternelle ou LAHHN EL KHULOUD par *FATEN HAMAMA.)*

*FATEN HAMAMA : Born in 1931 at Al Mansoura and started acting at the age of 9, in her first movie with Abd El Wahab. Then in 1946, at the age of 15, she realized a great success with Yousef Wahba in two of her memorable movies. In 1947, she was married to the director Izzedine Zulficar who was 22 years older than her. This marriage was ended by the divorse in 1954 to remarry Omar El Sharif in 1955. Thanks to the director Youssef Shahine who introduced his close friend Omar El Sharif to participate in the main role with Faten Hamama in the famous "The conflict in the valley" in which, she agreed for the first time in her professional life to allow O. Sharif a snapshot of a kiss that led to their wedding the same year. From 1966 to 1971 she left Egypt in protest to the political oppression and lived between London and Beirut. Although that G. Abdel Nasser considered F. Hamama a "National Treasure" and tried hardly to win her return., she did not return until after his death. According to rumors, F. Hamama was very happy with O.Sharif but was very jealous upon him which led to their divorce in 1974. F. Hamama is a great celebrity and is being called "The Lady of the Egyptian Screen". She is considered the Icon, the worthy of respect, that portrayed the role of woman and the evolution of that role throughout the years. .She is one of the very few Egyptian actors to be awarded so many and so dignified prizes from highly recognized institutions and organizations. (See also 64/25, 75/57)

*FATEN HAMAMA :　elle est née en 1931 à Al Mansoura, en Égypte, elle a commencé à jouer un rôle à l'âge de 9 ans dans un premier film avec M. A. Wahab et en 1946 à l'âge de 15 ans, elle a réalisé son premier grand succès avec Youssef Wahba dans deux de ses films mémorables. En 1947, elle s'est mariée à Ezz-Éddine Zulficar qui était de 22 ans plus âgé qu'elle. Ce mariage a pris fin par le divorce en 1954. Elle s'est remariée avec Omar El Shérif en 1955, grâce au grand directeur Youssef Shahine, qui avait choisi son ami intime Omar El Shérif pour interpréter le rôle principal avec elle dans le film célèbre « Le conflit dans la vallée » où pour la première fois dans sa vie professionnelle elle a accepté d'être embrassée par Omar El Shérif, ce qui a conduit à leur mariage la même année. De 1966 à 1971, elle a quitté l'Égypte pour protester contre l'oppression politique et a vécu entre Londres et Beyrouth. Bien que Gamal Abdel Nasser considérait F. Hamama comme un « Trésor national » et a tenté à maintes fois de la faire revenir, mais en vain, elle n'est revenu qu'après sa mort. Selon les rumeurs, F.Hamama a été très heureuse avec O.El Shérif, mais sa jalousie pour lui l'a conduite au divorce en 1974. FATEN Hamama est une grande célébrité, on la surnomme « La dame de l'écran égyptien ». Elle est considérée comme une icône. Elle représente la dignité et le respect qui dépeint le rôle authentique de la femme égyptienne et l'évolution de ce rôle au fil des ans. Elle est l'une des rares actrices égyptiennes à qui on a accordé autant de prix. (Voir aussi 64/25,75/57)

CHAPITRE 39
Hypocrisy and Envy
الخُبْــــــثْ والحَســـــــدْ
De l'hypocrisie et de l'envie

39/01   "Receive strangers into your home and they will stir up trouble for you and will make you stanger to your own family."
(Sirach, 11 : 34 – Apocryphal)

أدْخِـلْ الآجَنَـبي إلَـي بَيْتِكْ فيَقْـلِبْ أحْـوَالكْ بالمَشَاعِبْ وَيطْـرُدْكَ عَـنْ خَاصَتِك
(إبن سيراخ, 34: 12)

ADKHÉL AL AGNABY ILA BAYTAK FAYAKLIBU AHHWAALAK BIL MASHAAGHÉB WA YATRUDUKA 'AN KHAASATÉK.

« Si tu héberges un étranger, il peut semer le trouble chez toi et mettre contre toi les gens de ta maison.. »
(Siracide, 11 : 34)

39/02   "Do good to the humble but do not give to the ungodly : hold back their bread, and do not give it to them, for by means of it they might subdue you and then you will receive twice as much evil for all the good you have done to them."
(Sirach, 12 : 5)

أحْسِـنْ إلَـي الْمتَواضِـعْ ولاَ تُعْـطِ الْمُنَـافِقْ. امْنَـعْ خُبْـزَكَ ولاَ تُعْطِه لِـئَـلاَّ يَتَقـوَّي بِـه عَليْكِ فتُصَادِفْ مِـن الشَّـرِّ أضْعَـافَ كُـلّ مَـا كُنْـتَ تصْنَـعْ إلَيْـه.
(إبن سيرتخ, 6: 12)

AHHSÉNN ILA AL MUTEWAADÉA' WALA TUA'TI AL MUNAAFÉK. IMNAA' KHUBZAKA WALA TUA'TIHI LAHU LI-ALLA YATAKAWWA 'ALEIK FATUSAADÉF MINA ASH-SHARRI AD'AAF KULLU MA KUNT TASNAA' ILAYHI.

« Fais du bien aux petites gens mais ne donne rien à ceux qui méprisent Dieu : ce serait leur fournir un bâton pour te battre et tu serais doublement mal payé pour tout le bien que tu leur aurais fait. »
(Siracide, 12 : 5)

39/03   They envy the blind for the length of his cane.

يحسِـدوا الأعمـي علـي طـول عكازه

YÉHHSÉDU ÉL A'AMA 'ALA TOUL 'OKKAZOH.

Ils envient l'aveugle sur la longueur de sa canne.

39/04   What I find as strange in this world is that I am envied of what I am complaining from. (AHMED SHAWKI) (See also volume 1)

مَـاذا لقَيْـتُ مِـنَ الدُّنيَـا وأعْجَبَـه   أيّـي بمَـا أنـا شَـاكٍ مِنْـه مَحْسـودٌ

MAAZAA LAKAYTU MINA DDUNYA WA-AA'GABUHU ANNI BIMA ANA SHAAKÉNN MINHU MAHHSOUDU.

Ce que je trouve bizarre dans ce monde c'est que je suis envié de ce dont je me plains. (AHMED SHAWKI) (Voir aussi volume 1)

39/05   My eye desires it but I criticize it and reject it.

عينــي فيـــه وأقـــول أخيــه

É'INY FEEH WÉ A-OUL ÉKHKHEEH.

Mon œil le désire mais je le critique et le rejette.

39/06   The buffalo's owner envies the goat's owner.

أبــو جموســـة يحســد أبــو معــزة

ABOU GAMOUSA YÉHHSÉD ABOU MÉA'ZA.

Le propriétaire du buffle envie le propriétaire de la chèvre.

39/07   He changes his values to suit his interests. He showed his true colour.
A person who is not faithful to his principles.
(You adopt all the colours, you batista.)
(Batista is a sort of fabric that is inexpensive and sold by the street vendors.)

علــي كــل لـــون يــا بَتِستـــا

'ALA KOL LO-ONN YA BATISTA.

Il change ses couleurs en fonction de ses intérêts. Il a montré sa vraie couleur.
Il s'agit d'une personne qui n'est pas fidèle à ses principes.
(Tu adoptes toutes les couleurs, toi la batista.)
(Batista est un genre de tissu qui n'est pas coûteux et qui est vendu par les vendeurs dans la rue.)

39/08   And protect us from the envious.

مـن شـر حاسـد إذا حسـد (الفلق 113 : 5)

MINN SHARRI HHAASIDÉNN IZA HHASAD.

Protégez-nous de l'envieux.

39/09   Ye who believe ! If a wicked person comes to you with a news, ascertain the truth, lest ye harm people unwittingly and afterwards, become full of pretance for what ye have done.

يَا أَيِّهَــا الّذِينَ أمَنُــوا إنْ جَاءَكُمْ فاسِــقٌ بِنَبَــأ فتَبَيَّنُـوا أَنْ تُصِيبُـــوا قوْمَـــابِجِهَالَـــة فتُصِيحــــوا عَلــَي مَا فَعلتـُمْ نَادِمِيـــنْ (الحجرات 49 : 6)

YA AYYUHA ALLAZEENA AAMANU IN GAA-AKOM FAASIKONN BINABAÉNN FATABAYYANU ANN TUSEEBU KAWMANN BIGAHAALATÉNN FATUSBIHHU 'ALA MAA FA'ALTOM NAADIMEEN.

Ô vous qui croyez ! Si un pervers vient à vous avec une nouvelle, voyez bien clair de crainte d'atteindre, à votre insu, des gens et de vous repentir de ce que vous aurez fait !

39/10   You, who arrange the ambush , you eventually fall into it.
(You, who dig and cover this well, you are destined to fall into it.)

يــا فاحــــت البيـــر ومغطيهــا مصيـــرك تقــع فيهــا

YA FAAHHÉT ÉL BEER WÉ MGHATTEEHA MASEERAK TO-AA' FEEHA.

Vous qui arrangez cette embuscade, vous finirez par tomber dedans.
(Vous qui creusez et couvrez ce puits vous êtes destiné à tomber dedans.)

CHAPITRE 40
Ignorance
الجَهْـــــل
De l'ignorance

40/01 He danced on the staircase. Neither those who are above nor below could see him.

وقـف علـي السـلم يرقـص. لا اللـي فـوق شـايفـه ولا اللـي تحـت شـايفـه

WÉ-ÉF 'ALA ÉS SÉ LLÉM YOR-OS LA ÉLLI FO-O,, SHAYFO WALA ÉLLI TAHHT SHAYFO.

Il dansait dans l'escalier. Ni ceux qui sont au dessus ni au dessous, ne pouvaient le voir.

40/02 Stupidity is like a desease that has no cure.
(AHMED SHAWKI in "The hunter and the dove." (See also volume 1)

والحمـــق داء مالـــه دواء

WAL HHUMKU DAA-ONN MAA LAHU DAWAA,,.

La stupidité est une sorte de maladie qui n'a pas de remède.
(AHMED SHAWKI dans « Le chasseur et la colombe. » (Voir aussi volume 1)

40/03 He is mixed up. (He mixes up Sha'aban with Ramadan.)
(Shaa'ban is preceding Ramadan and both are months of Islamic calendar. Ramadan is the month of fasting for the muslims.)

بيلخبــط شعبــان برمضــان

BÉYLAKHBAT SHAA'BAANN BÉ RAMADAANN.

Il est mélangé. (Il mélange Chaa'ban avec Ramadan.)
(Chaa'ban est le mois avant le Ramadan et les deux sont des mois du calendrier islamique. Le Ramadan est le mois de jeûne chez les musulmans.)

40/04 The stupidity of the elder is not forgivable nor forgettable, for the rest of his life does not allow him to regain his honor. Yet, the young's stupidity is tolerable, for he has a lifetime ahead of him to improve, learn and adjust.
(ZOHEIR IBN ABI SALMA) (See also 23/02, page 108)

وإنّ سَقـــاهَ الشّــــيْخ لا حِلْـــمَ بَعْـدَهُ وإنّ الفَتــي بَعْـدَ السُّفاهَـة يَحْلُــم

WA INNA SAFAAHA AL SHAYKHI LA HHILMA LAHU. WA INNA AL FATA BAA'D AL SAFAAHATI YAHHLUMI.

La stupidité du vieux n'est ni pardonnable ni oubliable puisque ce qui reste de sa vie ne lui permet pas de regagner son honneur. Pourtant, la stupidité du jeune est tolérable étant donné qu'il a toute la vie devant lui pour s'améliorer et apprendre.
(ZOHEIR IBN ABI SALMA) (Voir aussi 23/02 page 108)

40/05 He is ignorant and yet he acts as if he is able.

غشيـــم ومتعافـــي

GHASHEEM WÉ MÉT'AAFI.

Il est ignorant et pourtant il agit comme s'il en était capable.

40/06   Are we reading something difficult to comprehend ?
(Are we reading SURAH 'ABAS ?)
(This saying is contrary to the teaching of faith.)

احنا بنقـراء فــــي ســورة عبـــس

ÉHHNA BÉNÉ,,RA FI SOURÉT 'ABAS.

Lisons-nous quelque chose difficile à comprendre ?
(Lisons-nous SOURAT 'ABAS ?)
(Ce dicton est contraire à l'enseignement de la foi.)

40/07   Tell us of the essentiel you, the most intelligent. He said : "The honest play before
the loaf of bread." (The loaf of bread means earning a living.)

افتينــا بالمفيــــد يا بـو مـخ نضيـف. قـال : الكـورة الشــريفة قبـل الرغيــف

ÉFTEENA BÉL MUFEED YA BUMOKH NÉDEEF. AAL : ÉL KO-ORA ESH-
SHAREEFA ABL ÉL RÉGHEEF.

Dites-nous l'essentiel M. l'intelligent. Il répondi : « Le jeu honnête avant le gagne-
pain. »

40/08   Are you silly, are you playing the role or your appearance is like that ?

انــت عبيـــط ولــلا بتستعبـــــط ولــلا شـــــكلك كــده ؟

ÉNTA 'ABEET WALLA BÉTÉSTAA'BAT WALLA SHAKLAK KÉDA ?

Es- tu stupide, tu blagues ou est ce ton apparence?

40/09   He was trapped like a stupid idiot. (He fell like a ratl.)
(Ratl is a measuring weight equivalent to a pound.)

وقـــع زي الرطـــل

WÉ-ÉA' ZAY ÉR RATL.

Il est tombé comme un crétin. (Il est tombé comme un ratle.)
(Ratle est une mesure de poids équivalente à une livre.)

40/10   He who doesn't know how to work with his tools, did not deserve to have them.

اللـــي ميعـــــرفش يـدق بمدقــه يستاهل كســـر حقـــه

ÉLLI MAYÉA'RAFSH YÉDO,, BÉMADA,,-O YÉSTAAHÉL KESR HHA,,O.

Celui qui ne sait pas comment travailler avec ses outils, ne mérite pas de les avoir.

CHAPITRE 41
Intention, Promise, Doubt, Justice and Forgiveness
النيّـــــــات, الوَعْـــــــــدْ, الشَّـــــكْ, العَـــدْلْ والعُفْـــــــران
De l'intention, de la promesse, du doute, de la justice et du pardon

---

41/01   "Whoever kills a person unjustly is as if he killed all mankind on earth. And whoever saves a life is like someone who saved the world."

مَـــنْ قتَــلَ نَفْسًـــا بغَيْـــر نَفْـــس أوْ فسَـــادٍ فِـــي الأرْضْ فكأنّمَـــا قتَـــل النَّـــاسَ جميعًـــا ومَـــنْ أحْياهَـــا فكأنّمَـــا أحْيَـــا النَّـــاسَ جميعًـــا
(صورة المائدة, 05 : 32)

MANN KATALA NAFSANN BIGHEIRI NAFSÉNN AW FASAADÉNN FIL ARDI FA KA-ANNAMA KATALA ANNAASA GAMEE-'ANN WAMANN AHHYAAHA FA-KA-ANNMA AHHYA ANNAASA GAMEE-'ANN.

Celui qui tue une personne sans aucune raison valable c'est comme s'il avait tué toute l'humanité sur terre. Ainsi, celui qui sauve une vie de la mort est comme quelqu'un qui a sauvé le monde entier.

41/02   Give full measure when ye measure and weigh with a balance that is straight, that is the most fitting and the most advantageous in the final determination.
(Be just when you apply justice.)

وَأوفُوا الكَيْلَ إذَا كِلْتُـمْ وَرنُـوا بالقِسْطاس المُسْتَقيمِ ذلِكَ خَيْـر وأحْسَـنْ تأويـلا
(سورة الإسراء 17 : 35)

WA OWFU AL KAYLA IZA KILTUM WA ZINU BIL KISTAAS AL MUSTAKEEM. ZAALIKA KHAYRONN WA AHHSANU TE,,WEELA.

Donnez la juste mesure quand vous mesurez et pesez sur la balance la plus exacte. C'est un bien pour vous et meilleur comme jugement.
(Soyez juste quand vous appliquez la justice.)

41/03   Our acts will be weighted before God at the day of judgment.

حسابنـا عنـــد اللــه يـــوم الحســـاب

HHÉSABNA 'ÉNDAL LLAAH YO-OM ÉL HHÉSAAB.

Nos actes devant Dieu pèseront le dernier jour du jugement.

41/04   As long as I live on this earth, I will never set a foot in his house.

طول ما أنا عايش علي وش الدنيا مش ها اخطي عتبة بيته

TOUL MA ANA 'AAYÉSH 'ALA WÉSHSH ÉD DONYA MUSH HA KHATTI 'ATABÉTT BEITOH.

Tant que je vivrais sur cette terre, je ne mettrais pas les pieds chez lui.

41/05   I swear by the God's grace.

علـــــــيا النعمـــــــة

'ALAYYA ÉNN NÉA'MA.

Je vous jure par la grâce de Dieu.

41/06   With my solemn promise. (A sort of making a serious pledge.)

قسمــــا عظمـــا...

KASAMANN 'AZAMANN...

Avec ma promesse solennelle... (Une sorte d'une promesse sérieuse.)

41/07   I pledge, I swear.
        (I swear one hundred times.)

أحلـــف ميـــت يميـــن

AHHLÉF MEET YAMEEN.

Je le jure. Je m'engage.
(Je le jure cent fois.)

41/08   In the name of God. That the pronunciation of His name alone shake the seven
        heavens.

واللــه اللــي يتهـــز لــه السبـــع سمـــوات....

WALLAAHI ÉLLI YÉHTAZZÉLLO SSABAA' SAMAWAAT.

Au nom de Dieu. Que son seul nom fasse trembler les sept cieux.

41/09   I swear by God.

ويميـــن اللـــه

WÉ YAMEEN ÉLLAAH.

Je jure par le bon Dieu.

41/10   I swear in the name of God, the Most High and the Most Glorious.

أقسـم باللــه العلــي العظيـــم

AKSÉM BILLAH AL 'ALIYU AL'AZEEM.

Je jure au nom de Dieu, le Très-Haut et le plus Glorieux.

41/11   I swear by the Holy Book.

وكتـــاب اللـــه

WÉ KÉTAAB ÉLLAAH

Je jure par le Saint Livre.

41/12   I swear by the glory of God.
        (From the movie entitled "Hard task" or "MUHÉMMA SAA'BA".)

وعـــزة جـــلال اللـــه

WÉ 'ÉZZÉT GALAAL ÉLLAAH.

Je jure par la gloire de Dieu.
(Du film « Une tâche difficile » ou « MUHÉMMA SAA'BA ».)

41/13   I swear by the noble grace of God.

والنعمـــة الشريفـــة

WÉ ÉNNÉA'MA ÉSH SHAREEFA.

Je Jure par la noble grâce de Dieu.

41/14   I swear by the noble holy Koran.

والختمـــــة الشريفـــة

WÉL KHÉTMA ASH SHAREEFA.

Je jure par le noble Saint Coran.

41/15   I swear by my religion and my temple.

ودينـــــي ومعبـــدي

WÉ DEENI WÉ MAA'BADI.

Je jure par ma religion et mon temple.

41/16   By the soul and the harmonious and orderly formation that He has given to it, and its inspiration to what is right and wrong.

وَنَفْـــسُ وَمَـا سَـوّاهَا فَأَلْهَمَهَـا فَجُـــــورَهَا وَتَقْـــــواهَا (الشمس 91 : 1)

WA NAFSONN WAMAA SAWAAHA FA-ALHAMAHA FUGOURAHA WATAKWAAHA.

Par l'âme et par ce qui l'a formée harmonieusement et lui a inspirée son libertinage et sa piété.

41/17   Your intention is your vehicle.

نيتـــك مطيتـــك

NIYYÉTAK MATIYYÉTAK.

Votre intention est votre véhicule.

41/18   May God curse the people that lost fairness among themselves.

لَعَـــنَ الّلَــهُ قَـــوْمُ ضَـاعَ الْحَـــقُ بَيْنَهُـــم

LA'ANA ALLAAHU KAWMANN DAAA' AL HHAKKU BAYNAHOM.

Que Dieu maudisse le peuple qui a perdu l'équité.

41/19   Do not cry for those who are indifferent towards you and do not be too emotional. You should not be taken by the nights events, for it is written that one day will be for you and another day will be against you.
(Proposed by Sami Maalouf)

لاَ تَبْكِــي علــي مَـــنْ لاَ يَبْكِــي عَلَيْـك وَخُـذْ قلْبَـك بَيْـــنَ رَاحَتَيْـك
ولاَ تَجْـزَعْ لِحَادثَـــــــات اللّيالــــي فَيـوْمُ لَــك ويَــومُ عَلَيْـك

LA TABKY 'ALA MANN LA YABKY 'ALAYK, WA KHOZ KALBAKA BAYNA YADAYK. WALA TAGZAA' LIHHAADISAAT AL LAYAALI, FAYAWMONN LAKA WA YAWMONN 'ALAYK.

Ne pleurez pas sur ceux qui sont indifférents envers vous et ne soyez pas trop émotifs. Vous ne devriez pas être pris par les évènements de la nuit, car il est écrit qu'un jour ce sera pour toi et l'autre jour sera contre toi.
(Proposé par Sami Maalouf)

CHAPITRE 42
Kids, Transparency and Innocence
الأولاد , الشفافيـــــــــــــــــة , والبـــــــــــــــــراءة
Des enfants, de la transparence et de l'innocence

42/01   When they announced that the newborn was a boy, my spine is strengthened and I was reassured.

لمـــا قالـــوا ولــــد إنشـــــد ظهـــري وانســـند

LAMMA AALU WALAD INSHAD DAHRY WÉNSANAD.

Quand ils ont annoncé que le nouveau-né était un garçon, ma colonne vertébrale a été renforcée et j'ai été rassuré.

42/02   Begetting is like livelihood, it happens unexpectedly, neither early nor late, but at its appointed time.

الخلفـــة زي الـــرزق, لا تقـــدم ولا تأخـــر. كل شـــيئ فـــي أوانـــه

ÉL KHÉLFA ZAY ÉL RÉZ,, LA TÉ-ADDÉM WALA TÉ AKH-KHAR. KOL SHÉI,, FI AWAANO.

L'engendrement est comme la providence. Il arrive de façon inattendue, ni trop tôt ni trop tard, mais à l'heure prévue.

42/03   "Your children are not your children. They are the sons and daughters of life's longing for itself. They become through you but not from you, and though they are with you they belong not to you. You may give them your love but not your thoughts, For they have their own thoughts. You may house their body but not their souls, for their souls dwell in the house of tomorrow, which you cannot visit, not even in your dreams. You may strive to be like them, but seek not to make them like you. For life goes not backward nor tarries with yesterday. You are the bows from which your children as living arrows are sent forth. The archer sees the mark upon the path of the infinite, and He bends you with His might that His arrow may go swift and far. Let your bending in the archer's band be for gladness ; For even as He loves the arrow that flies, so He loves also the bow that is stable."
*(GIBRAN KHALIL GIBRAN)

إنّ أولادكـــم ليســـوا أولادكـــم, إنّهـــم أبنـــاء وبنـــات الحيـــاة المشتاقـــة إلـــي نفسهـــا, بكـــم يأتـــون ولكـــن ليـــس منكـــم.
(جبـــران خليـــل جبـــران)

INNA AWLAADUKOM LAYSU AWLAADUKOM. INNAHOM ABNAAU WA BANAATU AL HHAYAAT AL MUSHTAAKA ILA NAFSIHA, BIKOM YA,,TOUNN WALAAKÉNN LAYSA MINKOM.

« Vos enfants ne sont pas vos enfants. Ils sont les fils et les filles de l'appel de la Vie à elle-même. Ils viennent à travers vous mais non de vous. Et bien qu'ils soient avec vous, ils ne vous appartiennent pas. Vous pouvez leur donner votre amour mais non point vos pensées, car ils ont les leurs. Vous pouvez accueillir leur corps mais pas leur âme. Leur âme habite la maison de demain, que vous ne pouvez visiter, même pas dans vos rêves. Vous pouvez vous efforcer d'être comme eux,

---

mais ne tentez pas de les faire comme vous. Car la vie ne va pas en arrière ni ne s'attarde avec hier. Vous êtes les arcs par qui vos enfants, comme des flèches vivantes, sont projetés. L'Archer voit le but sur le chemin de l'infini et Il tend par Sa puissance pour que Ses flèches puissent voler vite et loin. Que votre tension par la main de l'Archer soit pour la joie, car de même qu'il aime la flèche qui vole, Il aime l'arc qui est stable. »
(Gibran KHALIL GIBRAN)

*Gibrān Khalīl Gibrān : **(1883 −1931)** he was a Lebanese American artist, poet, and writer, born in the town of Bcharri, Lebanon. As a young man, he emigrated with his family to the United States where he studied art and began his literary career. He is chiefly known for his 1923 book "The Prophet", a series of philosophical essays written in English prose, was an early example of inspirational literature. His church judged his third book "rebellious minds", heretic and burned it in public on 1908.

*Gibran Khalil Gibran : (1883 -1931) il était artiste, poète et écrivain libano-américain. Né dans la ville de Bcharré au Liban, il a émigré avec sa famille aux Etats-Unis où il a étudié l'art et a commencé sa carrière littéraire. Il est surtout connu pour son livre de 1923 « Le Prophète », une série d'essais philosophiques écrites en prose et en anglais. Le livre a été un des premiers exemples de la littérature d'inspiration philosophique. Son Église a jugé son troisième livre, « Esprits rebelles », comme hérétique et l'a brûlée sur la place publique en 1908.

42/04   **A lullaby to sleep a child.**
Sleep my little darling, and I will kill for you two pairs of pigeons.
The pigeons are at the butcher, and the butcher needs a nail.
And the nail is at the blacksmith, and the blacksmith needs an egg.
And the egg is at the hen and the hen needs a grain.
And the grain of cereal is at the grocer and the grocer needs a bird.
And the bird is in the paradise and the paradise needs hhénna.
And the hhénna is in our hands
(In memory of Napoléon Awad)

نام نام يا حبيبى نام   وأذبح لك جوزيــن حمــام
والحــمام عنــد الجــزار والجــزار عايــز مسمــار
والمسمـار عنــد الحــداد والحــداد عايــز بيضــة
والبيضــة عنــد الفرخــة والفرخــة عايــزة قمحــة
والقمحــة عنــد التاجــر والتاجــر عايــز عصافيــر
والعصافيــر فــي الجنــة والجنــة عايــزة حنــة
والحنــة فـــــي إدينـــا

NAAM NAAM YA HHABYBI NAAM WADBAHHLAK GOZÉINN HHAMAAM.
WÉL HHAMAAM 'AND ÉL GAZZAAR WÉL GAZZAAR 'AAYÉZ MOSMAAR.
WÉL MOSMAAR 'AND ÉL HHADDAAD WÉL HHADDAAD 'AAYÉZ BÉIDA.
WÉL BÉIDA 'AND ÉL FARKHA WÉL FARKHA 'AYZA AMHHA.
WÉL AMHHA 'AND ÉT TAAGÉR WÉT TAAGÉR 'AAYÉZ 'ASSAFEER.
WÉL 'ASAFEER FIL GANNA WÉL GANNA 'AYZA HHÉNNA.
WÉL HHÉNNA FI ÉDÉINAA.

Une berceuse pour en dormir un enfant.
Dors mon petit ange, et je tuerai pour toi deux paires de pigeons.
Les pigeons sont chez le boucher et le boucher a besoin d'un clou.
Et le clou est chez le forgeron et le forgeron a besoin d'un œuf.
Et l'œuf est chez la poule et la poule a besoin d'un grain de céréale.
Et le grain est chez l'épicier et l'épicier a besoin d'oiseaux.
Et l'oiseau est au paradis et le paradis a besoin de henné.
Et le henné est sur nos mains.
(En mémoire de Napoléon Awad)

42/05   **Children's song - *Une chanson pour enfants.***

You the steam locomotive	Put the coal. !
And I tell you to put the fire	Put the coal. !
Blow the siren whistles strongly	Put the coal. !
The road is long	Put the coal. !
You the small locomotive	Put the coal. !
The road is puzzling	Put the coal. !
Let it pass	Put the coal. !
But don't slow down	Put the coal. !
Take me quickly	Put the coal. !
I will get there tomorrow	Put the coal. !

(In memory of Napoléon Awad)

يـا بابــور يــا مولــع ! حـــط الفحـــم
وأنــا أقــوللك ولـــع ! حـــط الفحـــم
زمــــــر واديهــــــا ! حـــط الفحـــم
دي السكــة طويلــة ! حـــط الفحـــم
يــا بابــور يــا صغيــر ! حـــط الفحـــم
دي السكــــة تحيــــر ! حـــط الفحـــم
خلليهــــا تعــدي ! حـــط الفحـــم
بس أوعــة تهــــدي ! حـــط الفحـــم
وأوام وصلنــــــــي ! حـــط الفحـــم
وأنا هأوصــــل بكــره ! حـــط الفحـــم

YA BABOUR YA MWALLAA' !	HHOTT ÉL FAHHM.
WANA A-OLLAK WALLAA' !	HHOTT ÉL FAHHM.
ZAMMAR WÉDDEEHA !	HHOTT ÉL FAHHM.
DI ÉS SÉKKA TAWEELA !	HHOTT ÉL FAHHM.
YA BABOUR YA SGHAYYAR !	HHOTT ÉL FAHHM.
DI ÉS SÉKKA TÉHHAYYAR !	HHOTT ÉL FAHHM.
KHALLEEHA TÉ-'ADDI !	HHOTT ÉL FAHHM.
BAS OW'A TÉHHADDI !	HHOTT ÉL FAHHM.
WÉ AWAAM WASSALNI !	HHOTT ÉL FAHHM.
WANA HHAWSAL BOKRA !	HHOTT ÉL FAHHM.

Toi la locomotive à vapeur   *Mets le charbon. !*
Je t'ordonne de mettre le feu   *Mets le charbon. !*
Siffle fort ta sirène   *Mets le charbon. !*
Le chemin est long   *Mets le charbon. !*
Toi la petite locomotive   *Mets le charbon. !*
Le chemin est mystérieux   *Mets le charbon. !*
Laisse-la passer   *Mets le charbon. !*
Mais ne ralentis pas   *Mets le charbon. !*
Ramène-moi vite   *Mets le charbon. !*
Et moi j'arriverai demain   *Mets le charbon. ! (En mémoire de Napoléon Awad)*

42/06   **Children's song - Once upon a time, there was a lady.**
Once upon a time, there was a lady.
Who had 12 daughters.
One day, they told her : Mom,
We want to eat blueburry, mom.
She brought them blueberry.
In a wagon that says "TOOT".
Each girl ate TOUTA. (Touta is a grain of blueburry.)
And "TOUTA TOUTA" the story is over.
(A song by MUHAMMED FAWZI) (See also 38/01, page 192)

كــــان فــي وحــــده ســـت
عتدهـــا اتناشـــــر بنـــت
فــي يـوم قالولهـا يـا مامـا
ناكــــــل تـــوت يـا مامـا
جابـــت لهــــــم تـــــوت
فـي بابـور بيقــول تـــوت
كـــــل بنـــت أكلـــت توتـه
توته توته خلصت الحدوتـه

KAAN FI WAHHDA SÉTT.
'ANDAHA TNAASHAR BÉNTT.
FI YO-OM ALOULHA YA MAMA.
NAAKOL TOUT YA MAMA.
GAABÉT LOHOM TOUT.
FI BABOUR BÉY-OUL TOUT.
KOLLÉ WAAHHDA AKALÉTT TOUTA.
TOUTA TOUTA KHLSÉT ÉL HHADDOUTA.

Une chanson pour enfants - Il était une fois une dame
Il était une fois une dame
Qui avait douze filles.
Un jour, elles lui ont dit : Maman
Nous voulons manger des bleuets, maman.
Elle est allée chercher des bleuets.
Dans un wagon qui dit « TOOT ».
Chaque fille a mangé une TOUTA. (Touta est le fruit du bleuet.)
Et « TOUTA TOUTA » l'histoire est terminée.
*(Une chanson de *MUHAMMED FAWZI) (Voir aussi 38/01, page 192)*

212

42/07   Children's song - Come to me you little duck.

Come here you little duck,	it's none of my concern !
And carry my bag.	it's none of my concern !
The bag is light.	it's none of my concern !
It costs 3 cents.	it's none of my concern !
This is a boring story.	it's none of my concern !
I am going to Tanta.	it's none of my concern !

(In memory of Napoléon Awad)

وأنا مالي هه !	تعالي لي يا بطة
وأنا مالي هه !	وشليلي الشنطة
وأنا مالي هه !	دي شنطة خفيفه
وأنا مالي هه !	بثلاثة تعريفة
وأنا مالي هه !	دي حكاية أونطي
وأنا مالي هه !	وأنا رايح طنطا

TA'ALEELI YA BATTA.	WANA MAALI HEH !
WÉ SHÉLEELI ÉSH-SHANTA.	WANA MAALI HEH !
DI SH-SHANTA KHAFEEFA.	WANA MAALI HEH !
BÉTALAATA TAA'REEFA.	WANA MAALI HEH !
DI HHÉKAAYA AWANTA.	WANA MAALI HEH !
WANA RAAYÉHH TANTA.	WANA MAALI HEH !

Une chanson pour enfants - Approche-toi mon petit canard.

Approche-toi mon petit canard.	*Ça ne me concerne pas !*
Et soulève ma valise.	*Ça ne me concerne pas !*
La valise est légère.	*Ça ne me concerne pas !*
Elle coûte 3 sous..	*Ça ne me concerne pas !*
C'est une histoire banale.	*Ça ne me concerne pas !*
Et j'irai à Tanta.	*Ça ne me concerne pas !*

(En mémoire de Napoléon Awad)

42/08   Children's song - When dad is coming ?

When does Daddy come home ?	He will come at 6:00 oclock.
On foot or by car ?	He mounts a bike.
White or red ?	White like the cream.
Open the way for him.	And greet him.
The soldiers go in the back.	And the officers go in front.

(In memory of Napoléon Awad)

جاي الساعة ستة	بابا جاي امتي
راكب بسكلته	راكب ولا ماشي
بيضة زي القشطة	بيضة ولا حمرا
واضربواله سلام	وسعوا له السكة
والضباط قدام	العساكر ورا

BABA GAYYÉ ÉMTA   GAY ÉS SAA'A SÉTTA.
RAAKÉB WALLA MAASHI   RAAKÉB BÉSKÉLÉTTA.
BEIDA WALLA HHAMRA   BEIDA ZAY ÉL ÉSHTA.
WASSA'OULU ÉS SÉKKA   WÉDRABOULU SALAAM.
ÉL 'ASAAKÉR WARA WÉL DOBBAAT ODDAAM.

Une chanson pour enfants - Quand est-ce que papa arrive ?

Quand est-ce que papa arrive ?   Il arrive à 6h :00
À pied ou en auto ?   Il monte une bicylette.
Blanche ou rouge ?   Blanche comme la crème.
Ouvrez-lui le chemin   Et saluez-le.
Les soldats vont en arrière   Et les officiers vont en avant.
(En mémoire de Napoléon Awad)

42/09   **Children's song - Mom is coming soon**

Mom is coming soon.
She is coming in a little while.
She brings toys and many other things.
She brings with her a suitcase.
In it, there will be a goose and a duck.
They say "WAK, WAK, WAAK".
(A song by *MUHAMMED FAWZI) (See also 38/01, page 192)

مـــامــا زمنهـــا جايــة
جايــــــة بعـــد شويــة
جايبـه لعـب وحاجـات
جايبـه معاهـا شنطـة
فيهـــــا وزة وبطـــة
بتقـــــول واق واق واق

MAMA ZAMANHA GAYYA.
GAYYA BAA'DÉ SH-SHAYYA.
GAYBA LÉ'AB WÉ HHAGAATT.
GAYBA MA'AAHA SHANTA.
FEEHA WÉZZA WBATTA.
BÉT-OUL WAK WAK WAAK.

Une chanson pour enfants - Maman arrive bientôt.

Maman arrive bientôt.
Elle ne va pas tarder.
Elle amène des jouets et beaucoup d'autres choses.
Elle amène avec elle une valise.
Et dedans il y a une oie et un canard.
Qui disent WAK, WAK, WAAK.
(Une chanson de *MUHAMMED FAWZI) (Voir aussi 38/01, page 192)

42/10   He whose parents have not put him on track, the days and nights will.

اللـــــي مـــا تربهــــــوش الأهالـــي تربيـه الأيـــام والليالـــي

ÉLLI MA TERABBIHOUSH ÉL AHAALI TÉRABBEEH ÉL AYYAM WÉL LAYAALI.

Celui que les parents n'ont pas élevé, les jours et les nuits le feront.

42/11   **Children's Song Oh ! You ! The father of the feathers. (The happy one)**
Oh ! You ! The father of the feathers. May God grant you long life.
And you continue crunching Kaaks and crackers.
And we will bring you a suit and a neck tie.
And we will see you an officer in the army.

يــا أبــــو الريـــش إنشاللــه تعيـــش
وتقرقـــــش كحـــــك وقراقيـــش
ونجيــــلك بدلـــة وكرفتــــــة
ونشوفك ضابـــط فــي الجيــــش

YABU ÉR REESH INSHALLA TÉ-'EESH.
WÉ T-AR-ÉSH KAHHK WÉ ARA-EESH.
WÉ N-GÉBLAK BADLA W-KARAVATTA.
WÉ N-SHOUFAK DABÉT FÉL GEISH.

Chanson pour enfant - Ö ! Toi ! Le père aux plumes. (Le bienheureux)
Ô ! Toi ! Le père aux plumes. Que Dieu te garde.
Et que tu continues à croquer les kaaks et les biscottes.
Et nous t'apporterons un complet et une cravate.
Et nous te verrons officier dans l'armée.

42/12   **Children's song -The twilight is gone, the dawn is here**
The twilight is gone, the dawn is here and the bird sings "SAWE SAWE".
He saw the cat and said : BÉSBÉS and it replied : NOWE, NOWE.
Mamma told him to leave the cat alone and not bother it.
He missed his school, threw his exercise-book and has gone to irritate it.
So, the cat scratched his hand, when he pulled its tail.
And that are the results of the one who doesn't listen to mamma's word.
(A song by *MUHAMMED FAWZI) (See also 38/01, page 192)

ذهـــب الليـــل طلــع الفجـــر والعصفـــور صـــوصـــو
شـــاف القطــة قاللهـا بـــس بـــس قالتلـــه نـــونـــو
مامـا قالتلــه ســـيب القطـــة وخلليهـا فــي حالهـا
فـــــات مدرستــه ورمــي كرستــه وراح جـــر شكلهـا
راحـت القطــة مخربشـــة إيـــده لمـا مســك ديلهـا
وأدي جـــزي اللـي مـا يسمعش كلمـــة مامـا تقولهـا

ZAHABA AL LAYLU TALA'A AL FAGRU WÉL 'ASFOUR SAWSAW SAWSAW.
SHAAFÉL OTTA ALLAHA BÉSBÉS AALÉTLO NAW NAW.
MAMA ALÉTLO SEEB ÉL OTTA W-KHALLEEHA F-HHALHA.
FAT MADRASTO W-RAMA KORRASTO W-RAAH GARRÉ SHAKALHA.
RAAHHÉT ÉL OTTA MÉKHARBÉSHA EEDO LAMMA MÉSÉK DÉLHA.
WADI GÉZA ÉLLI MA YÉSMAA' KÉLMA MAMA TÉ-OLHA.

Une chanson pour enfant - *Le crépuscule est parti, l'aube est là*
Le crépuscule est parti, l'aube est là, et l'oiseau chante « SAWSAW SAWSAW ».
Il a vu le chat et lui dit : «BÉS BÉS», et il a répondu : « NAW NAW ».
Maman lui a dit de laisser le chat tranquille et de ne pas le déranger.
Il a raté son école, a jeté son cahier et il est allé l'agacer.
Alors, le chat a égratigné sa main, quand lui a tiré sa queue.
Et ce sont les résultats de celui qui n'écoute pas la parole de maman.
(Une chanson de *MUHAMMED FAWZI) (Voir aussi 38/01, page 192)

42/13   **Children's song - Aalo ! Aalo !**

Allo ! Allo !   Allo ! Allo !
Where is dad ?   Dad is here. Just here. May I tell him who's calling ?
Tell him uncle.   Uncle who ? May I tell him who's calling ?
Tell him uncle.   Uncle, uncle, uncle ! Did you see what happened to me ?
                          Uncle, uncle, uncle ! Did you see what occured to me ?
                          Have you seen my pencil sharpener ?
What charpener ?   It was with me.
                          I passed it to my friend.
Your friend !   He promissed me he will return it back.
Return it back !   He took it and lost it.
Lost it !   And I told my dad.
Thus ! where is dad ?   Dad is here. Just here. May I tell him who's calling ?
Tell him uncle.   Uncle who ? May I tell him who's calling ?
(A song by baby free production)

ألــو ! ألــو !   ألــو ! ألــو ! ألــو !   ألــو ! ألــو !
بــابــا فيــن   بــابــا هنــا. هنا أهو. أقوللـه ميــن بيكلمـه ؟
قوللــه عمــه   عمــه ميــن ؟ أقوللـــه ميـــن بيكلمـه ؟
                    عمـه عمـه عمـه شفـت حصللـي إيــه ؟
                    عمـه عمـه عمـه شفـت جرالــي إيــه ؟
برايـة إيــه ؟   شفــــــــــــت البرايــــــــــــة
                    كانـــــــــت ويـــــــايــــــا
                    ادتهــــــــا لصاحبـــــــــي
صاحبــــــك !   قاللــــــــــي هرجعهـــــــــا
يرجعهـــــا !   خادهـــــا وضيعهـــــــا
ضيعهـــــا !   وأنــــــا قلـــــــــت لبــــــابـــــا
طب بابا فين ؟   بــابــا هنــا. هنا أهـو. أقوللـه ميــن بيكلمـه
قوللــه عمــه   عمـــه ميـــن ؟ أقوللـــه ميـــن بيكلمـه ؟

ALLO ! ALLO !   ALLO ! ALLO !
BABA FEIN ?   BABA HÉNA. HÉNA AHO. A-OLLO MEEN BÉYKALLÉMO
OLLO 'AMMO.   'AMMO MEEN ? A-OLLO MEEN BÉYKALLÉMO.
                     'AMMO 'AMMO 'AMMO, SHOFTT HHASALLI EIH.
                     'AMMO 'AMMO 'AMMO, SHOFTT GARAALI EIH.
                     SHOFT ÉL BARRAAYA.
BARRAYÉT EIH ?   KAANÉT WAYYAYA.
                     ÉDDÉTHA L- SAHHBI.
SAHHBAK ?   ALLI HARAGGAA'HA.

216

YÉRAGGAA'HA !   KHADHA W- DAYYAA'HA.
DAYYAA'HA !   WANA OLT L- BABA.
TAB BABA FEIN ?   BABA HÉNA. HÉNA AHO. A-OLLO MEEN BÉYKALLÉMO
OLLO 'AMMO.   'AMMO MEEN ? A-OLLO MEEN BÉYKALLÉMO.

Une chanson pour enfant - Allo ! Allo !

Allo ! Allo !	*Allo ! Allo !*
Où est papa ?	*Papa est ici. Juste ici.. Lui dis-je qui appelle ?*
Dis lui oncle.	*Quel oncle ? Lui dis-je qui appelle ?*
Dis lui oncle.	*Oncle, oncle, oncle. Avez-vous vu ce qui m'est arrivé ?*
	Oncle, oncle, oncle. Avez-vous vu ce qui m'est parvenu ?
	Avez-vous vu mon aiguisoir ?
Aiguisoir ?	*Il était avec moi.*
	Je l'ai passé à mon ami.
Ton ami !	*Il m'a promis qu'il va me le retourner.*
Le retourner !	*Il l'a pris et il l'a perdu.*
Perdu !	*Et j'ai dit à papa.*
Donc, ou est papa ?	*Papa est ici. Juste ici. Lui dis-je qui appelle ?*
Dis lui oncle.	*Quel oncle ? Lui dis-je qui appelle ?*

(Une chanson de « baby free production »

42/14   I go up by banging, I come down by banging and I saw the bear eats pip.

طلعــــت أدب نزلـــــت أدب لقيــــت الــدب بيــــأزأز لـــب

TÉLÉA'TTÉ ADÉBB NÉZÉLTTÉ ADÉBB LAKEITT ÉDDÉB BÉY-AZAZ LÉB.

Je monte en tapant, je descends en tapant et j'ai vu l'ours manger des pépins.

42/15   He is cute. (He is edible.) (This is said to a baby.)

هـــو يتاكـــل أكـــل

HOWWA YÉTTAAKÉL AKL.

Il est mignon. (Il est mangeable.) (Se dit aux petits bébés.)

42/16   Oh You ! The amazing son, the beloved of your parent.
   (May God watch over you, the love of your parent.)

اللـــه عليــك يــا حبيــب والديـك

ALLAAH 'ALEIK YA HHABEEB WALIDEIK.

Ô Toi ! Le fils étonnant ! Le bien-aimé de tes parents.
(Que Dieu veille sur toi, l'amour de tes parents.)

42/17   KIKA 'AL 'ALI.
   Is a kind of hide and seek game .

كيكا علي العالي

KIKA 'AL 'AALI

Jouer à la marelle en sautant haut..

42/18   Arrange the engagement of your daughter but not that of your son.

أخطــب لبنتــك ومتخطبــش لإبنـك

OKHTOB LÉBÉNTAK WALA TOKHTOBSH LÉ ÉBNAK.

Arrange les fiançailles de ta fille mais non pas celles de ton fils.

42/19   This is the egg, and that's the one who boiled it, that's the one who peeled it, that's
the one who ate it and that's the one who said : Give me a piece,.
(Proposed by my dear wife Sonia Sinki)

أدي البيضـــة وأدي اللـــي سلقهـــا وأدي اللـــي قشرهـــا وأدي
اللـــي اكلهـــا وأدي اللـــي قـــال حتـــه, حتـــه.

AADI ÉL BEIDA WÉ AADI ÉLLI SALA,,HA WÉ AADI ÉLLI ASH-SHARHA WÉ
AADI ÉLLI AKALHA WÉ AADI ÉLLI AAL HHÉTTA HHÉTTA.

*Ça c'est l'oeuf et celui qui l'a bouilli, ça c'est celui qui l'a épluché, ça c'est celui qui
l'a mangé et ça c'est celui qui a dit : Un morceau, un morceau.*
(Proposé par ma femme chérie Sonia Sinki)

42/20   The young man's poverty fades his vital color and makes him like the yellow color of
the sun at dusk. If he is absent in a meeting, no one notices his absence and if he
is present no one pays him attention. He goes to the market in hiding from fear of
being seen by those who could recognize him and in his solitude, he sobs his heart.
I swear to God, if a person falls into the poverty line he will be nothing else than a
foreigner among his own people.

فقـــر الفتـــى يُذهـــبُ نـــورهُ   مثـل اصفِـرار الشّمـس عنـد المغيـب
إنْ غـــابَ لا يُذكَـــرُ بيْـــنَ الـوري   وإنْ أتـــى فمـــا لـــه مِـــن نصيـب
يمـــرّ فـــي الأسْـــواق متخفّيـــا   وفـــي الفـــلا يبكـــي بدمـــع صبيـب
والله مـا الإنْسـان مِـــنْ أهلـــه   إذا ابْتلـــي بالفقْـــر الآ الغريـــب

FAKRU AL FATA YUZHIBU NOURAHU MITHLA ISFIRAARI ASH SHAMSI
'INDA AL MAGHEEBI. INN GHAABA LA YUZKARU BAYNA AL WARA, WA
INN ATA FAMAA LAHU MINN NASEEBI. YAMURRU FI AL ASWAAKI
MUTAKHAFFIYANN WA FIL FALAA YABKI BIDAM-'INN SABEEBI. WALLAHI
MA AL INSAANU MINN AHLIHI IZA IBTULA BIL FAKRI ILLA GHAREEBI.

*La pauvreté d'un jeune homme perd sa couleur vitale et le rend semblable à la
couleur jaune du soleil au crépuscule. Quand il n'est pas présent à une réunion,
personne ne remarque son absence et s'il est là, on ne lui prête pas attention. Il va
au marché dans la clandestinité de peur d'être vu par ceux qui pourraient le
reconnaître et dans sa solitude son cœur sanglote. Je jure au nom de Dieu que, si
une personne tombe sous le seuil de la pauvreté, il n'est qu'étranger parmi les
siens.*

42/21   O My son who makes me happy ! As you have come so quickly, you leave me also
more quickly.
(O My son who makes me happy ! You come at night and you depart at night.)

يـــا ابنـــي يـــا مهنينـــي جيـــت بالليـــل ورحـــت بالليـــل

YA ÉBNI YA M-HANNEENI GEITT BÉL LEIL WÉ ROHHTT BÉL LEIL.

Ô mon fils qui me rend heureux ! Tu viens vite, tu repars vite.
(Ô mon fils qui me rend heureux ! Tu viens la nuit, tu repars aussi dans la nuit.)

42/22   We all belong to the family of humanity. (We all are the children of nine months.)

كلنـــا ولاد تسعـــة

KOLLÉNA WÉLAAD TÉS'A.

Nous appartenons tous à la famille de l'humanité.
(Nous sommes tous les enfants de neuf mois.)

42/23   Study ! You the botched. You who are good for nothing except in the useless things and in the meaningless talks.
(An expression said by the parents to their child who neglects his schoolwork.)

ذاكـر يـا موكـوس يـاللـي مِـش فالـح غيـر فـي الهيـافـة والكـلام الفـارغ

ZAAKÉR YA MAWKOUS YALLI MUSH FAALÉHH GHEIR FIL HAYAAFA WÉL KALAAM ÉL FAARÉGH.

Étudie ! toi qui bâcle tout. Toi qui n'est bon à rien excepté dans les choses futiles et les paroles vides de sens.
(Une expression qui se dit par les parents à leur enfant qui néglige ses études.)

42/24   Turn the volume down a little bit of that damn thing. (radio or television).
(An expression that is usually said by the parents to their kids.)

وطِّــي المدعــــوء ده شويـــة

WATTI ÉL MAD'OU,, DA SHÉWAYYA.

Baisse le volume de cette maudite chose un peu. (la radio ou la télévision).
(Une expression qui est généralement dite par les parents à leurs enfants.)

42/25   Your elder brother was studying on the light of the gas lamp and the lamppost of the street. He managed to get his doctoral degree and travelled to the United States.
(An expression said by the parents to their kid who finds excuses to not study.)

أخـــوك الكبيـــر كـــان بيذاكـــر علـــي لمبـــة الجــاز وعمـــود النـــور اللـــي فـــي الشـــارع. نجـــح وأخـــد الدكتـــوراه وسـافر أمريــكا

AKHOUK ÉL KÉBEER KAANN BÉYZAAKÉR 'ALA TAMBÉT ÉL GAAZ WÉ 'AMOUD ÉN NOUR ÉLLI FÉSH SHARÉA'. NAGAHH WÉ AKHAD ÉDDOCTORAA WÉ SAAFÉR AMREECA.

Ton grand frère étudiait à la lumière de la lampe à gaz et à la lumière du lampadaire. Il a réussi à obtenir son doctorat et a voyagé aux États-Unis.
(Une expression qui se dit par les parents à leur enfant qui trouve des excuses pour ne pas étudier.)

42/26   **Song for Kids**
Where were you Ali ? Your mother is looking for you.

كنـــت فيـــن يـــا علـــي ؟ أمـــك بتـــدور عليـــك

KONTÉ FEIN YA 'ALI OMMAK BÉDDAWWAR 'ALEIK.
Une chanson pour enfant.
Où étais-tu Ali ? Ta mère te cherche.

42/27   Here is a pair of scissors and there is another pair. And there too, a line-up of dolls.
(A song for kids)

هنـا مقـص وهنـا مقـــــص وهنـــا عرايـــس بتتـــرص

HÉNA M-AS W HÉNA M-AS W- HÉNA 'ARAAYÉS BÉTÉTRAS.

Ici, une paire de ciseaux et là une autre paire. Et là aussi, des poupées alignées.
(Une chanson pour enfants)

42/28   Nothing worse than having two unmarried daughters at home.
         (Two scorpions on the wall but not two unmarried daughters at home.)
         (Proposed by Safwat Nicolas)

عقربتيـــن علـي الحيـــط ولا بنتيـــن فــي البيـــت

'AKRABTEIN 'AL HHEIT WALA BÉNTEIN FIL BEIT.

Rien de pire que d'avoir deux filles célibataires à la maison.
(Deux scorpions sur le mur mais pas deux vieilles filles à la maison.)
(Proposé par Safwat Nicolas)

CHAPITRE 43
Laziness
الكَسَـــــل
De la paresse

43/01   The lazy person doesn't walk in the sun to not drag his shadow behind him.

الكســلان مـا يمشيش فـي الشمس علشـان ما يجرجرش ظلـه

ÉL KASLAANN MA YÉMSHEESH FI ESH-SHAMS 'ALASHAANN MAY GARGARSH DÉLLOH.

Le paresseux ne marche pas au soleil pour ne pas traîner son ombre derrière lui.

43/02   Bring your sick here so we could look after him and the dead to offer him our condolences.

جيبـوا مـريضكم نـطل عليـه وجيبـوا ميتكـم نعزيـه

GEEBU MARIDKOM NÉTOL 'ALEIH WÉ GEEBU MAYYÉTKOM NÉ'AZZEEH.

Amenez votre malade ici pour que nous puissions veiller sur lui et amenez le mort pour lui offrir nos condoléances.

43/03   He who awaits his luck wastes his time.

اللـي ينتظـر بختـه يضيـع وقتـه

ÉLLI YÉNTÉZÉR BAKHTO YÉDAYYAA' WA,,TO.

Celui qui attend sa chance perd son temps.

43/04   We are the Sultan's lazy entourage, we eat, drink and sleep.
(Proposed by Sherif Saïd)

احنـا تنبلـة السـلطان ناكـل ونشـرب وننـام

ÉHHNA TANABLÉT ÉS SOLTAANN NAAKOL WÉ NÉSHRAB WÉ NÉNAAM.

Nous sommes l'entourage paresseux du Sultan, nous mangeons, buvons et dormons.
(Proposé par Sherif Saïd)

43/05   He is in a deep sleep. (He sleeps in the seventh sleepiness.)

هـو نايـم فـي سابـع نومـة

HOWWA NAAYÉM FI SAABÉA' NO-OMA.

Il est dans un profond sommeil. (Il dort dans le septième sommeil.)

43/06   He likes sleeping for long hours.
(A follower of the nap.)

خـم نـوم

KHOMM NO-OM.

Il aime dormir de longues heures.
(Un adepte du sommeil.)

43/07   The sleep is a pleasure. (The sleep is a Sultan.)

النـــوم ســـلطان

ÉNNO-UM SULTAN.

Le sommeil est un plaisir. (Le sommeil est Sultan.)

43/08   He wakes up and falls asleep again.

يقـــوم مـــن النـــوم ينـــام ثانـــي

YÉ-OUM MÉN ÉNO-OM YÉNAAM TAANI.

Il se réveille et se rendort.

43/09   When the janitor didn't find his bench, he found his excuse.

مالقـــاش البـــواب الدكـــة عملهـــا حجـــة

MAL-AASH ÉL BAWWAAB ÉDDÉKKA 'AMALHA HHÉGGA.

Quand le concierge ne trouve pas son banc, il trouve son excuse.

43/10   You mr. HHassouba, you count your steps, but when you eat , you devour.

يـا عـم حسوبـة فـي المشـي تـك تـك وفـي الأكـل لهلوبـة

YA 'AM HHASSOUBA FI ÉL MASHY TÉK TÉK WÉ FI ÉL AKL LAHLOUBA.

Toi m. HHassouba, vous comptez vos pas, mais quand vous mangez, vous êtes rapide.

CHAPITRE 44
Egyptian Leaders
الزُعَمـــاءُ المصريـون
Des chefs d'état égyptiens

44/01   Long live the king of Egypt and Sudan.
(This slogan was taken up by the Egyptians and was displayed as a sticker on buses and trams in hommage to king Farouk. Egypt and Sudan were united since 1821 to 1885 and from 1899 to 1956. MUHAMMED NAGUIB was the first and last Egyptian of Sudanese origin to govern the republic of Egypt after the 1952 revolution.)

يعيـــش مـــلك مصـــر والســـودان
YA'EESH MALÉK MASR WÉS SOUDAANN.
Longue vie au roi d'Égypte et du Sudan.
(Ce slogan a été repris par les Égyptiens et a été affiché comme autocollant sur les autobus et les tramways en hommage au Roi Farouk. L'Égypte et le Soudan ont été réunis de 1821 à 1885 et de 1899 à 1956. MUHAMMED NAGUIB a été le premier et le dernier président d'origine Soudanaise à gouverner la République d'Égypte après la révolution de 1952.)

44/02   "Item no. 1 : Nationalize the International Maritime Company of the Suez Canal which becomes an Incorporated Egyptian Company."
(GAMAL ABDEL NASSER)
(On July 26, 1956, during an address broadcast from Alexandria, Egyptian President Gamal Abdel Nasser announced he had signed into law a presidential decree nationalizing the "The Maritime and Universal Company of Suez Canal" effective immediately and while he spoke, Egyptian officials had taken over the administration.) (See also 60/02, 60/06, 75/24)

مادة 1 : تـــــأمم الشـــركة العالميـــة لقنـــاة
الســـويس البحـــرية شركـــة مساهمـــة مصريـــة
MADDA WAHHÉD : TU-AMMAM ASHARIKATT AL 'AALAMIYYA LIKANAATT AS SÉWEISS AL BAHHARIYYA SHARIKA MUSAAHAMA MISRIYYA.
« Item 1 : Nationaliser la compagnie maritime mondiale du Canal de Suez qui devient Compagnie égyptienne incorporée. »
(GAMAL ABDEL NASSER)
(Le 26 Juillet, 1956, au cours d'une adresse diffusée d'Alexandrie, le Président GAMAL ABDEL NASSER a annoncé qu'il avait signé dans la loi un décret présidentiel nationalisant la Compagnie Universelle et Maritime du Canal de Suez, en vigueur immédiatement et que pendant qu'il l'annonçait, des officiers égyptiens avaient pris la relève de l'administration.) (Voir aussi 60/02, 60/06, 75/24)

44/03   Cover me SAFÉYYA, there is nothing to do.

(*SAAD ZAGHLOUL)

This is a famous saying related to SAAD ZAGHLOUL where he talks to his wife SAFÉYYA. This expression is said to describe a state of despair and discouragement.

غطيني يا صفية مفيش فايدة

GHATTEENI YA SAFFÉYYA.

Couvre-moi SAFFÉYYA, il n'y a rien à faire.

*(*SAAD ZAGHLOUL)*

(C'est un dicton célèbre lié à SAAD ZAGHLOUL où il parle à sa femme SAFÉYYA. Cette expression se dit pour décrire un état de désespoir et de découragement.)

*SAAD ZAGHLOUL (1859 – 1927) : he was an Egyptian politician. After leading the WAFD party, he became prime minister from January 26, 1924 to November 24, 1924. He fought for the total indepence of Egypt then under the British protectorate. The Egyptians called his wife SAFIA "The Mother of the Egyptians" for she was married to a great Egyptian figure.

****SAAD ZAGHLOUL (1859 – 1927) :** il était un homme politique égyptien. Après avoir dirigé le partie WAFD, il devient premier ministre du 26 janvier 1924 jusqu'au 24 novembre 1924. Il a lutté pour l'indépendance totale de l'Égypte alors sous protectorat anglais. On appelait sa femme SAFIA « la mère des Égyptiens », car elle était mariée à une grande figure égyptienne.*

CHAPITRE 45
Leisure, Songs and Partying
الملهــــــــي , الغِنَـــــاءُ والإحْتِفـــالاتْ
Du loisir, de la chanson et de la célébration

45/01 **On my grieving eye, my eye wept.**

علــي عينــي بكت عينــي

'ALA 'AYNY BAKAT 'AYNI

Sur mon oeil chagrinée, mon oeil pleurait

A song from / *Une chanson de* : *RAB-'AL 'ADAWÉYYA (See page / *Voir page* 231)
Poem by / *Poème de* ** TAHER ABOU FASHA (See page / *Voir page* 231)
A song by / *Une chanson de* : OM KULTHOUM

I took a retreat to come to You my Lord.
And I said You might probably forgive me.
So, why do I see my guilt before of my eyes.
And my days still chasing me.
I extended my hand so, support me Lord.
To You and from You O God !

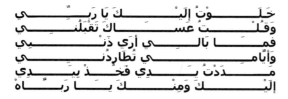

KHALAWTU ILAYKA YA RABBY.
WAKULTU 'ASAAKA TAKBELUNY.
FAMAA BAALY ARA ZANBY.
WA AYYAMY TUTAARIDUNY.
MADADTU YADY FAKHOZ BIYADY.
ILAYKA WAMINKA YA RABBAH.

J'ai pris une retraite pour venir à vous Mon Seigneur.
Et je me disais probablement que vous me pardonnez.
Alors, pourquoi je vois ma culpabilité devant mes yeux.
Et mes jours me poursuivent encore.
J'ai tendu ma main, donc, appuyez-moi Seigneur.
Envers vous et de vous Ô Dieu.

(Proposed by Dr. Ismail Gumaa Ex. Consul Cultural & Educational Affairs)
(Proposé par Dr. Ismail Gumaa Ex. Consul des affaires culturelles et de l'éducation)

45/02 **I discovered love**
عرفــــت الهـــوي
'ARAFTUL HAWA
J'ai découvert l'amour
From / de : *RAB-'AL 'ADAYIYYA's songs / *chansons* (See page / *Voir page* 231)
Poem by / *Poème de :* **TAHER ABOU FAASHA (See page / *Voir page* 231)
A song by / *Une chanson de :* OM KULTHOUM

I discovered the meaning of love since I have loved You.
And I closed my heart to all but You.
And I stood up beseeching You, You ! who perceive,
What is hidden in the hearts,
While we don't see You.
I love You in two ways ; the love of the true lovers.
And the love of the Almighty for, You deserve it.

عَرَفـــتُ الهِـــوي مُـــذ عَرَفــتُ هَـــواكَ
وَأغْلَقــــتُ قلْبــــي عَـــمَّن عَـــداكَ
وَقُمـــتُ أُناجِيـــكَ يَـــا مَـــن تَــري
خَفايـــا القُلُـــوب وَلسـنا نَـــراكا
أُحِـــبُّكَ حُبّيـــن...حـبُّ الهِـــوي
وَحُبّـــا لأنَّـــكَ أهـــلٌ لِـــذاكا

'ARAFTU AL HAWA MUZ 'ARAFTU HAWAAKA.
'WA AGHLAKTU KALBY 'AMMANN SIWAAKA.
WA KUMTU UNAAGEEKA YA MANN TARA
KHAFAAYA AL KULOUBI WALASNA NARAAKA.
UHHIBBUKA HHUBBAYN...HHUBBU AL HAWA.
WAHHUBBANN LI-ANNAKA AHILONN LIZAAKA.

J'ai découvert le sens de l'amour depuis que je vous ai aimé.
Et j'ai fermé mon cœur à tout sauf vous.
Et je me suis levé vous suppliant, vous qui percevez,
Ce qui est caché dans les cœurs,
Alors, que nous, ne vous voyons pas.
Je vous aime de deux façons : l'amour des vrais amoureux
Et l'amour du Tout-Puissant car vous le méritez.

(Proposed by Dr. Ismail Gumaa Ex. Consul Cultural & Educational Affairs)
(Proposé par Dr. Ismail Gumaa Ex. Consul des affaires culturelles et de l'éducation)

45/03   **Pub of destiny**
حانـة الأقـــدار
HHAANATU AL AKDAAR
Bistrot des destins

From / *de* : *RAB-'AL 'ADAYIYYA's songs / *chansons* (See page / *Voir page* 231)
Poem by / *Poème de* : **TAHER ABOU FAASHA (See page / *Voir page* 231)
A song by / *Une chanson de* : OM KULTHOUM

I asked the lovers to tell me about love.
Those who entertain and accompany the distressed.
So, they answered,
Your affection is the result of her melodies.
of her seriousness with you and of her playfulness.
In those difficult nights or the clear ones.
Ask the birds about the meaning of their songs.
For in their songs is the feeling of love,
And the revelations of longing and of the feelings of affection.
So, when the twilight and affections get me excited,
I discovered love and grasped its meaning
In these pubs, you will find the bartender.
As you will see beautiful entertaining stars.
And the secrets of the sleeper who whispers.
And the fire of the sunrise under the canopy.
And in love, everything will manifest itself.
But only for those who tasted its senses.

سـألتُ عـــن الحُبِّ أهْـلَ الهَـوَي
سِـقَاة الدّمـــوع نَدامَـي الجَـــوَي
فقالـــوُا حَنـانَـكَ مِـن شَجَـــوه
ومِـــنْ جِـــدّه بِـــكَ أو لِهَـــوه
ومِـــنْ كَـــدّر الليــل أو صَفـوه
سَـــل الطّيَر إنْ شِئتَ عَـن شَدْوه
ففِـي شَـــدْوه لَمَسَـات الهَـــوَي
وبُـوحُ الحَنيـن وشَـرحُ الهَـــــوَي
ولمـا طوانـي الدجــي والهَـــوَي
لَقيــتُ الهَــوَي وعرفتُ الهَـوَي
ففِـــي حانـة الليــل خَمــاره
وتِــلك النّجيمــــــات سِمـاره
وهَمـــــس النّائِـــم اسـرَاره
وتَحـــتَ خيــام الدّجــي نـاره
وفِـــي كُـل شيــئ يَلـوح الهوَي
ولكِـــن لمــن ذاق طعــم الهوَي

(Proposed by Dr. Ismail Gumaa Consul Cultural & Educational Affairs)
(Proposé par Dr. Ismail Gumaa Consul des affaires culturelles et de l'éducation)

SA-ALTU 'ANI AL HHUBBI AHL AL HAWA.
SUKATA DDUMOU-'I NADAAMA- L- GAWA.
FAKAALU HHANAANAKA MINN SHAGWIHI.
WAMINN GIDDUHU BIKA AW LAHWIHI.
WAMINN KEDERIL LAYLI AW SAFWIHI.
SALI ATTAYRA IN SHI,,TA 'AN SHADWIHI.
FAFI SHADWIHI LAMASAATUL HAWA.
WABAWHHU AL HHANEENI WASHARHHU AL HAWA.
WALAMMA TAWAANI ADDDUGA WALHAWA.
LAKAYTU AL HAWA WA-'ARAFTU AL HAWA.
FAFI HHAANATU AL LLAYLI KHAMMAARUHU.
WATILKA ANNUGAYMAATU SIMAARUHU.
WAHAMSU ANNAA-IMI ASRAARIHI.
WATAHHTA KHIYAAMI ADDUGA NAARIHI.
WAFI KULLU SHAY-INN YALOUHHU AL HAWA.
WALAAKIN LIMANN ZAAKA TA,,MA AL HAWA.

J'ai demandé aux amoureux de me parler de l'amour,
Ceux qui divertissent et qui accompagnent les chagrinés,
Alors, ils m'ont répondu que,
Votre affection est le résultat des ses mélodies,
Du sérieux avec vous et de son espièglerie.
Durant les nuits claires ou difficiles.
Demandez aux oiseaux le sens de leurs chansons.
Car, dans leurs chansons se trouve les sensations de l'amour.
De la révélation du désir ardent et des sentiments d'affection.
Alors, quand le crépuscule et l'affection m'ont emballé.
J'ai découvert l'amour et j'ai saisi ses significations,
Dans ces tavernes vous trouverez le barman.
Comme vous verrez de belles étoiles divertissantes,
Des secrets du dormeur qui chuchotte,
Le feu du lever du soleil sous la verrière
Et dans l'amour tout va se manifester,
Mais seulement pour ceux qui ont goûté à ses sens.

(Proposed by Dr. Ismail Gumaa Ex. Consul Cultural & Educational Affairs)
(Proposé par Dr. Ismail Gumaa Ex. Consul des affaires culturelles et de l'éducation)

45/04 **I stretch my hand to Nobody else but you**

لغيـــــرك مــا مـــددت يـــــدا

LIGHAYRIKA MA MADADTU YADAA.

Il n'y a persoone d'autre que toi que je tendai la main

A song from / *Une chanson de :* *RAB-'A AL 'ADAYIYYA (See page / *Voir page* 231)

Poem by / *Poème de :* **TAHER ABOU FAASHA (See page / *Voir page* 231)

A song by / *Chanson de :* OM KULTHOUM

There is nobody else but you to whom I extend my hand.
And nobody else but you who floods the fields with dew.
Your door of tenderness was never half open for me,
And how it could be otherwise with such compassion.
Your corner is still the pilgrim's.echo.
So, how could you satiate them all in abundance !
Your tenderness, Oh You the secretive affectionate !
Even hard time flees Your presence.
My concern led my hand on my heart.
And to you I stretched the other hand.
My night went off without calm, and I wonder for how long I will keep on suffering.
The despair continues to chase me. And anxiety is killing me.
I spend the days alone with my shadow.
And the nights with its darkness as my refuge.
Oh ! My sorrow, from the begining of the sunrise.
And Oh ! My sadness until the end of the evening.
But there is only You who support me. Since You are my family and my support.

لغيـــــــرك مــا مـــددتُ يـــــدا
وغيـــــــرك لا يفيـــــض نـــــدا
وليـــــس يضيـــــق بابـــك بـــــي
فكيـــــف تـــرد مـــن قصـــــدا
وركنـــــك لـــم يـــزل صـــــدا
فكيـــــف تـــــذود مـــن وردا
ولطفـــــك يـــا خفـــي اللطـــف
إن عـــادي الزمـــان عـــــدا
علـــى قلبـــي وضعــــت يـــدا
ونحـــوك قـــد مـــددتُ يـــدا
ســـري ليلـــي بغيـــر هـــدى
ولا أدري لأيّ مـــــــــدى
بطاردنـــي الأســـى أبـــــدا
ويساعنـــي الجـــوى أبـــدا
نهـــاري والهجـــر لظلـــــي
والليـــــل والظـــلام ردي
فـــوا كبـــدا إذا أصحـــــى
وإن أمســـى فـــوا كبـــدي
وليـــس ســواك لي سنـــدُ
فـــأنت الأهـــل والسنـــد

229

LIGHAYRIKA MA MADADTU YADAA.
WAGHAYRIKA LA YAFEEDU NADA.
WALAYSA YADEEKU BAABUKA BEE.
FAKAYFA TARIDU MANN KASADA.
WARUKNUKA LAM YAZAL SADA.
FAKAYFA TAZOUDU MANN WARADA.
WALUTFUKA YA KHAFIYA AL LOTFI.
IN 'AADA ZZAMAANU 'ADA.
'ALA KALBI WADA-A'TU YADANN.
WANAHHWAKA KAD MADDADTU YADA.
SARA LAYLI BIGHAYRI HUDA.
WALAA ADRI LI-AYYI MADA.
YUTAARIDUNI AL ASA ABADAN.
WAYUSAARI- 'UNI AL GAWA ABADA.
NAHAARI WELHAGRU LIZILLI.
WAL LAYLU WAZZALAAMU RADA.
FAWA KEBEDE IZA ADHHA.
WA-IN AMSA FAWA KEBIDY.
WALAYSA SIWAAKA LI SANADONN.
FA-ANTA AL AHLU WAS SANADA.

Il n'y a personne d'autre que Vous, à qui je tends la main.
Et personne d'autre que vous qui inonde les champs avec de la rosée.
Votre porte de tendresse n'a jamais été ouverte à moitié pour moi.
Et comment il pourrait en être autrement avec une telle compassion.
Votre lieu est encore l'écho du pélerinage.
Alors ! Comment vous pouvez les rassasier !
Votre tendresse, Ô ! Vous, l'affectueux dissimulé.
Même le temps dur s'enfuit en Votre présence.
Mon inquiétude ont amené ma main sur mon cœur.
Et vers vous je tendais l'autre main.
Ma nuit s'est déroulée sans calme.
Et je me demande pendant combien de temps,
Je vais continuer à souffrir.
Le désespoir continue à me pourchasser.
Et l'anxiété est toujours en moi.
Je passe les jours en solitaire avec mon ombre.
Et les nuits avec ses ténèbres comme refuge.
Ô ! ma douleur ! dés le début du lever du soleil.
Et Ô ! ma tristesse ! jusqu'à la fin de la soirée.
Mais il n'y a que Vous qui me soutienne.
Puisque vous êtes ma famille et mon appui.

(Proposed by Dr. Ismail Gumaa Ex.Consul Cultural & Educational Affairs)
(Proposé par Dr. Ismail Gumaa Ex. Consul des affaires culturelles et de l'éducation)

* **RAB'A AL 'ADAWIYYA (717 – 801) :** she was mystic and saint woman from the city of Basra in Iraq. She gathered around her many disciples and performed miracles. She was a famous sufi woman and was the first who brought the God's love in the mystical world. She was known as a spiritually disciplined woman in charge of her mystical states rather than as an overtly emotional soul. She was considered the most eminent sufi poets of her time and this poem is one of six written by Taher Abou Faasha and song by OM KULTHOUM.

*RAB'A AL 'ADAWIYYA (717 – 801) : elle était une femme mystique et sainte de la ville de Basra en Irak. Elle a rassemblé autour d'elle de nombreux disciples et a fait des miracles. Elle était une célèbre soufiste et fut la première qui a introduit l'amour divin dans le monde mystique. Elle était connue comme une femme spirituellement disciplinée, en charge de son état mystique plutôt que comme une âme ouvertement émotionnelle. Elle était considérée comme la plus éminente poète soufiste de son temps et ce poème est un des six écrits par Taher Abou Faasha et qui sont chantés par Om Kulthoum.

****TAHER ABOU FAASHA (1908 – 1989) :** he was born in Dumyat and wrote over 200 essays for the radio and tv, including those of "The Arabian nights" which were played on 800 serials over 26 years. He wrote the "Ramadan Quiz" and also the six poems of Rabi'a al 'Adawiyya. During his very active life he filled the posts of teacher, journalist and an anchorman for the Radio and television.

**TAHER ABOU FAASHA (1908 – 1989) : il est né à Dumyat et il a écrit plus de 200 essais pour la radio et la télévision y compris ceux des « Mille et une nuits » qui ont été joués en 800 séries sur 26 ans. Il a écrit aussi « Les jeux-concours du Ramdan » et les six poèmes de Rabi'a al 'Adawiyya. Au cours de sa vie très active, il a rempli les fonctions d'enseignant, de journaliste et de présentateur à la radio et à la télévision égyptienne.

45/05   **Undeneath the trees, O Wahiba**
تحت السجر يا وهيبه
TAHHT ÉS SAGAR YA WAHEEBA.
Sous les arbres Ô Wahiba !
A song by / *Chanson par :* *MUHAMMED RUSHDI
Poem by / *Poème par :* **ABDEL RAHHMAN AL ABNOUDI
Music by / *Musique par :* ***BALEEGH HAMDI

O Wahiba ! How many times we ate,
oranges underneath the trees.
 Your eye-liner ! O Wahiba !
captures the hearts of many young men.
The sleeping twilight is roaming over all the homes and farms.
And the full moon whispers in the ears of the corns cobs and the bamboos .
O of your sleeping eyes ! they do not bother.
While the eyes of the all town are still awaken.
Underneath the trees you wonder,
Is this an orange or is it my heart that you want to eat.
My heart has spread the joy and excitement,
When I saw your dreamy eyelid being displayed.
O You ! who parade ! O You ! the morning star.
A bracelet around your ankle tinkles and makes the "galabiyya" dancing.
Underneath the trees the moon emerged
And noticed my sadness and said.
Be joyful ! The beautiful eye is on you."
Underneath the trees the paradise will de delighted.

تحـت السجر يا وهيبه   يامـا كلنـا برتقــــان
كحـلة عينك يا وهيبــه   جارحـة قلوب الجدعان
الليــــل بينعــس علــي العــيون والغيــطان
والــــبدر يهمــس للســــنابل والعيــدان
يــا عيونــك النايمــين ومـــش ســائلين
وعيــــون كــــل البــــلد صــاحيين
تحـــــت السـجر واقفــة بتعاجــــبي
دي برتقانـــــــــة ولا ده قلـــــــي
قلبـــــي طــــرح...نـــــور وفــــرح
لمــا رأــــيت رمشــــك ســــرح
يــا عايقــة يا انتـــي...يـا نجمـة الصبحيـــة
خلخـــال برنـــــة...يرقــــص الجلبيــــة
تحـــــت السجـــر...طــــــل القمـــــر
شافنــي حزيــن ميـــل علــي وقاللـــي
عيـــــن الجمـــيل منــك بقــي اتهنــي
تحـــــت السجــــر راح تضحــك الدنيــا

(See also / *Voir aussi, 16/20 – AL ABNOUDI*)

TAHHTÉ ÉS SAGAR YA WAHEEBA.
YAAMA AKALNA BORTO-AAN.
KAHHLÉT 'ÉNÉK YA WAHEEBA.
GARHHA ULOUBÉ ÉL GED'AAN.
ÉL-LEIL BÉYÉN'AS 'AL 'UYOUN WÉL GHÉTAAN.
WÉL BADR YÉHMÉS LÉS SANAABÉL WÉL 'ÉEDAAN.
YAA 'UYOUNÉK ÉNNAYMEEN WÉ MUSH SA,,LEEN.
WÉ A'-YOUN KOLLÉL BALAD SAHHYEEN.
TAHHT ÉS SAGAR WAKFA BÉTÉT-'AGBY.
DI BORTO-AANA WALLA DA ALBY.
ALBY TARAHH NOUR WÉ FARAHH.
LAMMA RA-ÉIT RÉMSHÉK SARAHH.
YA 'AY-A YANTY YA NÉGMÉTÉ ÉS SOBHHÉYYA.
KHOLKHAL BÉRANNA YÉRA,,AS ÉL GALABÉYYA.
TAHHTÉ ÉS SAGAR TAL ÉL AMAR.
SHAFNI HHAZEEN MAYYÉL 'ALAYYA WÉ ALLI
'ÉIN ÉL GAMIL MÉNNAK BA-A ÉT-HANNA.
TAHHT ÉS SAGAR RAAHH TÉDHHAK ÉD DONYA.

Ô Wahiba ! Combien de fois nous avons mangé des oranges sous les arbres.
Le fard de tes yeux ! Ô Wahiba !
Capte les cœurs de plusieurs jeunes hommes.
Le crépuscule dormant est en itinérance sur l'ensemble des maisons et des fermes.
Et la pleine lune chuchote dans les oreilles des épis des blés et des bambous.
Ô ! de tes yeux ensommeillés, ils ne prennent pas la peine.
Alors que les yeux de toute la ville sont encore réveillés.
Sous les arbres tu te demande.
Est-ce une orange ou est-ce mon coeur que tu souhaites manger.
Mon cœur a propagé la joie et l'excitation quand j'ai vu ta paupière rêveuse.
Ô ! Toi qui parade, toi l'étoile de la matinée.
Un bracelet autour de ta cheville tinte et fait danser la « galabiyya ».
Sous les arbres, la lune ressortait et remarquait ma mélancolie et me disait :
« Sois joyeux, l'œil de la belle est sur toi. »
Sous les arbres, le paradis sera enchanté.

(Voir aussi pour AL ABNOUDI, 16/20)

'ADAWÉYYA

عــدويـــــة

'ADAWÉYYA

A song by / *Une chanson par* : *MUHAMMED RUSHDI
A poem by / *Une poème par* : ** 'ABDEL RAHHMAAN AL ABNOUDI
Music by / *Musique par* : ***BALEEGH HAMDI

When I cast my net I pulled it back empty.
And what he can do who falls in love my friend !
I am a fisherman... I crossed the sea to fish,
She seduced me.
O you the night ! and O you the moon !
...and the mangoes have ripened on the trees.
- O sweetheart ! Let me drink and give me some water.
- That the name of the Prophet bless you !
- What's your name ? Please answer me.
- 'Adawéyya !
- Oh 'Adawéyya !
Your name my darling is 'Adawéyya and your eyelashes are gorgeous.
And I have lived my life as a foreigner in the sea,
Experiencing the ups and downs.
O you ! the mother of the red raisin's colored cheeks !
O you ! the mother of the blueburry colored eyes !
I swear by God that your image will adorn the newspapers.
Beware my friends to weigh anchor !
Because, I will not be among you,
Nor I will set foot in the water,
Without 'Adawéyya be with me.
Although I happily hold the flutes in my hands,
Alas ! I only have nails hammered into my heart.
Life has made of me an absentee,
When in truth I am a nice and a gentleman.
Your eyelashes have taken me away from my friends.
Although I am a good fisherman,
And even I have toured the world several times.
I discovered to my astonishment that you stay close.
O my friends ! What a coincidence !
Who could say that this look did bait a fisherman.
O you ! You became for me my boat, my sea and my home.
O my icon ! You are my good luck during my absence.
O ! 'Adawéyya !

(See also by AL ABNOUDI, 16/20)

لمـا طرحـت الشـبك طلـع الشـبك فاضـي
وإيـه يعمـل اللـي انشـبك فـي الحـب يا خـال
صيـــاد ورحـــت اصطاد...صــادوني
أه يـــا ليــل ...يـا قمـــر
والمنجـــة طابـت علـي السـجر
اسـقيني يا شـابه ونـوليني حبـة ميـه
اسـم النبي حارسك...اسمـك إيـه...ردي علـي
عـدويــــــة...
أه يـا عـدويــــة...
اسـمك عـدويــة يا صبيـة ورموشـك شـط
وانـا طـــول عمـري غريـب فـي المـيه
بانشـــــال وانحـــــط
يا ام الخـــــدود العنـابـــــي
يا ام العيـــــون الـــــسنجابي
والله صـورتك دي تنفـع تـزيـن الجـرانيـن
أوعـــوا تحلـــوا المراكـب
واللـــه يـا نـاس ما راكـب
ولا حـاطط رحلـي فـي المـيه
إلا ومعايـا عـــدوية
فـي ايـديـا المـزامـير
وفـي قلبـي المسـامير
الـدنيـا غربتـــي
وأنـا الشـباب الأمـير
رمشـك خطفـني مـن اصحابـي
وأنـا واد صيـاد
لقيـــت بـــلاد وبـــلاد وبـــلاد
أتاريكـي ساكنـة الناحيـة دي
يـا سـلام يـا ولاد
ميـن كـان يقـول البصـة دي تـصطاد صياد
يا مركبـــي...وبحـــري...وداري
وحجـاب ها شـيله فـي غيابـي
يا عـدويـــة

LAMMA TARAHHT ÉSH-SHABAK TÉLÉ-A' ÉSH-SHABAK FAADY.
WÉ EIH YÉ-A'MÉL ELLI ÉNSHABAK FIL HHOBBI YA KHAALY.
SAYYAD WÉROHHT – ASTAAD SADOUNY.
AH YA LEIL YA AMAR.
WEL MANGA TAABÉT 'AS SAGAR.
- ÉS-EENY YA SHAABA WÉ NAWLEENY HHABBÉT MAYYA.
- ESMÉ-ÉNNABI HHARSSÉK ÉSMÉK ÉIH RODDI 'ALAYYA.
- 'ADAWÉYYA.
- AH YA 'ADAWÉYYA.
ÉSMÉK 'ADAWÉYYA YA SABÉYYA WÉ RUMOUSHÉK SHAT.
WANA TOUL 'OMRI GHAREEB FÉL MAYYA .
BANSHAAL WANHHAT.
YAMMO ÉL KHODOUD ÉL 'ÉNNABI.
YAMMO ÉL 'UYOUN ÉS SÉNGAABI.
WALLAHI SORTÉK DI TÉNFA-A' TÉZAYYÉN ÉL GARANEEN.
ÉW-O' TÉHHÉLLO ÉL MARAAKÉB.
WALLAHI YA NAAS MANA RAKÉB,
WALA HHAATÉT RÉGLY FIL MAYYA,
ÉLLA WÉ M'AAYA 'ADAWÉYYA.
FI ÉDAYYA ÉL MAZAMEER.
WÉF ALBI ÉL MASAMEER.
ÉDDONYA GHARRABÉTNY
WANA ÉSH-SHAB ÉL AMIR.
RÉMSHÉK KHATAFNI MÉNN AS-HHAABI,
WANA WAAD SAYYAD.
LAFFÉIT BÉLAAD WÉ BÉLAAD WÉ BÉLAAD.
ATAREEKI SAKNA ÉNNAHHYA DI.
YA SALAAM YA WLAAD.
MEEN KAAN YÉ-OUL ÉL BASSA DI TÉSTAAD SAYYAD.
YA MARKÉBI... WÉ BAHHRI... WÉ DAARY.
WÉ HHGAAB HA SHEELO FI GHYAABI.
YA 'ADAWÉYYA.

Lorsque j'ai jeté mon filet, je l'ai ramassé vide.
Et qu'est-ce qu'il peut faire celui qui tombe en amour mon vieux !
Je suis un pêcheur...j'ai traversé des mers pour pêcher et elle m'a séduit.
Ô vous la nuit ! Ô vous la lune !
Et les mangues ont mûri sur les arbres.
- Ô ma belle ! fais-moi boire et donne-moi un peu d'eau.
- Que le nom du Prophète te garde !
- Quel est ton nom ? S'il te plaît réponds-moi.
- 'Adawéyya.
- Ô 'Adawéyya !
Ton nom ma belle est 'Adawéyya et tes cils sont ravissants.
Et moi, j'ai vécu ma vie en étranger dans la mer,
Subissant les hauts et les bas.
Ô toi ! La mère des joues à la couleur de raisins rouges !
Ô toi ! La mère des yeux à la couleur des airelles noires !
Je jure au nom de Dieu que ton image va embellir les journaux.
Gare à vous mes amis de lever l'ancre,
Car, je ne serai pas parmi vous
ni mettrai les pieds dans l'eau
Sans que 'Adawéyya soit avec moi.
Bien que je tienne joyeusement les flûtes dans mes mains.
Hélas ! je n'ai que des clous martelés dans mon cœur.
La vie a fait de moi un absent.
Alors qu'en vérité je suis un bel et gentil homme,
Tes cils m'ont éloigné de mes amis,
Bien que je sois un bon pêcheur,
Et, même, si j'ai fait le tour du monde plusieurs fois,
J'ai découvert à mon grand étonnement que tu restes à proximité.
Ô mes amis ! Quelle coïncidence !
Qui pourrait dire que ce regard n'allait appâter qu'un pêcheur.
Ô toi ! qui devient pour moi mon bateau, ma mer et mon foyer.
Ô mon icône ! Tu es mon porte-chance durant mon absence.
Ô ! 'Adawéyya !

* MOHAMMED RUSHDI : he is like Mohammed Abdel Muttaleb, both are folk singers who have maintained a kind of traditionalism of Egyptian song and that is adapted to the working class.

* *MOHAMMED RUSHDI :* *il est comme Mohammed Abdel Muttaleb, les deux sont des chanteurs folkloriques qui ont conservé une sorte de traditionalisme de la chanson égyptienne et qui est adaptée à la classe populaire.*

**`ABDEL RAHHMAAN AL ABNOUDI : born in 1938 at the village of Abnoud of the Kena province. He is the most famous living poet of the Sixties and one of Upper Egypt's best known writers and public figures.

** `*ABDEL RAHHMAAN AL ABNOUDI :* *il est né en 1938 dans le village d'Abnoude, province de Kéna. Il est le poète le plus populaire des années soixante et un des écrivains les plus connus de la Haute-Égypte.*

*** BALEEGH HAMDI (1932 – 1993) : was born at Shoubra, Cairo. He came to be known at the musical scene in the eighties. He was considered the king of music and he composed to the famous singers, mainly 11 songs to Om KulthoUm and 33 songs to Abdel Halim Hafez.

*** *BALEEGH HAMDI (1932 – 1993) :* *il est né à Shoubra, le Caire. Il a été connu sur la scène musicale dans les années 1980 et a été considéré comme le roi de la musique. Il a composé pour des chanteurs célèbres, en particulier 11 chansons pour Om KulthoUm et 33 pour Abdel Halim Hafez.*

O ! My flower that occupies my mind

يـا زهــرة فـــي خيالــي

YA ZAHRATANN FI KHAYAALI

Ô ! Ma fleur qui occupe mes pensée

A song by / *Une chanson de :* Farid Al Atrashe (See also / *Voir aussi volume 1*)

Poem by / *Poème de :* *MUHAMMED AL MAGHOUT

O ! flower that occupied my mind and I cared for in my heart.
The nights have ruined her and the hands have caused her.to fade.
The eyes were devouring her so much that, her own have lost their charm.
O my love story ! I just lost everything.
And for that, I suppressed love out of my heart and out of my soul.
And I have dedicated my life to my violin and my melodies.
I sang and I healed the wounds of my past.
Now, I am a bird caught in the sanctuary of the musics and melodies.
Singing to the flowers and to the birds on the branches.

يَا زَهــــرَة فــي خيالــي   رعيتُــهَا فـــي فـــؤَادي
جنــــت عليهــا الليالــي   وأذبلتــــهــا الآيــــادي
وشغَلتــــهَا العــيـون   فمــات سحــر الجفــون
بـــا غرامــي كـــل شــــيئ ضــاع منــي
فنزعــــت الحـــب مـــن قلبــي وروحـــي
ووهبــــت العُمـــر أوتـــاري ولحنـــي
وتغنـــــيت فداويـــــت جروحـــي
أنـــا طـــير فـــي ربـــا الفــن يُغنــي
للطيـــــــور...للزهـــــــور فـــي الغصـــون

YA ZAHRATANN FI KHAYAALI RA-'AYTUHA FI FU-AADY.
GANATT 'ALAYHA AL LAYAALI WA-AZBALAT-HA AL AYAADY.
WASHAGHALAT-HA AL 'UYOUN FAMAATA SIHHRU-AL GUFOUN.
YA GHARAAMI KULLU SHAY-ÉNN DAA-'A MINNY.
FANAZA-A'TU AL HHUBBA MINN KALBI WA ROUHHY.
WAWAHABTU AL 'OMRA AWTARY WALAHHNY.
WA TAGHANNAYTU FADAAWAYTU GUROUHHY.
ANA TAYRONN FI RUBA AL FANNI YUGHANNY.
LILTUYOUR...LILZUHOUR FIL GHUSOUN.

Ô ! fleur qui occupait mes pensées et que j'ai soigné dans mon cœur.
Les nuits l'ont ruinée et les mains l'ont flétrie.
Les yeux l'ont tellement dévorée que les siennes ont perdu leur charme.
Ô ! mon histoire d'amour, j'ai justement tout perdu.
Et pour cela, j'ai supprimé l'amour de mon cœur et de mon âme.
J'ai consacré ma vie pour mon violon et mes mélodies.
J'ai chanté et j'ai guéri les blessures de mon passé.
Maintenant, je suis un oiseau pris dans le sanctuaire de la musique et des mélodies.
Chantant pour les fleurs et pour les oiseaux sur les branches.

*MUHAMMED AL MAGHOUT (1934 – 2006) : born in Salamiyya, Syria.

*MUHAMMED AL MAGHOUT (1934 – 2006) : il est né à Salamiyya, Syrie.

45/08   **The Story of My Love**
قصـــة حبـــــي
KISSATU HHUBBI
L'histoire de mon amour
A song by / *Une chanson par* : OM KULTHOUM
Poem of / *Poème par* : *AHMED RAMI

How can I forget my recollections if they are nostalgic for my heart ?
How can I forget my recollections if they are echoing in my ears ?
How can I forget my recollections if they are the integral dreams of my life ?
They are the scenes of my past on the mirror of my soul.
I lived them fully and they were of total harmony and love.
Then they became my obsessions while they are nothing but fantasy.

كيـــف أنَســـي ذِكْرياتــي   وهـــي فـــي قلْبــي حَنِيـنْ
كيـــف أنْســـي ذِكْرِياتــي   وهـــي في سمْعِــي رَنِيـــنْ
كيــف أنْســـي ذِكْرياتــي   وهـــي أحـــــلامُ حَياتــــي
إنّهـــا صـــــورةٌ أبـــا   مــي علَــي مِـــرْأةِ ذاتــي
عِشـــــتُ فيهــا بيقِينِــي   وهـــي قـــــرب ووصـال
ثمَّ عَاشَـتْ فـي ظنُونـــي   وهـــي وهـــــم وخَــبال

KAYFA ANSA ZIKRAYAATY WAHIYA FI KALBY HHANEEN.
KAYFA ANSA ZIKRAYAATY WAHIYA FI SAM-I' RANEEN.
KAYFA ANSA ZIKRAYAATY WAHIYA AHHLAAMU HHAYAATY.
INNAHA SOURATU AYYAMY 'ALA MIR-AATU ZAATY.
'ISHTU FEEHA BIYAKEENY WAHIYA KURBONN WAWISAAL
THUMMA 'AASHAT FI ZUNOUNY
WAHIYA WAHMONN WAKHAYAAL

Comment puis-je oublier mes souvenirs s'ils sont la nostalgie de mon coeur ?
Comment puis-je oublier mes souvenirs s'ils sont l'écho dans mes oreilles ?
Comment puis-je oublier mes souvenirs s'ils font partie des rêves de ma vie ?
Ils sont les scènes de mon antan sur le miroir de mon âme.
Je les ai vécus pleinement, ils ont été l'harmonie et l'amour total.
Enfin, ils sont devenus mes obsessions alors qu'ils ne sont que des fantasmes.

45/09   **My lover thinks of me**
رق الحبيـــــب
RA,,ÉL HHABEEB
Mon amoureux pense à moi.
A song by / *chanson par* : OM KULTHOUM
Poem by / *Poème par* : BIRAM AL TOUNISY (See also, *Voir aussi, page 196*)

My yearning to you pushed me to get ahead of my time.
and I lived tomorrow while it is still early.

من كـثر شوقــي سـبقت عمـري وشفـت بكـره والوقـت بـدري
MÉNN KOTRÉ SHO-O-I SABA,,T 'OMRY
WÉSHOFTÉ BOKRA WÉL WA,,TÉ BADRY.
À force de t'aimer ma vie est devancée.
Et j'ai vu demain tandis qu'il est encore trop tôt.

240

45/10 **O You ! The valley's Neighbor !**

يـــا بــــارة الــــوادي

YA GAARATAL WAADY

Ô ! Toi, la voisine de la vallée !

Song and Music by / *Chanson et musique par* : M. ABDEL WAHAB

Poem by / *Poème de* : AHMAD SHAWKI (See, *Voir Volume 1*)

You, the valley neighbor, I was delighted to revisit those memories that came back to my mind like a flash of dreams. Hence, I couldn't find my words when my eyes fell in love with your splendid scenery. At this point, my eyes have taken the place of my tongue to have a love conversation with you.

(The poet refers to the city of Zahhlé, Libanon as the neighbor of the valley of Ba,albak.)

يَا جَـارَةَ الـوادي طَرِبْتُ وَعَادَنِي مَا يَشبِــهَ الأَحْـلاَمَ مِـنْ ذَكْـرَاكِ
وَتَعَطلَــتْ لُغَــةُ الكَــلاَم وَخَاطبَــتْ عَيـنَـئ فَـي لُغَــةِ الهَــوى عَيـنَــاكِ

YA GAARAT AL WAADY TARIBTU WA-'AADANI MAA YUSHBIHU AL AHHLAAMA MINN ZIKRAAKI. WA TA-'ATTALAT LUGHATU AL KALAAMI WA KHAATABAT 'AYNAAYA FI LUGHATI-L HAWA 'AYNAAKI.

Toi, la voisine de la vallée, j'ai été ravi de revoir ces souvenirs dans mon esprit tel qu'un éclair de rêve. Par conséquent, je ne pouvais pas trouver mes mots quand mes yeux sont tombés en amour avec ton décor splendide. À ce moment là, mes yeux ont pris la place de ma langue pour avoir une conversation d'amour avec toi.

(Le poète se réfère à la ville de Zahhlé au Liban comme la voisine de la vallée de Baa'lbak.)

45/11 **Sing for me a little bit**

غنــــي لـــــي شـــوي شـــوي

GHANNEELI SHWAYYÉ SHWAYYÉ

Chante un petit peu pour moi

A song by / *Chanson de* : OM KULTHOUM

Poem by / *Poème par* : *BIRAM AL TOUNISY

(*See also, *Voir aussi*, 38/03, page 196)

Sing for me a little bit. Sing for me and I offer you my eyes.
Singing is the life for the soul. When the patient listens, he feels much better.
It acts like ointment for the oppressed and intrigues the physicians.
And in the lover's eyes, it turns the darkness of the night to light.
Just a bit, just a bit, just a bit, Sing for me and I am offering you my eyes.

غنـــي لـــي وخـــد عينـــي غنـــي لـــي شويـــة شويـــة	
يسمعهــــا العليــــل تشفيـــه المغنــــــي حيــــاة الروح	
تحتـــار الأطبـــا فيـــه وتـــداوي كبـــد مجـــروح	
فـي عيـون الحبايـب ضـي وتخلـــي ظـــلام الليـــل	
غني لـي غني وخـد عينـي شـــوي شــوي شــوي	

GHANNEELI SHWAYYÉ SHWAYYÉ GHANNEELI WÉKHOD 'EYNAY.
ÉL MAGHNA HHAYAAT ÉR RO-OHH YÉSMAA'HA ÉL 'ALEEL TÉSHFEEH.
WÉT-DAAWI KÉBD MAGROOHH TÉHHTAAR ÉL ATÉBBA FEEH.
WÉ TÉKHALLI ZALAAM ÉL LEIL FI A'-YOON ÉL HHABAAYÉB DAY.
SHÉWAYYÉ SHÉWAYYÉ GHANNEELI GHANNI WÉ KHOD 'ÉYNAY.

Chante pour moi un petit peu, chante et je t'offre mes yeux.
Le chant est la vie de l'âme. Lorsque le malade l'écoute, il se sent beaucoup mieux.
Il agit comme onguent pour l'opprimé et intrigue les médecins.
Et l'obscurité de la nuit dans les yeux des amoureux s'avère de la lumière.
Juste un peu, juste un peu, chante, chante et je t'offrirai mes yeux.

45/12   ABGAD HAWWAZ

أبجـــــد هـــــوز

ABGAD HAWWAZ

A song by / *Une chanson par* : LAYLA MURAD
The poem by / *Le poème par* : HESSEIN EL SAYYED
The Music by / *La Musique par* : ***MUHAMMED ABDEL WAHAB (See also / *Voir aussi* 22/18, 25/20, 61/03, 61/04 and page 120)
Film GHAZAL AL BANAAT (1949)

ABGAD HAWWAZ Compose a word. The teacher's face becomes joyful.
"Was" is the verb to be in the past tense, so, don't bother with.
The past is over and it shouldn't be of our concern.
Mister Dove, we are the pretty. without wings we waddle along and fly.
Malice is our charming nature, so when we say no…no… we really want to say yes.
If Mr. X or Z has arrived, this again should not be of our concerns.
Let us savor the moment and its fantasy and live joyfully its beauty.
- Oh ! What if your father was here with us listening and seeing us singing !
- That's me who will be in the past tense of verb "to be".
- And instead of being remunerated, I will be kicked off.
(ABGAD HAWWAZ are the alphabetical letters in Arabic.)

أبجـــد هـــوز حـــط كلمـــن	شــــكل الاســـتاذ بقـــي منســـجمن
كـــان فعـــــل ماضـــي	مـا تسيبــه فـــــي حالـــه
الماضـــــي ده فـــــات	احنـــــا مالنــــا ومالـــه
اسـتاذ حمام نحـن الزغاليل	مـن غيـر جنـاح بنميـل ونطيـر
والمكـر فينـا طبـع جمـيل	ونقولنـــــا لأ لأ يعنــــي نعمـــن
إن جـاء زيد أو حضـرام طب	إحنـا ملنا انشـالله مـا حضـروا
خلينا فـي الحاضـر وخيالـه	ونعيـــش علـــي بهجتـــه وجمالـه
أه لـو أبـوك حضـر وانـا	وشـاف وسمـع الغنـي ده معانـا
أنـا اللـــي هاصبـــح	فـــي خبـــــر كـــان
وبـــدل المهيـــة هاخـــد صـــرم	

ABGAD HAWWAZ HHOTTI KALIMONN.
SHAKL ÉL USTAAZ BA-A MUNSAGIMONN.
KAAN FÉ-A'L MAADI MATSYBO F-HHAALO.
ÉL MAADI DA FAAT ÉHHNA MALNA WÉMAALO.
OSTAZ HHAMAAM ÉHHNA ÉZ ZAGHALEEL
MÉNN GHEIR GÉNAAHH BNMEEL WÉNTEER.
WÉLMAKRÉ FEENA TAB-A' GAMIL
WEN OLNA LA,, LA,, YA-A'NI NA-'AMONN.
IN GAA-A ZYDONN AW HHADARAAMU
TAB WÉHHNA MALNA N-SHALLA MA HHADARU.
KHALLEENA FIL HHAADÉR WÉKHAYAALO
WÉN-'EESH 'ALA BAHGÉTO WÉ GAMAALO.
- AH LAW ABOUKI HHADAR WAYYANA
- WÉSHAAF WÉ SÉMÉ-'A EL GHÉNA DA M-'AANA
- ANA ÉL LI HASBAHH FI KHABAR KAANA.
- WÉBADAL ÉL MAHÉYYA HAAKHOD SORAMONN.

ABGAD HAWAZ compose un mot. Le visage du professeur devient joyeux.
« Était » est le verbe être au passé imparfait, alors, ne vous souciez pas.
Le passé est révolu et ne devrait pas être parmi nos préoccupations.
M. Colombe, nous sommes les mignonnes.
Sans ailes, nous nous dandinons et nous volons.
La malice est notre nature charmante,
Quand on dit non, non, nous voulons vraiment dire oui.
Si M. X ou M. Z est arrivé, cela, encore une fois,
Ce n'est pas de nos préoccupations..
Laissons-nous savourer l'instant, sa fantaisie et vivre jojeusement sa beauté.
- Ô ! Que faire si votre père était ici avec nous ! Nous écouter et nous voir chanter.
- Il nous voit et nous écoute chanter tout en étant parmi nous.
- C'est moi qui sera dans le passé du verbe être.
- Et au lieu d'être rémunéré, je vais être viré.
(ABGAD HAWWAZ sont des lettres alphabétiques arabes.)

45/13   The celebration of regret.

فـــــــرح الندامـــــــة

FARAHH ÉNNADAAMA.

La célébration du regret.

45/14   **His Eyelashes His Eyelashes**

رمـــش عينـــه رمـــش عينـــه

RÉMSH ʿEINO RÉMSH ʿEINO

Ses cils ses cils

A song by / Une chanson par : MUHARRAM FOUAD

Her eyelashes ! O Her eyelashes ! Her eyelashes ! O Her eyelashes !
This eyelashes hurt me. This eyelashes are killing me.
Who among you could judge between my heart and hers ?
Once, in one of those nights, I was free and my heart too.
My eyes were never kept awaken before,
And love too never crossed my mind.
Until the sweet brunette passed by my side.
Her eyelashes told me to love and be awaken.
A Rosy lip and a diamond tooth, smiled at me from a distance.
They portrayed love as paradise.
So please, tell me all of you what I can do !
It was against my will and without any intention,
I allowed myself to surrender to the sweetheart,
And her dark eyes took me with them and promised me love.
And in the sea of passions, Oh my eye ! They drowned me and made me melt.
This is the whole story, from the beginning to the end.

رمـش عينـه رمـش عينـه   رمـش عينـه رمـش عينـه

رمـش عينـه رمـش عينـه   رمـش عينـه رمـش عينـه
اللـي جرحنـي رمـش عينـه   اللـي دبحنـي رمـش عينـه
قلبــي وبينــه   ميـن يا نـاس بحكـم مـا بيـن
كنـت خالـي وقلبـي خالـي   ليلــة مـن زات الليالـي
والغـرام ما جـاش فـي بالـي   السهــر معرفـش عينـي
رمشـه قاللـي حب واسهـر   فـات علـي الحلـو الأسمـر
مـــن بعيـد اتبسمولـي   شفــة ورد وسنـه لولي
واعمـل إيه يا نـاس قولولي   صورولـي الحـب جنــة
للجميـل سـلمت أمـري   غصب عنـي مـش بخطـري
بالمحبــة عشمونــي   العيـون السـود خدونـي
غرقونـي ودوبونــي   وفـي بحـور الشـوق يا عينـي
مـن البدايـة للنهايـة   هـي دي كـل الحكايـة

RÉMSHÉ 'EINO RÉMSHÉ 'EINO. RÉMSHÉ 'EINO RÉMSHÉ 'EINO.
ÉLLI GARÉHHNI RÉMSHÉ 'EINO ÉLLI DABÉHHNI RÉMSHÉ 'EINO.
MEEN YA NAAS YOHHKOM MA BEIN, ALBI WÉ BEINO.
LÉILA MÉNN ZAAT ÉL LAYAALI. KONTÉ KHAALI WÉ ALBI KHAALI.
ÉS SAHAR MAA'RÉFSH 'EINI. WÉL GHARAAM MAGAASH FI BAALI.
FAAT 'ALAYYA ÉL HHÉLW ÉL ASMAR. RÉMSHO ALLI HHÉBB WÉS-HAR.
SHÉFFA WARD WÉ SÉNNA LOULI. MÉNN BÉ-'EED ÉT BASSÉMOULI.
SAWWAROULI ÉL HHOBBÉ GANNA. WAA'MÉL ÉIH YA NAAS ULOULI.
GHASB 'ANNI MUSH BÉKHATRI LÉLGAMEEL SALLÉMT AMRI.
ÉL 'UYOUN ÉS SOUD KHADOUNI.   BÉL MAHHABBA 'ASH-SHÉMOUNI.
WÉF BUHHOUR ÉSH-SHO-O,, YA 'EINI. GHARRA-OUNI WÉ DAWWÉBOUNI.
HÉYYA DI KOLL ÉL HHÉKAAYA. MÉL BÉDAAYA LÉN NÉHAAYA.

Ses cils Ö ! Ses cils ! Ses cils Ö ! Ses cils !
Ses cils qui me blessent. Ses cils qui me tuent.
Qui parmi vous pourrait juger entre mon cœur et le sien.
Une fois, dans une de ces nuits, j'étais libre et mon cœur aussi.
Mes yeux n'ont jamais été tenus réveillés avant,
Et l'amour aussi ne m'a jamais traversé l'esprit.
Jusqu'à ce que la douce brunette passe à côté de moi,
Et ses cils m'avaient dit d'aimer et d'être réveillé.
Une lèvre rose et une dent en diamant, me sourient de loin.
Ils dépeignent l'amour comme un paradis.
Alors, dites-moi vous tous ce que je peux faire.
C'était contre ma volonté et sans aucune intention.
Je me laissais aller vers ma chérie.
Ses yeux noirs me prirent avec eux et m'ont promis l'amour.
Dans la mer des passions, Ô mon œil ! Ils me noyèrent et me firent fondre.
Ça c'est toute l'histoire, du début à la fin.

45/15 **Peace on you ! You the Night, please extend your hours !**

أمانـــة عليــك يـــا ليـــل طـــول

AMANA 'ALEIK YA LÉIL TAWWÉL

Paix sur toi ! Toi la nuit, prolonge tes heures.

A Song by / *Une chanson par* : KAREM MAHMOUD (See also / *Voir aussi 61/07*)

Peace on you ! You the night, extend your hours !
And bring life from the beginning.
I am a new lover and my heart rejoices. Alas ! I should have loved long ago.
Peace on you ! O night ! O night !
You the night, extend yourself up to the lovers and calls on the eve to hide.
Lovers could sacrifice their lives,
But their date is very precious to be wasted.
And I sing for you, O night ! O night !
And the stars will respond by saying :
"Yes ! Again, from the beginning."
How many years have passed in my life without tasting love.
Calling it with passion and longing for it.
Now I know it and have wishes.
And I sing O night ! O night ! in appreciating the reason for my joy.
I sing for her and say : "O night ! O night !"
She replies and says : "Again from the beginning."
My lover is like the full moon when she appears.
And the contour of her body is like a branch when she strolls.
Her cheeks are the flowers of the garden. And her magic eyes are splendid.
My lover, O night ! Is the bride of the evening.
Therefore, extend you hours for the newlyweds. O night !
I sing to her : "Oh night !" She responds : "Again, from the beginning."
O night ! Extend your hours and bring back the early evening.

وهـــــــــــــات العمر مـــن الأول	أمانـــة عليــك يـــا ليــل طـــول
يا ريتنــــــي عيشــقت عام اول	باحـب جديـد وقلبـي سعيـد
أمانـــة بـــا ليلي يا ليلـــي	أمـــــانة أمـــــــانة
وقـــــول للفجـر مـا ينــش	يا ليـل طـول علـي العشـاق
وساعـــة القـرب مـا تهنـش	يهـون العمـر علـي العشـاق
علــــي السهـــــــران	وأغنيـــــلك يـا ليـل يـا ليـل
تقولـولي كمـان مـن الأول	تـــرد عليـك نجـــوم الليـل
أناجـــــي الحـب وأتمنــاه	سنيـــــن فاتـت وأنـا خالـي
أمـل فـي الدنيـا وبأستنـاه	وأدينـــــي عرفـت وبقالـي
علـــي الفرحـــــان	وأغنـــيلك يـا ليـل يـا ليـل
يقولـــي كمـان مـن الأول	أغنيلـــه واقولـــــه ياليـــل
وعـوده الغصـن لمـا يميـل	حبيبــــي البـــدر لمـا يبـان
وعيونـه السحـر فيهـا جميـل	خـــدوده الـورد فـي البستـان
عـــروس الليـــل	حبيبــــي يا ليـــل
يـا ليـل طـــــــول	علـــي العرس
يقولـــي كمـان مـن الأول	أغنيـــله واقولـــه يـا ليـل

246

AMAANA 'ALEIK YA LEIL TAWWÉL. WÉHAAT ÉL 'OMR MÉL AWWÉL.
BAHHÉBÉ G-DEED WÉ ALBI SA-'EED. YA RÉTNY 'ESH,,TÉ MÉL AWWÉL.
AMAANA YA LEIL YA LEIL.
YA LEIL TAWWÉL 'ALAL 'OSH-SHAA,, WÉ OUL LÉL FAGRÉ MAY BANSHI.
YÉHOUN ÉL 'UMRÉ 'AL 'OSH-SHAA,,   WÉ SAAA'T ÉL ORBÉ MAT HONSHI.
YA GHANNOULEK YA LEIL YA LEIL. 'ALA ÉS-SAHRAAT
WÉY RODDÉ 'ALEIK NUGOUM ÉL LEIL. YÉ OULU KMAAN MÉN ÉL AWWÉL.
SÉNEEN FAATÉT WANA KHAALI, ANAAGI ÉL HHOBBÉ WATMANNAH.
WÉ ADEENI A'RÉFTO WÉ BA-AALI AMAAL FI DDONYA WÉ BASTANNAH.
A GHANNEELAK YA LEIL. 'ALAL FARHHAANN.
AGHANNEELO WA OLLO YA LEIL.
YÉ OLLI KAMAAN MÉNN ÉL AWWÉL.
HHABEEBI ÉL BADRÉ LAMMA YBAAN. WÉ 'OUDO GHOSN LAMMA YMEEL.
KHUDOUDU ÉL WARDÉ FÉL BOSTAANN.
WÉ-A' -YOUNO ÉS SÉHHRÉ FEEHA GAMEEL.
HHABEEBI YA LEIL 'AROOS ÉL LEIL.
'ALAL 'ÉRSAANN YA LEIL TAWWÉL.
AGHANNEELO WA OLLO YA LEIL, YÉ OLLI KAMAANN MÉNÉL AWWÉL.
AMAANA AMAANA YA LEIL TAWWÉL.

Paix sur toi ! Ô la nuit ! prolonge tes heures !
Ramène la vie depuis le début.
Je suis un nouvel amant et mon cœur se réjouit.
Hélas ! j'aurais dû le connaître il y a longtemps.
Paix sur toi ! Ô la nuit ! Ô la nuit !
Ô la nuit, prolonge-toi pour les amoureux.
Et demande à l'aube de se cacher.
Les amoureux pourraient sacrifier leur vie,
Mais leur rendez-vous est trop précieux pour être gaspillé.
Et je chante pour toi. Ô la nuit ! Ô la nuit !
Et les étoiles me répondent en disant : « Oui, recommence dès le début ».
Combien d'années se sont écoulées de ma vie sans connaître l'amour,
En l'appelant avec passion et en le désirant.
Maintenant je le connais et j'ai des souhaits.
Et je te chante, Ô la nuit ! Ô la nuit ! En appréciant la raison de ma joie.
Je lui chante en disant : « Ô la nuit ! »
Elle me répond en disant : « recommence, dès le début. »
Mon amant est comme la pleine lune quand elle apparaît.
Et le contour de son corps est comme une branche quand elle se balade.
Ses joues sont les fleurs du jardin. Et ses yeux magiques sont splendides.
Mon amante Ô la nuit ! C'est la mariée de cette soirée.
Donc, prolonge tes heures pour les nouveaux mariés. Ô la nuit !
Je lui chante en disant : « Ô la nuit ! »
Elle me répond : « recommence dès le début. »
Paix sur toi ! Ô la nuit ! Prolonge tes heures ! Et ramène la soirée dès le début.

Oh You ! The browny

سمـــراء

SAMRAA,,

Ö Toi ! La brunette

A song by / *Une chanson de :* ABDEL HALIM HAFEZ

The Poem by / *Le poème par :* * ABDALLAH AL FAYSAL

(*See also, *Voir aussi,* 38/05,)

Oh You ! The brunette ! You the dream of the childhood.
Oh you ! The hope of the anguished soul.
How your bastion could be reached !
When all means have been exhausted.

سمـــراءُ يَـا حُلْـــمَ الطُفْولَــة يَـا مُنْيَـــة النّفْـس العَليلَـــة
كَيْـفَ الوُصُـولُ إلَـي حِمَـــاكِ وليْسَ فـــي الأمْر حِيلَـــة

SAMRAA-U YA HHULMA ATTUFOULA. YA MUNYATAA NNAFSIL 'AZEEZA.

KAYFA AL WUSOULU ILA HHIMAAKI, WALAYSA FI AL AMRI HHEELA.

Ô toi ! La brunette ! Toi le rêve de l'enfance.
Ô toi ! L'espoir de l'âme tourmentée.
Comment ta citadelle pourrait être atteinte,
Lorsque tous les moyens ont été épuisés !

45/17 **You the host.**
أيهــا الساقـــي
AYYUHA AS SAAKI
Vous l'hôte.
A song by / *Une chanson par :* Fadia El-Hage

You the hostess ! To you I address my complaint
We have invited you and you have been indifferent.

Yet, I dreamed of a stunning face of a companion.
And I drank the cup she gave me.
And every time she awakes up from her drunkenness.
She takes the cup
And makes me drink again and again.

Tall, slim and slender like a willow which has matured.
Dies who falls in her love and driven by her passion.
He would become anxious, and frail.
Whenever he thinks of his departure he begins to cry.
He cries for something that does not happen yet.

My eyesight weakened from forcing to watch.
It denies the moonlight after seeing your beauty.
"And if you want to hear from me then listen" :
My vision grew blurry from the tears overflowing from my eyes.
And part of me shares the cry with the other part.

I no longer have patience or resilience.
Why do my people blame me strongly.
They deny my sorrow that caused by my love story.
People like me have the right to complain.
From despair and humiliation.

My grief is deep and my tears stopped flowing.
Although she is aware of my condition, she doesn't want to admit it.
You who fiercely and unrelentingly refuse to believe.
My love to you has grown and matured.
So, do not say that I pretend to love you.

(This form of song is called MUWASHSHAH. The Muwashshahh has a history of
1000 years around the mediterranean basin. It is originated in AL ANDALUS and it
is a musical form of Arabic poetry written in classical Arabic. The muwashshahhat
usually consists of five stanzas. It was customary to start with one or two lines
which matched the second part of the poem in rhyme and meter. It is believed that
the form of the Muwashshah has had an influence in the form of the poetry and
songs in the West.)

AYYUHA AS SAAKI ILAYKA AL MUSHTAKA
KAD DA'AWNAAKA WALAM TESMA-'I

WANADEEMONN HUMTA FI GHURRATIHI.
WASHARIBTU AR RAAHHA MINN RAAHHATIHI.
KULLAMA ISTAYKAZA MINN SUKRATIHI,
GAZABA AZ ZIKKA ILAYHI WATTAKA
WASAKAANI ARBA'ANN FI ARBA-'I.

GHUSNU BAANÉNN MAALA MINN HHAYTHU ISTAWA.
MAATA MANN YAHWAAHU MINN FIRTI AL HAWA.
KHAAFIKUL AHHSHAANI MAWHOONUL KUWA.
KULLAMA FAKKARA FI LBAYNI BAKA
WAYHHUHU YABKI LIMA LAM YAKA-'I

MA LI'AYNI GHISHYAT BIN NAZARI.
ANKARAT BAA'DAKA NOORUL KAMARI.
FA-IZA MA SH,,TA FASMAA' KHABARI.
GHASHIYAT 'AYNAAYA MINN TOOLIL BUKA
 WABAKA BAA'DI 'ALA BAA'DI MA-'I

LAYSA LY SABRONN WALA GALADU.
MAA LIKAWMI 'AZALU WAGTAHADU.
ANKARU SHKWAAYA MIMMA AGIDU.
MITHLU HHAALI HHAKKAHU ANN TUSHTAKA.
KEMEDE AL YA,,SI WAZULLU AT TAMA-'I

KEBIDI HHARA WADAM-'I YAKIFFU.
YAA'RIFU AZ ZANBA WALA YAA'TARIFU.
AYYUHA AL MUA'RIDU 'AMMA ASIFU.
KAD NAMA HHUBBUKA 'ANDI WAZAKA.
LA TAKOL INNI FI HHUBBIKA MUDDE-'I.

أَيُّهَا السَّاقِي إِلَيْكَ المُشْتَكَى
قَـدْ دَعَوْنَـاكَ وَإِنْ لَـمْ تَسْمَـعْ

وَنَدِيــمٍ هِمْــتُ فِــي غُرَّتِــهِ
وَشَرِبْـتُ الرَّاحَ مِـنْ رَاحَتِـهِ
كُلَّمَـا اسْتَيْقَـظَ مِـنْ سَكْرَتِهِ
جَـذَبَ الـزِّقَّ إِلَيْـهِ وَاتَّكَـى
وَسَقَانِـي أَرْبَعـاً فِـي أَرْبَـعْ

غُصْنُ بَانٍ مَالَ مِنْ حَيْثُ اسْتَـوَى
مَـاتَ مَنْ يَهْوَاهُ مِنْ فَرْطِ الحَـوَى
خَافِـقُ الأَحْشَاءِ مَوْهُونُ القُـوَى
كُلَّمَـا فَكَّـرَ فِـي البَيْنِ بَكَى
وَبُحَّـهُ يَبْكِـي لِمَـا لَـمْ يَقَـعْ

مَـا لِعَيْنِـي عَشِـيَتْ بِالنَّظَـرْ
أَنْكَرَتْ بَعْـدَكَ نُـورَ القَمَـرْ
وَإِذَا مَا شِئْتَ فَاسْمَعْ خَبَـرِي
عَشِيَتْ عَيْنَايَ مِنْ طُـولِ البُكَا
وَبَكَى بَعْضِي عَلَى بَعْضِي مَعِي

لَيْـسَ لِـي صَبْـرٌ وَلاَ جَلَـدْ
مَا لِي قَوْمِي عَذَلُوا وَاجْتَهَـدُوا
أَنْكَـرُوا شَكْوَايَ مِمَّـا أَجِـدْ
مِثْلَ حَالِي حَقُّـهُ أَنْ يَشْتَكِـي
كَمَـدُ اليَأْسِ وَذُلُّ الطَّمَـعْ

كَبِدِي حَـرَّى وَدَمْعِـي يَكِـفُّ
يَعْـرِفُ الذَّنْـبَ وَلاَ يَعْتَـرِفُ
أَيُّهَا المُعْـرِضُ عَمَّـا أَصِـفُ
قَـدْ نَمَـا حُبُّـكَ عِنْدِي وَذَكَـا
لاَتَقُـلْ إِنِّي فِـي حُبِّكَ مُدَّعِـي

Vous l'hôtesse ! C'est à vous que j'adresse ma plainte.
Nous vous avons invitée et vous avez fait l'indifférente.

Pourtant, j'ai rêvé du visage éblouissant d'une compagne.
Et j'ai bu la coupe qu'elle m'a offerte.
Et à chaque fois qu'elle se réveille de sa saoûlerie,
Elle reprend la coupe
Et me fait boire encore et encore.

Grande, mince et élancée comme un osier qui a mûri.
Meurt celui qui tombe dans son amour et porté par sa passion.
Il devient anxieux et fragile.
À chaque fois qu'il pense à son départ, il se met à pleurer.
Il pleure pour quelque chose qui ne se produit pas pour le moment.

Ma vue s'affaiblit à force de la regarder.
Elle nie le clair de lune en voyant ta beauté.
« Si vous voulez avoir de mes nouvelles, alors, écoutez. »
Mes larmes débordent de mes yeux.
Et une partie de moi partage le cri avec l'autre partie.

Je n'ai plus de patience, ni de résilience.
Pourquoi mon peuple me blâme fortement.
Ils nient mon chagrin causé par mon histoire d'amour.
Les gens comme moi ont le droit de se plaindre
Du désespoir et de l'humiliation.

Mon chagrin est profond, et mes larmes cessent de couler.
Malgré qu'elle est au courant de mon état, elle ne veut pas l'admettre.
Toi qui t'acharnes et refuses de croire,
Mon amour pour toi a grandi et mûri.
Donc, ne dis pas que je prétends t'aimer.

(Cette forme de chanson s'appelle muwashshahh. Le muwashshahh a une histoire de 1000 ans autour du bassin méditerranéen. Il est originaire de « l'Andalousie » et c'est une forme musicale de la poésie arabe écrite en langage classique. Le muwashshahh est généralement composé de cinq strophes. Il était coutumier de commencer avec une ou deux lignes en rime et en mètre. On croit que la forme des muwashshahhs a eu une influence dans la forme de la poésie et les chansons en Occident.)

45/18　You pretty ! Say hello. You pretty ! Stop and visit us.
　　　You pretty ! Say good morning. You pretty I Our day will be wonderful.
　　　(A song by MUHAMMED KANDIL)

يــا حلـــو صبــــح يــا حلـــو طـــل   يــا حلـــو صبــــح نهرنـــا فـــل

YA HHÉLW SABBAHH YA HÉLW TOL. YA HHÉLW SABBAHH NAHARNA FOL.

Vous la jolie ! Dites bonjour. Vous la jolie arrêtez-vous et venez nous voir.
Vous la jolie ! Notre journée sera merveilleuse.
(Une chanson de MUHAMMED KANDIL)

45/19　Oh life ! you are confusing the poor and trail him around with you.
　　　And time has betrayed me and bitten me.
　　　Why have you betrayed my trust in you,
　　　While, I have given you a chance to thrive.
　　　And why did you reveal my secret, while I keep yours.
　　　Oh my God ! Only to You that I complain of this treacherous friendship.
　　　(A folkloric song or "MAWWAAL" by AHMAD 'ADAWÉYYA)
　　　(AHMAD 'ADAWÉYYA is the Egyptian famous pop singer in the seventies who sings
　　　folk songs or MAWWAL. He participated in many movies with his MAWWAL like this
　　　one which is from the movie entitled "The slaughterhouse" or "AL SALAKHAANA".)

يــا دنيـا بتحيــري الغلبــان ودابــره بـــه
وأنـا اللـي خنــــي زمانــي وعضني نابـه
تخـــون عيشــي ليه وأنا اللـي طعمتهـــولك
وتبـــوح بسـري ليه وأنا سرك كتمتهـــولك
وخايـــن العيـــش يـا ربـي اشتكيهـــولك

YA DUNYA BÉT HHAYYARI ÉL GHALBAANN WÉ DAYRA BOH.
WANA ÉLLI KHANNI ZAMAANI WÉ 'ADDÉNI NAABOH.
TÉKHOUN 'EISHI LEIH WANA ÉLLI TA'AMTUHOULAK.
WÉ TBOUHH BÉ SÉRRI LEIH WANA SÉRRAK KATAMTUHOULAK.
WÉ KHAAYÉNN ÉL 'EISH YA RABBI ÉSHTAKÉT-HOULAK.

Ô la vie ! Vous confondez le pauvre et le promenez avec vous.
Et le temps m'a trahi et m'a mordu.
Pourquoi avez-vous trahi ma confiance en vous,
Pendant que, je vous ai donné une chance pour vous épanouir.
Et pourquoi avez-vous révélé mon secret, pendant que je garde le vôtre.
Ô mon Dieu ! c'est à Vous seul que je me plains de cette amitié traîtresse.
(Une chanson folklorique ou « MAWWAL » par AHMAD 'ADAWÉYYA)
(AHHMAD 'ADAWÉYYA est un chanteur égyptien célèbre qui chante des chansons
folkloriques, ou « MAWWAL » dans les années soixante-dix. Il a participé dans
plusieurs films avec ses MAWWALS, comme dans le film intitulé « L'abattoir » ou «
AL SALAKHAANA ».) (Voir aussi 45/22)

45/20　O ! On behalf of the prophet, no Abdo. (An old folkloric song.)

لا والنبــــي يا عبـــده

LA WÉ NNABI YA ABDO.
Ô ! Au nom du prophète, non Abdo. (Une vieille chanson folklorique.)

45/21   This is the most beautiful murmur to the most beautiful rose that I still remember like it was today.
(From "Awwel Hamsa" by FARID AL ATRACHE) (See also volume 1)

دي أحــــــلــــــي همســـــة لأحـــلـــــي وردة فكـــــــرها لســــة زي النهــــــاردة

DI AHHLA HAMSA LÉ AHHLA WARDA FAKÉRHA LÉSSA ZAY ÉN NAHARDA.

C'est le murmure le plus beau à la plus belle rose dont je me souvienne encore comme si c'était aujourd'hui.
(De la chanson de Awwél Hamsa de FARID AL ATRACHE) (Voit aussi volume 1)

45/22   The earth is God's and is full of blooming trees.
Mangos are next to the grapes and limes are nearby.
And the same source waters the salty and sweet.
Throughout my life I heard my mother say :
" Continue on your path and I sweare you will never succeed."
(A folkloric song or "MAWWAAL" by AHMAD 'ADAWÉYYA). See also, 45/19.)

الأرض أرض اللــــــه فيهـــــا الشجـــــر طـــارح
المنجة جنب العنـــب وبينهـــم الليــمون ســـارح
والميـــــة واحــــــدة بتسقي الحلــــو والمــالح
أنا طول عمري باسمـــع كلام أمـــــي بتقوللي
روح واللــــــه العظيـــم مـــا انـــــت فالـــج

ÉL ARD ARD ÉLLAAH FEEHA ÉSH SHAGAR TAARÉHH.
ÉL MANGA GANB ÉL 'ÉNAB WÉ BÉNHOM ÉL LAMOUN SERÉHH.
WÉL MAYYA WAHHDA BÉTÉS-I ÉL HHÉLW WÉL MALÉHH.
ANA TOUL 'OMRI BASMAA' KALAAM OMMI BÉT-OLLI,
ROUHH WALLAAHI ÉL 'AZEEM MANTA FAALÉHH.

La terre est à Dieu et elle est pleine d'arbres florissants.
Les mangues sont à côté des raisins et les citrons verts sont à proximité.
Et la même source arrose les douces et les salées.
Tout au long de ma vie j'ai entendu ma mère me dire :
«Continue sur ce chemin et je te jure que tu ne réussiras jamais. »
(Une chanson ou « MAWWAL » par AHMAD 'ADAWÉYYA). Voir aussi, 45/19.)

45/23   Oh ! The beach of Alexandria, The lover's beach !
We went to Alexandria and we fell in love.
Oh ! what a quiet world and pleasant nights that my eyes truly cherish.
(A song by **FAIRUZ)

شـــط اسكندريــة يا شـــط الهــوي   رحنـا اسكندريــة رمانـا الهــوي
يـا دنيـــــا صفيــــــة وليالــــــي رصيـــة أحملهـــا بعتيـــة

SHATTÉ SKÉNDÉRÉYYA YA AHATTÉL YAWA ROHHNA SKÉNDÉRÉYYA RAMAANAL HAWA. YA DONYA SAFÉYYA WÉ LAYAALI RADÉYYA AHHMÉLHA B'ÉNAYYA.

Ô ! La plage d'Alexandrie ! La plage des amoureux !
Nous sommes allés à Alexandrie et nous sommes tombés en amour.
Ô ! Quel monde tranquille, quelles nuits agréables et que mes yeux chérissent..
*(Une chanson de **FAIRUZ)*

45/24   When she met me, she said hallo. O my friend ! O my friend ! She said hallo.
(An old folkloric song from upper Egypt, sung on local instruments such as : the SÉMSÉMÉYYA, RABAABA, and MÉZMAAR.)

سلم علي سلم علي... لما قابلني سلم علي...ولدي يا ولدي...سلم علي

SALLAM 'AALAY SALLAM 'AALAY...LAMMA GABALNI SALLAM 'AALAY...WALADI YA WALADI... SALLAM 'AALAY.

Quand elle m'a rencontré, elle m'a dit salut. Ö mon ami ! Ô mon ami ! Elle m'a dit salut.
(une vieille chanson folklorique de la Haute Égypte, chantée sur des instruments locaux tels que : SÉMSÉMÉYYA, RABAABA, et MÉZMAAR.)

45/25   The girl is white, white, white. The girl is white and what can I do ?
Oh my son ! Oh my son ! I am in love. And the anguish of love is burning me.
(A dance and a pop song by the ***REDA TROUPE)

البنـــت بيضـــة بيضـــة بيضـــة   البنـــت بيضـــة وأنـــا أعمل إيـــه
يـــا واد يـــا ولدي أنـــا حبيـــت   وبنـــــار الهـــــوي انكويـــــت

**ÉL BÉNT BEIDA, BEIDS, BEIDA. ÉL BÉNT BEIDA WANA A'MÉL EIH.
YA WAAD YA WALADI ANA HHABBEIT, WÉB NAAR ÉL HAWA ÉN KAWEIT.**

La fille est blanche, blanche, blanche. La fille est blanche et que puis-je faire ?
Ô mon fils ! Ô mon fils ! je suis amoureux. Et l'angoisse de l'amour me brûle.
*(Une danse et chanson folklorique par la troupe ***RÉDA)*

*AHMAD RAMI (1892 – 1981) : an Egyptian poet. He is best known for writing several songs for the famous Egyptian singers OM KULTHOUM. He was called the "Poet of the youth" in recognition of his significant contributions to the Arabic song.

****AHMAD RAMI (1892 – 1981) :** c'est un poète égyptien, il est surtout connu pour avoir écrit plusieurs chansons pour Om KulthoUm. Il a été nommé « le poète de la jeunesse » en reconnaissance de ses contributions considérables de la chanson arabe.*

**FAIRUZ : she born in 1935. She is a Libanese diva who is widely considered to be the most famous living singer in the Arab World and one of the best known of all time. Her songs are constantly heard throughout the region and sparks the Lebanese national pride.

*****FAIRUZ :** elle est née en 1935. C'est la diva libanaise qui est largement considérée comme la chanteuse la plus célèbre encore vivante dans le monde arabe et en tout temps. Ses chansons sont entendues dans toute la région et c'est la fierté nationale libanaise.*

***REDA TROUPE : it is a folk danse troupe that began in late 1950's under the supervision of MAMOUD REDA and FARIDA FAHMY.

******La troupe Reda :** c'est une troupe de danses folkloriques qui a débuté dans la fin des années 1950 sous la supervision de MAHMOUD REDA et FARIDA FAHMY.*

CHAPITRE 46
Loyalty
الــــــــــوَلَاءُ
De la fidélité

46/01   My country is dearest to me even in the worst of the circumstances. And my parents are the most generous, even if they were difficult with me.
(*ABI FIRAS AL HAMDANI)

بِلادِي وَإِنْ جَــارَتْ عَلَــيَّ عَزِيــزَةٌ   وَأَهْلِــي وَإِنْ ضَنُّــوا عَلَــيَّ كِــــرَام

BILAADI WA IN GAARAT 'ALAYYA 'AZEEZATONN WA AHLI WA IN DANU 'ALAYYA KIRAAMU.

Ma patrie est chère pour moi, même dans les pires des circonstances, et mes parents sont les plus généreux, même s'ils étaient difficiles avec moi.
(*ABI FIRAS AL HAMDANI)

*ABI FIRAS AL HAMDANI (932 – 968) : he was born in Mosul, Iraq. He is from a great family "Al HAMDANI" that governed the north of Syria and Iraq. He was one of the best knight of his time, was courageous, fair and very ambitious. He was imprisoned twice in battles against the Byzantine when he was defending his country. Al Hamdani was killed by his nephew when his ambition drove him to conquer Aleppo from him.

*ABI FIRAS AL HAMDANI (932 – 968) : il est né à Mossoul, en Iraq. Il vient d'une grande famille « AL HAMDANI » qui a gouverné le nord de la Syrie et de l'Irak. Il a été l'un des meilleurs chevaliers de son temps, très courageux, juste et très ambitieux. Il a été emprisonné à deux reprises dans des batailles contre l'Empire Byzantin alors qu'il défendait son pays. Il a été tué par son neveu alors qu'il voulait conquérir Alep de lui.

CHAPITRE 47
Money, Earning and Wealth
المَـــــــــــــــــالْ , الثَّـــــــــــــــراء والأرْزاقْ
De l'argent, du gagne-pain et de la richesse

47/ 01   He who spends continually from his reserves loses control.
        (Anyone who digs continually in the hill could create an avalanche.)

اللــــي بياخـــد مــــن التـــل بيختـــل

ÉLLI BÉYAAKHOD MÉN ÉT TAL BYÉKHTAL.

Celui qui dépense continuellement de ses réserves perd le contrôle.
(Celui qui creuse continuellement dans la colline risque de créer une avalanche.)

47/02   How could you get back what you have already wasted.

اللــــي تفــرط فيــــه إزاي ترجــــع تلاقيــــه

ÉLLI TÉFARRAT FEEH ÉZZAY TÉRGA-A' TÉLA-EEH.

Comment pourriez-vous récupérer ce que vous avez déjà gaspillé.

47/03   Money does great things and allows pedestrian to ride a camel.
        (The camel for Arabs of the Sahara is an important vehicle.)
        (Proposed by my sister Yvonne Shahwan)

الفلــــوس تعمــــل عمـــل وتخللـــي الواقــــف يركــب جمــل

ÉL FÉLOUS BÉTÉ-A'MÉL 'AMAL WÉT KHALLI ÉL WAA-ÉF YÉRKAB GAMAL.

L'argent fait de grandes choses et permet au piéton à monter un chameau. (Le chameau pour les arabes du Sahara est un véhicule important.)
(Proposé par ma sœur Yvonne Shahwan)

47/04   Borrowing is a loss as well as its recovery is one.

السلــــف تلــــف والــــرد خســـارة

ÉS SALF TALAF WÉR RAD KHOSSAARA.

Emprunter est une perte de même que son remboursement en est une.

47/05   Be the sole owner of a small asset and never a co-partner of a greater one.

قيــراط مــلك ولا فـــدان شـــرك

ÉRAAT MÉLK WALA FADDAAN SHÉRK.

Soyez le seul propriétaire d'un petit actif et jamais un co-partenaire d'un bien plus grand.

47/06   Don't be attracted by its low price, you will throw half of it.

مــا يغـــرك رخصـــه هــا ترمي نصـــه

MA YGHORRAK ROKHSO HA TÉRMI NOSSO.

Ne sois pas attiré par son bas prix, tu en jetterais la moitié.

47/07   Whoever sells will be rich for a year, while He who buys will become poor for a
         year.

اللــي بيـــع يغتنـــي ســنـــة واللـــي يشتــري يفتقــر سنــه

ÉLLI YÉBEEA' YÉGHTÉNI SANA WÉLLI YÉSHTÉRI YÉFTÉ-ÉR SANA.

Celui qui vend sera riche durant un an, tandis que celui qui achète deviendra pauvre
pendant un an.

47/08   Regardless of the surplus of a gain, it is considered as extra.
         (Whatever happens to the feathers it is a tip.)

اللــي يجي فــي الريــش بقــشيش

ÉLLI YIGY FÉ ÉR REESH BA,,SHEESH.

Quelque soit le surplus des gains c'est considéré comme un extra.
(Ce qui arrive des plumes est un pourboire.)

47/09   "Between the merchant and the bargain hunter God opens the doors of
         opportunity."
         (When the seller does not agree on the price offered by the buyer, he refused the
         proposal by saying : "God opens" or "YÉFTAHH ALLA".)

بيـــن البايـــع والشـــاري يفتـــح اللـــه

BEIN EL BAYÉA' WÉ ÉSH-SHAARI YÉFTAHH-ALLA.

Entre le marchand et le chasseur d'aubaines, Dieu ouvre les portes de la chance.
(Lorsque le vendeur n'est pas d'accord sur le prix proposé par l'acheteur, il refuse la
proposition en disant : « Dieu ouvre » ou YÉFTAHHALLA.)

47/10   Borrowing and lending cause animosity.

الســلـــف يربـــي عـــداوة

ÉS SALAF YÉRABBI 'ADAAWA.

L'emprunt et le prêt provoquent l'animosité.

47/11   In the market, the defective goods say : "Hide me, hide me, until the inexperienced
         buyer comes and buys me".

الحاجـــة فــي السوق بتـــقول : خبينـي خبينـي لمـا يجـي الخايـب اللـي
زي يشترينـــي

ÉL HHAAGA FI ÉS SOU,, TÉ-OUL KHABBEENI, KHABBEENI LÉGHAAYÉT
LAMMA ÉL KHAAYÉB ÉLLI ZAYYI YÉSHTÉREENI.

La marchandise défectueuse au marché, dit : « Cache-moi, cache-moi, jusqu'à ce
que l'acheteur inexpérimenté vienne m'acheter. »

47/12   Be in your business and your assets increase.

خلليــك فــي حالــك يزيـــد رأس مالــك

KHALLEEK FI HHAALAK YÉZEED RA,,S MAALAK.

Sois dans tes affaires et tes actifs s'accroîtront.

47/13   An immediate loss is better than a risky gain in a distant time.

خســـارة قريبـة ولا مكسـب بعيـــد

KHUSAARA ARIBA WALA MAKSAB BÉ'EED.

Une perte immédiate vaut mieux qu'un gain risqué dans un temps lointain.

47/14   A light work is a pleasure to his owner.

الشغــل الخفيــف بيربــح صاحبــه

ÉSH-SHOGHL ÉL KHAFEEF BÉY RAYYAHH SAHHBO.

Un léger travail est un plaisir à son propriétaire.

47/15   The buyer does not sell.

الشــاري مــا يبعــش

ÉSH-SHAARI MAY BÉ-A'SH.

L'acheteur ne vend pas.

47/16   A loss of money is better than a loss of children.

خســارة فــي المــال ولا خســارة فــي العيــال

KHUSAARA FIL MAAL WALA KHUSAARA FIL 'ÉYAAL.

Une perte d'argent vaut mieux qu'une perte d'enfants.

47/17   Lose your market but not your money.

ضيــع سوقــك ولا تضيــع فلوســك

DAYYAA' SOU-AK WALA TÉDAYYAA' FÉLOUSAK.

Perdez votre marché mais pas votre argent.

47/18   Avoid bad character, for the lack of livelihood is due to the bad mood.
         (AHMED SHAWKI – See volume 1)

وتجنّب كـلّ خلـق لمْ يـرقْ إنّ ضيـقَ الرّزق مــنْ ضيــق الخُلــق

WETEGENNEB KULLE KHULUKÉNN LEM YAROK. INNA DEEK AL RIZKI MIN DEEKI AL KHULOK.

Évitez tout mauvais caractère, car le manque de substance est dû à la mauvaise humeur.

(AHMED SHAWKI – Voir volume 1)

47/19   The dollars are like creams. Both soothe misery.

الدراهــم مراهــم

ÉD DARAAHÉM MARAAHÉM.

Les dollars sont comme des crèmes. Les deux apaisent la misère.

47/20   Take from the poor and add to your own wealth. (Irony)

خــدوا مــن فقْرُهْــمْ وحطــوا علــي غِناهْــم

KHADU MÉNN FA,,ROHOM WÉ HHATTU 'ALA GHÉNAAHOM.

Prenez des pauvres et ajoutez à votre propre richesse. (Ironie)

47/21   "Give us this day our daily bread."
         (Matt, 06 : 11)

خُبْزَنــا كَفَافنــا أعْطنــا البَــوْم

KHUBZUNA KAFAAFANA AA'TINA AL YAWM.

« Donne-nous aujourd'hui la nourriture nécessaire. »

47/22   Even if you are sitting on a treasure, you should spend wisely.

ان كنـت قاعــد علــي بيــر برضـه اصرف بتدبيـر

IN KONT AA'ÉD 'ALA BEER BARDO ÉSSROF BÉTADBEER.

Même si vous êtes assis sur un trésor, vous devriez dépenser à bon escient.

47/23   This attitude is paralyzing.

ده وقــف حــال

DA WA,,F HHAAL.

Cet attitude est paralysante.

47/24   He bestows His lazy workers alike.
(He gives his blessings to the good and bad as well as the one who is in a deep sleep.)

يــرزق الهاجــع والناجــع والنايــم علــي صرصــور ودنــه

YÉRZO,, ÉL HAAGÉA'WÉ NAAGÉA' WÉN NAAYÉM 'ALA SARSOUR WÉDNO.

Il accorde Ses bienfaits aux travailleurs comme aux paresseux.
(Il accorde Ses bienfaits au bon et au mauvais ainsi qu'à celui qui dort sur ses deux oreilles.)

47/25   Earn little and you will sell more.

اكسـب قليـل تبيـع كثيـر

ÉKSAK ALEEL TÉBEEA' K"TEER.

Gagne peu et tu vendras beaucoup plus.

47/26   The livelihood loves agility.

الــرزق يحــب الخفــة

ÉRRÉZ,, YÉHHÉBB ÉL KHÉFFA.

Le gagne-pain aime l'agilité.

47/27   Money softens the Iron.

الفلــوس تليـن الحديـد

ÉL FULOUS TÉLAYYÉN ÉL HHADEED.

L'argent ramollit le fer.

47/28   He who can't afford it does not need it.

اللــي معــهـوش ميلزمــوش

ÉLLI MA-'AHOUSH MAYÉLZAMOUSH.

Celui qui n'a rien n'a pas de besoins.

47/29   Whoever has tasted the saving becomes enraged.

مــن ذاق التحويـش ينصعـر

MANN ZAAKA AL TAHHWEESH YANSA'ÉR.

Celui qui a goûté à l'économie devient enragé.

47/30 The patch of land of a poor man is only dust. But when the rich man acquires it, its value amounts to millions.

(From the movie entitled "BOALTÉYY AL 'AYMA" staring 'ABLA KAAMÉL.)

الأرض في إيد الغلبان متسواش تراب, يشتريها الغني تبقي بالملايين

EL ARD FÉ EED ÉL GHALBAAN MATÉSWAASH TORAAB, YÉSHTÉREEHA ÉL GHANI TÉB-A BÉL MALAYEEN.

Le lopin de terre d'un pauvre homme ne vaut que des poussières. Mais quand l'homme riche l'acquiert, sa valeur se monte à des millions.

(Du film « BOLTÉYY AL 'AYMA » par 'ABLA KAMEL)

47/31 Ye men ! You are the needy of Allah : but Allah is the one Free of all wants, worthy of all praise.

يَا أيُّهَا النَّاسُ أنْتُمْ الفُقَرَاءُ إِلَي اللَّه واللَّه هُوَ الغَنِيُّ الحَميدْ

(فاطر 35 : 15)

YAA AYYUHA ANNAAS ANTUM ALFUKARAA-A ILA ALLAAH WALLAAHU HUWA AL GHANY AL HHAMEED.

Hommes ! Vous êtes les besogneux d'Allah, alors qu'Allah est le suffisant à Lui-même, le digne de louanges.

47/32 There are people who earn their living without fatigue while others work hard to earn trifle.

في ناس بتكسب ولا تتعبش وناس بتتعب ولا تكسبش

FEE NAAS BÉTÉKSAB WALA TÉT'ABSH WÉ NAAS BÉTÉT'AB WALA TÉKSABSH.

Il y a des gens qui gagnent leur vie sans se fatiguer, pendant que d'autres travaillent dur pour gagner des bagatelles.

47/33 He has no money.
(He is on the iron.)

علي الحديدة

'ALA ÉL HHADEEDA.

Il n'a pas le sou.
(Il est sur le fer.)

47/34 A business visit.
(Proposed by Joseph Karroum)

زيارة وتجارة

ZÉYAARA WÉTGAARA.

Une visite d'affaires.
(Proposé par Joseph Karroum)

CHAPITRE 48

Newly Wed and Wedding

الأفـــــراح والعَـرايسْ والعِرْسَـــانْ

Des nouveaux mariés et de la noce

48/01   Marry an old man who spoils you rather than a youth who is not serious.

خـدي شـــايب يدلعـك ولا تخـدي صبــي يلوعـك

KHODI SHAAYEB YÉDALLA-'ÉK WALA TAKHDI SABI YÉLAWWAAÉK.

Marie-toi à un vieux qui te gâte, plutôt qu'à un jeune qui n'est pas sérieux.

48/02   choose the principled girl even if she sleeps on a mat.
(Don't be shy from her roots.)

خـــد الأصيلــة ولـــو كانــت علـــي الحِصيـــرة

KHOD ÉL ASSEELA WALAW KAANÉT 'AL HHASSERA.

Prends la fille qui a des principes même si elle dort sur une natte.

48/03   Oh ! Am I among the ones who will remain like that unmarried. This is not even good for my subconscious.
(*ZINAAT SEDKI)

يعنـــي أنــا اللـــي حافضـل كـــده مـــن غيـــر جـــواز
ده حتـــي مـــش كويـــس علـــي عقلـــي الباطنـــي

YAA'NI ANA ÉLLI HHAFDAL KÉDA MÉNN GHEIR GAWAAZ DA HHATTA MUSH KÉWAYYÉS 'ALA 'AKLI AL BATÉNN.

Suis-je de celles qui resteront comme ça, célibataires ! Ce n'est même pas bon pour mon subconscient.
*(*ZINAAT SEDKI)*

*ZINAAT SEDKI (1913 – 1978) : she was born in Alexandria and learned the art of playing in the movie at the institute of ZAKI TULAYMAAT. She was discovered as comedian artist by NAGUIB AL RIHANI who offered her a role in one of his films. It is AL RIHANI who also gave her the name of ZINAT while she chose the name of her best friend KHAYREYA SEDKI as a second name. She also participated with KHAYREYA SEDKI in almost of her films. She has played in 400 films and was awarded the art prize of president Anwar Sadat in 1976.

*ZINAAT SEDKI (1913 – 1978) : *elle est née à Alexandrie, elle a appris l'art de jouer au cinéma à l'institut de ZAKI TULAYMAT. Elle a été découverte en tant qu'artiste comédienne par NAGUIB AL RIHANI qui lui a proposé un rôle dans un de ses films. C'est N. Al Rihani aussi qui lui a donné le nom de ZINAT alors qu'elle a choisi le nom de sa meilleure amie KHAYREYA SEDKI comme deuxième nom. Elle a également   participé avec KHAYREYA SEDKI dans presque tous ses films. Elle a joué dans 400 films et a remporté le prix artistique du président Anwar Sadat en 1976.*

48/04   I was destined to love the most beautiful, but she is from a high society.
(It was written that I love the moon but the moon is too high.)

أنـا انكتبلـــي أحـــب القمــر بـــس القمــر عالــي

ANA ÉNKATABLI AHHÉB ÉL AMAR BASS ÉL AMAR 'AALY.

J'étais destiné à me marier à la plus belle, mais elle est de la haute société.
(Il était écrit que j'aime la lune mais la lune est très haute.)

48/05   Outside, she is like a doll, at home she is like a cow.

فـي الشـارع عروسـة وفـي البيـت جموسـة

FI SH-SHARÉA' 'AROUSA WÉ FIL BEIT GAMOUSA.

Dehors, elle est comme une poupée, à la maison, elle est comme une vache.

48/06   And when the fish was caught in the net, she wanted to fry it, roast it and eat it.
but she will never be able to do so because his own mother is there.
(*MARY MUNEEB) (Playacting the stepmother.)

وأول مـا السمـك وقـع فـي الشبـك, عايزة تقلــي وتشـــوي وتاكل..
لكـــــن لآ, أمـــه موجـــوده

WÉ AWWÉL MA ÉS SAMAK WÉ-ÉA' FI ÉSH-SHABAK, 'AYZA TÉ,,LI WÉ
TÉSHWI WÉ TAAKOL...LAAKÉN LAA,, OMMO MAWGOUDA...OMMO ANA.

Et au moment où le poisson a été pris dans le filet, elle voulait le frire, le griller et le
manger...mais elle ne sera jamais en mesure de le faire car sa mère à lui est là.
*(*MARIE MOUNIB) (Une interprétation comique de la belle-mère.)*

*MARY MUNEEB (1905 – 1969) : she was born in Damascus, Syria as Mary
Selim Habib Nasrallah and moved to Cairo with her family to live in Shubra. Her
father died when she was 12, she showed a great artistic talent at early age. She
bore her maiden name from her first marriage and began her career in the thirties.
She worked with AL RIHANI in 1937 and continued her career with his group
throughout her life and has played in over 200 movies. Her unforgettable role has
always been that of stepmother. Her memorable expression in the theater play
"ÉLLA KHAMSA" was "You are coming to work as what ?" " ؟ انتي جاية تشتغلي إيه".

MARIE MUNEEB (1905 – 1969) : *elle est née à Damas, en Syrie sous le nom*
de Marie Selim Habib Nasrallah et elle a émigré avec sa famille pour vivre à
Shoubra, au Caire. Son père est mort quand elle avait 12 ans et à cet âge, elle a
démontré un grand talent artistique. Elle a gardé son deuxième nom après son
premier mariage et a commencé sa carrière à 30 ans. Elle a travaillé avec AL
RIHANI en 1937 et a continué sa carrière avec le même groupe toute sa vie puis a
joué dans plus de 200 films. Son rôle inoubliable a toujours été celui de la belle-
mère. Son expression mémorable dans la pièce de théâtre « ÉLLA KHAMSA » était «
Tu viens travailler comme quoi ? » ou « ؟ انتي جايه تشتغلي إيه ».

48/07   Marriage is a protection, a shield.

الجـــواز ستـــــر

ÉL GAWAAZ SOTR.

Le mariage est une protection.

48/08 HENNA's Night
It is one of the most important features of marriage in almost all the arabic world, it is like "Shower" in the western world. It is a celebration for the bride, the day before the wedding ceremony, where the women of the family of the bride and her friends gather to sing and dance. The bride applies the henna on her hands and legs as a traditional symbol.

ليلــة الحنـــة
LÉILÉTT ÉL HHÉNNA.
La nuit du Henné
Il est l'une des caractéristiques les plus importantes du mariage dans la quasi-totalité du monde arabe, elle est comme « le Shower » dans le monde occidental. C'est une célébration pour la mariée, le jour qui précède la cérémonie du mariage où les femmes de la famille de la mariée et ses amies se rassemblent pour chanter et danser. La mariée applique le henné sur les mains et les jambes comme symbole traditionnel.

48/09 Congratulations on your nice bridegroom, you the bride who adorns the wedding. We offer you our best wishes.
(A song by *SHERIFA FADEL)

مبـروك عليكــي عريسـك الخفــة   يــا عروســة يــا مزينــة الزفــة
مبـــــــــروك   عليكـــــــي
MABROUK 'ALEIKI 'AREESÉK ÉL KHÉFFA YA 'AROUSA YA M-ZAYYÉNA Z-ZAFFA MABROUK 'ALEIKI.
Toutes nos félicitations pour ton agréable époux. Toi, l'épouse qui embellis le mariage nous t'offrons nos meilleurs voeux.
*(Une chanson de *SHÉRIFA FADEL)*

48/10 Stroll ! You the beautiful and attractive ! You, the rose garden ! You The stem of the clove. You the bride. The shade of pink around us.

اتمخطـــري يـــا حلـــوة يــا زينــة   يــا وردة مـــن جـــوة جنينــة
يــا عـــود قرنفـــل يــا عروســة   الــــورد ضــــلل علينــا
ÉTMAKHTARI YA HHÉLWA YA ZEINA YA WARDA MÉNN GOWWA GNEINA. YA 'OUD ORONFÉL YA 'AROUSA, ÉL WARDÉ DALLÉL 'ALEINA.
Flâne ! Toi la belle et l'attirante. Toi, la rose du jardin ! Toi, la tige du clou de girofle ! Toi, la mariée ! L'ombre des roses nous entoure.

48/11 The unexpected guest. (He is like the unexpected bridegroom.)
عريــس الغفلــة
'AREES ÉI GHAFLA.
L'invité inattendu. (Il est comme l'époux inattendu.)

48/12 An unmarried virgin of a certain age. (She lost the train.)
فاتهــا القطــر
FATH ÉL ATR.
(Une vieille fille. (Elle a perdu le train.)

Beat the Drum

دقــوا المزاهـر

DO,,OL MAZAHÉR

Frappez les tambourins

(A song by / *Une chanson par* **FARID. EL ATRACHE. See also / *Voir aussi* vol. 1)

You the family members, come over and let us beat the drum.
It is true what has been said that God unites and matches.
What wonder ! The envious eyes are jealous.
The groom is gorgeous like the moon and the bride is outstanding.
And in this evening we have angered all the rival.
Here is the groom, that God bless his elegance and beauty.
Tonight, let us go lighting the candles and be merry.
We wish the same to all the relatives and friends .
While happiness will multiply and be sweet.
Repeat with me and ask God to keep the wife to the husband.

دقــوا المزاهـر يا أهـل البيـت تعالــوا   جمـع ووفـق صدقـوا اللـي قالـوا
عيــن الحســود فيهـا عــود يـا حـلاوة   عريــس قمــر وعروسـتـه نقـاوة
واحنـــــا الليـــــــــــة دي   كنـــــــــا الأعـــــــــادي
وأدي العـرــــــيس اسمالــــه   علــــي حسنــه وحمالــه
قيـدوا الشــموع واتهنــوا الليلـة   عقبالهــم كـل حبايـب العائلـة
تبقـــــــي السعــــادة   سكـــر زيـــــــــادة
قولــــوا معايــــــا انشالــــله   الــــرب يخلليهـــــا لـــه

DO,,OL MAZAHÉR YA AHL ÉL BEIT TA'AALU.
GAMMAA' WÉWAFFA,, SADA,, ÉLLÉ AALU.
'EIN ÉL HHASOUD FEEHA 'OUD YA HHALAAWA.
'AREES AMAR WÉ 'AROSTO NA-AAWA.
WÉHHNA ÉL LEILA DI. KÉDNA ÉL A-'AADI.
WADI ÉL 'AREES ÉS MALLA 'ALA HHOSNO WÉ GAMAALO.
EEDO ÉSH SHUMOUA' WÉT HANNU ÉL LEILA.
'O,,BALHOM KOL HHABAAYB ÉL 'EILA.
TÉB-A ÉS SA'AADA SOKKAR ZÉYAADA.
OULU MA-'AAYA INSHALLA ÉR RAB YÉ KHALLIHAA LO.

Vous, membres de la famille, venez et laissez-nous battre les tambourins.
Il est vrai ce qui a été dit que Dieu unit et accorde.
Quel émerveillement, les yeux envieux sont jaloux.
Le marié est sumptueux comme la lune et la mariée est exceptionnelle
Et dans cette soirée, nous avons mis en colère tous les concurrents.
Voici le marié, que Dieu bénisse son élégance et sa beauté.
Ce soir, allons-y allumons les chandelles et soyons joyeux.
Nous souhaitons la même chose à toute la parenté et amis.
Alors que le bonheur se multipliera et sera doux.
Répétez avec moi et demandez que Dieu garde l'épouse pour l'époux.

48/14   You are still young to be tormented.
(A song by MAHMOUD FAWZY in "FATMA, MARIKKA AND RACHEL.")

كــــان بـــدري عليــك, عليــك بـــدري
KAAN BADRI 'ALEIK 'ALEIK BADRI
Vous êtes encore jeune pour être tourmenté
(Une chanson par MAHMOUD FAWZI en « FATMA, MARIKKA AND RACHEL.»)

48/15   Marriage is like watermelon : it could be red and delicious as it could be tasteless and immature.

الجواز زي البطيخـة : يا تطلـع حمـرة ومعسلــة يا تطلــع أرعــة ومسخـة
ÉL GAWAAZ ZAY ÉL BATTEEKHA ; YA TETLAA' HHAMRA WÉ MÉ'ASSÉLA YA TÉTLAA' AR-'A WÉ MASKHA.
Le mariage est comme la pastèque : elle peut être rouge et délicieuse ou fade et non mûre.

48/16   O Lord our God ! We ask You to crown the couple husband and wife with glory and dignity. And by the work of Your hands, render them accountable.
(In memory of Mgr. Archemandrite Habib Kwaiter.)

أيُّهــــا الــــــــربّ إلهُنـــــا بالمجـــــــدِ والكَرامَــــة كَلَلْهُمـــــا
وعَلـــــــــــــــى أعمـــــــــالِ يَدَيْـــــــــــــك سلّطْهُمـــــا
AYYUHA AR RABBU ILAAHUNA BIL MAGDI WAL KARAAMA KAL-LILHUMA WA 'ALA AA'MAALI YADAYK SALLITHUMA.
Ô ! Seigneur notre Dieu, de gloire et d'honneur couronne ce couple mari et femme. Et par le travail de Vos mains les rendre responsables.
(En mémoire de Mgr. Archemandrite Habib Kwaiter.)

*SHERIFA FADEL : she is a reputed singer born in 1938 and learned singing by the famous religious singers. She was married to the director SAYYED BEDEIR. Her son from him died in "October War" of 1973 and to whom she dedicated her song "The Mother of the Hero". She founded a night club at the Pyramid street.

*SHERIFA FADEL : *elle est une chanteuse réputée, née en 1938 et a appris le chant par des grands chanteurs qui chantent les chants religieux. Elle a été mariée au directeur SAYYED BEDEIR. Son fils de lui est mort dans la « Guerre d'Octobre » de 1973 et à qui elle a dédié sa chanson « La mère du héros ». Elle a fondé un club de nuit sur la rue de la pyramide.*

**FARID. EL ATRACHE (1917 -1974) : he was a Syrian-Egyptian composer, singer, oud player and actor. Having immigrated to Egypt in childhood, Farid is one of the most important figures of 20th Century Arab music. Sometimes referred to as king of the oud.

**FARID. EL ATRACHE (1917 -1974) : *il était un compositeur syro-égyptien, un chanteur, un joueur de oud et un acteur. Ayant immigré en Égypte jeune, Farid est l'une des figures les plus importantes du 20ème siècle de la musique arabe. Parfois désigné comme le roi du oud.*

CHAPITRE 49
Opportunism
الإســـــــتغلال
De l'opportunisme

49/01   You, who took the loom of another where are you going to use it ?

يـــا واحـــد مخـــزل غيـــــرك هاتغـــزل بيـــه فيـــن

YA WAAKHÉD MAGHZAL YEIRAK HATÉGHZÉL BEEH FEIN.

Toi qui a pris le métier à tisser d'autrui, où vas-tu l'utiliser ?

49/02   To him who takes something, time will tell him : bring it back.

مَــنْ خَــدْ شيــئ قَـــال الزمَــان هَاتـــــه

MANN KHAD SHEI,, AAL ÉZ ZAMAAN HAATO.

À celui qui prend une chose, le temps lui dira : ramène-la.

49/03   This expression is used to define a program of rotary service in all the department of an organization or institution. It is also used in sarcastic way to denigrate the opportunist who changes the colour of his political affiliation for his personal interest.

كعـــب دايـــــر

KAA'B DAAYÉR.

Cette expression est utilisée pour définir un programme de service rotatif dans tous les départements d'une organisation ou d'une institution. Elle est aussi utilisée de façon sarcastique pour dénigrer l'opportuniste qui change la couleur de son parti politique pour son intérêt personnel.

49/04   At the end of their military service, the Ottoman soldiers received a beating.

أحـــــر خدمـــــة القُـــــز عَلقـــــة

AAKHÉR KHÉDMÉT ÉL GHOZZ 'AL-A.

À la fin de leur service militaire, les soldats ottomans recevaient une raclée.

CHAPITRE 50
Patience
الصّبــــر
De la patience

50/01   O God ! That my soul finds the patience to tolerate this idiot. (...tolerate this board.)

اللهــــم يطــــولك يـــا روح علـــي هـــذا اللـــوح

ALLAHUMMA YÉTAWWÉLÉK YA RO-OHH 'ALA HAAZA ÉL LO-OHH.

Mon Dieu ! Que mon âme trouve la patience pour tolérer cet idiot.
(...tolérer cette planche.)

50/02   Even if the passion is there and my affection for you is also there yet the patience, my dear, has its limits.
(Song by Om Kulthoum ; "The patience has its limit")

ولو ان الشـــوق موجـــــود   وحنينـــي إليك موجـود إنما للصبر حدود يا حبيبي

WALAW ÉNN ÉSH-SHO-O,, MAWGOUD   WÉHHANEENY ÉLEIK MAWGOUD ÉNNAMA LÉS SABR HHDOUD YA HHABEEBY.

(أغنيــــة للصبـــــر حـــدود لأم كلئوم)

Même si la passion est là et mon affection pour toi est aussi là mais ma patience, mon cher, a ses limites.
(Une chanson de OM KULTHOUM ; « La patience a ses limites »)

50/03   A seed over another seed, make a mound. (...make a dome.)

حبـــة علـــي حبـــة تعمـــل قبـــة

HHABBA 'ALA HHABBA TÉA'MÉL OBBA.

Une graine sur une autre graine donnent un tertre. (...font un dôme.)

50/04   What an end has the buffalo before the ogre !

يـــا مصبـــر الوحـــش علي الجحـــش

YA MSABBARÉL WAHHSH 'AL GAHHSH.

Quelle fin a le buffle devant l'ogre !

50/05   We thought that your visit will be short and pleasent, unfortunately we have just discovered that you intend to spend the winter and summer with us.

افتكـــرناك يـــاضيف خفيـــف لقيـــناك يـــا ضيـــف بتشتـــي وتصيـــف

ÉFTAKARNAAK YA DÉIF KHAFEEF LA-ÉNAAK YA DÉIF BÉTSH-SHATTY WÉ TSAYYÉF.

Nous avons pensé que votre visite sera courte et agréable, hélas nous venons de découvrir que vous avez l'intention de passer l'hiver et l'été avec nous.

50/06   What remains after patience except death !

مـــا ورا الصبـــــر إلآ القبـــــر

MA WARA ÉS SABR ÉLLA ÉL ABR.

Que reste-il après la patience à part la mort !

50/07 Each situation has its good and bad side, while patience is but a self control.
(AHMED SHAWKI)

لِكُــلِّ حَــالٍ حُلْوُهَــا وَمُـــرُّهَــا   مَــا أَدَبُ النَّعْجَـــةِ إلاَّ صَبْرُهَــا

LIKULLI HHAALÉNN HHULWUHA WA MURRUHA MA ADABU NNA-A'GATI ILLA SABRIHA.

Chaque situation a son bon et mauvais côté, alors que la patience n'est qu'une maîtrise de soi.
(AHMED SHAWKI)

50/08 Be patient, patience has its merits, it relieves your pain. Yet, be well informed that if you don't voluntarily wait, fate will compel you to.

إِصْبِرْ فَفِي الصَّبْرِ خَيْرٌ لَوْ عَلِمْتَ بِهِ   لَــمْ تَجْـزَعْ مِــنَ الأَلَـــمِ
وَاعْلَــمْ لَــوْ لَــمْ تَصْبِــرْ كَرَمَــا   صَبِرْتَ رَغَمًا عَلَى مَا خُطَّ بالقَلَمِ

ISBIR FAFI AS SABRI KHAYRONN LAWE 'ALIMTA BIHI LAM TAGZA'U MINA AL ALAMI. WA IA'LAM LAWE LAM TASBIRA KARAMANN SABIRTA RAGHMANN 'ALA MAA KHUTTA BIL KALAMI.

Soyez patient, la patience a ses mérites, elle allège vos peines. Par contre, soyez bien informé que si vous ne patientez pas volontairement, le destin s'en chargera.

50/09 Whoever is patient is likely to reach his goal. Also, he who persists knocking on doors, will eventually reach his target.

أَخْلِــقَ بِـذِي الصَّبْرِ أَنْ يَحْظَــى بِحَاجَتِه   وَمُدْمِــنُ القَــرْعِ للأَبْـــوَابِ يَلْجَــأ

AKHULIKA BIZI AS SABRI ANN YAHHZA BIHHAAGATIHI WA MUDMINU AL KAR'I LIL ABWAABI YALGA-A.

Celui qui est patient de nature atteindra son but. Aussi, celui qui insiste de frapper aux portes, finira par l'atteindre.

50/10 Whoever is patient and control himself achieves what he desires.

مَــنْ صَبَـــرَ وَتَأَنَّـــى نَـــالَ مَـــا تَمَنَّـــى

MANN SABARA WA TA-ANNA NAALA MAA TAMANNA.

Celui qui patiente et se contrôle réalise ce qu'il désire.

50/11 Let us be patient and wait to see the end.

لِمَــا نِشْـــوف أخرتهَــا إيـــه

LAMMA NÉSHOUF AKHRÉTHA EIH.

Soyons patients et attendons de voir la fin.

50/12 Better to be patient with my friend to not get him tired from my shadow.

صبري علــي خَلِّلي لِيطرشِــق مِــن ظِلِلي

SABRI 'ALA KHÉLLI LA YÉTARSHA,, MÉNN DÉLLY.

Mieux vaut être patient avec mon ami, pour ne pas qu'il se lasse de mon ombre.

50/13 Whoever wants honey must endure bee stings.

اللي عايِــز العَسِــل يِصبِــر علــي فِــرْص النحِـــل

ÉLLI 'AAYÉZ ÉL 'ASAL YOSBOR 'ALA ARS ÉN NAHHL.

Celui qui veut le miel doit supporter les piqûres d'abeilles.

50/14 You, who plant patience, you must sift it and sort it out, for the patience is full of advantages. So, be careful not to overlook it or dicard it.
(The lyrics by AHMAD 'ASHOUR and the music by DAOUD HHOSNY, in a song by *SALEH ABDEL HHAY.) (See also, 61/08)

يــــــــــــــا زارع الصبـــــــــر صبـــــــرك غربلــــــــه ونقيــــــــه
ده الصبـــــــــر كله منافـــــــــع إيـــــــاك تهملـــــــه وترميــــــه

YA ZAARÉA' ÉS SABR SABRAK GHARBÉLO WÉ NA,,EEH. DA ÉS SABR KOLLO MANAAFÉA' ÉYYAAK TÉHMÉLO WÉ TÉRMEEH.

*Toi, qui plantes la patience, tu dois la tamiser et la trier, car, la patience est pleine d'avantages. Donc, fais attention à ne pas négliger ni jeter. (La chanson par AHMAD 'ASHOUR et la musique par DAOUD HHOSNY, dans une chanson de *SALEH ABDEL HHAY.) (Voir aussi 61/08)*

*SALEH ABDEL HHAY (1889 – 1962) : he is born in the outskirt of Cairo and was from the school of 'ABDO EL HHAMOULI (1836 – 1901). He was distinguished by his old school of the MAWWAL and MUWASHSHAHHAAT. He was part of a group of friends-artists known as "AL SAHBAGÉYYA" that animated celebrations and weddings since dusk until dawn. Saleh Abdel Hhay had a strong voice and he sang well before the beginning of the radio. He sang operetta's with MOUNIRA AL MAHDIYYA. Muhammed Abdel Wahab, Zakaria Ahmad and Al Asabgy composed for him. His most famous song is "Why you the violet !" " ليه يا بنفسج ".

SALEH ABDEL HHAY (1889 – 1962) : il est né au Caire et il est de l'école de 'ABDO EL HHAMOULI (1836 – 1901). Il a été distingué par son ancienne école des MAWWALS et MUWASHSHHHAATES. Il faisait partie d'un groupe d'amis-artistes connus sous le nom de « AL SAHBAGÉYYA » qui animaient les fêtes et les noces depuis le crépuscule jusqu'à l'aube. Saleh Abdel Hhay avait une voix forte et chantait bien avant les débuts de la radio. Il a chanté des opérettes avec MOUNIRA AL MAHDIYYA. Muhammed Abdel Wahab, Zakaria Ahmad et Al Asabgy ont composé pour lui. Sa chanson la plus célèbre est « Pourquoi toi la violete ! » « ليه يا بنفسج ».

CHAPITRE 51
Perseverance
الصُّمُـــــــــود
De la persévérance

51/01   You the whiner ! You have no reason to complain. What would you do if you are really sick ? You the whiner, you are not sick. Be optimistic and you will see that the world is wonderful.
(*'URWAH IBN AL WARD)

أيهـــا الشّـاكـــي وَمَـــا بــــكَ دَاءُ كَيـــفَ نَبـــدُو إذا غَـــدَوْتَ علَيـــلا
أيهـا الشّـاكـي مَـــا بـــكَ دَاءُ كُـنْ جَميــلا تَـرَي الوُجـــودَ جَميـــلا

AYYUHA ASH-SHAAKI WAMAA BIKA DAA-U KAYFA TABDU IZA GHADAWTA 'ALEELA. AYYUHA ASH-SHAAKI MA BIKA DAA-U. KONN GAMEELANN TARA AL WUGOUDA GAMEELA.

Vous, le geignard ! Vous n'avez aucune raison de vous lamenter. Que feriez-vous si vous étiez vraiment malade ? Vous le geignard, vous n'êtes pas malade. Soyez optimiste et vous verrez que le monde entier est merveilleux.
('URWA IBN AL WARD)*

*'URWAH IBN AL WARD : he is a poet of the preislamic era. Born in 594 from a non-wealthy family. Yet, he was a righteous man and brave knight. He became a rebellious against authority but for social justice. He robbed the rich to feed the poor. He was known by "AL SO-A'LOOK" or the undesirable. (See also, 75/123)

    ****'URWAH IBN AL WARD** : il est un poète de l'ère préislamique. Il est né en 594 d'une famille non-fortunée. Cependant, il était un homme juste et un brave chevalier, il est devenu rebelle contre l'autorité mais pour la justice sociale. Il volait les riches pour nourrir les pauvres. On le nommait "AL SO-A'LOOK" ou le vaurien. (Voir aussi, 75/123)*

51/02   Tell the one who carries a burden he will not carry it forever, for as happiness has an end, the hassle too.
(Proposed by Adel Zemokhol)

قُـــلْ لِمَـــنْ يَحْمِـــلُ همّـــا بِـأنّ همّـــهُ لَـنْ يَـــدُومْ
فكمَـــا تَفنَـــي السّعَـــادَة هكَـــذا تَفنَـــي الهمُـــومْ

KOL LIMANN YAHHMILU HAMMANN BI ANNA HAMMUHU LANN YADOUM. FAKAMA TAFNA AS SA'AADATU HAAKAZA TAFNA AL HUMOUM.

Dites à celui qui porte un fardeau qu'il ne le portera pas à tout jamais, car, comme le bonheur a une fin, les tracas aussi.
(Proposé par Adel Zemokhol)

51/03   Rest assured that if God has drawn your path, He will not abandon you in the middle.

(*BABA KYRILLOS)

ثِــقْ أنَّ الــّذِي اخْتَـــارَ لَكَ أوّلَ الطّرِيـــقْ لَــنْ يَتْــرُكُكَ فـي مُنْتَصَفِـــه

SÉK ANNA AL LAZI IKHTARA LAKA AWWAL AT TAREEK LANN YATRUKUKA FI MUNTASAFIH.

Soyez assurés que si Dieu a tracé votre chemin, il ne vous abandonnera pas en plein milieu.

*(*BABA KYRILLOS)*

*BABA KYRILLOS (1902 – 1971) : he was ordained monk on 1931 and was named Mina after St Mina. He led a life of solitude at Al Natron valley in the desert, midway between Cairo and Alexandria.. In 1959, he was ordained Pope of Alexandria, Coptic Orthodox Church, the successor of St Mark the Evangelist and was named KYRILLOS. Pope Kyrillos did many miracles and for the first time in history, he established Coptic Orthodox Churches in Asia, America, Canada and Australia and returned St Mark's relics from St Mark's church in Venice, Italy. Pope Kyrillos died in March 1971 and was succeeded by Pope Shenouda III.

*BABA KYRILLOS (1902 – 1971) : il fut ordonné moine en 1931 et fut nommé Mina d'après St Mina. Il a mené une vie de solitude dans la vallée de Natron dans le désert, à mi-chemin entre le Caire et Alexandrie. En 1959, il fut ordonné pape d'Alexandrie de l'église Copte Orthodoxe, le successeur de Saint- Marc l'évangéliste, et a été nommé KYRILLOS VI. Le Pape Kyrillos a fait plusieurs miracles et pour la première fois dans l'histoire, il a établi des églises Coptes Orthodoxes en Asie, en Amérique, au Canada et en Australie et a restitué les reliques de St Marc de l'église St Marc à Venise en Italie. Le Pape Kyrillos décède en mars 1971 et a été succédé par le Pape Shenouda III.

51/04   Leave the days continue their course and be satisfied when fate sets his trial. Don't be overwhelmed by the sad events of the nights because the calamities of the world do not last forever.

(AL IMAM AL SHAAFI-'I - See volume I.)

دَعْ الأيَّـــامَ تَفْعَـلُ مَا تَشَـــاءُ   وَطِــبْ نَفْسَــــا إذَا حَكَـــمَ القَضَــاءُ
ولاَ تَجْـــــزَعْ لحَادِثَــةِ اللّيَالـــي   فمَا لِحَـــوادِثِ الدُّنْيَـــا بَقَــــاءُ

DA-'AL AYYAMA TAF'ALU MA TASHAA,, WA TIB NAFSANN IZA HHAKAMA AL KADA,,. WALA TAGZAA' LI HHAADITHATU AL LAYAALI FAMAA LI HHAWAADITHI AL LAYLI AL BAKAA,,.

Laissez les jours poursuivre leur route et soyez satisfaits quand le destin établit son jugement. Ne soyez pas accablés par les tristes évènements des nuits, car les calamités du monde ne durent pas éternellement.

(AL IMAM AL SHAAFI-'I – Voir volume I.)

CHAPITRE 52
Positivity and Negativity, Hope and Freedom,
the Will and the Self-Esteem
السَلْبيَّة والإيجابيَّـــــــــة , الأمـــل والحُريــة , الإرادَة والكرامة
Du positivisme et du négativisme, de l'espoir et de la liberté,
de la volonté et de l'amour propre

52/01　Intoxicate me now and kill me tomorrow.

احينــــي النهـــاردہ وموتنــــي بكــــرہ

ÉHHYEENI ÉNN NAHARDA WÉ MAWWÉTNI BOKRA.

Enivre-moi aujourd'hui et tue-moi demain.

52/02　As long as the son of Adam is alive, he will have bread.

طـول مـا ابـن أدم حـي رزقـــه جـي

TOUL MA ÉBN AADAM HHAY RÉZ-O GAY.

Tant que le fils d'Adam est vivant, il aura du pain.

52/03　He clings to life. (He is hung by ropes from the air.)

متعلــــــق بحبــــال الهـــــوي

MÉT'ALLA,, BÉHHBAALÉL HHAWA.

Il s'accroche à la vie. (Il est accroché par les cordes de l'air.)

52/04　The neighbor deserves pitty more than any other.

الجــار أولــي بالشفقــة

ÉL GAAR AWLA BÉSH SHAFA-A.

Le voisin mérite la pitié plus qu'un autre.

52/05　Everyone dances in his own way, I move my hips and you, you move your tongue to make a speech.
(A quote from the movie " AL RAAKÉSA WAS SIYAASI" or The Belly dancer and the politician. It is the story of *IHHSAAN ABDEL KUDDOUSS and NABILA A'BEID who plays the role of the dancer.) (See page 278)

كل واحد بيُرْقِسْ بطريقته. أنا بأهز وسْطي وانـت بتْلعِّبْ لسَانَكْ وتخْطُب

KOLLÉ WAAHHÉD BÉYOR-OS BÉTARÉ,,TO. ANA BAHÉZZ WÉSTY WÉ ÉNTA BÉTLA-'AA'B LÉSAANAK WÉ TOKHTOB.

Chacun danse à sa façon, moi je bouge les hanches et vous, vous faites jouer votre langue pour faire un discours.
*(Une citation du film « AL RAKÉSA WAL SIYAASI » : La danseuse du ventre et le politicien. C'est l'histoire d'*IHHSAAN ABDEL KUDDOUSS et NABILA A'BEID qui joue le rôle de la danseuse.) (Voir page 278)*

52/06   "The parliament is ready to crush the great leader of this country for the purpose of safeguarding and protecting the constitution."
*(ABBAS MAHMOUD AL AKKAD)

إنّ المَجْلِـــسَ مُسْتَعِــدٌّ أنْ يَسْحَـــقَ أكْبَـــرَ رَأس رَأس فِـــي البِـــلادَ فِـــي سبيـــل صيانـــة الدّستـــور وحمايتـــه

INNA AL MAGLISS MUSTA'IDD ANN YASHHAK AKBAR RAASS FIL BILAAD FI SABEEL SIYAANAT AD DUSTOUR WA HHIMAAYATUH.

« le parlement est prêt à écraser le grand chef de ce pays dans le but de la sauvegarde et la protection de la constitution. »
(ABBAS MAHMOUD AL AKKAD)

*ABBAS MAHMOUD AL AKKAD : (1889 - 1964) . he is one of the most famous and thinkers of his time, was born in Aswan at the Upper Egypt. He graduated in 1903 from the elementary school and didn't finish his academic study any further due to the poor condition of his family at that time. He was obsessed by reading and acquiring knowledge in different fields and was known for his mastering the English language. His most famous works were : al-'Abkariat, God, and Sarah. He was awarded the national prize for literature during Gamal Abdel Nasser in the fifties but he refused the prize as well as the honorary Ph. D. from Cairo University. El'Akkad was also well known by his self confidence and especially in his political positions, he defied despotism and in 1930's revolution at the time of Sa'ad Zaghlool and Al Nahhas Pasha, he called for destroying the highest head in the country if it outbreaks the Egyptian 'Convention'. This saying became his legendary and sent him to prison for the accusation of insulting the personality of the Egyptian king Fouad. Al Aqqad has experienced two real love stories in his life, the first was"Sarah", that he wrote his unique novel about her and gave it the same title "Sarah". The second was with the famous Egyptian actress Madiha Yusri.

*ABBAS MAHMOUD AL AKKAD (1889 - 1964) : *il est l'un des plus célèbres écrivains et penseurs de son temps. Il est né à Aswan en Haute-Égypte et a eu son diplôme primaire en 1903. Il n'a pas terminé ses études universitaires à cause de la situation financière de sa famille à cette époque. Il était obsédé par la lecture, par l'acquisition de connaissances dans différents domaines et maîtrisait bien la langue anglaise. Ses œuvres littéraires sont : Al 'Abkariyyat, Dieu et Sarah. Il a été le lauréat du prix national de la littérature durant le règne de Gamal Abdel Nasser durant les années cinquante, mais il a décliné le prix ainsi que le PH. D. honorifique de l'université du Caire. Al Akkad était bien connu pour sa confiance en soi et en particulier pour ses positions politiques, il a défié le despotisme et durant la révolution de 1930 du temps de Saad Zaghloul et Al Nahhas Pacha, il a appelé à « écraser le grand chef du pays dans le but de sauvegarder et protéger la constitution. » Cet adage est devenu légendaire et l'a envoyé en prison quelques mois. Il était accusé d'avoir insulté le roi Fouad. Al Akkad a été amoureux de deux femmes, la première a été Sarah, il lui a dédié le seul roman qu'il a écrit et qui porte son nom. La seconde a été la célèbre actrice égyptienne Madiha Yusri.*

52/07   It's better to make yourself do what you want, but to ask the help of a vilain
(Instead of asking help of the slave, act for yourself.)

بـدل مـا أقـول للعبد يـا سيـدي أقضي حاجتـي بإيـدي

BADAL MA-OUL LÉL 'ABD YA SEEDI A,,DI HHAGTI BÉ EEDI.

C'est mieux de faire soi-même ce qu'on veut faire, que de demander l'aide d'un scélérat.

(Au lieu de demander l'aide de l'esclave, agis par toi-même.)

52/08   Age brings wisdom and maturity. It needs neither questions nor answers.
(**MAWWAL by ***SHAA'- BAAN 'ABDEL RIHHEEM in the movie : "A citizen
informant and a thief.) (See also 52/08, 09, 10, 11, 12, 13, 14, 15)

العمــر جــد ورجولــة ولا يحتــاج لا ســين ولا جيــم

ÉL 'OMR GADD WÉ RUGOULA WALA YÉHHTAAG LA SEEN WALA GEEM.

L'âge apporte sagesse et maturité. Il n'a besoin ni de questions ni de réponses.

*(**MAWWAL par ***SHAA'- BAAN 'ABDEL RIHHEEM dans le film : Un citoyen, un informateur et un voleur.) (Voir aussi 52/09, 10, 11, 12, 13, 14, 15)*

52/09   I'm not the kind that distorts the words, but rather I like to be direct and sincere.

ومليش يــا نــاس فــي اللّــوَعْ وأحــب أمشــي سليــم

WÉ MALEESH YA NAAS FI ÉD DALAA' WÉ AHHÉB AMSHI SALEEM.

Je ne suis pas le genre qui déforme les paroles, mais j'aime plutôt être directe et sincère. (Voir aussi 52/08)

52/10   I am not the guy who could be conned or intimidated because, throughout my life, I
lived as a right and courageous individual. (See also 52/08)

مـا بأكلـش مــن الأونطــي ومأخفــش مــن الزعيـق
علشان طــول عمري دغـري ومــن زمـان جريــئ

MABAKOLSH MÉNÉL AWANTA WÉ MAKHAFSH MÉNN ÉZ ZÉ-'EE,,.
'ALASHAANN TOUL 'OMRI DOGHRI WÉ MÉNN ZAMAANN GAREE,,.

Je ne suis pas le type qui pourrait être escroqué ou intimidé car, tout au long de ma vie, j'ai vécu comme une personne droite et courageuse. (Voir aussi 52/08)

52/11   I grew up in a poor neighborhood and I used to respect myself to not sleeping at
night humiliated. I made a ball of my worn socks and played on the roof of my
home. (See also 52/08)

متربــي فــي حـي شعبــي ومنمــش وأنــا محــروح
عملــت مـن شرابي كــورة ولعبــت فـوق الســطوح

MÉTRABBI FI HHAY SHAA'BI WÉ MANAMSH WANA MAGROUHH. 'AMALT MÉNN SHORABI KORA WÉL-'ÉBT FO,, ÉS SUTOUHH.

J'ai grandi dans un quartier populaire et j'avais l'habitude de me faire respecter pour ne pas dormir la nuit humilié. J'ai fait une balle de mes chaussettes usées et j'ai joué sur le toit de ma maison. (Voir aussi 52/08)

52/12   I am keen on living naturally and I am very strict on etiquette. Sometimes I dine meat and other times cucumber and bean. (See also 52/08)

أحـــــب أعيـــش طبيعـــي وبأفهـــم فـــي الأصـــول
ساعـــات أتغـــدي لحمـــة وساعـــات خيـــار وفـــول

AHHÉB A-'EESH TABEE-'I WÉ BAFHAM FIL USOUL. SA'AAT ATGHADDA LAHHMA WÉ SA'AAT KHÉYAAR WÉ FOUL.

J'aime vivre au naturel et je comprends l'étiquette. Parfois je dîne de la viande et d'autres fois des concombres et des fèves. (Voir aussi 52/08)

52/13   I am not the type who can be misled nor that who is hard with the weak. I do not eat at night but sleep light. (See also 52/08)

مـا بأكلـــش مـــن الأونطـــي ولا أقســـي علـــي الضعيـــف
بالليـــل ما باحبـــش أكـــل وأحـــب أنـــام خفيـــف

MA BAKOLSH MÉL AWANTA WALA BA,,SA 'AD DA'EEF. BÉL-LEIL MA AHHÉBBÉSH AAKOL WÉ AHHÉB ANAAM KHAFEEF.

Je ne suis pas le type qu'on peut tromper ni celui qui est dur avec les faibles. Je n'aime pas manger le soir mais plutôt dormir léger. (Voir aussi 52/08)

52/14   I like the people of my district, and I have tried love. I protect the girl of my country and I smack he who dares harassing her. (See also 52/08)

بأحـــب ولاد حرتنـــا والحـــب مـة مجربـــه
وباغيـــر علـــي بنـــت بلـــدي واللي يعاكسـها أضربـــه

BAHHÉB WÉLAAD HHARÉTNA WÉL HHOB MÉ GARRABO. WÉ BAGHEER 'ALA BÉNT BALADI WÉLLI YÉ 'AKÉS-HA ADRABO.

J'aime les gens de mon quartier et j'ai essayé l'amour. Je protège la fille de mon pays et je frappe celui qui ose la courtiser. (Voir aussi 52/08)

52/15   Today's art my friend, is no longer true art. Everyone became a writer and all they do is nothing but noise. (See also 52/08)

الفـــن يـا مراحـــب خـــلاص معـــدش فـــن
الكـــل بقـــي بيـــألف والكـــل نـــازل زن

ÉL FANN YA MARAAHHÉB KHALAAS MA'ADSH FANN. ÉL KOL BA-A BÉY-ALLÉF WÉL KOLLÉ NAAZÉL ZANN.

L'art d'aujourd'hui mon ami, n'est plus l'art véritable. Tout le monde est devenu écrivain et tous ne font rien que du bruit. (Voir aussi 52/08)

52/16   Art is something simple and has never been complicated. All you need is a little bit of sympathy, two beautiful words and a kiss.(See also 52/08)

الفـــن حاجـــة سهلـــة ولا كـنش عمـره حوســة
يـدوب شويـــة خفـــة علـــي كلمتين وبوســة

ÉL FANN HHAAGA SAHLA WALA KANSH 'OMRO HHO-OSA. YADO-OB SHÉWAYYÉT KHÉFFA 'ALA KÉLMÉTEIN WÉ BO-OSA.

L'art est chose simple et n'a jamais été compliquée, tout ce dont vous avez besoin c'est d'un peu de sympathie, deux belles paroles et un baiser. (Voir aussi 52/08)

*IHHSAAN ABDEL KUDDOUSS (1929 – 1990) : he is of Turkish origin. He graduated in law and was a lawyer, then he devoted his career to writing. He wrote novels and as columnist for Al-Akhbar and Al-Ahram newspapers. His novels were groundbreaking for their time and were influenced by the western culture. His mother had founded the magazines Rose Al-Youssef and Sabah Al-Kheir

*IHHSAAN ABDEL KUDDOUSS (1929 – 1990) : il est d'origine turque. Il est diplomé en droit et a été avocat ; ensuite, il a consacré sa carrière à l'écriture. Il écrivait des romans et en tant que journaliste, des articles pour Al-Akhbar et Al-Ahram. Ses romans étaient avant gardistes pour leur temps et ils ont été influencés par la culture occidentale. Sa mère avait fondé les revues Rose Al-Youssef et Sabah Al-Kheir

**MAWWAL : is a poetry sung in colloquial rather than classical vocalist and the singer shows off his skills with non-metrical melodic improvisation on a piece of narrative poetry. It is also a genre of vocal music in which musicians play the flute and rababa. The mawwal is characterized by the pronunciation of syllables and vowels longer than usual.

**MAWWAL : C'est de la poésie chantée en arabe dialectal plutôt que classique et le chanteur démontre ses compétences avec l'improvisation mélodique non-métrique sur un texte de récit poétique. C'est aussi un genre traditionnel de la musique vocale dans lequel les musiciens jouent la rababa et la flûte. Le mawwal se caractérise par la prononciation des syllabes et des voyelles plus longues que d'habitude.

***SHAA'BAAN 'ABDEL RIHHEEM : he is known as "Shaa'bulla" and he is a phenomenal singer who rose to fame a few years ago. He had a difficult childhood and a hostile environment. Before he became popular, he worked as ironing clothes. In Egypt, the ironing is done by a traditional cast iron rectangular shape with a handle and is warmed up on the fire directly. Shaa'bulla, became popular when he began hosting the wedding celebrations in the rural districts. The main reason of his sudden success is the meaning and intent of his lyrics. Each song treats a very specific topic about the difficulties of daily life and social concern to the heart and mind of the Egyptian people.

***SHAA'BAAN 'ABDEL RIHHEEM : il est connu sous le nom de « Shaa'boulla » et il est un chanteur phénoménal qui a atteint la célébrité il y a quelques années. Il a connu une enfance difficile et un environnement hostile. Avant qu'il ne devienne populaire, il a travaillé comme repasseur de vêtements. En Égypte, le repassage traditionnel est fait par un fer en fonte d'une forme rectangulaire avec une poignée et qu'on réchauffe sur le feu directement. Shaa'boulla, est devenu populaire quand il a commencé à animer les célébrations de mariage dans les districts ruraux. La raison principale de son succès soudain est le sens et l'objectif des paroles de ses chansons. Chaque chanson traite d'un sujet très précis sur les difficultés de la vie sociale et quotidienne qui préoccupe le cœur et l'esprit du peuple égyptien.

53/01   Like a drum, loud and empty.

زي الطـبل صـوت عالـي وجـوف خالـي

ZAY ÉT TABLE SO-OT 'AALY WÉ GO-OF KHALY.

Comme un tambour, bruyant et vide.

53/02   Sick and claims to be a healer.

علــيل وعامــل مــداوي

'ALEEL WÉ'AAMÉL MÉDAAWI.

Malade et prétend être guérisseur.

53/03   He is penniless and crushed. Oh how sad ! Yet he employs an Italian coach for his football team .

فلْسَــــانْ وتَعْبَـــانْ أه يانـــي ومأْحَـــر للكــــورة مُـــدرِّب طليانـــي

FALSAAN WÉ TAA'BAAN AAH YAANI, WÉ MÉ AGGAR LÉL KO-ORA MUDARRÉB TULYAANI.

Il est sans le sou et accablé. Ô quelle tristesse ! Mais, il emploie un entraîneur italien pour son équipe de football.

53/04   Not by my people that I claim my pride but rather, my people claiming pride in me. I am proud of my self and not my ancestors.
(AL MUTANABBI)

لا بقومـي شـرُفتُ بَـلْ شرُفـوا بــي   وبِنَفسـي فخَــرْتُ لا بجـــدُوُدِي

LA BIKAWMI SHURRIFT BAL SHURRIFOU BI. WA BINAFSI FAKHURTU LA BIGUDOUDI.

Ce n'est pas par mon peuple que je revendique mon orgueil mais, plutôt, mon peuple qui revendique sa fierté en moi. Je suis fier de moi et non de mes aïeux.
(AL MUTANABBI)

53/05   Whoever you are, if you think you can hide your intention by pretending, you are wrong. Anyway, people will eventually know.
(ZOHEIR IBN ABI SALMA) (See also 23/02, page 108)

ومهما تكـن عنـد أمـري،ء مـن خليقــة   وإن خالها تخفـي علي النـاس تعلـم

WAMAHMA TAKONN 'INDA IMRI-INN MINN KHALEEKATÉNN WA IN KHAALAHA TUKHFA 'ANI NNAASI TUA'LAMU.

Qui que vous soyez, si vous pensez pouvoir cacher votre intention en faisant semblant, vous vous trumpez. Quoi qu'il en soit, les gens finiront par le savoir.
(ZOHEIR IBN ABI SALMA) (Voir aussi 23/02, page 108.)

53/06   He is like the Turkish beggar, while he is hungry, his pride prevents him from begging.

زي شحـــات التـــرك حعـــان ويقـــول مـــش لازم

ZAY SHAHH-HHAAT ÉT TORK, GAA'ANN WÉY OOL MUSH LAAZÉM.

Il est comme le mendiant turc, alors qu'il est affamé, son orgueil l'empêche de quémander.

53/07   He thinks he is a bigshot. (He thinks he is Abou 'Ali.)

عامـل نفسـه أبـو علـي

'AAMÉL NAFSO ABOU 'ALI.

Il se prend pour un autre. (Il se prend pour Abou 'Ali.)

53/08   What we have gained by living in a foreign country except twisting our chin.

مـــا نَبْنَـــا مـــن غُرْبتنـــا إلاَّ عَوْجِـــتْ ضَبْنَـــا

MA NABNA MÉNN GHORBÉTNA ÉLLA 'AWGÉTT DABBÉTNA.

Qu'avons nous gagné en vivant dans un pays étranger sauf la tortion de notre menton.

53/09   What he did is no big deal.
(Did he conquer Acre !)
(The city of Acre was occupied by the crussades in 1192 during their third invasion of the Holy Land. The famous SALAH EDDINE AL AYYOUBI was not able to liberate this city. Yet, the Sultan of Egypt ASHRAF KHALIL was able to regain Acre in 1292. This event is considered a pride in Egyptian Culture commemorating this fact.)

يعنـــي هـــو فتـــح عـكا

YAA'NI HOWWA FATAHH 'AKKA.

Ce qu'il a fait n'est pas une grosse affaire.
(A-t-il conquí Acre !)
(La ville d'Acre fut occupée par les Croisades en 1192 au cours de leur troisième invasion de la Terre Sainte. Le célèbre SALAH EDDINE AL AYYOUBI n'était pas en mesure de libérer cette ville. Pourtant, Le Sultan d'Égypte ASHRAF KHALIL a pu reprendre Acre en 1292. Cet évènement est considéré comme une fierté dans la culture égyptienne commémorant ce symbole.)

53/10   How often the clothes hide calamities !
(How often the pretentious appearance hides the poverty.)

يـامـا الهـــدوم بتستـــر بــلاوي

YAAMA ÉL HUDOUM BÉTOSTOR BALAAWI.

Souvent les vêtements cachent les malheurs.
(Combien de fois l'apparence prétentieuse cache la pauvreté.)

53/11   Deceptive appearances.

المظاهـــر الكذابـــة

AL MAZAAHÉR AL KADDAABA.

Les apparences trompeuses.

53/12   He who created the heavens has built a house for us, with a foundation that is
deeper and more powerful than any other. A house that was built with the blessing
of God, established by God and as solid as the mountains. You, who is a lower class
and poor reputation, tell me who is your uncle and if he is compared to mine. My
uncle is well known and highly respected and his reputation is the best.
(See the answer by **GAREER to this argument 53/13)
*(AL FARAZDAK)

إنّ الّذي سمَكَ السّمَاءَ بَنَى لَنَا   بيتَـــا   دَعَائمُـــهُ أعَـــزُّ وَأطْـــوَلُ
بيَتَـــا بَنَـاهُ لنَـا المَليـكُ وَمَا بَنـى   حَكــمُ السّمَـــاءِ فانّـــهُ لَا يُنقَـلُ
يَا ابْنَ المَرَاغَةَ ايْـنَ خَـالكَ ؟ انّـي   خَالـي حَبَيْـشٌ ذُو الفَعّـالُ الأفضَل

INNA ALLAZI SAMAKA AS SAMAA-A BANA LANA BAYTANN DA'AA-IMUHU
A'AZZU WA ATWALU. BAYTANN BANAAHU LANA AL MALEEKU WAMA
BANA HHAKAMU AS SAMAA-I FA-INNAHU LA YUNKALU. YA IBNA AL
MARAAGHATA   AYNA KHALUKA   INNANI KHAALI HHUBEISHU ZUL
FI'AALU AL AFDALU.

*Celui qui a créé les cieux a bâti une maison pour nous, avec une fondation qui est
plus profonde et plus puissante que tout autre. Une maison qui est érigée avec la
bénédiction de Dieu, mise en place par Dieu et solide comme les montagnes. Toi,
qui est d'une basse classe et de mauvaise réputation, dis-moi qui est ton oncle et si
on le comparait au mien. Mon oncle est bien connu et très respecté et sa réputation
est la meilleure. (Voir la réplique de **GAREER à cet argument 53/13)*
(AL FARASDAK)

53/13   The AL FARAZDAK's uncle that he is proud of, is like the shade of a frail tree. Yet,
He who created the heavens has drawn for us a glory that has exceeded yours. A
glory that is unique and nobody dare copying it.
**(AL GAREER) (See also 54/09, 54/10)

كَــانَ الفَــرَزْدَقُ إذْ يَعُــودُ بخَالــه   مثْــلَ الذّليــلَ يَعُــودُ تَحْــتَ القَرْمَــل
إنّ الّذي سمَكَ السّمَاءَ بَنـى لَنَا   عِــزّا عَــلاكَ فمَــا لَــه مَــنْ مَنقَــل

KAANA AL FARAZDAKU IZ YA-'OOZU BIKHAALIHI MITHLA AL ZALEELI YA-
'OOZU TAHHTA AL KURMULI. INNA AL LAZI SAMAKA AS SAMAA-A BANA
LANA 'IZZANN 'ALAAKA FAMAA LAHU MINN MANKALI.

*L'oncle d'AL FARAZDAK dont il est fier, est comme l'ombre d'un arbre fragile.
Pourtant, celui qui a créé les cieux a établi une gloire pour nous qui a dépassé la
vôtre. Une gloire qui est unique sans que personne n'ose la copier.*
**(AL GAREER) (Voir aussi 54/09, 54/10)*

53/14   The debts are both inside and outside and the situation goes from bad to worse, yet
habits are still the same for those who pretend and do not intend to accept reality.

بَره ديون وجـوه ديـون والحالـة مدحـدرة والـداء هـو الـداء يا غـاوي فشخـرة
BARRA D-YOUN WÉ GOWWA D-YOUN WÉL HHAALA MÉDDAHHDARA WÉ
ÉD DAA,, HOWWA ÉD DAA,, YA GHAAWI FASHKHARA.

*Les dettes sont de l'intérieur comme de l'extérieur et la situation va de mal en pis,
mais les habitudes sont encore les mêmes pour ceux qui font semblant et n'ont pas
l'intention d'admettre la réalité.*

53/15   Misleading snobbery.

أنعــــرة كذابــــة

AN'ARA KADDAABA.

Le snobisme trompeux.

*AL FARAZDAK (641 – 730) : he was born in Kuwait, and lived in Basra, Iraq. His family has a great reputation and his father was famous for his generosity and hospitality. At age 15, Al Farazdaq was known as a poet, but shortly thereafter, he devoted his attention to studying the Koran as by the advise of ALI IBN ABI TAALEB.

*AL FARAZDAK (641 – 730) : *il est né au Kuwait et a vécu à Basra en Irak. Sa famille est d'une grande réputation et son père était célèbre pour sa générosité et son hospitalité. À l'âge de 15 ans, AL FARAZDAK était connu comme un poète, mais peu de temps après, il a consacré son attention à l'étude du Coran par les conseils d'ALI IBN ABI TAALEB.*

**AL GAREER : (653 – 732) : he is an Arabe poet and satirist. He was born and died in Yamamah, Saudi Arabia during the reign of the Caliph Osman. He was from a poor family, yet he was proud of his roots in his poems. He became best known for his rivalry with poets AL FARAZDAK and AL AKHTAL. He has largely devoted his talent to satire of these two poets.

**AL GAREER : (653 – 732) : *il est un poète et satiriste arabe. Il est né et il est mort à Yamamah, en Arabie Saudite pendant le règne du calife Osman. Il était d'une famille pauvre, pourtant il était fier de ses racines dans ses poèmes. Il est devenu plus connu pour sa rivalité envers les poètes ; AL FARAZDAK et AL AKHTAL. Il a consacré son talent en grande partie à la satire de ces deux poètes.*

CHAPITRE 54
The Poems and the Poets
الشــــــــــعر والشعــــــــراء
De la poésie et les poètes

54/01   I kept knocking on the door until my hand started hurting me. And when I felt pain in my hand, she answered me. Then she said : "Be patient Ismail" to which I replied : "O Asma ! "Have mercy on my patience."
(These verses are known for the brilliant play of words and it is also believed that the poet wrote these two verses to commemorate his name.)
*(ISMAIL SABRI) (Proposed by Renée Al Masri)

طَرَقْتُ البابَ حَتَّى كَلَّ مَتْنِي ولمَّا كَلَّ مَتْنِي كَلَّمَتْنِي
فقالـــــــت يا إسماعيـــــل صبــراً فقلت يا أسـما عيـل صبـري

TARAKTU AL BAABA HHATTA KALLA MATNY. WALAMMA KALLA MATNY KALLAMATNI. FAKAALAT YA ISMAILA SABRANN. FAKOLTU YA ASMA 'EELI SABRI.

J'ai continué à frapper à la porte jusqu'à ce que ma main a commencé me faire mal. Et quand j'ai senti les douleurs de ma main, elle m'a répondu. Puis elle a dit : « Soyez patient Ismail » à laquelle j'ai rétorqué : « Ô Asma, Ayez pitié de ma patience. »
(C'est versets sont réputés pour le jeu brillant de mots et on croit aussi que le poète a écrit ces deux versets pour commémorer son nom.)
(ISMAIL SABRI) (Proposé par Renée Al Masri)

*ISMAIL SABRI (1854 – 1923) : he was a lawyer and received his bachelor degree from France. He served as Governor of the city of Alexandria. He is considered one of the first poets who revived the Arabic poetry in recent history.

*ISMAIL SABRI (1854 – 1923) : *Il était un avocat et il a obtenu son baccalauréat de France. Il occupa le poste de gouverneur de la ville d'Alexandrie. Il est considéré comme l'un des premiers poètes qui a fait renaître la poésie arabe dans l'histoire récente.*

54/02   The pretty girl would never remove her veil, if there were among the group, real men
(KHALIL MUTRAN) (See also 21/08)
(Proposed by Hani Kattami)

ما كـانَتِ الحَسـناءُ تَرْقـعٌ سِتـرَها لوْ كـانَ فـي هَـذي الجمـوعِ رِجـال

MA KAANAT AL HHASNAAU TARFA-'U SITRAHA LAWE ANNA FI HAAZI AL GUMOU-'I RIGAALU.

La jolie fille n'oserait jamais enlever son voile, s'il y avait parmi le groupe, de vrais mâles.
(KHALIL MUTRAN) (Voir aussi 21/08)
(Proposé Par Hani Kattami)

54/03   For your information, never a nation feels trapped by its citizens but, sometimes, the dreams of men get stuck.
*('AMR IBN AL AHTAM)

لعَمْركَ مـا ضَاقَـتْ بِـلادُ بِأهْلِهـا ولَكـنْ أحْـــلام الرجـــالِ تَضيـقْ

LI-'AMRIKA MA DAAKAT BILAADONN BI-AHLIHA WALAAKENN AHHLAAMU AR RIGAALI TADEEKU.

Pour votre information, jamais une nation ne se sent piégée par ses citoyens, mais quelquefois les rêves des hommes sont bafoués.
*('AMR IBN AL AHTAM)

*'AMR IBN AL AHTAM : was born before Islam and met with the Prophet MUHAMMED when he was 9 years old. He was noble and worthy among the people of his tribe. He was smart and one of the eloquent speakers of his time. His father had lost his teeth in an accident so he was known by Al Ahtam or "man without teeth".

*'AMR IBN AHTAM : *il est né avant l'Islam et a rencontré le Prophète MUHAMMED quand il avait 9 ans. Il était un homme noble et digne parmi les gens de sa tribu. Il était intelligent et l'un des orateurs éloquents de son temps. Son père avait perdu ses dents dans un accident donc il était connu par AL AHTAM ou « l'homme sans dents ».*

54/04   It's a shame to interdict others of what you start doing. Begin first by controlling yourself from falling into temptation and if you succeed, then you are a wise man.
(*ABU AL ASWAD AL DUALI)
(Proposed by Adel Zemokhol)

لا تُنْهـي عَـنْ خُلُـقٍ وتَأتِـي مِثْلَـهُ   عـارٌ عَلَيْـكَ إذا فعَلـتَ عَظيـم
إنَـــدأ بِنَفْسِـكَ فانْهِهـا عَـنْ غَيِـها   فـإذا انْتَهِتْ عَنْهُ فأنْـــتَ حَكيـم

LA TUNHI 'AN KULUKENN WATA,,TI MITHLAHU. 'AARONN 'ALAYKA IZA FA-'ALTA 'AZIMA. IBDA,, BINAFSIKA FA ANHIHA 'AN GHIYIHA 'AN-FA-IZA INTAHAT 'ANHU FA-ANTA HHAKEEMA.

C'est une honte d'interdire aux autres ce que vous vous faites. Commencez d'abord par vous contrôler pour ne pas tomber dans la tentation et si vous réussissez, alors vous êtes un homme sage.
(*ABU AL ASWAD AL DUALI)
(Proposé par Adel Zemokhol)

*ABU AL ASWAD AL DUALI (603 – 688) : he was a close companion of Ali Ibn Abi Taleb and was the first to place dots on Arabic letters.

*ABU AL ASWAD AL DUALI (603 – 688) : *il a été un proche compagnon de Ali Ibn Abi Taleb et le premier qui a placé des points sur des lettres arabes.*

54/05   If you want to live safe from bad critics, to respect your religion and shield your dignity, don't let your tongue fool anyone. You have flaws in yourself and hence, people can criticize. If your eyes notice the defects, you should be indifferent to their mistakes and tell yourself that people too, have eyes. Be nice to the people, do good and forgive the wrongdoer. Defend yourself but in an agreable manner.

(AL IMAM AL SHAFI'I See also 63/03, 70/15 and volume 1.)

(Proposed by Sami Maalouf)

أذا رُمْتَ أنْ تَحْيا سَليماً مِـــنَ الأذى   وَدينــــكَ مَوْفــــورٌ وَعِرْضـــكَ صِيــنْ
لِســـــــانُكَ لا تَذْكُـــرْ بِــه عَــورَةَ امْرئ   فَلَكَ عَــــــــوراتٌ وللنــــاسِ ٱلسُــنُ
وعينُـــــاكَ إنْ أبْـــدَت إليْـــكَ مَعايِـــا   فَدَعْها وَقُلْ يا عيْنَــي للنــاسِ أعْيُنْ
وعاشِـرْ بمَعْـروفٍ وسامِحْ مَـنْ اعْتدى   وَدافِـعْ وَلكِــنْ بالتــي هِـــي أحْسَنْ

IZA RIMTA ANN TAHHYA SALEEMANN MINA AL AZA WA DEENUKA MAWFOORONN WA 'ARDUKA SAYYINU, LISAANUKA LA TAZKORU BIHI 'AWRATONN, FALAKA 'AWRAATONN WA LI N-NAASI ALSUNU. WA 'AYNAAKA INN ABDAT ILAYKA MA'AAYIBA, FEDE-A'HA WA KOL YA 'AYNI LI N-NAASI AA'YUNU. WA 'AASHÉR BIMAA'ROOFÉNN WA SAAMÉHH MAN I A'-TADA WA DAAFÉA' WA LAAKÉN BILLATI HIYA AHHSANU.

Si vous voulez vivre à l'abri des mauvaises critiques, le respect de votre religion et le blindage de votre dignité, ne laissez pas votre langue ridiculiser quiconque. Vous-même, vous avez des vices et que les gens peuvent critiquer. Si vos yeux remarquent des défauts, vous devriez être indifférents devant leurs erreurs et dites-vous que les gens aussi ont des yeux. Soyez agréable envers les gens, faites du bien et pardonnez à l'autre. Défendez-vous mais d'une manière acceptable.

(AL IMAM AL SHAFI'I Voir aussi 63/03, 70/15 et volume 1.)

(Proposed by Sami Maalouf)

54/06   The revenge .

(The poet describes how he took his revenge for his brother's killer : He has mobilized 1000 soldiers and besieged the area. Then, he said he did not scare the neighbors when he hit all of a sudden.)

(ZOHEIR IBN ABI SALMA in AL MU'ALLAKAAT) (See also 23/02, page 108)

(Proposed by Chafik Dahan)

فشَـــدُ ولَـــمْ يّفْـــزعْ بُيوتـــاً كَثيرتـــاً   لـــدي حَيـــثُ ألقَـــتْ رَحْلهـــا أم قِشْـعَم

FASHADDA   WALAM   YUFZÉA'   BUYOUTANN   KATHEERATANN   LADA HHAYTHU ALKATT RAHHLAHA UMMU KASH'AMI.

La revanche.

(Le poète décrit comment il a pris sa revanche de l'assassin de son frère : Il a mobilisé 1000 soldats et assiégea le quartier. Puis, il dit qu'il n'a pas effrayé les voisins quand il l'a frappé tout d'un coup.)

(ZOHEIR IBN ABI SALMA in AL MU'ALLAKAAT) (Voir aussi 23/02, page 108.)

(Proposed by Chafik Dahan)

54/07 The dignity of a pretty girl is to be cultivated. Her real veil in public life is her civility
And if decency becomes the veil on the face, it will save her from head covering.
Does the oriental man know that his own life will be better off if he educates the
girls and cultivates them. The Orient will never regain its glory unless it encourages
women to be educated and makes them equal to men. So, if you claim that the
Orient progress is the case of men, the decline of women in your world
demonstrates that your claim is unfounded. **How a handicapped might stand up
on his feet if his lower half is paralysed.** How the East could survive without
balance in the world of today's when survival is but the priviledge of those willing to
adapt.
(*MAA'ROUF AL RASAAFI)
(Proposed by Sami Maalouf)

شَـرَفُ المَليحَـة أَنْ تَكـونَ أَدِيبَـة وَحِجَابُهَـا فـي النَّـاس أَنْ تَتَهَذَبَـا
وَالوَجْـهُ إنْ كَـانَ الحَيَـاءُ نِقَابِـه أَغتَـــي فَتَـاةَ الحَــي أَنْ تَتَنَقَبَـا
هَـلْ يَعْلَـمُ الشَرقِـي أَنَّ حَيَاتـه تَعْلُــوا إِذَا رَبَّـي البَنَـات وَأَدَبَـا
وَالشَـــرْقُ لَيْـسَ بِنَاهِــضٍ إِلاَّ إِذَا إِدْنَـي النِّسَـاءَ مِـنَ العُلُـوم وَقرَّبَـا
فَإِذَا أَدَّعَيْـت تَقَدَمَـا لِرِجَالِـه جَاءَ التَأَخُّــــرُ فـي النِسَـاءِ مُكَذِّبَـا
مِنْ أَيْنَ يَنْهَـضُ قَائِمَـا مَـنْ نِصْفِـه يَشْكُـو السِّقَـامَ بِفَالِـج مُتَوصِّبَـا
كَيْـفَ البَقَـاءُ لَـه بِغَـيْر تَنَاسُـبِ وَالدَهْـر خَـصَّص بالبَقَـاءِ الأَنْسَبَـا

SHARAFU AL MALEEHHATI AN TAKOUNA ADEEBATONN, WA HHIGAABUHA
FI AN-NAASI AN TATAHAZZABA. WAL WAGHU IN KAANAA AL HHAYAA-U
NIKAABIHI AGHNA FATAATU AL HHAYYI AN TATANAKKABA. HAL YA-A'-
LAMU ASH-SHARKIYYU ANNA HHAYAATIHI TA-A'LU IZA RABBA AL
BANAATA WA-ADDABA. WA ASH-SHARKU LAYSA BINAAHIDÉNN ILLA IZA
EDNE ANN NISAA-A MINA AL 'ULOUMI WA KARRABA. FA-IZA IDDU-'EETU
TAKADDUMANN LIRIGAALIHI GAA-A ATTA-KHAH-KURU FI ANN NISAA-I
MUKAZZIBA. MINN AYNA YANHADU KAA-IMANN MANN NISFIHI YASHKU
AS SIKAAMA BIFAALIGINN MUTAWASSIBA. KAYFA AL BAKAA-U LAHU
BIGHAYRI TANAASUBINN WADDAHRU KHASSASA BILBAKA-I AL ANSABA.

*La dignité d'une jolie fille est d'être cultivée. Son vrai voile dans la vie publique c'est
sa civilité et si la décence devient le voile sur le visage, elle la sauvera d'être voilée.
Est-ce que l'homme oriental sait que sa propre vie sera élevée s'il éduque les filles
et les cultive. L'Orient ne regagnera jamais sa gloire à moins qu'il encourage les
femmes à être éduquée et les rend égale aux hommes. Donc, si vous prétendez que
le progrès de l'orient n'est que l'affaire d'hommes, le recul de vos femmes au niveau
mondiale démontrera que votre prétention est mal fondée.* ***Comment un
handicapé pourrait se mettre debout si sa moitié inférieure est paralysé.***
*Comment l'Orient pourrait survivre sans équilibre avec le monde d'aujourd'hui
pendant que la survie de ce monde n'est que le privilège de ceux qui sont prêts à
s'adapter.*
*(*MAA'ROUF AL RASAAFI)*
(Proposed by Sami Maalouf)

*MAA'ROUF AL RASAAFI (1875 – 1945 : an Iraqi poet born in Karkouk

*MAA'ROUF AL RASAAFI (1875 – 1945 : *un poète Irakien né à Karkouk*

54/08 That no one tries to deceive us because those who dare have gotten to be ridiculous.

(*'AMR IBN KULTHOUM in AL MU'ALLAKAAT) (Proposed by Sami Maalouf)

ألاَ لاَ يَجْهَلَـــــنّ أَحَـــــدٌ عَلَيْنَـــا فَنَجْهَـــلُ فَـــوْقَ جَهْـــلِ الجَاهِلِينَــا

ALAA LAA YAGHALANNA AHHADONN 'ALAYNA FANAGHALU FAWKA GAHLI AL GAAHILEENA.

Que personne n'essaye de nous tromper, car ceux qui osent le faire seront ridicules.
('AMR IBN KULTHOUM in AL MU'ALLAKAAT) (Proposed by Sami Maalouf)*

54/09 If the clan of "BANI TUMAYM's is angry against you , you would think the whole world is angry.

(AL GAREER) (See also 53/13, 54/10)

(This verse is considered in Arabic literature as the most famous verse in terms of pride.)

إذا غَضِـــبَ عَلَيْــكَ بَنُـــو تُمَــيْم حَسِـبْتَ النّـــاسَ كُلُّهُــــمْ غِضَابَـــا

IZA GHADIBA 'ALAYKA BANU TUMAYMÉNN HHASIBTA AN - NAASA KULLUHUM GHIDAABAA.

Si le clan des « BANI TUMAYM » est fâché contre vous, on pourrait penser que le monde entier est en colère.
(AL GAREER) (Voir aussi 53/13, 54/10)
(Ce verset est considéré dans la littérature arabe comme le verset le plus célèbre en ce qui concerne la fièrté.)

54/10 Are you not the best fighters and the most generous ! Are you not the one that flooded the world with your generosity !

(AL GAREER) (See also 53/13, 54/09)

(This verse is considered in Arabic literature as the most famous verse in praising.)

أَلَسْتُــمْ خَيْــرَ مَنْ رَكِــبَ المَطايَــا وَأنْـــدَي العَالَمِيـــــنَ بُطُـــــونَ راح

ALASTOUM KHAYRA MANN RAKIBA AL MATAAYA WA ANDA AL 'AALAMEENA BUTOUNA RAAHHI.

N'êtes-vous pas le meilleur des combattants et le plus généreux ! N'êtes-vous pas celui qui a inondé le monde avec votre générosité.
(AL GAREER) (Voir aussi 53/13, 54/09)
(Ce verset est considéré dans la littérature arabe comme le verset le plus célèbre en louange.)

54/11 Isn't it that anything which excluded God is futile. And that each material prosperity is destined to perish.

(**LUBAYDU IBNU RABEE-'A)

(This verse is considered in Arabic literature as the most famous about truth.)

أَلاَ كُـلّ شَـيءٍ مَـا خَـلاَ اللـهَ بَـاطِلُ وَكُـــلّ نَعِيـــمٍ لاَ مَحَالَـــةَ زَائِـــلُ

ALAA KULLU SHAY-ÉNN MAA KHALA LLAAHU BAATILU WAKULLU NA-'EEMÉNN LA MAHHAALATA ZA-ILU.

N'est-il pas que tout ce qui est exclu de Dieu dans la vie quotidienne est futile et que chaque prospérité matérielle est destinée à périr.
*(**LUBAYDU IBNU RABEE-'A)*
(Ce verset est considéré le plus célèbre à propos de la vérité.)

54/12   The glory of the Middle East begins with Damascus. May God bless you the people of Damascus.
(**AHMED SHAWKI See volume 1.)
(In memory of Elias and Yvette Badra)

وَعِـــــزّ الشَّـــرْقِ أَوَّلُـه دِمِشْـــقْ ۚ حَرَاكُـــمْ ذُو الجَـــــلاَلِ بَنِــــي دِمِشْــق

WA 'IZZU ASH SHARKI AWWALUHU DIMASHKU. GAZAAKUM ZUL GALAALI BANY DIMASHK.

Que la gloire de l'Orient commence par Damas. Que Dieu vous bénisse, vous le peuple de Damas.
(AHMED SHAWKI Voir volume 1.)
(En mémoire de Elias et Yvette Badra)

*'AMR IBN KULTHOUM : he died in 584. He was a knight and a courageous leader of Taghleb tribe who lived in Al Furat island, Irak. The tribe was famous for its bravery, glory and merciless behavior in battles.

*'AMR IBN KULTHOUM : *il mourut en 584. Il était un chevalier et un dirigeant courageux de la tribu Taghleb qui vivait dans l'île Al Furat, en Irak. La tribu était célèbre pour sa bravoure, sa gloire et son comportement impitoyable dans les batailles.*

**LUBAYDU IBNU RABEE'A : he is a preislamic poet who was converted to Islam. He is also one of the 10 poets of the "MU'ALLAKAAT". Died in 661.

**LUBAYDU IBNU RABEE'A : *il est un poète préislamique qui a été converti à l'islam. Il est également l'un des 10 poètes des « MU'ALLAKAAT ». Il est décédé en 661*

54/13   AL FARAZDA has claimed he will kill Marba'a. So, be reassured of long life Marba'a.
(AL GAREER)

زَعَــمَ الفَـــرَزْدَقُ أَنْ سَيَقْتُـــلَ مَرْبَعـــا ۚ أَبْشِـــرْ بِطُـــولِ سَلاَمَـــةَ يَا مَرْبَـــعَ

ZA'AMA AL FARAZDAKU ANN SAYAKTULA MARBA'A. ABSHIR BITOOLI SALAAMATA YA MARBA'A.

AL FARAZDAK a déclaré qu'il tuera Marba'a. Rassure-toi donc Marba'a d'une longue vie.
(ALGAREER)

CHAPITRE 55
Precaution
الحَـــــــــذَر
De la circonspection

55/01   The very conservative person is deprived of everything.

الحريــــص محـــــروم
ÉL HHAREES MAHHROUM.
La personne très prudente est privée de tout.

55/02   Sweep and wash your house, you never know who is coming.

اكنــس بيتــك ورشـــه مــا تعــرف ميــن يخشــه
ÉKNOS BÉITAK WÉ ROSH-SHOH MA TÉA'RAF MEEN YÉKHOSH-SHOH.
Balaie et lave ta maison, tu ne sais jamais qui va venir.

55/03   Whoever have the sense of fear will be saved.

مــن خـــاف ســلم
MANN KHAAF SÉLÉM.
Celui qui a le sens de la peur sera sauvé.

55/04   Once a life is gone there is no way to bring it back.
(You soul ! There is no other soul after thee.)

يــا روح مـــــا بعـــــدك روح
YA RO-OHH MA BAA'DÉK RO-OHH.
Une fois que la vie est partie, il n'existe aucun moyen de la ramener.
(Ô l'âme il n'y a pas d'âme après toi.)

55/05   Beware and do not travel in the boat that suffers from cracks. Even if its structure is
made of gold, the waves will never let it in peace.
(Do not give your trust to someone who has already betrayed you.) (MAWWAL)

المركــــب اللـــــي انشـــــرخ أوعــي تســـافر فيــه
لو كــــان حطانــه مـن دهب المـــوج هايلعــب بيــه
**EL MARKÉB ÉLLI ÉNSHARAKH OW'A TÉSAAFÉR FEEH. LAWE KAAN
HHÉTAANO MÉNN DAHAB ÉLMO-OG HA TÉL'AB BEEH.**
*Méfiez-vous et ne voyagez pas dans le bateau qui souffre de fissures. Même si sa
structure est faite en or, les vagues ne le laisseront jamais en paix.*
(Ne donnez pas votre confiance à quelqu'un qui vous a déjà trahi.) (MAWWAL.)

55/06   Don't be attracted by the transparency of what you drink for, it might not be pur.

ولاَ يغرّنَّكَ صَفْـوُ أنْـت شاربُـــهُ   فربّمَـا كَـــانَ بالتكْدِيـر مُمْتَزِجَـا
**WALAA YAGHURRUNNAKA SAFWONN ANTA SHAARIBUHU FARUBBAMA
KAANA BIT TEKDEERI MUMTAZIGAA.**
*Ne soyez pas attiré par la transparence de ce que vous buvez car elle pourrait ne
pas être pure.*

CHAPITRE 56
Rashness
عَـدَمْ تَقْـدِيرْ العَواقِـبْ
De l'irréfléchi

56/01   He who meddles in what is not of his concern, will have what he does not want.

مَــن تدخَــل فِــي مــا لا يعنيــه لقِــي مــا لا يرضيــه

MENN TEDEKHE-KHALE FI MA LA YUA'NEEH LAKIYA MA LA YURDEEH.

Celui qui se mêle de ce qui ne le regarde pas aura ce qu'il ne désire pas.

56/02   Why are you in a hurry ? Is the world going to fly ?

انت مستعجلٍ علي إيه ؟ هي الدنيا ها تطير ؟

ÉNTA MÉSTAA'GÉL 'ALA EIH ? HÉYYA ÉD DONYA HATTEER ?

Pourqoui êtes-vous pressé ? Est-ce que le monde va s'envoler ?

CHAPITRE 57
Action / Reaction and Paradox
الفِعْـــــل وَرَدْ الفِعْـــل ومناقضــات الحيــاة
De l'action / réaction et du paradoxe

57/01   Give the choice to whom you want to embarrass.

اللـــي عايـــــز تحيـــــره خيـــــره

ÉLLI 'AAYÉZ TÉHHAYYARO KHAYYARO.

Donne le choix à celui que tu veux embarrasser.

57/02   The absent loses his share.

الغايـــب مالـــوش نايـــــب

ÉL GHAAYÉB MALOUSH NAAYÉB.

L'absent perd sa part.

57/03   To taste what is good, you have to drink what is bitter.

عشــان تـدوق الحلـو لازم تشــرب مـن المــر

'ASHAANN TÉDOU,, ÉL HHÉLW LAAZÉM TÉSHRAB ÉL MORR.

Pour goûter ce qui est bon, tu dois boire de ce qui est amer.

57/04   A poorly prepared application would undermine the legitimate right.

الطلـــب الهيـــن يضيـــع الحـــق البيـــن

ÉT TALAB ÉL HAYYÉNN YÉDAYYAA' ÉL HHA,, ÉL BAYYÉNN.

Une demande mal préparée nuirait au droit légitime.

57/05   Do not doubt the trustworthy and do not trust the traitor.

أميـــــن لا تخونـــه وخائـــــن لا تأمنـــــه

AMEEN LA TÉKHOUNO WÉ KHAAYÉNN LA TÉ AMMÉNO.

Ne doute pas du digne de confiance, par contre ne fais pas confiance au traître.

57/06   He who kills will be killed even if that takes a little time .

مَـــن قتــــــلَ يُقتَـــل وَلـــوْ بَعْـــدَ حِيـــن

MANN KATALA UKTAL WALAWE BAA'DA HHEEN.

Celui qui tue sera tué même si cela prend un peu de temps.

57/07   What is built on false premises is false.

وَمــا بُنِــيَ عَلــي بَــاطِلْ فهُـــوَ بَــاطِلْ

WAMAA BUNIYA 'ALA BAATÉL FAHUWA BAATÉL.

Ce qui est bâti sur de mauvaises base sera mauvais.

57/08   Whoever consults will never fail.

وَمَـا خَـابَ مَـنْ اسْتَشَـارْ

WAMAA KHAABA MANN ISTASHAAR.

Celui qui consulte ne tombera jamais.

57/09   Listen to the shepherd and you will avoid the rage of the bear.

اسْمَـعْ كَـلامْ الرّاعِـي تأمَـنْ شَـرُّ الديـبْ

ÉSMAA' KALAAM AR RAA-'I TA,,MANN SHARRA AD DEEB.

Écoutez le berger et vous éviterez la rage de l'ours.

57/10   The full pours into the void.

الملِيـان يكـب علـي الفاصـي

ÉL MALYAANN YÉKOB 'AL FAADI.

Le plein se déverse dans le vide.

57/11   Separate this one from that one to calm both of them down.

شيـل ده عـن ده يرتـاح ده مـن ده

SHEEL DA 'ANN DA YÉRTAHH DA MÉNN DA.

Sépare celui-ci de celui-là pour que les deux se calment.

57/12   He who changed his habit is less happy.

اللـي غيـر عادتـه قلـت سعادتـه

ÉLLI GHAYYAR 'AADTO ALLÉTT SA'AADTO.

Celui qui a changé ses habitudes, est moins heureux.

57/13   He who controls his flute does He hide his beard ?

هـو اللـي بيزمـر بيخبـي ذقنـه

HOWWA ÉLLI BÉYZAMMAR BÉYKHABBI DA,,NO ?

Celui qui maîtrise sa flûte cache-t-il sa barbe ?

57/14   Approach to the happy and you will be happy too.

جـاور السـعيد تسـعد

GAAWÉR AS SA'EED TAS'AD.

Approche de l'heureux et tu le seras aussi.

57/15   The wrong road ends with a dead end.

السكـة الغلـط أخرتهـا زلـط

ÉS SÉKKA ÉL GHALAT AKHRÉTHA ZALAT.

La fausse route finit par une impasse.

57/16   Weigh your decision by reason and you will have your salvation.

واحتكـموا بالعقـل تسـلموا

WA IHHTAKIMU BIL'AKL TASLAMU.

Pesez votre jugement par la raison et vous aurez votre salut.

57/17   Even if the patient does not complain, his state is detectable.

إن مـــا شكـــي العيـــان حالـــه يبـــان

INN MA SHAKA ÉL 'AYYAAN HHALO YÉBAAN.

Même si le malade ne se plaint pas, son état est décelable.

57/18   Excessive hammering dismantles the soldering.

كثـــر الـــدق يفـــك اللحـــام

KOTR ÉD DA,, YÉFOKK ÉL LÉHHAAM.

Le martèlement excessif démantèle la soudure.

57/19   You must live in this world like a bystander and leave behind a good impression,
        because we are on this earth as guests and at some point we must leave.
        (Proposed by Khadiga Raghéb)

كـــن فـــي الحَيَـــاة كَعَابِـــر سَبيـــل   وَاتـــرُكْ وَرَاءَكَ كـــل أثَـــر جَميـــل
فمَـــا نَحـــنُ فـــي الدّنيَـــا إلاّ ضيُـــوف   وما عَلي الضّيـــف إلاّ الرّحيـــل

KONN FIL HHAYAATI KA'AABIRI SABEEL, WATROK WARAA-AKA   KULLU
ASARÉNN GAMIL. FAMAA   NAHHNU   FI AD DUNYA   ILLA   DUYOOFONN,
WAMAA 'ALA AD DAYFI ILLA AR RAHHEEL.

*Vous devez vivre dans ce monde comme un passant et laissez derrière vous une
bonne impression, car nous ne sommes sur cette terre que des invités et à un
moment donné on doit partir.*
(Proposé par Khadiga Raghéb)

57/20   No cow that remains forever in the barn except the worse.
        (Proposed by Joseph Cassab)

لايقعـــد علـــي المـــداود إلأ شـــر البقـــر

LA YAK'UD 'ALA ÉL MADAAWÉD ILLA SHARR AL BAKAR.

Aucune vache ne reste éternellement dans la grange sauf la pire.
(Proposé par Joseph Cassab)

CHAPITRE 58
Religion
الدِيـــــن
De la religion

58/01   Why should I worry about stupid things and people hearsay. My religion is mine and theirs is theirs.

(ABU NUWAS - See volume 1.)

مَــا لِي وَ لِلنَّاس , كَمْ يَلْحُونَنِي سَفَهًا   دِينِي لَنَفْسِي , وَدِينُ النّاس لِلنّاس

MAALY WALI N-NAASI, KAM YALHHOUNANI SAFAHANN. DEENY LINAFSY WADEENU ANN NAASI LINN NAASI.

Pourquoi devrais-je m'inquiéter des stupidités et oui-dire des gens. Ma religion est la mienne et leur religion est la leur.

(ABU NUWAS – See volume 1.)

58/02   One must be afraid of him who sells his God for his own ambition. Just enough of his company during a very short trip and no more.

(AHMED SHAWKI in "The fox on the boat") (See also volume 1.)

وَمَــنْ تَخَــافُ أَنْ يَبِيــعَ دِينــهُ   تَكْفِيـكَ مِنْــهُ صُحْبَــةُ السَفِينَـة

WAMANN TAKHAAFU ANN YABEE'A   DEENAHU TAKFEEKA MINHU SUHHBATU AS SAFEENA.

Il faut avoir peur de celui qui vend son Dieu pour sa propre ambition. Il vous suffit de sa compagnie durant un voyage très court et pas plus.

(AHMED SHAWKI en « Le renard sur le bateau ») (Voir aussi volume 1.)

58/03   How many preachers lectured us morals and how many phrophets came to this land and left without any change in the calamity. The worst is that we continue talking nonsense.

(ABOUL ALAA AL MAARI) (See also volume 1)

كَـــمْ وَعَـــظَ الوَاعِظُـــونَ فِينَـــا   وَقَـــامَ فِـــي الأرْض انبِيَـــاء
وَأنصَرَفـــــــوا وَالبَـــــلاَءُ بَـــاق   وَلَـــــمْ يَـــــزَلْ دَاؤُكَ العَيَـــــاء

KAM WA'AZA AL W'AA-'IZOUNA FEENA WAKAAMA FI AL ARDI ANBIYAA,, WA INSARAFU WA AL BALAA-U BAAKÉNN WALAM YAZAL DAA-UKA AL 'AYAA,,.

Combien de prédicateurs nous ont fait la morale et combien de prophètes sont venus sur cette terre et qui sont repartis sans rien changer à la calamité. Le pire est qu'on continue dire des sottises.

(ABOUL ALAA AL MAARI) (Voir aussi volume 1)

CHAPITRE 59
Reservedness, Discretion and Cowardice
الإحْتِيـــــــاطْ , التَحَقّــــــظ والحُبْـــــــن
De la prudence, de la discrétion et de la lâcheté

59/01   To avoid liability, the cowards want to prove that the disability is a kind of caution
and is a good excuse. They consider that this argument is a kind of wisdom. Yet,
this is the stratagem of the hypocrites.
(AL MUTANABBI) (See volume 1.)

يَــرَي الجُبَنَـاءُ أَنَّ العَجْــزَ عَقْــلٌ   وتِــلْكَ خَدِيعَــةُ الطَبْــعِ اللئَيــم

**YARA AL GUBANAA-U ANNA AL 'AGZA 'AKLONN WA TILKA KHADEE'ATU AL
TAB'I AL LA-EEMI.**

*Pour échapper à leur résponsabilité, les lâches veulent prouver que l'incapacité est
une sorte de prudence et est une bonne excuse. Ils considèrent que cet argument
est une sorte de sagesse, pourtant, c'est le stratagème des hypocrites.*
(AL MUTANABBI) (Voir volume 1.)

59/02   Seeking safety at all costs undermine the will of the motivated to achieve the
highest level and encourage him to become lazy.

حُبُّ السَّـلامَةُ يُثْنِي عَـزْمَ صَاحِبه   عَـنْ المَعَالـي وَيُغْـري المَـرْءَ بالكَسل

**HHUBBU AS SALAAMATU YUTHNI 'AZMA SAAHHIBIHI 'ANN AL MA'AALI
WA YUGHRI AL MAR-A BI AL KASALI.**

*Rechercher la sécurité à tout prix nuit à la volonté de l'employé d'atteindre le plus
haut échelon et l'incite à devenir paresseux.*

59/03   He is so scared that he fears even his shadow.

بيخـــــاف مـــن خيالـــه

BÉYKHAAF MÉNN KHAYAALO.

Il est tellement effrayé qu'il craint même son ombre.

CHAPITRE 60
Roots, Patriotism and False Pride
المنشـــأ , الوطنيـــة , والغـــرور الكـــذّاب
Des racines, de la patrie et de la fausse fierté

60/01   Egypt is one, that is in my thoughts and on my tongue. I love her with all my soul and my blood. I hope that all the faithful love and cherish her as much as me. You the guardiens of the liberty,who among you loves her like me ?
(A song by OM KULTHOUM and the poem by AHMED RAMI.)

مصّر الّتـي فـي خاطِـري وفـي فمـي   أحبّهـا مِـنْ كّـل روجـي وَدمـي
يـا ليــــــتَ كـــــل مؤمِـــــن يَعزّهـــا   يُحبهــــــا حبـــي لهـا
بنــــــي الجمـــــــي والوطـــــــن   مَـن مِنكُــمْ يُحِبهـا مثلـي أنـا

MISRU ALLATI FI KHAATIRI WAFI FAMI. UHHIBBUHA MINN KULLI
ROOHHI WA DAMI.   YA LAYTA KULLA MU,,MINÉNN YU-'IZZUHA
YUHHIBBUHA HHUBBI LAHA. BANI AL HHIMA WA AL WATANI MANN
MINKUMU YUHHIBBUHA MITHLI ANA.

L'Égypte est celle qui est dans mes pensées et sur ma langue. Je l'aime avec toute mon âme et mon sang. J'espère que tous les fidèles la chériront et l'aimeront autant que moi. Vous les gardiens de la liberté, qui parmi vous aime l'Égypte comme moi ? (La chanson d' OM KULTHOUM est un poème d'AHMED RAMI.)

60/02   We said : we will build and voilà, we built the High Dam.
(A song by the name "The Story of a People" , "HHÉKAAYÉTT SHAA'B" sung by ABDEL HALIM HHAFEZ about the story of the construction of the High Dam of Aswan.) (See also 60/06)

قلنـا هـا نبنـي وادي احنـا بنينـا السـد العالـي

OLNA HANÉBNI WADI ÉHHNA BANEINA ÉS SADD ÉL 'AALI.

Nous avons dit : nous allons construire et voilà, nous avons construit le Grand barrage.
(La chanson : « L'histoire d'un peuple » « HHÉKAAYÉTT SHAA'B » et chantée par ABDEL HALIM HAFEZ sur l'histoire de la construction du barrage d'Aswan.)
(Voir aussi 60/06)

60/03   O Egypt ! That you ever be prosperous !

عمــار يــا مصـر

'AMAAR YA MASR.

Ô l'Égypte ! Que vous soyez à jamais prospère !

60/04   You the Egyptian ! You the young dandy ! What a splendor !

يـا مصـري يـا واد يـا أبهـا   إيـه العظمــة دي كلهـا

YA MASRI YA WAAD YA OBBAHA EIH ÉL 'AZAMA DI KOLLAHA.

Ô Toi l'Égyptien ! Toi le jeune élégant ! Quel élégance !

60/05   It seems that the nobles of Egypt and its patriots have fallen asleep. They pay no attention to those foxes who became obese and corrupt by hoarding of the country's wealth with no end.
(AL MUTANABBI – cursing KAFOUR, the memlouk governor of Egypt.)
(For more about AL MUTANABBI see also volume 1)

نامَتْ نَوَاظِيـــرُ مِصْــرَ عَــنْ ثَعَالِبِهَـــا   فقَـــدْ يَشِـمْنَ وَمَا تَفْنَــي العَنَاقِيـــدْ
NAAMATT NAWAZEERU MISRA 'ANN THA'AALIBIHA FAKAD YASHIMNA WAMA TAFNA AL 'ANAAKEEDU.

Il semble que les nobles d'Égypte et ses patriotes se sont endormis. Ils sont aussi ignorants que ces renards corrompus qui devinrent obèses en s'accaparant sans cesse des richesses de la population.
(AL MUTANABBI – maudisant KAFOUR, le gouverneur mamlouk de l'Égypte.)
(Pour plus sur AL MUTANABBI, voir aussi volume 1)

60/06   O ! I have really missed you my weapon, all that time !
I had a burning desire for you my gun, during my resistance.
Speak up now and say : I am awake. Oh War ! long time waiting for you.
(A song by OM KULTHOUN, the lyrics by *SALAH GAHEEN, and the music by *KAMAL AL TAWEEL)
The song was composed in response to the TRIPARTITE AGGRESSION and military attack on Egypt by Britain, France, and Israel on October 29, 1956. The attack was the result of Egyptians decision to nationalize the waterway of the Suez Canal on July 26, 1956, (See 44/02) after the refusal of the World Bank to finance the construction of the Aswan Dam (See 60/02). The song and music have become the National Anthem of Egypt from 1960 to 1979. Iraq has adopted the same music for its national anthem from 1965 to 1981.

وَاللَّـــهَ زَمَانْ يَــا سِلاَحِــي اشْتَقْــتْ لَــكْ فِـي كِفَاحِـــي
انْطـــقْ وقُـولْ أنَــا صَاحِي يَــا حَـــرْبْ وَاللَّـهْ زَمَـــــانْ
WALLA ZAMANN YA SILAAHHI. ÉSHTA,,TÉLAK FI KIFAAHHI.
ÉNTA,, WÉ OUL ANA SAAHHI. YA HHARBÉ WALLA ZAMAANN.

Ô ! Tu m'as beaucoup manqué mon arme, tout ce temps !
J'avais un désir ardent de toi mon arme, durant ma résistance.
Parle maintenant et dis : je suis réveillée. Ô La guerre ! Ça fait longtemps qu'on t'attend.
*(Une chanson d'OM KULTHOUM, selon les paroles de *SALAH JAHEEN et la musique de *KAMAL AL TAWEEL.)*
La chanson a été composée en réponse à l'agression tripartite et l'attaque militaire par la Grande Bretagne, la France et Israël le 29 octobre 1956. L'attaque a été le résultat de la décision égyptienne de nationaliser la voie maritime du Canal de Suez le 26 juillet 1956, (Voir 44/02) après le refus de la banque mondiale de financer la construction du barrage d'Aswan (Voir 60/02). La chanson et la musique sont devenus l'Hymne national de l'Égypte, de 1960 à 1979. L'Iraq a adopté la même musique pour son hymne national, de 1965 à 1981.

60/07   My love to my country runs in my veins. It is for me my brother, my father and my mother.

حــــب بلـــدي بيجـــري فـــي دمـــي   هـــي أخويـــا وأبويـــا وأمـــي

HHOB BALADI BÉYÉGRI FÉ DAMMI. HÉYYA AKHOUYA WÉ ABOUYA WÉ OMMI.

Mon amour pour mon pays coule dans mes veines. Il est pour moi mon frère, mon père et ma mère.

60/08   This country is better than many others.

البلـــد دي أحســـن مـــن غيرهـــا

ÉL BALAD DI AHHSANN MÉNN GHEIRHA.

Ce pays vaut mieux que beaucoup d'autres.

*SALAH JAHEEN (1930 – 1986) : he was a leading artist, a playwright, a folk poet and a cartoonist.

****SALAH JAHEEN (1930 – 1986)** : il était un artiste de premier plan, un dramaturge, un poète folklorique et un caricaturiste.*

**KAMAL AL TAWEEL (1922-2003) : he was a Distinguished Egyptian composer.

*****KAMAL AL TAWEEL (1922 – 2003) :** il était un compositeur de musique distingué.*

CHAPITRE 61
Roses
الـــــــــوَرْدْ
Des roses

61/01 If the rose fades, it still keeps its fragrance.

أن دبلـــــــت الوردة ريحتهـــــــا فيهـــــا

ÉNN DÉBLÉT EL WARDA RÉHHÉT-HA FEEHA.

Si la rose se fane, elle garde quand même son parfum.

61/02 Rroses to you, jasmine to you.You who make me crazy with the magic of your eyes.
(A song by MAHMOUD SHUKOUKOU.) (See also 30/03 and vlume 1)

ورد عليــك فــل عليك يــا مجننــي بسحــر عينيــك

WARD 'ALEIK FOLL 'ALEIK YA MGANNÉNNI BÉ SÉHHR 'ÉNEIK.

Des roses à vous, des jasmins à vous. Vous qui me rendez fou par la magie de vos yeux.
(Une chanson par MAHMOUD SHKOUKOU.) (Voir aussi 30/03 et volume 1)

61/03 You roses, who will buy you and introduce you to the beloved ?
To introduce hope, love and kisses. You roses.
(A song by ***MUHAMMED ABDEL WAHAB. (See also 22/18, 25/20, 45/12, 61/04
and page 120)

يـا ورد ميــــــن يشتريــــك وللحبيـــــب يهديـــك
يهــــــدي إليــــه الأمـــل والهـــوي والقبـــل يــا ورد

YA WARD MEEN YÉSHTÉREEK WÉ LÉL HHABEEB YÉHDEEK.
YÉHDI ÉLEIH ÉL AMAL WÉL HAWA WÉL KOBAL YA WARD.

Vous les roses, qui va vous acheter pour vous présenter à la bien-aimée ?
Pour lui présenter l'espoir, l'amour et les baisers. Vous les roses.
*(Une chanson de ***MUHAHAMMED ABDEL WAHAB. (Voir aussi 22/18, 25/20,*
45/12, 61/04 et page 120)

61/04 You the roses, why and for what reason this shyness ! In you, the madrigal is fond
of. You the red roses, tell me who did hurt you ?
(A song by ***MUHAMMED ABDEL WAHAB. (see also 22/18, 25/20, 45/12, 61/03
and page 120)

يـا ورد ليــــه الخجـــل فيــك يحلـــو الغــــزل
يـا ورد يـا أحمـــر قوللـي ده ميـــن جرحــك

YA WARD LEIH ÉL KHAGAL. FEEKA YAHHLU AL GHAZAL.

Vous les roses, pourquoi et pour quelle raison cette timidité ! En vous, le madrigale
est friand. Vous les roses rouges, dites-moi qui vous a blessées ?
*(Une chanson de ***MUHAHAMMED ABDEL WAHAB. (Voir aussi 22/18, 25/20,*
45/12, 61/03 et page 120)

61/05 Who will buy the roses from me while I cry and I sing. This rose is white, the purity and affection. And this rose is yellow, tinged with jealousy. And this rose is red, I water it with my tears. (A song by LIALA MURAD) (See also volume 1)

مِيـــن يِشتِـري الـــورْد مِنـي   وأنَـا بنَادِي وَاغنِّــي
الـــــوردَة دِي بِيضَـــــة صَفْــو الـــودَاد فِيهـــا
والـــــوردَة دِي صَفْــــــرَة الغِيــــــرَة تِطْلِيهـــا
والـــــوردَة دِي حَمْـــــــرَة بِالدَمْـــــــعِ أرْوِيهـــا

MEEN YÉSHTÉRI ÉL WARD MÉNNI WANA BANAADI WAGHANNI.
ÉL WARDA DI BEIDA SAFW ÉL WÉDAAD FEEHA.
WÉL WARDA DI SAFRA ÉL GHEERA TÉTLEEHA.
WÉL WARDA DI HHAMRA BÉD DAMA' ARWEEHA.

Qui va m'acheter les roses pendant que je crie et que je chante. Cette rose est blanche, de pureté et d''affection. Et cette rose est jaune ; teintée de jalousie. Et cette rose est rouge, arrosée de mes larmes. (Une chanson de LIALA MURAD)

61/06 These roses are theirs but the thorns are for me. I watered them with my tears. I become happy to their happiness, even if my wounds are deep. And I weep for their pain even during my wedding evening. (A song by* SHADIA)

الـــوردْ دَه وَردْهُـــمْ والشِّـــوكْ هاتـوه لـِي
أنَـا رويتـــه لهُـــمْ بِدْموعـــي وعِينـِــي
أفـرح عَلي فرْحهِمْ مَهمَـا يكونْ جَرْحـِي
وأبْكِــي عَلـى جَرْحهِمْ وأنَـا بَلِيـل فرَحـِي

ÉL WARD DA WARDOHOM WÉSH SHO-OK HATOUH LÉYYA.
ANA RAWÉITOH LOHOM BÉ DMOU'I WÉ A'-NAYYA.
AFRAHH 'ALA FARHHOHOM MAHMA YÉKOUN GARHHI.
WÉ ABKI 'ALA GARHHOHOM WANA BÉLEIL FARAHHI.

Ces roses sont les leurs, mais les épines sont pour moi. Je les ai arrosées avec mes larmes. Je deviens heureux de leur bonheur, même si mes blessures sont profondes. Et je pleure sur leur douleur même durant ma soirée des noces. (Une chanson de SHADIA)*

SHADIA : she is one of the most reputed actors and singers. Born in 1931 in Cairo at the distrct of 'ABDEEN. During her 40 years as an actress, she played in 112 filmes in which she was versatile. She masterfully embodied various roles in, comedy, romance, drama, suspense, historical figure, and as mother. She took early retirement at age of 53 years and wears the veil. She justified her early retirement by saying : "I want people to keep a nice image of me. So, I should not wait until the light of glamor fades on me, but rather to abandon in a timely manner.

***SHADIA :** elle est une célèbres actrices et chanteuses égyptienne. Elle est née en 1931 au Caire, au quartier d''Abdine. Au cours de ses 40 ans comme actrice, elle a joué dans 112 films dans lesquels elle était polyvalente. elle a magistralement incarné divers rôles de la comédie, de la romance, au drame, et en tant que mère. Elle a pris sa retraite anticipée à l'âge de 53 ans et porte le voile. Elle a justifié sa retraite en disant : Je veux que les gens conservent une belle image de moi. Donc, je ne devrais pas attendre que la lumière de la gloire, se fane sur moi, mais plutôt d'abondonner en temps opportun.*

61/07   On the rose's petals I will write her. I will write her a promise. I will explain my affecion on the rose's epetals. I am going to send her greetings and write a few words of passion and love which will make her happy. When she will read them, she will forget her troubles and will find great joy in the fineness of their meanings.
(A song by KAREM MAHMOUD) (See also 45/15)

عَلــي ورق الــورد خ اكتــب لــه خ اكتــب لــه وعــد
واشــــــرح لــه الــود واشــرح لــه علــي ورق الــورد
خ ابعــتــ لـــه ســـلام واكتـــب لــه كـــلام
فيـــه شـــوق وهيـــام رح يفـــرح بيــه
كـــل مــا يقـــراه رح ينســـي الأه
ونزيـــد فـــي هنـــاه رقـــة معانيـــه

'ALA WARA,, ÉL WARD HHAKTÉBLO HHAKTÉBLO WA-A'D.
WASHRAHH LO ÉL WÉDD WASHRAHH LO 'ALA WARA,, ÉL WARD.
HAB'ATLO SALAAM WAKTÉBLO KALAAM FEEH SHO-O,, WÉ HHANAANN.
RAHH YÉFRAHH BEEH. KOLLÉ MA YÉ,,RA-RAHH YÉNSA ÉL AAH WÉ TÉZEED
FEE HANAAH RÉ,,ÉT MA-'ANEEH.

Sur les pétales des roses, je vais lui écrire, je vais lui écrire une promesse. Je vais lui expliquer mon affection, sur les pétales des roses. Je vais lui envoyer des salutations et lui écrire quelques mots de passion et d'amour qui vont lui faire plaisir. Quand elle les lira, elle oubliera ses peines et retrouvera une grande joie devant la finesse de leurs significations.
(Une chanson de KAREM MAHMOUD) (Voir aussi 45/15)

61/08   O people ! On her cheek, there are hundred roses. They are there as guardians against her pationate admirers. And from where my brother she could be kissed ?
(A song by SALEH ABDEL HHAY) (See also 50/14)
(This song is part of the movies "AL SUKKARIYYA" whose writer is NAGUIB MAHFOUZ' This novel is a third of a set of three stories ; BEIN AL KASREIN, KASR AL SHO-OK and AL SUKKARIYYA. (See also 50/14)

علي خـــده يـا نـاس ميـــت وردة قاعديـــن حـــراس دي الناهـــدة
ومنيـــن يتبـــــــــاس يـــــــــاس أخـــــا دهـــــي دهــــده

'ALA KHADDO YA NAAS MEET WARDA. AA'DEEN HHURRAAS DI NNAAHDA.
WÉ MNEIN YÉNBAAS YAKHI DÉHDA.

Ô gens ! Sur sa joue, il y a cent roses. Elles sont là comme gardiennes contre ses admirateurs passionnés. Et où mon frère, pourrait-on l'embrasser ?
*(Une chanson par *SALEH ABDEL HHAY) (Voir aussi 50/14)*
(La chanson fait partie du film AL SUKKARIYYA dont l'écrivain est NAGUIB MAHFOUZ. Ce roman fait partie de trois histoires qui se suivent, dont les deux autres sont ; BEIN AL KASREIN et KASR AL SHO-OK. Voir aussi, 50/14)

CHAPITRE 62
Secrets
الأســـــــرار
Des secrets

62/01 Never repeat what you hear and you will lose nothing at all. Do not talk about someone else, neither a friend nor an enemy Reveal nothing about their subjects unless you could be held guilty by your silence. For if someone heard of what you said , he will distrust you and in occasion he might show his anger.
(Sirach, 19 : 7 - 9)

لاَ تَنْقُلْ كَلاَمَ السّوءْ فلَسْتَ بخَاسِـــر شَيْأً. لاَ تُطْلِع عَلَـي سِــــرّكَ صَـــدِيقُكَ وَلاَ
عَدُوكْ وَلَا تَكْشِفْ مَا فِي نَفْسِكَ لأَحَدْ وَإِنْ لَمْ تَكُنْ فِيكَ خَطِينَة. فَإِنَّهُ يَسْمَعُكَ
ثُمَّ يَرْصُدُكَ وَيَصِير يَوْماً عَّدوَّاً لكْ.

LA TANKOL KALAAMA AL SOU,, FALASTA BIKHAASIRI SHAY-ANN. LA TUTLI'U 'ALA SIRRIKA SADYKAK WALA 'ADUWWAK WALA TAKSHIFU MA FI NAFSIKA LI-AHHAD WA-IN LAM TAKON FEEKA KHATEE-A. FA-INNAHU YASMA'UKA THUMMA YARSUDUKA WAYASEERU YAWMANN 'ADUWANN LAK.

Ne répète jamais ce que tu entends dire et tu n'en subiras aucun dommage. Ne parle pas de quelqu'un d'autre, ni d'un ami ni d'un enemi. Ne révèle rien à son sujet, à moins qu'en te taisant tu te rendes coupable. Si l'autre apprend ce que tu as dit, il se méfiera de toi et à l'occasion te montrera sa haine.
(Siraside, 19 : 7 – 9)

62/02 The secret is a question of trust.
السِــر أمانـــة
ÉSSÉR AMAANA.
Le secret est une question de confiance.

62/03 Secretly, by stealth.
ولا مــــن شــــاف ولا مـــــن دري
WALA MÉNN SHAAF WALA MÉNN DÉRI.
Secrètement, à la dérobée.

62/04 And God alone knew the secret.
وكــان اللــــــه بالســـــر عليـــــم
WAKAANA ALLAAHU BI AS SIRRI 'ALEEM.
Et Dieu seul était au courant du secret.

62/05   His secret has a magical touch.
          (His secret is unbeatable.)

ســــره باتــــع
SÉRRO BAATÉA'.
Son secret a une touche magique.
(Son secret est imbattable.)

62/06   Oh ! If the walls of the house reveal the untold secrets !
          (Oh ! If the walls of the house speak !)

لـــو كانــــت حيــــطان البيـــــت بتتكلـــم
LAWE KAANÉTT HHÉTAANN ÉL BEITT BÉTÉTKALLÉM.
Ô ! Si les murs de la maison révélaient les secrets indicibles !
(Ô ! Si les murs de la maison parlaient !)

62/07   Nobody knows why he acted that way but himself.
          (It was but a necessity of Jacob's soul, which he discharged.)
          (See also 04/03)

(68 : 12 يوسف) إلا حاجـة فـي نفس يعقـوب قضـاها
ILLA HHAAGATONN FI NAFSI YAA'KOUBA KADAAHA.
Personne ne connaît la raison pour laquelle il a agi de cette façon sauf lui-même.
(Ce n'était dans l'âme de Jacob qu'une nécessité qu'il avait décidé.)
(Voir aussi 04/03)

CHAPITRE 63
Shame
العَيْــــــــب
De la honte

63/01   Is it with this name you will meet God ? (What a funny name you bear.)
(ADEL IMAM in "THE SCHHOOL OF THE RASCALS) (See also, 30//93)

ده اســم تقــابل بيــه ربنــا
DA ÉSM TÉ AABÉL BEEH RABBÉNA.
(عادل إمام في مدرسة المشاغبين)
(MADRASAT AL MUSHAAGHIBEEN)
C'est avec ce nom que tu vas rencontrer Dieu ? (Quel drôle de nom que tu portes.)
(ADEL IMAM dans L'école des perturbateurs.) (Voir aussi, 30/93)

63/02   Oh ! What a funny mustachioed joke !
(YOUSSEF WAHBA) (See also 01/07 and 30/14)

يـا للمهزلـة الشنبيــة
YA LAL MAHZALA ASH SHANABIYYA !
Ô ! Quelle drôle de plaisanterie de moustachu !)
(YOUSSEF WAHBA) (Voir aussi 01/07 et 30/13, 38/13)

63/03   When you are unrdecided between the good and evil of a certain matter and you don't know the answer, go against your temptation. For, temptation leads the mind to what is shameful.
(AL IMAM AL SHAFI'I) (See also 54/05, 70/15 and volume 1)

إذا حَــارَ أمْــرُكَ فـي مَعْنَيـيـــن وَلَــمْ تَـدْرِي أيْـنَ الخَـطاءُ والصَـواب
فخالفْ هَــواكَ فَـإنَّ الهَــوَي يَقــودُ النُفـوسَ إلَي مَـا يُعَـاب
**IZA HHAARA AMRUKA FI MAA'NAYAYN WALAM TADRI AYNA AL KHATA,,
WA AS SAWAAB FAKHAALÉF HAWAAKA FA INNA AL HAWA YAKOUDU ANN
NUFOUSA ILA MA YU-'AAB.**
Lorsque vous êtes indécis entre le bien et le mal dans une question et vous ne savez pas la bonne réponse, allez à l'encontre de votre tentation. Car la tentation conduit l'esprit à ce qui est honteux.
(AL IMAM AL SHAFI'I) (Voir aussi 54/05, 70/15 et volume 1)

63/04   Keep this sensitive issue as a discreet subject. (Keep the floor covered.)

خللــي الطابــق مستــور
KHALLI ÉT TAABÉ,, MASTOUR.
Gardez ce sujet discrètement. (Garde le sol couvert.)

63/05   What a shame !

يا عيــب الشـــوم
YA 'ÉIB ÉSH SHOUM.
Quelle honte !

63/06   It is a shame that we accuse each other. (It is a shame that we bite each other.)

عيـب قـوي لمـا نعـض فــي بعضنـا
'ÉIB AWI LAMMA NÉ'ODD FI BAA'DEENA.

C'est une honte que nous nous accusions les uns les autres..
(C'est une honte que nous nous mordions les uns les autres.)

63/07   God is humble and protector of the weaknesses and failures.

إنّ اللــــــهَ حَلَيــــــمُ ستّــــار
INNA ALLAAHA HHALEEMONN SATTAAR.

Dieu est humble et le protecteur des faiblesses et des défaillances.

63/08   You ! You lack decency.

انـت قليــل الحيــــاء
ÉNTA ALEEL ÉL HHAYA.

Vous ! vous manquez de décence.

63/09   Oh earth ! open-up and swallow me.
(This expression is said in a scandalous situation facing the general public, or the media.)

يـــا أرض انشقـــي وإبلعينـــي
YA ARD ÉNSHA,,I WÉ BLA'EENY.

Ô terre ! ouvre-toi et avale-moi !
(Cette expression est dite dans une situation scandaleuse face au grand public ou face aux médias.)

63/10   - Dad, stand up and let me be honored.
- Son, I will get up only when those who know us die.

- يـــا بـــابـــا قـــوم شـــرفنا
- لمـا يمـــوت اللـــي يعـــرفنا
- **YA BABA OUM SHARRAFNA.**
- **LAMMA YÉ MOUT ÉLLI BÉYÉA'RAFNA.**
- *Papa, lève-toi et laisse-moi être honoré.*
- *Fils, je vais me lever, seulement quand ceux qui nous connaissent meurent.*

CHAPITRE 64
Shrewdness and Delicacy
الحنــــــــكَةْ, والنعـــــــــومة
De la sagacité et de la finesse

64/01   He drops in to say Hello, he has won us all.

حــاي يطل غلــب الكــل

GAY YÉ TOL GHALAB ÉL KOL.

Il est passé nous voir, il nous a gagnés tous.

64/02   He cuts here and adds there.

يقطــع مــن هنــا ويوصل مــن هنــا

YÉ-ATTAA' MÉNN HÉNA WÉYWASSAL MÉNN HÉNA.

Il coupe d'ici et ajoute là-bas.

64/03   He is tricky. (He sends you to the sea and brings you back thirsty.)

يوديــك البحــر ويرجعــك عطشــان

YÉWADDEEKÉL BAHHR WÉYRAGGA'AK 'ATSHSHAAN.

Il est rusé. (Il t'envoie à la mer et te ramène assoiffé.)

64/04   He is capable. (He could dig a well with a needle.)

يفحــت البيــر بإبــرة

YÉFHHAT ÉL BEER BÉ-ÉBRA.

Il est capable. (Il pourrait creuser un puits avec une aiguille.)

64/05   Evaluate him according to his oil capacity.

علــي أد زيتــه كيللــه

'ALA ADD ZEITO KAYYÉLLO.

Évalue-le selon sa capacité en huile.

64/06   I am in control of myself if I scrutinize my point of view.
(AHMED SHAWKI in the hunter and the dove)

وملكــت نفســي لو ملكــت منطقــي

WA MALAKTU NAFSI LAWE MALAKTU MANTÉKI.

Je suis en contrôle de moi-même si je contrôle mon point de vue.
(AHMED SHAWKI dans le chasseur et la colombe.)

64/07   What I had expected happened.

اللــي حسبتــه لقيتــه

ÉLLI HHASABTO LA-EITO.

Ce que j'avais prévu est arrivé.

64/08   The wise man is he who learns from his mistakes.

العَاقِـــلْ مَـــنْ إتّعـــــظ

AL 'AAKÉL MANN IT-TA'AZ.

Le sage est celui qui apprend de ses erreurs.

64/09   We Know God by reasoning.

ربنـــا عرفنــــاه بالعقـــــل

RABBÉNA 'ÉRÉFNAAH BÉL 'A,,L.

Nous avons connu Dieu par le raisonnement.

64/10   O ! Watch this sneaky. (He is the son of the sixty times seventy.)

ابـن ستيـــن فـي سبعيـن

ÉBN SÉTTEEN FI SAB'EEN.

Ô ! regardez ce sournois. (Il est le fils de soixante fois soixante-dix.)

64/11   He is playful but really lovely.

شقـــاوة بـــس اخـــر حـــلاوة

SHA-AAWA BASS AAKHÉR HHALAAWA.

Il est espiègle mais vraiment beau.

64/12   Is the beauty needs playfulness or playfulness needs beauty ?
       (From the movie of ZEN-ÉTÉ SSÉTTAATT, staring FIFI 'ABDO. See also, 30/07, 30/68)

هـي الحـــلاوة عايـــزة شقـــاوة وللا الشقـــاوة عايـــزة حـــلاوة ؟

HÉYYA ÉL HHALAAWA 'AYZA SHA-AAWA WALLAL SHA-AAWA 'AYZA HHALAAWA ?

Est-ce que la beauté a besoin d' espièglerie ou l'espièglerie a besoin de beauté ?
(Du film ZEN-ÉTÉ SSÉTTAATT, avec FIFI 'ABDO. Voir aussi, 30/07, 30/68) 64/12

64/13   We know your plan, for which you take us ? We are the smartest of the smart. Before the doorbell does ring, we already know who is at the door.

ترســـم علـــي ميـــن ! دحنـــا الكـــل رســـامين
يخبـــــط البــــاب نعـــرف اللـي بـــره ميـــن

TÉRSÉM 'ALA MEEN ! DAHHNA ÉL KOL RASSAMEEN. YÉKHABBAT ÉL BAAB NÉA'RAF ÉLLI BARRA MEEN.

Tes plans nous les connaissons, pour qui tu nous prends ? Nous sommes les plus astucieux des astucieux. Avant que la sonnette ne retentisse, nous savons déjà qui est à la porte.

64/14   Richness and beauty.

مـــال وجمـــال

MAAL WÉ GAMAAL.

Richesse et beauté.

64/15   For every person who resists there is a way to soften him.
         (Each style of moustache has its appropriate pair of scissors.)
         (From the movie entitled "HHANAKEESH" with NABILA A'BEID.)

كل شنـــب ولـه مقـــص

KOL SHANAB WÉLOH MA-AS.

Pour chaque personne qui résiste il existe un moyen pour la ramollir.
(Chaque moustache a sa paire de ciseaux.)
(Du film « HHANAKEESH » avec NABILA A'BEID.)

64/16   Do not stop your charity works because of the criticism and do not start another
         one only to earn people's sympathy.
         (BABA KIROLLOS) (See also 51/03)
         (Proposed by Mary Awad)

لاَ تُبْطِلُ عَمَـــلاَ مِـــنَ الأعْمَـالِ الصَالِحَـــةْ لأجْـــلِ كَـــلاَمِ النَّــاسْ
ولاَ تعْمَـــــلْ عمـــــلاَ لأجْـــلِ مَدِيــحِ النَّـاسْ

**LA TUBTILU 'AMALANN MÉNN AL AA'MAAL AL SAALÉHHA LI-AGL KALAAM
ANN NAAS WALA TAA'MAL 'AMALANN LI-AGLI MADEEHH ANN NAAS.**

*N'arrête pas tes œuvres de bienfaisance à cause des critiques et ne commence pas
un travail pour gagner leur sympathie.*
(BABA KIROLLOS) (Voir aussi 51/03)
(Proposé par Mary Awad)

64/17   He is shrewd, cunning. (ÉBNÉL ARANDALI.)
         (There are two explanations for the "ARANDALI" . The first is that this expression is
         Turkish and it is composed of two words ; "AR" and "ANDALI". The first word means
         black or asphalt, and the second means crazy. The second explanation is that, the
         origin of the word is Arabic and it means the one who has shaved his beard.The
         beard symbolized the respect for men as the veil for women)

ابـــن الأرندلـــي

ÉBN ÉL ARANDALI.

Il est rusé et malin. (ÉBNÉL ARANDALI.)
*(Il y a deux explications à l'origine du mot ARANDALI. La première est que cette
expression est turque et qu'elle est composée de deux mots ; « AR » et « ANDALI
». Le premier signifie « noire ou goudron » et le deuxième signifie « fou ». La
deuxième explication est que l'origine du mot est arabe et désigne celui qui a rasé
sa barbe. La barbe symbolisait le respect pour l'homme comme le voile pour la
femme.)*

64/18   He is smart since the day he was born.

شاطـــر مـــن يومـــه

SHAATÉR MÉNN YO-0MO.

Il est brave depuis le jour où il est né..

64/19   Try to soften your position.

جِـــرّ ناعـــم

GORR NAA'ÉM.

Essayez d'assouplir votre position.

64/20   Your gesture is acceptable considering your age.
(I only accept it from you because of your age.)
(This is to praise a person for his outstanding performance in spite of his age.)

مقبولـة مــنك علــي قــد سنـك

MA,,BOULA MÉNNAK 'ALA ADDÉ SÉNNAK.

Votre geste est acceptable considérant votre âge.
(Je l'accepte seulement de vous à cause de votre âge.)
(Il s'agit de louer une personne pour son rendement exceptionnel en dépit de son âge.)

64/21   Keep a low profile and you will succeed.
(Try not to expose your candle and it will continue to shine.)

داري علــي شمعتــك تقيــد

DAARY 'ALA SHAM'ÉTAK TÉ-EED.

Gardez une attitude discrète et vous réussirez.
(Essayez de ne pas exposer votre chandelle et elle continuera à rayonner.)

64/22   Do not attempt the impossible and do not act against nature.
(The streams run downward and not upward.)

الميـــة متجريــش فــي العالــي

ÉL MAYYA MATÉGREESH FI ÉL 'AALI

Ne pas tenter l'impossible et ne pas agir contre la nature.
(Les cours d'eau fonctionnent à la baisse et non pas vers le haut.)

64/23   They asked : "Who gave you permission ?"
He replied : "And who prevented me ?"

قالــه : ميـن أمرك ؟ قـال : وميـن نهانـي ؟

ALLO : MEEN AMARAK ? AAL : WÉ MEEN NAHAANI ?

Ils lui ont demandé : Qui vous a donné la permssion ?
Il a répondu : Et qui m'en a empêché ?

64/24   Sell beauty and buy coquetry. Beauty is everywhere but coquetry is a coincidence.
(Proposed by Selim Zabbal)

بيــع الجمــال واشتـري خفـة. الجمــال كثيـر لكــن الخفـة صدفـة

BEEA' EL GAMAAL WE ÉSHTÉRY KHÉFFA. EL GAMAAL KÉTEER LAAKÉNN EL KHÉFFA SODFA.

Vends la beauté et achète la coquetterie. La beauté est partout mais la coquetterie est une coïncidence.
(Proposé par Selim Zabbal)

64/25   When you are looking for the pretty Egyptian girl, go to *MANSOURA.
(Proposed by Mariam Sarena) (See also, 38/13, 75/57)

دوّر علــي الغنّــدورة تلاقيهـا فـي المنصــورة

DAWWAR 'ALA ÉL GHANDOURA TELA-EEHA FIL MANSOURA.

*Lorsque vous êtes à la recherche de la jolie fille égyptienne, allez à *MANSOURA.*
(Proposé par Mariam Sarena) (Voir aussi, 38/13, 75/57)

*MANSOURA : *Mansoura* means the Victorious city. The city earned its name after the Egyptian conquest over Louis IX of France during the Seventh Crusade.

*MANSOURA : *Mansoura veut dire la ville victorieuse. La ville a gagné son nom après la conquête égyptienne sur Louis IX durant la septième croisade.*

64/26 You applied justice in your decision, then you become stronger and your mind is quiet. Thus you are allowed to sleep without worries, you 'OMAR.
(This expression is said by AL HAMAZAN, the Persia's messenger, to *OMAR IBN AL KHATTAB.)

عَدَلْــتَ فأمِنْــتَ فنِمْـتَ يَا عُمَـــــرْ.

'ADALTA FA-AMINTA FANIMTA YA 'OMAR.

(Vous avez appliqué la justice dans votre décision, alors vous êtes devenu fort et votre esprit est tranquille. Donc vous vous êtes laissé endormir sans soucis, vous 'OMAR.
*(Cette expression est dite par AL HAMAZAN, le messager Perse, à *OMAR IBN AL KHATTAB.)*

*OMAR IBN AL KHATTAB (586 – 644) : he is also known as, "Farooq the Great". He was the most powerful of the four Caliphs Rashidun and one of the most influential Muslim leaders. He was a companion of Muhammed, the Prophhet of Islam. He succeeded Caliph ABU BAKR AL SADDIK (632–634) as the second Caliph of Rashidun Caliphate on 23 August 634. He was an expert jurist and is best known for his justice, that earned him the title Al-Farooq (The one who distinguishes between good and evil). He belonged to Banu-'Ad clan of Quraysh tribe. He was assassinated on the 4th of November 644 and 'UTHMAN IBN 'AFFAANN succeded him as the third Caliph Rashidun.

*OMAR IBN AL KHATTAB (586 – 644) : *il est également connu comme « FAROUK LE GRAND ». Il était le plus puissant parmi les quatre Califes Rashidun et l'un des plus influents dirigeants musulmans. Il était un compagnon du prophète islamique Mahumet. Il a succédé au calife ABU BAKR AL SADDIK (632 – 634) comme le deuxième calife rashidun le 23 août 634. Il était un expert juriste, il est surtout connu pour sa justice qui lui a valu le titre Al-Farouk ou celui qui fait la distinction entre le bien et le mal. Il faisait partie du clan Banu-'Ad de la tribu Quraych. Il a été assassiné le 4 novembre 644. 'Uthman Ibn 'Affane lui a succédé comme le troixième calife Rashidun.*

CHAPITRE 65
Splendor
الإبْهـــار, الرَوْتَــق والإحْـــلال
De la splendeur

65/01   Therefore I prayed and God gave me understanding, I called on Him and I received the spirit of wisdom.
(The wisdom of Solomon, 7 : 7)

حينَئِــذِ تَمَنّيْــتُ فأوتِيــتُ الفِطنَـــة وَدَعـــوْتُ فحَـلَّ عَلَــيَّ رُوحُ الحِكْمَـــة
(الحكمة, 7 : 7)

HHINA-IZÉNN TAMANNAYTU FA-UTEETU AL FITNA WA DA-'AWTU FA HHALLA 'ALAYYA ROUHHU AL HHIKMA.

Voilà pourquoi j'ai prié et Dieu m'a accordé l'intelligence, je me suis adressé à lui et j'ai reçu l'esprit de la Sagesse.
(Sagesse, 7 : 7)

65/02   I prefered wisdom to a throne or the royal power. Wealth was nothing to me compared to wisdom.
(The wisdom of Solomon, 7 : 7)

ففَضّلْتُهَـا عَلَـي الصَوَالِحَة والعُرُوشْ وَلَمْ أَحْسُبْ الغِنَـي شَيئاً بالقِيـاس لَهَـا
(الحكمة, 7 : 8)

FAFADALTUHA 'ALA AS SAWAALÉGA WAL-'UROUSH WALAM AHHSÉB ALGHINA SHAY-ANN BIL KIYAASI LAHA.

J'ai jugé que la sagesse est plus importante qu'un trône ou le pouvoir royal. La richesse n'était rien à mes yeux en comparaison à la sagesse.
(Sagesse, 7 : 8)

65/03   I loved wisdom and sought her from my youth. I desired to take her for my bride and became enamored of her beauty.
(The wisdom of Solomon, 8 : 2)

لقَــدْ أحْبَبــتُ الحِكْمَــة والتَمَستُهَـا مُنْـذ صِبَــايْ وإبْتَغيْــتُ أنْ
أتّخِذُهَـا عَرُوســـاً وَصِـــرتُ لِجَمالِهـا عاشِقــاً
(الحكمة, 8 : 2)

LAKAD AHHBABTUHA WALTAMASTUHA MUNZU SIBAAY WABTAGHAYTU ANN ATTAKHIZUHA 'AROUSANN WASIRTU LIGAMAALIHA 'AASHIKANN.

C'est la Sagesse que j'ai aimée et recherchée dés ma jeunesse. Je suis devenu amoureux de sa beauté et j'ai désiré faire d'elle mon épouse.
(Sagesse, 8 : 2)

65/04   You ! the sheet metal containers of melted butter. You ! the barrels of fresh cream.
        You ! the gorgeous ! you ! the beautiful !
        (*ABDEL FATTAHH AL KOSARY in ÉBN HHAMIDO'movie) (See also 68/08)
        (Proposed by May Telmissany)

        يا صفايـح الذبـدة السايحة , يا بــراميل القشطة النـايحة , يا حلو , يا جميل

        **YA SAFAAYÉHH ÉZ ZÉBDA ÉS SAYHHA, YA BARAMEEL ÉL ÉSHTA ÉL
        NAYHHA, YA HHÉLW, YA GAMEEL.**

        *Vous ! les contenants de tôle, de beurre fondu. Vous ! les barils de crème fraîche.
        Vous ! la splendide. Vous ! la belle.
        (*ABDEL FATTAHH AL KOSARY dans le film ÉBN HHAMIDO) (Voir aussi 68/08)
        (Proposé par May Telmissany)*

        ABDEL FATTAHH AL KOSARY (1905 – 1964) : he is a famous Egyptian actor
        and giant comedian of the Egyptian cinema. His father was a wealthy man and
        traded in gold. He studied at the "École des frère" French school of Khuronfish,
        Cairo. Al-Kosary has mastered his role as a rural man and took advantage of his
        body shape in a way that made him a legend. His short and burly body, his
        squinting eyes,   his short cut and smooth hair, his pronunciation skill of words and
        the way he dressed gave him a unique particularity over the other comedian artists,
        that, one can't believe he could be otherwise in his real life. The author devotes
        the above quotation to his childhood friend "Fikry Ibrahim"   whose capacity to
        imitate Al kosary is unparalleled.

        ABDEL FATTAHH AL KOSARY (1905 – 1964) : *il est un acteur célèbre et un
        comédien géant du cinéma égyptien. Son père était un homme riche et un
        négociateur en or. Il a étudié à l'école des frères de Khoronféche au Caire. Al-
        Kosary a maîtrisé son rôle comme un homme rural et a profité de sa forme du corps
        d'une manière qui fait de lui une légende. Son corps court et robuste, ses yeux qui
        louchent, les cheveux lisses, l'habileté de prononciation des mots et la façon dont
        il s'habillait, lui a donné une particularité unique sur les autres comédiens qui
        n'arrive pas à croire qu'il était autrement dans sa vie réelle. L'auteur consacre
        l'éxposé ci-dessus, si légendaire à son ami d'enfance « Fikry Ibrahim » dont la
        capacité d'imiter Al-Kosary est sans précédent.*

65/05   It takes away the spirit and reason. (It makes the brain flies.)

        يطيــــر العقـــــل

        YÉTAYYAR ÉL 'A,,L.

        Ça fait perdre l'esprit. (Ça fait voler le cerveau.)

65/06   You, the beautiful ! (You the moon of fourteen !)
        (It is the 14th of the lunar month when the moon is full and round.)

        يـا قمـــر أربعتاشـــــر

        YA AMR ARBAA' TAASHAR.

        *Vous la belle ! (Vous, la lune du quatorze !)
        (Il est au 14ème du mois lunaire où la lune est sous sa forme pleine et ronde.)*

65/07   You travel and you return with the same splendor as you have always had.

تغيــــب غبتـــك وتيجـــي بهبتــــك

TÉGHEEB GHÉBTAK WÉ TEEGY BÉ HÉBTAK.

Vous partez en voyage et vous revenez avec la même splendeur que vous avez toujours eu.

65/08   Glory to God. Praise God. (Glory to the Creator.)
         (This expression is said when someone notices in a quick glance, a striking beauty passes by.)

سبحـــان الخـــلاّق

SUBHHAAN AL KHALLAA,,.

Louange à Dieu. Gloire à Dieu. (Gloire au Créateur.)
(Cette expression est dite quand quelqu'un constate, d'un rapide coup d'œil, une beauté qui passe devant lui.)

CHAPITRE 66
Stubbornness
العِنْـــــــــــــــد
De l'entêtement

66/01   He inrsists. (He mounts his head.)

ركــــب راســـه

RÉKÉB RAASO.

Il s'entête. (Il se monte la tête.)

66/02   He doesn't give up. He is stubborn.
(His head and a thousand swords.)

راســـــه والـــف ســيــف

(RAASO WÉ ALF SEIF.)

*Il ne renonce pas. Il est têtu.
(Sa tête et mille épées.)*

CHAPITRE 67
Tact
اللمَسـات الحَساسَة
Du doigté

67/01 Your life is longer than mine.
(I meant the same thing but you have said it before me.)
(It is said by someone who is preceded by another person who shares his thoughts but he has expressed them before him.)

عُمْـــرَكْ أطْـــوَلْ مــــنْ عُمْـــري

'OMRAK ATWAL MÉNN 'OMRI.

Votre vie est plus longue que la mienne.
(Je voulais dire la même chose mais vous l'avez dit avant moi.)
(C'est dit par quelqu'un qui est précédé par une autre personne qui partage ses pensées mais il les a exprimées avant lui.)

67/02 He is an angel from heaven.

هـو مـلاك نـازل مـن السمـاء

HOWWA MALAAK NAAZÉL MÉNN ÉS SAMAA.

C'est un ange venant du ciel.

67/03 Be humble, and you will become like a distinct star whose image is reflected to an eyewitness on the water surface. And do not be like the smoke that spreads upward, yet it is nothing but emptiness.
(*ABOU TAMMAM)

تَواضَـــعْ تُكـنْ كَالنجْــــمْ لاحَ لِنــاظِر عَلــي صَفحَـات المـــاءَ وَهُــو رَفيــعْ
ولا تَكُـــــنْ كَالدُّخّـــانِ يَعْلـو بِنَفْسِهِ إلــى طَبَقـات الجَــوّ وَهُو وَضيــعْ

TAWAADAA' TAKONN KANNIGMI LAAHHA LINAAZIRÉNN 'ALA SAFAHHAATU AL MAA-I WAHUWA RAFEE-'U WALA TAKONN KADDUKHKHAANI YAA'LU BINAFSIHI ILA TABAKAATU AS SAMAA-I WAHUWA WADEE-'U.

Soyez humble et vous deviendrez comme une étoile distincte dont l'image se reflète à un témoin oculaire sur la surface de l'eau. Et ne soyez pas comme la fumée qui se propage en montant, mais elle n'est rien que le vide.
*(*ABOU TAMMAM)*

67/04 Respect our elders is a duty.

احتــرام الكبيــر واجــب

ÉHHTÉRAAM WAGÉB.

Respecter l'aîné est un devoir.

ABOU TAMMAM (796 – 843) : he is born in Syria.

ABOU TAMMAM (796 – 843) : il est né en Syrie.

CHAPITRE 68
Talks and Words
الكـــــــــلامُ والكلِمَــــــــة
Des paroles et des mots

68/01   He takes him at his word.

يمسكله علـــي الكلمـــة

YÉMSÉKLO 'AL WAHHDA.

Il le juge au moindre mot. (Il le prend au mot.)

68/02   No hellos, nor good evening, nor even a nice word.

لاصَبِــــاحْ ولا مِسّـــــه ولا كلمَـــــة كَوِيسّـــة

LA SABAAHH WALA MÉSA WALA KÉLMA KÉWAYYÉSA.

Ni bonjour, ni bonsoir, ni même un gentil mot.

68/03   I appreciate what you did but it is too much.

ده اسّـمه كـــلام !

DA ÉSMO KLAAM !

J'apprécie ce que vous avez fait mais c'est trop.

68/04   The word "unfortunately" is never good to start a household.

كلمــة يا ربّـت عمرهـا مـا بتعمـــر بيـــت

KÉLMÉT YA REIT 'OMRAHA MA BÉT'AMMAR BEIT.

Le mot « malheureusement » n'est jamais bon pour fonder un ménage.

68/05   If you want to tease those who keep talking and constantly interrupt you, leave the meeting without saying a word.

عـاوز تغيـظ اللتـات العجـان كثير الكلام أتـرك مجلسه من غيـر كلام

'AAWÉZ TÉGHEEZ ÉL LATTAAT ÉL 'AGGAANN KÉTEER ÉL KALAAM ÉTROK MAGLÉSO MÉNN GHEIR KALAAM.

Si vous voulez taquiner celui qui n'arrête pas de parler et de vous interrumpre continuellement, sortez de sa réunion sans dire un mot.

68/06   Think of me and write me a note. (Think of me with just two words.)

افتكرنـــــي بكلمتيـــــن

ÉFTÉKÉRNY BÉKÉLMÉTEIN.

Pensez à moi et écrivez-moi un petit mot. (Pense à moi en deux mots.)

68/07   The words drag other words. Words play untiringly other words.

الكـــــلام بيجـــر بعضـــه

ÉL KALAAM BÉYGORR BAA'DO.

Les mots enchainent d'autres mots.

68/08 I gave my word, my word is sacred and I will never return back on it. Yet, this time I will return.

(He changes his decision for the nth. time and every time under his wife's intimidation when she simply calls him by his name, in a threatening tone and saying : "Hanafi !"

(ABDEL FATTAHH AL KOSARY in the movie of HHAMEEDO) (See also 65/04)

أنا قلت كلمة وكلمتـي ما تنزلـش الأرض أبداً... خـلاص حتنـزل النوبه دي

ANA OLT KÉLMA WÉ KÉLMÉTI MA TÉNZÉLSH ÉL ARD ABADANN...KHALAAS HHATÉNZÉL EN NOBAA DI.

J'ai donné ma parole d'honneur, ma parole est sacrée et je ne reviendrai jamais dessus. Pourtant ...,cette fois j'y retournerai.

(Il change sa décision pour la enième fois et chaque fois en vertu de l'intimidation de sa femme quand elle l'appelle simplement par son nom, d'un ton menaçant en disant : « Hanafi ! »

(ABDEL FATTAHH AL KOSARY dans le film de HHAMIDO) (Voir aussi 65/04)

68/09 You admire him as listener yet, you will immediately be able to assess and weigh his opinion when he starts talking ; if he is better or less than you expected. (ZOHEIR IBN ABI SALMA) (See also 23/02, page 108.)

وَكَائِنٌ تَـرَي مِـنْ صَـامِتٍ لَكَ مُعْجَـبٌ زِيادَتُـهُ أوْ نَقْصُـهُ فِي التَّكَلُّـم

WAKAA-INONN   TARA MINN SAAMITÉNN   LAKA MUA'GIBONN, ZIYAADATUHU AW NAKSUHU FI AT TAKALLUMI.

Vous l'admirez en tant qu'auditeur et pourtant, vous serez en mesure de l'évaluer et de peser son opinion au moment où il commence à parler ; si il est plus ou moins superieur à vos attentes.

(ZOHEIR IBN ABI SALMA) (Voir aussi 23/02, page 108)

68/10 He is the decision maker. (The word is his.)

الكلمـــة كلمتـــه

ÉL K ÉLMA KÉLMÉTO.

Il est le décideur. (La parole est la sienne.)

68/11 That's the word of the newspapers.

كــــلام جرائــــد

KALAAM GRA-ÉD

Ça c'est la parole des journaux.

68/12 In the beginning was the Word and the Word was with God, and the Word was God. (John, 01 : 01)

فَي البَـدْءِ كَانَ الكَلِمَةْ وَالكَلِمَةُ كَانَ عِنْـدَ اللَّـهِ وَكَانَ الكَلِمَةُ اللـهِ.

FIL BAD-I KAANA AL KALIMA WA AL KALIMA KAANA 'INDA AL LLAAH WA KAANA AL KALIMATU ALLAAH.

Au commencement, lorsque Dieu créa le monde, la parole existait déjà, celui qui est la parole était avec Dieu et était Dieu. (Jean, 01 : 01)

68/13   He is a man of trust. He keeps his word. (His word is one.)

كلمتــــه واحـــــدة

KÉLMÉTO WAHHDA.

Il est un homme de confiance. Il tient sa parole. (Sa parole n'est qu'une.)

68/14   These interviews are sweet..., precious words.
(These words are like diamonds..., like honey.)

ده كـــلام زي الألمـــاظ..., زي العسـل

DA KALAAM ZAY ÉL ALMAAZ..., ZAY ÉL 'ASAL.

(Ces entretiens sont doux..., des paroles précieuses.
(Ces paroles sont comme des diamants..., comme le miel.)

68/15   The kind word can crack the Iron.

الكلمـــة الطيبـــة تــدوب الحديــد

ÉL KÉLMA ÉT TAYYÉBA TÉDAWWÉB ÉL HHADEED.

Le mot gentil est capable faire fendre le fer.

68/16   I want to draw your attention to something important.
(I need you for two small words.)

أنـــا عايـــزك فـــي كلمتيـــن

ANA 'AYZAK FI KÉLMÉTEINN.

Je veux attirer votre attention sur quelque chose d'important.
(J'ai besoin de vous pour deux petits mots.)

68/17   I Don't want to hear a word. (No comment.)

مـــش عايـــز ولا كلمـــة

MUSH 'AAYÉZ WALA KÉLMA.

Je ne veux pas entendre un mot. (Aucun commentaire.)

68/18   My word is like a sword, it cuts the vein and lets it bleed.
(MAHMOUD EL MÉLEEGUI : 1910 – 1983 he was called Antony Quinnn of Egyptian
cinema and he played   in 318 films.)

كلمتـــي زي السيـــف تقطـــع العـــرق وتسيـــح دمـه

KÉLMÉTI ZAY ÉS SÉIF TÉ,,TAA' ÉL 'ÉR,, WÉT SAYYAHH DAMMO.

Ma parole est comme une épée, elle coupe la veine et la laisse saigner.
(MAHMOUD EL MÉLiGUI : 1910 – 1983 il fut appelé Antony Quinn du cinéma
égyptien et il a joué dans 318 films.)

68/19   The silence is a sign of satisfaction..

السكـــوت علامـــة الرضَـا

AS SUKOUT 'ALAAMÉT ÉR RÉDA.

Le silence est signe de satisfaction.

68/20   That was before but not anymore. (These words were true before but not now.)

الكـــلام ده كـــان زمـــان

ÉL KALAAM DA KAAN ZAMAANN.

Ces mots étaient vrais avant mais plus maintenant.

68/21   A kind word.

كلمـــة حلـــوة

KÉLMA HHÉLWA.

Un mot gentil.

68/22   Words we do not need to hear.
        (We do not need to hear two words that are not necessary.)

كلمتيـــن ملهمـــش لازمـــة

KÉLMÉTEINN MALHUMSH LAZMA.

Des paroles qu'on n'a pas besoin d'entendre.
(On n'a pas besoin d'entendre deux mots qui ne sont pas nécessaires.)

68/23   They ask : How does one recognize the silly ? He said : "The way he speaks."

قالـــوا تعـرف الهايـف منيـن ؟ قـــال بكلامـــه

AALU TÉA'RAF ÉL HAAYÉF MÉNEIN AAL BÉKALAAMO.

Ils demandent : Comment reconnaît-on le niaiseux. Il a répondu : « De la façon
dont il parle. »

68/24   Absolute silence.

سُكْتُـــمْ بُكْتُـــمْ

SOKTOM BOKTOM.

Le silence absolu.

68/25   So, we should stop talking to each other.
        (There is no more communication between us.)

مفيـــش بنــا كـــلام

MAFEESH BÉNNA KALAAM.

Alors, nous devrions cesser de parler les uns aux autres.
(Il n'y a plus de communication entre nous.)

68/26   Finding the right balance is to give and take.
        (The negociation is based on supply and demand.)

الكـــلام أخـــد وعـــطا

ÉL KALAAM AKHD WÉ 'ATA.

Trouver le juste milieu est de donner et prendre.
(La négotiation s'appuie sur l'offre et la demande.)

68/27   It's talking the talk.

أهـــه كلـه كـــلام فـــي كـــلام

AHO KOLLO KALAAM FI KALAAM.

C'est parler pour parler.

68/28   The people say.

كـــلام النـــاس

KALAAM ÉN NAASS.

Les dire des gens.

68/29   Why all this talk !

ليــه كتــر الــكلام

LEIH KOTR ÉL KALAAM.

Pourquoi tout ce bavardage !

68/30   In brief,... To make the story short,... (To shorten the story,...)

قصّــرُ الكــلام

OSR ÉL KALAAM.

Pour faire l'histoire courte,... (Pour raccourcir l'histoire.)

68/31   Talking nonsense. Meaningless words. (Empty talks.)

كــلام فاضــي

KALAAM FAADI.

Dire des bêtises. (Paroles vides de sens.)

68/32   Are you serious ? (Are you talking seriously ?)

أنــت بتتكلــم بجــد ؟

ÉNTA BÉTÉTKALLÉM BÉGAD ?

Êtes-vous sérieux ? (Parlez-vous sérieusement ?)

68/33   Believe what I say. (Take my word for it.)

خــدها منــي كلمة

KHODHA MÉNNI KÉLMA.

Croyez ce que je vous dis. (Prends-en ma parole.)

68/34   It is a bad statement against you.

كلمة وحشــة فــي حقــك

KÉLMA WÉHHSHA FI HHA,,AK.

Ça c'est une mauvaise déclaration contre vous.

68/35   This conversation is bland.

الكــلام ده ماســخ

ÉL KALAAM DA MAASÉKH.

Cette conversation est insipide.

68/36   He repeats the same speech over and over again.

بيعيــد نفــس الكــلام

BÉY'EED NAFS ÉL KALAAM.

Il répète le même discours maintes et maintes fois.

68/37   I have suspicions about all these talks.
          (These words do not fit into my head.)

الكلام ده مـش داخـل دماغـي

ÉL KALAAM DA MUSH DAKHÉL DÉMAAGHI.

J'ai des soupçons sur l'ensemble de ces pourparlers.
(Ces paroles ne rentrent pas dans ma tête.)

68/38 Whoever has a word to say, he keeps it in his mouth.
(Do not listen to other opinions than his.)

اللـــي عنـــده كلمـــة يخليهـــا فـــي بقـــه

ÉLLI 'ANDO KÉLMA YÉKHALLEEHA FÉ BO,,OH.
Celui qui a un mot à dire qu'il le garde dans sa bouche.
(Ne pas écouter d'autres opinions que la sienne.)

68/39 Have you no shame !
(Do you have an eye for talking !)

لك عيـــن تتكلـــم !

LAK 'EIN TÉTKALLÉM.
N'avez-vous pas honte ?
(Avez-vous un oeil pour parler !)

68/40 If we look at every word that is said to interpret, we will never finish.

دحنـــا لو وقفنـــا علـي كـل كلمـــة بتتقـــال مـــش هنخلـــص

DAHHNA LAWE WA-AFNA 'ALA KOLLÉ KÉLMA BTÉT-AAL MUSH
HANÉKHLAS.
Si nous nous arrêtons à chaque mot qui se dit pour l'interpréter, nous n'aurons
jamais fini.

68/41 Serious talks. (Words in the full.)

كـلام فـــي المليـــان

KALAAM FIL MALYAANN.
Des paroles sérieuses. (Des paroles dans le plein.)

68/42 His words are hard to swallow. (His words remain in the throat.)

كلامـه يقـــف فـــي الزور

KALAAMO YO-AF FI ÉZ ZO-OR.
Ses paroles sont dures à avaler. (Des mots qui restent dans la gorge.)

68/43 Your words are very compelling. (Your words have entered my brain.)

كلامـــك داخـــل مخــي

KALAAMAK DAAKHAL MOKHKHI.
Vos paroles sont très convaincantes. (Vos paroles sont entrées dans mon cerveau.)

68/44 That's for sure. (One does not need words.)

مـــش عايـــزة كـــلام

MUSH 'AYZA KALAAM.
Ça c'est certain. (On n'a pas besoin de paroles.)

68/45 These are serious words with such serious consequences.

ده كـــلام كبيـــر قـــوي... ده كـــلام خطيـــر

DA KALAAM KÉBEER AWI...DA KALAAM KHATEER.
Ce sont des mots graves avec des conséquences aussi graves.

68/46　I am not so naïve as to believe that. (I don't eat these words.)

أنـا مبكلش مـن الكـلام ده

ANA MABAKOLSH MÉN ÉL KALAAM DAH.

Je ne suis pas si naïf pour croire ça. (Je ne mange pas de ces mots là.)

68/47　I am having a discussion with him. (I have other arguments with him.)

أنـا لـي كـلام ثانـي معـاه

ANA LÉYYA KALAAM TAANI MA'AAH.

Je vais avoir une discussion avec lui. (J'ai d'autres arguments à lui présenter.)

68/48　Keep it secret and not a word of what happened.

ولا كلمـة باللـي حصـل

WALA KÉLMA BÉLLI HHASAL.

Gardez le secret et pas un mot de ce qui est arrivé.

68/49　In brief. (The summary of what was said is...)

خلاصـة الكـلام

KHULAASÉT ÉL KALAAM...

Bref. (Le résumé de ce qui s'est dit...)

68/50　Throw words into the air. (Insinuation.)

تلقيـح كـلام

TAL-EEHH KALAAM.

Jeter des mots dans l'air. (Insinuation.)

68/51　If the word of congratulations was not said at the time, it becomes like next day's meal that has lost its flavor.

كلمـة مبـروك إن ماتقلتش في وقتهـا تبقـي زي الطبيـخ البايت ملهاش طعم

KÉLMÉT MABROUK INN MA ÉT-ALÉTSH FI WA,,TAHA TÉB-A ZAY ÉT TABEEKH ÉL BAAYÉT MALHAASH TAA'M.

Si le mot de félicitations n'a pas été dit en son temps, il devient comme le repas du lendemain qui n'a plus de saveur.

68/52　Talking for talks. (Words that not matter.)

أي كـلام

AY KALAAM.

Parler pour parler. (Paroles sans importance.)

68/53　Words that are not serious. (Words in the air.)

كـلام فـي الهـواء

KALAAM FEL HAWA.

Des paroles qui ne sont pas sérieuses. (Des paroles en l'air.)

CHAPITRE 69

Theft

السَــــرقة

Du vol

69/01 He who is afraid of the scale was cheating on weight.

مــا يخفــش مــن القبانــي إلا اللــي إرطالــه ناقصــة

MAYKHAFSH MÉN ÉL ABBAANI ÉLLA ÉLLI ARTAALO NA,,SA.

Celui qui a peur de la balance a triché sur le poids.

69/02 He who steals the egg can steal the chicken.

اللـــي بيســـرق البيضـــة يســـرق الفرخـــة

ÉLLI BÉYÉSRA,, ÉL BEIDA BÉYÉSRA,, ÉL FARKHA.

Celui qui vole l'œuf peut voler le poulet.

69/03 The crook steals the heel of the one who is barefooted.

النصــاب ياخــد مــن الحافـــي نعلـــه

ÉNN NASSAAB YAAKHOD MÉNN ÉL HHAAFI NAA'LOH.

L'escroc vole le talon même de celui qui est pieds nus.

69/04 His conscience is like elastic.

زمتــــه زي الأستـــك

ZÉMMÉTO ZAY ÉL ASTÉK.

Sa conscience est comme l'élastique.

69/05 You who trust the thief, he will steal your food. And you who believe the government, I hope that your mind is sane.

يا مأمن للحرامي هيسرق أكلك. ويا مصدق الحكومة سلامة عقلك

YA MÉ AMMÉNN LÉL HHARAAMI HA YÉSRA,, AKLAK WÉ YAMSADDA,, ÉL HHUKOUMA SALAMÉT 'A,,LAK.

Vous qui faites confiance au voleur, il va voler votre nourriture. Et vous qui croyez le gouvernement j'espère que votre esprit est sain.

69/06 Time passes faster than we think.
(Time steals us.)

الوقـــت بيسرقنـــا

ÉL WA,,T B-YÉSRA,,NA.

Le temps passe plus vite qu'on pense.
(Le temps nous vole.)

CHAPITRE 70
Time
الوَقْـــــت
Du temps

70/01   Oh ! What a difference between tonight and the day before !
مـا أَبْعَـــدَ الليْلَـــةْ عَـــنْ البارحَـــة
MAA AB'AD AL LAYLA 'AN AL BAARIHHA.
Ô ! Quelle différence entre ce soir et la veille !

70/02   Tomorrow you will regret what you did.
بكـــره تقـــول يا ريـــت، اللــي جـــري مـا كـــان
BOKRA TÉ OUL YA REIT ÉLLI GARA MA KAANN.
Demain vous regretterez ce que vous avez fait.

70/03   Tomorrow is another day.
الصبـــــاح ربــــاح
ÉS SABAAHH RABAAHH.
Demain est un autre jour.

70/04   Life is fleeting.
(Life slips through our fingers.)
العمـــر غفلـــة
ÉL 'OMR GHAFLA.
La vie est éphémère.
(La vie nous file entre les doigts.)

70/05   The days will tell who is right and who is wrong.
(The days are between us.)
الأيّـــــــــام بَيْنَنـــــــــا
AL AYYAMU BAYNANA.
Les jours nous dirons qui a raison et qui a tort.
(Les jours sont entre nous.)

70/06   O that's too far ! In the meantime generations might have been died and others might have been born.
حلّنـــــــــي, يكـــون مـــاتت نـــاس وحيـــت نـــاس
HHÉLLÉNI, YÉKOUN MAATÉT NAAS WÉ HHÉYÉT NAAS.
Ô que c'est trop loin ! Pendant ce temps des générations seraient mortes et d'autres seraient nées.

323

70/07   KIAHK : Your mornings are like your evenings. You finish your breakfast to prepare your supper.
(KIAHK is a Coptic month that begins from mid December to mid January. It is characterized by its shortest days of the year)

كيهـــــك صباحـــك مســـاك...تقـــوم مـــن فـــطارك تحضـــر عشـــاك

KIAHK SABAAHHAK MASSAK TÉ-OUM MÉNN FÉTAARAK TÉHHADDAB 'ASHAAK.

KIAHK : Vos matins sont comme vos soirées. Vous finissez votre petit déjeuner pour préparer votre souper. (Une routine.)

(KIAHK : est un mois Copte qui commence à partir de la mi-décembre à la mi-janvier. Il se caractérise par ses journées les plus courtes de l'année.)

70/08   TOUBA is the father of cold and humidity. It makes the young girl like an aging woman.
(TOUBA is a Coptic month that begins from mid January to mid February. It is characterized by its coldness.) (Proposed by Ray Awad)

طوبـه أبـــو البـــرد والرطوبـــه يخلـــــي الصبـــــة كركوبـــه

TOUBA ABOU ÉL BARD WÉ ÉR RUTOUBA, YÉKHALLI ÉS SABÉYYA KARKOUBA.

TOUBA est le père du froid et de l'humidité. Il rend la jeune fille comme une femme vieillissante.

(TOUBA est un mois Copte qui commence de la mi-janvier à la mi- février. Il se caractérise par sa froideur.)

(Proposé par Ray Awad)

70/09   AMSHIR is the father of wind.
(AMSHIR is a Coptic month that begins from mid February to mid March. It is characterized by its cold and wind.)

أمشيـــر أبـــو الزعبيـــر...الإسـم لطوبـه والبـــرد لأمشيـــر

AMSHIR ABOU ÉZ ZA'ABEER...ÉL ÉSM LÉ TOUBA WÉL BARD LÉ AMSHIR.

AMSHIR est le père du vent.

(AMSHIR est un mois Copte qui commence de la mi-février à la mi-mars. Il se caractérise par le froid et le vent.)

70/10   BRAMHAT go to the farm and bring fresh vegetable.
(BRAMHAT is a Coptic month that begins from mid March to mid April. *It is characterized by vegetations* when the greens fill the fields.)
(Proposed by Sherif Khashana, Cultural & Educational Affairs Egypt.)

برمهــــــات روح الغيـــط وهـــات

BRAMHAAT ROUHH ÉL GHEIT WÉ HAAT.

BRAMHAT va à la ferme et amène des légumes frais.

(BRAMHAT c'est un mois Copte qui commence de la mi-mars à la mi-avril. Il se caractérise par la végétation quand les légumes verts remplissent les champs.)

(Proposé par Sherif Khashana, Bureau des affaires culturelles et de l'éducation en Egypte.)

70/11 "To everything there is a season. A time for every purpose under heaven : A time to be born, and a time to die. A time to weep and a time to laugh. A time to mourn and a time to dance. A time to break down, and a time to build up. A time to gain, and a time to lose. A time to keep silence, and a time to speak. A time to love, and a time to hate. A time of war, and a time of peace..."
(Ecclesiastes, 3 : 1 – 8)

LIKULLI SHAYÉNN ZAMAAN WA LIKULLI AMRÉNN TAHHTA AS SAMAWAAT WAKT. LIL WILAADATI WAKT WALIL MAWTI WAKT. LIL BUKAA-I WAKT WALILDAHHIKI WAKT. LILNAWHHI WAKT WALILRAKSI WAKT. LILHADMI WAKT WALILBINAA-I WAKT. LILKESBBI WAKT WALILKHUSAARA WAKT. LILSUKOUTI WAKT WALILKALAAMI WAKT. LILHHUBBI WAKT WALILBUGHDA WAKT. LILHHARBI WAKT WALISSALAAMI WAKT...

لِكُلٌّ شَيْئٍ زَمَانْ وَلِكُلّْ أَمْرٍ تَحْتَ السَمَوَاتِ وَقتْ. لِلْوِلاَدَةِ وَقتْ وَلِلْمَوْتِ وَقتْ. لِلْبُكَاءِ وَقتْ وَلِلضَّحْكِ وَقتْ. لِلْنَوْح وَقتْ وَلِلرَقْص وَقتْ. لِلهَدْمِ وَقتْ وَلِلبِنَاءِ وَقتْ. لَلْكَسْبِ وَقتْ وَلِلْخَسَارَةِ وَقتْ. لِلسُكوتِ وَقتْ وَلِلْكَلاَم وَقتْ. لِلْحُبّ وَقتْ وَلِلْبُغْضَـةِ وَقــتْ. لِلحَـرْبِ وَقتْ وَلِلسَلاَم وَقتْ.   (الجَامِعَةُ, 1 – 8 : 1)

« Tout ce qui se produit sur la terre arrive en son temps. Il y a un temps pour naître et un temps pour mourir. Il y a un temps pour pleurer et un temps pour rire. Il y a un temps pour gémir et un temps pour danser. Un temps pour démolir et un temps pour construire. Il y a un temps pour perdre et un temps pour conserver. Il y a un temps pour se taire et un temps pour parler. Il y a un temps pour aimer et un temps pour haïr. Un temps pour la guerre et un temps pour la paix... »

70/12 Over time the expectations can be realized.

طولــــة العمـــر تبلـــغ الأمـــل
TOULÉT ÉL 'OMR TUBLIGH AL AMAL.
Avec le temps les attentes peuvent se matérialiser

70/13 Look where we were and where we are today.
(This expression is said in the positive sense as in the negative one.)

شـوف كنـا فيـــن وبقينـــا فيـــن
SHOUF KONNA FEINN WÉ BA-EINA FEINN.
Regardez où nous étions et où nous en sommes aujourd'hui.
(Cette expression se dit dans le deux sens, le positif comme dans le négatif.)

70/14 They say that time is full of corruption, but the truth is that they are the corrupted ones and not the time.
(*SHIHAB ADDIN AL ABSHIHY)

يَقُولُـــونَ الزّمَـانْ بِـــهِ فسَــادْ وَهُـــمْ فسَـــدُوا وَمَـا فسَــدَ الزّمَـــانْ
YAKOULOUNA AZ ZAMAANU BIHI FASAADONN WAHUM FASADU WAMAA FASADA AZ ZAMAANU.
Ils disent que le temps est plein de corruption, mais la réalité est que ce sont eux les corrompus et non le temps.
(*SHIHAB ADDIN AL ABSHIHY)

70/15   So far, you have lived peaceful nights and you thought it has to be likewise. However, when the nights are so quiet, it is at this point that the problems occur. (AL IMAM AL SHAFFI'I) (See also 54/05, 63/03 and volume 1.)

وَسَالمَتـْكَ اللَيَالِـي فاغْتَـرَرْتَ بِهَـا   وعِنْـدَ صَفْـو اللَيَالِـي يَحْـــدُثُ الكَـــدَر

WA SAALAMATKA AL LAYAALI FA IGH-TARARTA BIHA. WA 'INDA SAFWI AL LAYAALI YAHHDUTHU AL KEDERU.

Jusqu'à présent, vous avez vécu des nuits paisibles et vous avez pensé qu'il doit être de même. Néanmoins, quand les nuits sont si calmes, c'est à ce moment-là que les problèmes se produisent.
(AL IMAM AL SHAFFI'I) (Voir aussi 54/05, 63/03 et volume 1.)

70/16   The beating heart of a person tells him that life is only minutes and seconds.
(*SHIHAB ADDIN AL ABSHIHY)

دَقَّـاتُ قلْـبِ المَـــرْءِ قائِلَـــةَ دَقائِـــــاةَ إنَّ الحَيَـــــاة لَـــهُ   دَقَـا-ئِقٌ وَثَــوَانِ

DAKKATTU KALBU AL MAR-I KAA-ILETEENN LAHU INNA AL HHAYAATA DAKAA-IKONN WA SAWAANI.

Le coeur battant d'une personne lui dit que la vie n'est que minutes et secondes.
*(*SHIHAB ADDIN AL ABSHIHY)*

70/17   The world that I used to know is no longer the same : The people, the house and the neighborhood where I grew up have changed.
(He does not recognize the places of his childhood.)
(*SHIHAB ADDIN AL ABSHIHY)

'فمَـا النَّـاسُ بالنَّـاس الذِيــنَ عَهَدْتُـهُـمْ   ولا الـدَّارُ بالـــدَّار التِي كُنْتُ أعْهَـد

FAMAA ANN NAASU BINN NAASI AL LAZEENA 'AHADTUHOM WALA AD DAARU BID DARI AL LATI KUNTU AA'HADU.

Le monde n'est plus le même : les gens, la maison et le quartier où j'ai grandi, ont changé. (Il ne reconnaît plus les lieux de son enfance.)
*(*SHIHAB ADDIN AL ABSHIHY)*

70/18   As soon as you can. Right now. At once. Right away. Immidiately. As soon as possible
(Today before tomorrow.)

النهـــارده قبـــل بكـــره

ÉNN NAHARDA ABL BOKRA.

Tout de suite. Dès que vous le pouvez. Immédiatement. Aussitôt que possible.
(Aujourd'hui avant demain.)

70/19   I want my time to foretell me, what he himself does not know.
(*SHIHAB ADDIN AL ABSHIHY)

أريـــدُ مِـــنْ زَمَنِـي ذَا أنْ يُبْلِغَنِـي   مَا ليَسْ يَبْلُغُـهُ مِـنْ نَفْسِـه الزَّمَــانُ

UREEDU MINN ZAMANI ZA ANN YUBLIGHANI MA LAYSA YABLUGHUHU MINN NAFSIHI AZ ZAMAANU.

Je veux de mon temps qu'il me prédise de ce que lui-même ne sait pas.
*(*SHIHAB ADDIN AL ABSHIHY)*

70/20   They left those who cheered me on and when they saw me coming they were happy with my company. Now I am surrounded by the indifferent who are like dogs in their kennels, they are screaming and jumping over each other.
(*SHIHAB ADDIN AL ABSHIHY)

ذَهَــبَ الذِيــنَ إذا رَأونِــي مُقْبِــلا   بَشَّــــوا إلـــيَ ورَحّبُــوا بالمُقْبِــلِ
وبَقِيتُ فِي خَلَفٍ كَــأنَّ حَديثُهُــمْ   ولَــغُ الكِلابِ تَهارَشَتْ فِي المَنْزلِ

ZAHABA AL LAZEENA IZA RA-OUNI MUKBILANN BASHSHU ILAYYA WA RAHH-HHABU BIL MUKBILI. WA BAKEETU FI KHALAFÉNN KA-ANNA HHADEETHUHOM WALAGHU AL KILAABI TAHAARASHATT FI AL MANZILI.

Ils sont partis ceux qui m'ont applaudi et quand ils m'ont vu venir, ils ont été joyeux en ma compagnie. Maintenant, je suis entouré par des indifférents qui sont comme des chiens dans leur chenil, ils hurlent et sautent les uns sur les autres.
(*SHIHAB ADDIN AL ABSHIHY)

70/21   I desire from time what time itselfs doesn't desire and I complain to it about the problems I encounter while forgetting that the arbiter to whom I complain, is no other than my contender.
(*SHIHAB ADDIN AL ABSHIHY)

أوَدُّ مِـــنَ الأيَّــامِ مَــا لا تَــــوَدُّهْ   وأشْكُو اليْهَا مَا بَيْنَا وَهِــيَ جُنْــدُهْ

AWADDU MINA AL AYYAMI MAA LAA   TAWADDUHU WA ASHKU ILAYHA MAA BAYNANA WAHIYA GUNDUHU.

Je désire du temps ce que le temps lui-même ne désire pas, et je me plains à lui des problèmes que je rencontre en oubliant que l'arbitre à qui je me plains, n'est rien d'autre que mon concurrent.
(*SHIHAB ADDIN AL ABSHIHY)

70/22   Alas ! Our golden era is over.

خَــلاص راحَــتْ علينَـا

KHALAAS RAAHHÉTT 'ALEINA.

Hélas ! Notre époque d'or est révolue.

70/23   What a sorrow we feel for the old days !
(May God have mercy of passing time.)

اللــه يرحَــم أيَّــام زمَـــان

ALLAAH YÉRHHAM AYYAAM ZAMAANN.

Qu'est ce qu'un chagrin que nous éprouvons pour l'ancien temps. !
(Que Dieu ait pitié du temps qui passe.)

*SHIHAB ADDIN AL ABSHIHY (1388 – 1446) : he is an Egyptian poet and a sheikh.

*SHIHAB ADDIN AL ABSHIHY (1388 – 1446) : il est un poète égyptien et un cheik.

70/24 Probably tomorrow might be nice but right now this is the most enchanting moment.
(AGHADANN ALKAAK, by OM KULTHOUM, A poem of AL HAADI ADHAM)
(See also, volume 1.)

قَــدْ يَكُــونُ الغَيْــبُ حُلْــواً   إنَّمَــا الحَاضِــرُ أحْلَــــي

KAD YEKOUNU AL GHEIBU HHULWANN INNAMA AL HHADIRU AHHLA.

Probablement demain pourrait être agréable mais ce moment présent est le plus enchanteur.
(AGHADANN ALKAAK, par OM KULTHOUM, un poème d'AL HAADI ADHAM)
(Voir aussi, volume 1.)

70/25 Just the time it takes for a round trip.

مشـــــــــوار السكـــة, مســـــافة السكــة

MUSHWAAR ÉS SÉKKA, MASAAFÉT ÉS SÉKKA.

Juste le temps d'un aller-retour.

70/26 just two minutes.

همـــا دقيقتـــين بالطبـــــــط

HUMMA DI,,TEIN BÉDDABT.

Seulement deux minutes.

70/27 Why the rush buddy ! don't tell me you have an appointment with the parliament.

يعني وراك الديوان يا خي

YAA'NI WARAAK ÉD DIWAANN YA KHAY.

Pourquoi la hâte mon frère ! Ne me dis pas que tu as un rendez-vous avec le parlement.

CHAPITRE 71
Trouble and Troublemakers
الشـــــــر وفاعلـــــــي الشـــــــر
Des troubles et des faiseurs de troubles

71/01   Nuisances that are thrown at us.

بـــلاوي بتتجـــــــدف علينـــــــا

BALAAWI BÉTÉDHHADDÉF 'ALEINA.

Des nuisances qui se sont jetées sur nous.

71/02   No one but the devil is narcissistic.

مـا يشــكرش فـي نفسـه الآ أبليـس

MA YÉSHKORSH FI NAFSO ÉLLA ÉBLEES.

Nul autre que le diable est narcissistic.

71/03   The boat that takes is better than the one that brings..

المركــب اللـــي بتــودي أحســـن مـــن اللــي بتجيـــب

ÉL MARKÉB ÉLLI BÉT WADDI AHHSANN MÉN ÉLLI BÉTGEEB.

Le bateau qui emmène est meilleur que celui qui apporte.

71/04   "But deliver us from evil."
(Matt, 06 : 13)

لَكِـــنْ نَجِنَـا مِـــنَ الشِريـــر

LAAKÉN NAGINA MINA ASH-SHÉRREER.

« Mais delivrez-nous du mal. »

71/05   Avoid problems that a peaceful person might cause you if you make him furious.

إتقــي شـــر الحليـــم إذا غضـــب

ITAKKI SHARRA AL HHALEEMI IZA GHADÉB.

Évitez les problèmes avec une personne pacifique au risque de la rendre furieuse.

71/06   Lucky one who can forgive.

يـا بخت مـن قـدر وعفـي

YA BAKHT MANN KADIRA WA 'AFA.

Chanceux, celui qui est capable de pardonner.

71/07   If you do not know, this is a catastrophe. But if you know, this is even worse.
(MALÉK IBN ONSS) (See also 21/10)

إنْ كُنْتَ لا تَدْري فَتِلكَ مُصِيبَةٌ   وإنْ كُنْتَ تَـدْري فالمُصِيبَةُ أعْظَـــمُ

IN KUNTA LA TADRI FATILKA MUSEEBATONN WA IN KUNTA TADRI FAL MUSEEBATU AA'ZAMU.

Si vous ne savez pas, c'est une catastrophe. Mais si vous le savez, c'est alors encore plus grave.

(MALÉK IBN ONSS) (Voir aussi 21/10)

71/08   The propagandists who promote an idea on false premises or half truth.
(Ideas that are more annoying than useful.)

أصْحَـاب الخَيْلَـة الكَذَّابَـة

AS-HHAAB ÉL KHAYLA ÉL KADDAABA.

Il s'agit des propagandistes qui font la promotion d'une idée sur de fausses prémisses ou demi-vérités.
(Des idées qui sont plus dérangeantes qu'utiles.)

.

CHAPITRE 72
Uselessness
عَـدَمْ المَنْفَعَـةْ
De l'inutilité

72/01   He has no power.
        (He has no power to engage or disengage.)
        لايحـــــــل ولا يربـــــــط
        LA YHHÉL WALA YORBOTT.
        Il n'a aucun pouvoir.
        (Il ne peut pour ni engager ou dégager.)

72/02   The complexity of the subject exceeds its benefit.
        الموضـــــوع مـــش جايـــب همـــه
        ÉL MAWDOUA' MUSH GAAYÉB HAMMO.
        La complexité du sujet dépasse ses bienfaits.

CHAPITRE 73
Warning
التحذيــــــر
De l'avertissement

73/01   The unpredictable will surprise and make him cringe the teeth, he who is not clever and resourceful.
(ZOHEIR IBN ABI SALMA) (See also 23/02, page 108.)

وَمَنْ لـم يُصَانِـعْ فـي أمُـور كَثيـرَة   يُضَـرّسْ بأنْيَـاب وَيوطأ بمَنْسِـم

WAMANN LAM YUSAANI'U FI UMOURÉNN KATHEERATÉNN YUDARRASU WA YOWTA-U BIMANSIMI.

L'imprévisible va surprendre et grincer des dents celui qui n'est pas intelligent et débrouillard.
(ZOHEIR IBN ABI SALMA) (Voir aussi 23/02, page108.)

73/02   He who meddles in what is not of his concern will receive what he will not wish.

مَـنْ تَدَخّـلَ فـي مَـا لاَ يُعْنيـه لقـيَ مَـا لاَ يُرْضيـهْ

MANN TADAKH-KHALA FI MA LA YUA'NEEH LAKIYA MA LA YURDEEH.

Celui qui se mêle de ce qui ne le regarde pas, recevra ce qu'il ne désire pas.

73/03   Either to kill or to be killed.

يـا قاتـــل يـا مقتـــول

YA AATÉL YA MA,,TOUL.

Ou tueur ou tué.

73/04   He who is present should notify the absent.

الحاضـــــر يبلـــــغ الغايـــــب

ÉL HHAADÉR YÉBALLAGH ÉL GHAAYÉB.

Celui qui est présent devrait avertir les absents.

73/05   "Those are the limits set by Allah : And any who transgresses the limits of Allah, does verily wrong his ownself."

وَتِلْكَ حُـدُودُ اللّـهْ وَمـنْ يَتَعَـدّ حُـدُودَ اللّهْ فقَـدْ ظَلَمَ نَفْسَهُ (الطلاق 65 : 1)

WA TILKA HHUDOUDU ALLAAH WA MANN YATA'ADDA HHUDOUDI - LLAAH FAKAD ZALAMA NAFSAHU.

Ce sont les limites fixées par Allah. Or quiconque transgresse les limites d'Allah, en vérité, se lèse soi-même.

73/06   And cast not yourselves to perdition with your own hands.

وَلاَ تَلقُــــــوا بأيْديكُـــــمْ بالتَهْلِكَـــــة

(البقرة 2 : 195) **WALAA TALKU BI-AYDEEKOM BILTAHLIKA.**

Et ne vous jetez point à votre perdition de vos propres mains.

73/07 Allah does command you to render back your trusts to those to whom they are due.

إِنَّ اللَّـــهَ يَأْمُرُكُمْ أَنْ تُؤَدُّوا الأَمَانَاتِ إِلَى أَهْلِهَـــا (النَّسَاءُ 4 : 58)

INNA ALLAAHA YA,,MURUKUM ANN TU-ADDU AL AMAANAATA ILA AHLIHA.

Allah vous ordonne de rendre les dépôts à ceux qui y ont droit.

73/08 You bear the responsibility of your guilt if you do not follow my advice.
(You guilt is on your side.)

ذنبـك علـي جنبــك

ZANBAK 'ALA GANBAK.

Vous porterez la responsabilité de votre culpabilité si vous ne suivez pas mes conseils.
(Votre culpabilité est de votre côté.)

73/09 When God wants to punish a nation, He opens the door of disputes among his people while He closes the door of learning and exertion.
(AL AWZAA'Y : He was a scholar, born in Damascus in 707.)

إِذَا أَرَادَ اللَّـــهُ بِقَـــوْمٍ شَـــرًّا فتَـــحَ عَلَيْهِـــمْ بَـــابَ الجَـــدَلْ
وسَـــدَّ عَنْهُـــمْ بَـــابَ العِلْـــمِ والعَمَـــلْ

IZA ARAADA AL LAAHU BIKAWMENN SHARRANN FATAHHA 'ALAYHIM BAB AL GADAL WASADDA 'ANHUM BAB AL 'ILMI WAL 'AMAL.

Quand Dieu veut punir une nation, il ouvre la porte des différends parmi son peuple, tandis qu'il referme la porte de l'apprentissage et du travail.
(AL AWZAA'Y : Il était un érudit, né à Damas en 707.)

73/10 I can see beneath the ashes a fire lit and it is on the verge of becoming a disaster. As fire is fueled by sticks, war also begins with words. This is to say that, If the dispute is not contained by the wise men of the nation, the fuel of this war would be burned bodies that once had an illusion.
(By the Umiad Dynasty's poet NASR IBN SAAR IBN RABEE'A 666 – 748)

أَرَى تَحْتَ الرَّمَادِ وَمِيـــضَ نَـــارٍ   وَيُوشِـــكُ أَنْ يَـــكُونَ لَهَـــا ضِـــرَامُ
فَإِنَّ النَّـــارَ بِالعِيـــدَانِ تَذْكَـــي   وَإِنَّ الحَـــرْبَ أَوَّلُهَـــا الكَـــلَامُ
فَـــإِنْ لَـــمْ يُطْفِـــهَا عُقَـــلَاءَ قَـــوْمٍ   يَكُـــونُ وَقُـــودُهَا جُـــثَثٌ وهَـــامُ

ARA TAHHTA AR RAMMADI WAMEEDU NAARA WA YOOSHIKU ANN YAKOUNA LAHA DIRAMA. FA-INNA AN NAARA BIL 'IDAANI TUZAKKA WA INNA AL HHARBA AWWALUHA AL KALAAMU. FA-INN LAM YATFI-UHA 'UKALAA-U KAWMENN, YAKOONU WAKOUDUHA GUSASONN WIHAAMA.

Je peux voir en dessous de la cendre un feu allumé et il est sur le point de devenir un désastre. Et comme le feu qui est alimenté par des bâtons, la guerre aussi commence par des paroles. Ça c'est pour dire que si le litige n'est pas réglé par les sages de la nation, le carburant de cette guerre sera des corps brûlés qui n'étaient autrefois que visions.
(Par le poète de la dynastie d'Umiade NASR IBN SAAR IBN RABEE'A 666 – 748)

CHAPITRE 74

Literal Expressions
تَعْبِيـــــــــرات نَحويَّـــــة
Des expressions littéraires

74/01   Another comment on the same subject but from a different source.
وعلــــي صعيـــد أخــــر
WA 'ALA SA-'EEDÉNN AAKHAR.
Un autre commentaire du même sujet mais d'une source différente.

74/02   On the same pattern.
علــي نفـس النهـج
'ALA NAFS ANN NAHAG.
Sur le même schéma.

74/03   This is obviously taken into consideration.
أمـــــــــــــرآ واردآ
AMRANN WAARIDANN.
Ceci est évidemment pris en considération.

74/04   I have had enough. It is too much. I cannot tolerate this any longer.
("Zuba" means a hole that is dug over a hill to trap a lion. "Assayl" is the heavy rain.)
(The rain fills the hole and renders the trap almost useless.)
بلــغ السـيل الزبـي
BALAGHA AS SAYLU AZ ZUBA.
J'en ai assez. C'est trop. Je ne peux plus tolérer cela plus longtemps.
(« Zuba » signifie un trou creusé sur une colline pour piéger un lion Et « Assayl »
c'est une forte pluie.)
(La pluie remplit le trou et rend le piège presque inutile.)

74/05   The last gasp. Being in agony.
الرمـــــق الأخيـــــر
ARRAMAK AL AKHEER.
Être à l'agonie. (Le dernier souffle.)

74/06   The blunt truth. The brutal truth. The naked truth.
(In a clear and transparent sentence.)
بصريـــــح العبـــــارة
BISAREEHH AL 'ÉBAARA.
La vérité brutale. La vérité toute nue.
(Dans une phrase claire et transparente.)

74/07   More bitter than the COLOCYNTH.

(The colocynth, is a viny plant grows wild in Israel / Palestine. Its fruit, which is extremely bitter, is used as a strong laxative. It is also used as a remedy against skin infections. The characteristics of the small seed of the colocynth have been found in several early archeological sites in northern Africa, the Near East and in Egypt at sites dating from 3800 BC. So, the wild colocynth was very probably used by humans prior to its domestication.)

أمــــر مــــن العلقــــم
(العلقم يعرف بالحنظل)

AMARRU MINN AL 'ULKOM.

Elle est plus amère que le COLOQUINTE

(La coloquinte est une plante sauvage grimpante qui pousse en Israèl et en Palestine. Son fruit est extrêmement amer et utilisé comme laxatif puissant. Elle est utilisée aussi comme remède contre les infections de la peau. Les caractéristiques de la petite graine de la coloquinte ont été trouvées dans plusieurs sites archéologiques dans le nord de l'Afrique, au Proche Orient et en Égypte sur des sites datant 3800 avant notre ère. Donc, la coloquinte sauvage a été probablement très utilisée par l'homme avant sa domestication..)

74/08   "Hotter than the coal fire". (Speaking of desire.)

أحــــر مــــن الجمــــر
AHHARRU MINAL GAMR.

« Plus chaud que le feu du charbon ». (En parlant du désir.)

74/09   She is softer than the breeze.

أرق مــــن النسيــــم
ARAKKU MINN ANN NASEEM.

Elle est plus douce que la brise.

74/10   He is more famous than the fire on the top of the mountain.

(He is more famous than the fire on the flag.)

(The "'ALAM" or flag in this expression means the top of the mountain. Thus the right meaning of the full expression is "He is more famous than the fire on the top of the mountain." In the old time, the fire on the mountain top was for the Arabs in the Sahara, like the beacon for the boats on water. It was a call of generosity and a warm invitation for the camel travellers, indicating a place of hospitality.)

(See also 28/01)

أشــــهر مــــن نــــار علــــي علــــم
ASHHARU MINAL NAARI 'ALAL 'ALAMI.

Il est plus célèbre que le feu sur le sommet de la montagne.

(Il est plus célèbre que le feu sur le drapeau.)

(« 'ALAM » le drapeau ou dans cette expression, il signifie le summet de la montagne. « Il est plus célèbre que le feu sur le sommet de la montagne.» Dans les temps anciens, le feu sur le sommet de la montagne était pour les arabes du sahara, comme le phare pour les bateaux sur l'eau. Il a été un symbole de générosité et d'une invitation chaleureuse aux voyageurs à dos de chameau, en leur indiquant un endroit d'accueil.) (Voir aussi 28/01)

74/11   He is more cowardly than the ostrich.
« أجبــن مــن النعامــة »
AGBANNU MINA ANN NA'AAMA.
Il est plus lâche que l'autruche.

74/12   He is faster than the wind.
أســـرع مـــن الريـــج
ASRA'U MINA AR REEHH.
Il est plus rapide que le vent.

74/13   He is heavier than a mountain.
أثقـــل مـــن جبـــل
ATHKALU MINN GABAL.
Il est plus lourd qu'une montagne.

74/14   Life is nothing but a gigantic theater.
(YOUSEF WAHBA) (See also 01/07)
مـــا الدنيـــا إلآ مســـرح كبيـــر
MA DDUNYA ILLA MASRAHHONN KABEER.
La vie n'est rien d'autre qu'un théâtre gigantesque.
(YOUSEF WAHBA) (Voir aussi 01/07)

74/15   The common denominator.
القاسم المشترك
AL KASÉM ALMUSHTARAK.
Le dénominateur commun.

74/16   Global warming.
الإنحبــاس الحـــراري
AL INHHIBAAS AL HHARAARI.
Le réchauffement de la planète.

74/17   Very young.
فـي مقتبـل العمـر
FI MUKTABAL AL 'OMR.
Très jeune.

74/18   Side by side.
جنبا إلى جنب
GANBANN ILA GANB.
Côte à côte.

74/19   Bottle neck.
عنــق الزجاجـــة
'ONOK AZ ZUGAAGA.
Le goulot de la bouteille.

74/20 From bad to worse.
مـن سـيـئ إلـي أسـواء
MÉNN SAYYÉ,, ILA ASWA,,.
De mal en pis.

74/21 Everything is being affected : the living as the dead.
(The green and the dry.)
الأخـضـــــر واليــــابس
AL AKHDAR WAL YAABÉSS.
Tous sont affectés : les vivants comme les morts.
(Le vert et le sec.)

74/22 The subject that is clear and unambiguous, ...obvious, ...no doubt about.
(The thing that has no dust on it.)
الشيــئ الـــذي لا غبــار عليــه
ASH-SHY,, A LLAZI LA GHUBAARA 'ALAYHI.
Le sujet qui est clair et net, ... évident, ...ne fait aucun doute.
(La chose qui n'a pas de poussière.)

74/23 O ! My dear. Ô ! The apple of my eye.
(See also 25/18, vol., 1)
يــا قــرَّة عيْنـــي
YA KURRATA 'AYNI.
Ô ! la prunelle de mes yeux.
(Voir aussi 25/18, vol., 1)

74/24 Empty-handed.
(Zero hands.)
صفـــر اليديـــن
SÉFRU AL YADAYNI.
Les mains vides.
(Les mains à zéro.)

74/25 Complete in all respects.
كَامِـــلُ الأوْصَـــافْ
KAAMEL AL AWSAAF.
Complet à tous les points de vue.

74/26 He is the example of those who disbelieve.
عبــــرة لمـــــن لا يعتـــــبر
'IBRATONN LIMANN LA YAA'TABÉR.
Il est l'exemple de ceux qui ne croient pas.

74/27   Zayd had struck 'Amr.
(This saying is said by the teacher of Arabic language to explain to students why the name of 'Amr is written with the additional caracter "و" although it is not pronounced. His explanation is that : Zayed hit 'Amr because he had stolen the letter "و" from David – Daoud in Arabic – and had kept it for himself. So, instead of writting Daoud in Arabic this way "داوود" it is written that way : " داود", while 'Amr instead of being written this way : "عمر", it is written that way :"عمرو".)

ضَـرَبَ زيْــدٌ عمْـرو

DARABA ZAYDU 'AMR.

Zayd a frappé 'Amr.

(Ce dicton se dit par l'enseignant de langue arabe pour expliquer à ses étudiants pourquoi le nom de 'Amr s'écrit avec le caractère « و » malgré qu'il n'est pas prononcé. Son explication c'est que : Zayéd a frappé 'Amr car il avait volé la lettre « و » de David – Daoud en arabe – et l'avait conservée pour lui-même. Donc au lieu d'écrire Daoud en Arabe de cette façon « داوود », il est écrit de cette façon « داود », tandis que 'Amr au lieu d'être écrit de cette façon « عمر ».) il est écrit de cette façon, « عمرو ».

74/28   He is more faithful than AS SAMA-W-AL.
(SAMAW-AL is a Jewish-Arab poet known for his loyalty to IMRA UL KAIS.)

أوفـي مـن السـموأل

AWFA MIN AS SA MA-W-AL.

Il est plus fidèle que AS SAMA-W-AL.

(SAMAW-AL est un poète juif arabe connu pour sa loyauté envers IMRA-UL KAIS.)

74/29   His ability to see at a distance is superior than ZARKAA-UL YAMAAMA.
(ZARKA-UL YAMMAMA is an Arab woman who was able to see at a walking distance of three days.)

أبصـر مـن زرقـاء اليمامـة

ABSARU MINN ZARKAA-UL YAMAAMA.

Sa capacité de voir à une distance vaut ZARKAA-UL YAMAAMA.

(ZARKAA-UL YAMAAMA est une femme arabe qui a été en mesure de voir à une distance qui vaut trois jours de marche.)

74/30   He is brighter than MU'AAWIYA. (See also 67/07, volume 1)

أذكي مـن معاويـة

AZKA MINN MU'AAWIYA.

Il est plus brillant que MU'AAWIYA. (Voir aussi 67/07, volume 1)

74/31   He is more stingy than MADÉR.
(Mader threw the little water that remained after his kamel had drank, not to leave any living benefit.)

أبخـل مـن مـادر

ABKHALU MINN MAADÉR.

Il est plus avare que MADÉR.

(Mader jeta le peu d'eau qui restait après que son chameau eût bu, pour ne pas laisser tout être vivant en bénéficier.)

74/32   The scent of the end. (The musk of the end.)   (See also 22/11)

مســــك الختــــام

MISK AL KHITAAM.

Le parfum de la fin. (Le musc de la fin.) (Voir aussi 22/11)

74/33   We no longer have a choice to accept or to refuse.

إن شئنــــا أو أبينــــا

IN SHI,,NA AW ABAYNA.

Nous n'avons plus le choix d'accepter ou de refuser.

74/34   The order and discipline.

الظبــــط والربــــط

É Z ZABT WÉR RABT.

L'ordre et la discipline.

74/35   The international organizations.

المحافل الدوليــــة

AL MAHHAAFÉL AD DAWLIYYA.

Les organisations mondiales.

74/36   To make a short-cut.

يختصــــر الطريــــق

YAKHTASÉR AT TAREEK.

Pour faire un raccourci.

74/37   In the middle of the road.

قارعــــة الطريــــق

KAARI-'AT AT TAREEK.

Au milieu du chemin.

74/38   It is going to happen, no doubt.

أت لا محــــال

AATÉNN LA MAHHAAL.

Ça va se passer, sans aucun doute.

74/39   The consequences of the current situation are less encouraging.
(The current situation does not deserve any appreciation.)

الوضــــع لا يُحمَــــدُ عُقبـــاه

AL WADA' LA YUHHMADU 'UKBAAH.

Les conséquences de la situation actuelle sont moins encourageantes.
(La situation actuelle ne mérite aucune appréciation.)

74/40   The absolute evidence. The absolute proof.

الدليــــل القاطــــع

ADDALEEL AL KAATÉA'.

La preuve absolue.

74/41   With all the meaning this word can have.

بـــكل مـــا تحملــه الكلمـــة مــــن معنــــي

BIKULLI MA TAHHMILUHU AL KALIMA MINN MAA'NA.

Avec tout le sens que ce mot peut comporter.

74/42   And you have no idea what that could mean !

وما أدراك ما تعني !

WAMAA ADRAAKA MA TAA'NI !

Et vous n'avez aucune idée de ce que cela pourrait signifier !

74/43   And nobody can help.

ومـــا مـــن مغيـــــث

WAMAA MÉNN MUGHEESS.

Et personne ne peut me secourir.

74/44   This is nothing compared to everything he did.

ناهيــك عـــن

NAAHEEKA 'ANN.

Ceci n'est rien par rapport à tout ce qu'il a fait.

74/45   Within the firing range.
(And he was at a distance of two lengths of archery or even less.

قاب قوسـين أو أدنـي (النجم 53 : 9)

KAABA KAWSAYN AW ADNA.

Dans le champ de tir.
(Et il était à une distance de deux longueurs du tir de l'arc ou même plus prêt.)

74/46   The subjects and targets are mixed. (The strings are mixed.)

تداخــــل الخيـــوط

TADAAKHOL AL KHUYOOT.

Les sujets et les objectifs sont mélangés. (Les cordes sont mêlées.)

74/47   He is famous and does not need to be introduced.

غنـــي عـــن البيـــان

GHANYONN 'ANIL BAYAAN.

Il est célèbre et n'a pas besoin d'être introduit.

74/48   Nothing but... Just... Just to   Just for...

ليس إلا...

LAYSA ILLA.

Rien que...

74/49   The hands stained with blood.

الأيــدي المضرحــة بالدمـــاء

AL AYDI AL MUDARRAGATU BID DIMAA,,.

Les mains tâchées de sang.

74/50   Between sunset and sunrise.
بيـن عشيـة وضحـاهــا
BAYNA 'ASHIYYATÉNN WA DAHHAAHA.
Entre un coucher et un lever de soleil.

74/51   This is the core issue.
هـذا هـو بيــت القصيــد
HAAZA HUWA BAYT AL KASEED.
Ceci est le coeur du sujet.

74/52   The order is out of control.
فلـــت الزمــــام
FALATA AZ ZIMAM.
L'ordre est hors de contrôle.

74/53   He wondered. He is puzzled.
(He multiplies the fifths by the sixths.)
(The cameleer is perplexed. Should he deprive his camel five or six consecutive days during the Sahara crossing to test his stamina without drinking.)
يضــرب أخمـاس فـي أسـداس
YÉDRAB AKHMAAS FI ASDAAS.
Il se demande. Il est perplexe.
(Il multiplie les cinq par les six.)
(Le chamelier doit-il priver son chameau d'eau pendant. cinq ou six jours consécutifs dans le Sahara pour tester sa capacité d'endurance sans boire ?)

74/54   She is buried before she was born.
(The idea was immediately rejected.)
وئـــدَتْ قــبْلَ أنْ تُولَــدْ
WU-IDAT KABLA ANN TUWLAD.
Elle est enterrée avant qu'elle ne soit née.
(L'idée est refusée immédiatement.)

CHAPITRE 75
One-Word Expression
التَعْبِيـــــــر بكَلِمَـــــــــة
Des expressions d'un seul mot

75/01   Bitterness.

غصـــــة

GHASSA

Amertume.

75/02   He makes an inquiry. He unearths.

يـــدَعْبِـــــس

YÉDA-A'BÉS

Il effectue des recherches. Il déniche.

75/03   Reliefs.

تضاريـــس

TEDAREES.

Des reliefs.

75/04   "Shamloul."
An expression that applies to him who thinks he is able but fails in everything he does and his failure can lead to disaster.

شَـــــملول

SHAMLOUL.

« *SHAMLOUL.* »

Une expression qui s'applique à celui qui croit être capable mais qui échoue dans tout ce qu'il entreprend et peut mener à un désastre.

75/05   "Mét-antéme."
A recent term that comes from the french word "Intimacy" and is added to the daily vocabulary of the spoken language. It is taken from Adel Imam's movie "MORGAN AHMAD MRGAN".

مــتــأنْتِــــــمْ

MÉT-ANTÉME.

« *Mé-antémeen.* »

Une expression récente qui vient du terme français « Intimité » et qui est ajoutée au vocabulaire quotidien de la langue parlée. Elle est prise du film d'Adel Imam « MORGAN AHMAD MORGAN ».

75/06   To wander widely and enjoy.

يبرطـــــع

YÉBARTAA'.

S'égare et profite largement.

75/07 Cunning.
أروب
AROUB.
Rusé.

75/08 Be patient.
(It is a deformed Arabic verb from its literary origin "TA-ANNA" which means ; "Take yout time" - تأني.)
اسْتَنَّى
ÉSTANNA.
Sois patient.
(Il s'agit d'un verbe arabe déformé de son origine littéraire « TA-ANNA » qui signifie « Sois patient. » – تــأنــي.)

75/09 He is poor and has no source of income.
("AL-LADA" is a pharaonic word which means : He has absolutely nothing.)
MAHHÉLTOUSH ÉL LADA.
محلتــوش اللضــــا
Il est pauvre et n'a aucune source de revenu.
(LADA est un mot phraonique qui signifie : Il n'a absolument rien.)

75/10 Someone who doesn't deserve to be respected. Thus his name shouldn't be mentioned but replaced by "The damned" or " He who doesn't deserve to be named."
اللـــي ما ينسمـــاش...مدعـــوق
ÉLLI MA YÉTSAMMAASH...MAD'OU,,.
Quelqu'un qui ne mérite pas d'être respecté. Ainsi, son nom ne doit pas être mentionné mais remplacé par le « maudit » ou « celui qui ne mérite pas d'être nommé. »

75/11 He is unpleasant and disagreeable.
(It is a literary Arabic word meaning : the darkness of the night.)
غلــس
GHÉLÉSS.
Il est antipathique et désagréable.
(Le mot est de l'arabe littéraire qui signifie : l'obscurité de la nuit.)

75/12 Good, excellent, outstanding.
(It is a word of turkish origin which means the approval of a task that is well accomplished.)
عَفـــارم
'AFAARÉM.
Bravo, très bien, excellent.
(C'est un mot d'origine turque qui signifie l'approbation d'une tâche qui est bien accomplie.)

75/13   Your excellency.
        (This expression is of French origin and widespread in Egyptian folk culture. It is used to make fun..)

اكسلانــــــس

ÉKSÉLANSE.

Votre excellence.
(Cette expression est d'origine française et très répandue dans la culture folklorique égyptienne. Elle est utilisée pour faire plaisir.)

75/14   Also, too.
        (This expression is of Coptic origin.)

برضه

BARDO

Aussi, également.
(Cette expression est d'origine Copte.)

75/15   He is worried, preoccupied, alarmed, concerned.
        (This expression is deformed from its literary Arabic "YATAWAGGAS".)

يتــوغــوش

YÉTWAGHWÉSH.

Il est inquiet, préoccupé.
(Cette expression est déformée de l'arabe littéraire « YATAWAGGAS ».)

75/16   We agree.
        (This expression is of Italien Origin.)

استبينــا

ÉSTABEINA.

Nous sommes d'accord.
(Cette expression est d'origine italienne.)

75/17   A Bag.
        (This expression is of English origin.)

بؤجــــة

BO,,GA.

Un sac.
(Cette expression est d'origine anglaise.)

75/18   Oh ! You who causes the tearing of my heart !
        (This expression is said to mourn a loved one who was close to heart. It is a distortion from the Arabic literary form written between brackets.)

يــا لهــوي (يــا لهــف قلبــي)

YA LAHWY. (YA LAHFA KALBY)

Ô ! Vous qui causez le déchirement de mon cœur !
Cette expression se dit pour se lamenter au sujet d'un être cher qui nous tient à cœur. C'est une déformation de l'expression littéraire arabe écrite entre parenthèses.)

75/19 This expression defines a category of people, usually women, known for their meanness and vulgarity. They use dirty words, which are not spoken by civilized people. They shout in anger while moving their hands in a shameful way.

شَـــلق

SHALA,,.

Cette expression définit une catégorie de gens, d'habitude des femmes qui sont connues par leur bassesse et vulgarité. Elles utilisent de mots sales qui ne sont pas prononcés par du monde civilisé. D'habitude, elles se mettent en colère et bougent leurs mains d'une façon honteuse.

75/20 This expression defines a demeaning class of people.

أوبــــاش

AWBAASH.

Cette expression définit une classe avilissante de personnes.

75/21 The director of the security office.
(This expression is a combination of two words ; "HHÉKÉM", which means wise, and "DAAR", which means house. The expression itself means governor and is of Turkish origin.

حكمـــــدار

HHÉKÉMDAAR.

Le directeur du bureau de sécurité.
(Cette expression est une combinaison de deux mots ; « HHÉKÉM » qui signifie sage et « DAAR » qui signifie maison. L'expression elle-même qui signifie gouverneur est d'origine turque.

75/22 To gulp.

يكربـــع

YÉKARBAA'.

Avaler d'un seul coup.

75/23 Room.
(The expression is of pharaohnic origin.)

أوضـــة

O-ODA.

Une chambre.
(L'expression est d'origine pharaonique.)

345

75/24　PASHA.

(This was an honorary title reserved for a very limited class of Egyptians who were distinguished by wealth and aristocracy. The title was awarded by the royal regime until the last King Farouk was deposed and exiled. Gamal Abdel Nasser abolished the title after the revolution of 23rd of July 1952. The title itself has been the legacy of the Ottoman Empire which ruled the region for over 400 years. It is a Turkish expression which means "Your honour" or the director of the secretarial office = "BASHKATÉB" or the director of nursing = "BASHTAMARGY". Although this title is abolished, it is used informally as a folksy expression. It could simply mean a kind of hospitality in an informal way or to mock the person to whom it is addressed.) (See also 44/02)

باشــا

BAASHA.

(Il s'agissait d'un titre honorifique réservé à une classe très limitée de ressortissants égyptiens qui étaient distingués par la richesse et l'aristocratie. Le titre a été décerné par le régime royal jusqu'au dernier roi Farouk qui a été destitué et exilé. Gamal Abdel Nasser a aboli ce titre après la révolution du 23 juillet 1952. Le titre lui-même a été l'héritage de l'empire Ottoman qui a gouverné la region depuis plus de 400 ans. C'est une expression turque qui signifie « votre honneur » ou encore le directeur du bureau de secrétariat = « BASHKATÉB » ou le directeur des infirmiers = « BASHTAMARGY ». Bien que ce titre soit aboli, on l'utilise de façon informelle, comme une expression folklorique. Il peut tout simplement signifier une sorte d'hospitalité ou de se moquer de la personne à qui on s'adresse.) (Voir aussi 44/02)

75/25　HELIOPOLIS.

Heliopolis, literally "New Egypt" is a district of Cairo. The city was established by the Heliopolis Oasis Company, headed by Baron Empain, Belgian businessman in early 1905. The Baron, a prominent entrepreneur, had purchased a large tract of desert North-west of Cairo by a low price from the colonial government and had turned it to a first class neighborhood. This parcel is linked to the outskirts of Cairo by a tram. The Baron's castle on Salah Salem street is a monument that has become a heritage museum.

مصــر الجــديــدة

MASR EL GÉDIDA.

HÉLIOPOLIS.

Héliopolis, littéralement « Nouvelle Égypte » est un district du Caire. La ville a été établie par la « Héliopolis Oasis Company », dirigée par le Baron Empain, homme d'affaires belge au début de 1905. Le baron, un entrepreneur de premier plan, a acheté une grande parcelle de désert au nord-ouest du Caire à bas prix du gouvernement colonial et l'a transforma à un quartier de première classe. Cette parcelle est liée à la banlieue du Caire par un tramway. Le château du baron sur la rue Salah Salem est un monument qui est devenu un patrimoine et un musée.

75/26   SAKAKINI

Sakakini is a neighborhood on the outskirts of Cairo named after Habib Sakakini Pasha (1841-1923) which housed his castle in a square at the heart of the district that bears his name. This castle is hidden in the midst of lively area. Habib Sakakini Pasha is of Syrian descent whose family immigrated to Egypt in the early 19th century. It is said that he came to Egypt when he was 16 years old and has finally made his way to become a rich entrepreneur. He became famous for solving a problem that was raised during the digging of the Suez Canal. Big rats were spread in massive quantity at the digging site that threatened the lives of workers and damaged the equipment. No adequate solution had been found until Sakakini be stepped in and proposed a peculiar solution. Bring cats and let them chase the rats. The proposal was a great success and has opened a wide door to the young entrepreneur to become a legend. Sakakini's name can be translated as "knife-maker" which some say he inherited from the family business in the trade of weapons and knives. Later, Pope Leo XIII of Rome had attributed the papal title of 'Count' to Sakakini in recognition of his services to his community. Today, the castle is a landmark and became a museum dedicated to the medicinal development since the time of the pharaohs.

سكاكينــــي

SAKAKINI.

Sakakini est un quartier dans la banlieue du Caire nommé d'après Habib Sakakini Pasha (1841 – 1923) qui abritait son château dans un carré, au coeur du quartier qui porte son nom. Ce château est caché au milieu de tout un quartier animé. Habib Sakakini Pasha est d'une descendance Syrienne dont la famille a immigré en Égypte au début du 19ème siècle. On dit qu'il est venu en Égypte quand il avait 16 ans et a fait son chemin pour finalement devenir un entrepreneur riche. Il est devenu célèbre par la résolution d'un problème qui a été suscité au moment du creusage du Canal de Suez. Des gros rats ont été répartis en grande quantité sur le site du creusage qui menaçaient la vie des travailleurs et d'endommager les machines. Aucune solution adéquate n'avait été trouvée jusqu'à ce que Sakakini soit entré en scène et a proposé une solution particulière. Amener des chats et les laisser pourchasser les rats. La proposition a été un grand succès et a ouvert une large porte au jeune entrepreneur d'être devenu une légende. Le nom « Sakakini » peut être traduit comme « le fabricant des couteaux » dont certains disent qu'il a hérité du commerce de la famille dans le commerce d'armes et de couteaux. Plus tard, le Pape Léon XIII de Rome avait attribué à Sakakini le titre pontificale de « Comte » en reconnaissance de ses services à sa communauté. Aujourd'hui, le château est un point de repère et il est devenu un musée consacré au développement médicinale du temps des pharaons.

75/27   Al Géhadéyya.

The army

الجهديـــــة

AL GÉHADÉYYA.

L'armée.

75/28   KHAN EL KHALILI
This is one of the old famous bazaars of Cairo and one of the main attractions for the tourists and the Egyptians alike. It was built in 1382 by Sultan Mamluk Khalil as a cupola or shelter or "KHAN" for his bodyguards. The bazaar was named "Khalili", which means that "This shelter belongs to Khalil". A market was later added with shops, coffeehouses and restaurants. The coffeeshops are usually small and serve traditional Arabic coffee and offer shisha or nargileh. The AL-HUSSEIN Mosque is also in Khan el-Khalili as well as AL-AZHAR University which is not far. "FISHAWY coffeeshop" is one of the oldest and most famous in Egypt and the Arab World and central to Khan el Khalili. It was built in 1797 and over time Al Fishawy has gained a reputation for its outstanding service. The cofé was frequented by several local and global levels such as : singers, artists, polititians and writers like NAGUIB MAHFOUZ.

خـــان الخليلــي
KHAN EL KHALILI
C'est l'un des vieux bazars très connu du Caire et l'une des principales attractions des touristes comme pour les Égyptiens. Il a été construit en 1382 par le Sultan Mamelouk « KHALIL » comme une « guérite ou un abri » ou le « khan » pour ses gardes du corps. Il a été nommé « Khalili », ce qui signifie que « cet abri appartient à Khalil ». Un marché a été ajouté plus tard, avec des magasins, cafés et restaurants. Les « cafés shops » sont généralement de petite taille et traditionnels qui servent du café arabe et offrent la chicha ou narguilé. La mosquée AL-HUSSEIN est également à Khan el Khalili ainsi que l'université « AL-AZHAR » qui n'est pas loin. « COFFEESHOP EL-FICHAWI » est l'un des plus célèbres de l'Égypte, et le monde arabe, est au coeur de Khan el Khalili. Il a été construit en 1797 et au cours du temps Al Fishawi a gagné une grande réputation pour ses services exceptionnels. Le café a été fréquenté par plusieurs personnalités au niveau local comme au niveau mondiale comme : des chanteurs, des politiciens, des artistes et des écrivains comme NAGUIB MAHFOUZ.

75/29   The Police office. (The point.)
النقطـــة
ÉNNO,,TA.
Le bureau de la police. (Le point.)

75/30   A detention cell in a small village. (One eighth.)
التمـــن
ÉL TOMN.
Cellule de détention dans un petit village. (Un huitième.)

75/31   Fake, false, forged, phony, counterfeit .
فشَنـــك
FASHANK.
Truqué, faux, falsifié.

75/32   MOUCHARABIEH
Oriel.
It is one of the distinguishing features of the Islamic architecture during the Mamluk and the Ottoman Empire that began in the 13th century to early 20th century. The moucharabieh occupied a prominent place in the Islamic world and Egypt was the center as a manufacturing country. The latticework could be defined as a kind of large cube-shaped bay, usually a recess projection of the upper floor cantilevered or corbeled out from a wall. It is a carpentry art of carved wood used to adorn the houses facades. It was mainly used to give privacy and intimacy for the family members particularly women and girls thus protecting their respects. The name "MASHRABIYA" is supposed to come from the arabic word "Mashrab" meaning ; the room which is used to receive people to drink. In another interpretation, it is believed that the word is distorted by substituting the letter "F" by the letter "B" or "MASHRAFIYA" which means a "living room" The oriel window also serves as a natural ventilation system.

مشربيـــة
MOUCHARABIEH
MOUCHARABIEH.
Elle est l'un des traits distinctifs de l'architecture islamique durant l'époque des Mamelouk et l'empire Ottoman qui a commencé au 13ème siècle jusqu'au début du 20ème. Le moucharabieh occupait une place prépondérante dans le Monde Islamique et l'Égypte était le centre en tant que pays de fabrication. Le moucharabieh pourrait être défini comme une sorte de grande baie de forme cubique, d'une saillie habituellement de l'étage supérieur, en porte-à-faux ou en encorbellement à partir d'un mur. C'est un art de la menuiserie du bois sculpté, servant à orner les façades des maisons. Il a été principalement servi à donner une vie privée et de l'intimité pour les membres de la famille et en particulier les femmes et les jeunes filles protégeant par conséquent leur respect. Le nom « MASHRABIYA » est sensé provenir du mot arabe « MASHRAB » ou « la pièce qui sert à recevoir les gens pour boire ». Dans une autre interprétation on pense que le mot est déformé en substituant la lettre « F » par la lettre « B », ou « MASHRAFIYA » qui signifie « un salon ». L'oriel sert aussi en tant que système de ventilation naturelle.

75/33   It is a word of personal identification like a password.
بأمـــارة
BI AMAARÉTT.
C'est un mot d'identification personnelle comme le mot de passe.

75/34   Fundamentalist.
(The holder of this expression is considered a person of honor, of respect and who, firmly, adheres to set of basic principles of values and of morals.
أصيــل – أصيـلة
ASEEL – ASEELA.
Fondamentaliste.
(Le titulaire de cette expression est considéré comme une personne d'honneur de respect et qui fermement adhère à un ensemble de principes de bases, de valeurs et de moeurs.

75/35   To win-over an argument. (ALABANDA)
(Alabanda is an ancient city in Anatolia at the Asian part of Turkey. It's name is attributed to king Kar in Greek mythelogy who won a decisive cavalry battle on this land. The name is a combination of two words "ALA and "BANDA" meaning, "the horses" and "victory".

الأبــــــــــدَا

ALABANDA.

Pour gagner un argument. (ALABANDA)
(Alabanda est une ancienne ville de l'Anatolie dans la partie asiatique de la Turquie. Son nom est attribué au roi Kar de la mythologie grecque qui a remporté un combat de cavalerie décisive sur cette terre. Le nom est une combinaison de deux mots ; « ALA » et « BANDA » qui signifient, des « cheveaux » et la « victoire ».

75/36   Kiss.
(The origin of this expression is from the Spanish word "BESO".)

بوســـــة

BOSSA.

Baiser.
(L'origine de cette expression est le mot « BESO » en espagnol.)

75/37   O.K. I agree.

ماشـي

MAASHI.

D'accord. (Ça marche.)

75/38   Rotten, fake. (Beaten.)

مَصْروبـــة

MADROUBA.

Gâté, truqué. (Frappé.)

75/39   He is arrogant.. He is puffed-up with pride.
(He is a funnel.)

(عامــــل) قمـــــع

Il est orgueilleux. Il est imbu de lui-même.
(Il est un entonnoir.)

75/40   He is inherently a bad mood.

زربــــــــون

ZARBOUN.

Il est de mauvaise humeur par nature.

75/41   He made his decision too quickly.
(He fell like a pail.)

(اندلــــق زي) الجــــردل

ÉNDALA,, ZAY ÉL GARDAL.

Il a pris sa décision trop vite.
(Il est tombé comme un seau.)

75/42   Trouble. (He causes problems.)

(عامل) شـــوشـــرة

SHAWSHARA

Des ennuis. (Il cause des problèmes.)

75/43   Welcome.

(MARHHABA is an old word from Aramaic roots that was inherited by the first Christians. The word is composed of two syllables, the first : "MAR" which means Lord, Father, God, or "ALLAH" in Arabic. The second : "HHABA", which means love. The word is of Evangelical background which means "God is love." or "ALLAH MAHHABBA." in Arabic.

مــرحبـــا

MARHHABA

(MARHHABA est un mot de racine araméenne qui a été hérité par les premiers Chrétiens. Le mot est composé de deux syllabes, la première : « MAR » qui signifie Seigneur ou Dieu et en Arabe « ALLAH ». La deuxème : « HHABA » qui signifie amour. Le mot est d'origine évangélique qui signifie «DIEU est AMOUR »

75/44   It is free. It costs me nothing.

بلـــوش

BALLOUSH.

Ça n'a rien coûté. C'est gratuit.

75/45   A kid who is sly and crafty.
            (The compressed.)

المفعـوص

EL MAF'OUS.

Un gamin rusé, astucieux et malin.
(Le compressé.)

75/46   He is honest and worthy.

هو حِمِـــــش

HOWWA HHÉMÉSH.

Il est sérieux et sévère.

75/47   What is his intent ? (How is his water ?)

ميتـــه إيـــه

MAYYÉTO EIH ?

Quelle est son intention ? (Comment est son eau ?)

75/48   Getting something for free by all means such as deception, intimidation and taking advantage of circumstances.

سفلقـة

SAFLA-A.

Obtenir quelque chose gratuitement par tous les moyens tel que la tromperie, l'intimidation et en profitant des circonstances.

75/49 The same thing. (His explanation.)

شَرْحُــــهْ

SHARHHHOH.

La même chose. (Son explication.)

75/50 PIGEON.

This is the answer to someone who must perform a certain action and return as quickly as possible. He responds by saying : "Pigeon" which means "O.K. I will be fast as the pigeon".

حمامــــــة

HHAMAMA.

C'est la réponse à quelqu'un qui doit effectuer une certaine action et revenir aussi rapidement que possible. Il répondra en disant : « Pigeon » qui signifie « O.K. je serai rapide comme le pigeon ».

75/51 He is irritating, annoying and bothersome.

مشاكـــس

MUSHAAKÉS.

Il est agaçant, irritant et énervant.

75/52 He is cunning. (He is deep.)

هــو غويـــط

HOWWA GHAWEET.

Il est rusé. (Il est profond.)

75/53 Don't be hard. (Don't push.)

ما تزقـــش

MAT ZO,,ÉSH.

Ne soyez pas dur. (Ne poussez pas.)

75/54 He is a hypocrite and he misleads people voluntarily.

ضلالــي

DALAALI.

Il est hypocrite et il égare les gens volontairement.

75/55 Fees. (Tiredness.)

أتعـــاب

AT'AAB.

Les honoraires. (Fatigue.)

75/56 A nap.

تعسيلــة

TAA'SEELA.

La sieste

352

75/57 SHAGARÉT EDDOR
(Tree of pearls)
She was the second and last Queen or Sultana who ruled Egypt after Cleopatra. She was of Turkish origin and probably of Armenian descent. Known as a servent who was purchased by SALEHH AYYOUB who then married her in 1239 and became the Sultan or governor of Egypt in 1240. In 1249, and during the Seventh Crussade by the King Louis of France, who planned to attack Egypt, Sultan SALEHH fell seriously ill and died. To not creating a turmoil within the Egytian people by announcing the king's death in such critical time, his widow SHAGARET EDDOR concealed his death. Instead of announcing the news, she played a crucial role in planning the counter-offensive and defeated the invaders in the town of AL MANSOURA and took the king Louis IX as hostage. SHAGARÉT EDDOR ruled Egypt for 80 days with dignity and honor. Although history remembers her as capable and powerful Queen, she was also remembered with her humiliated death and legendary. When SHAGARET EDDOR learned that her second husband was planning to marry a second wife, her jealousy drove her to kill him. However, when news of the assassination became known by the second wife, she ordered the execution of SHAGARET EDDOR by beating with wooden shoes. SHAGARET EDDOR is an important street name in the district of Zamalék, Cairo. (See also 64/25)

شجـــرة الـــدر
SHAGARET EDDOR.
L'Arbre de perle.
Elle était la deuxième et dernière Reine ou Sultana qui régna sur l'Égypte après Cléopâtre. Elle était d'origine turque et probablement d'origine arménienne. Connue comme servante qui a été achetée par SALEHH AYYOUB qui l'a ensuite épousée en 1239 et il est devenu le Sultan ou le gouverneur de l'Égypte en 1240. En 1249 et au cours de la septième croisade par le roi Louis IX de la France qui projetait d'attaquer l'Égypte, le Sultan SALEHH tomba gravement malade et mourut. Pour ne pas créer une crise au sein du peuple égyptien par l'annonce de la mort du roi en temps critique, la veuve SHAGARET EDDOR a caché sa mort. Au lieu d'annoncer la nouvelle, elle a joué un rôle crucial dans la planification de la contre-offensive a vaincu les envahisseurs dans la ville de AL MANSOURA et a pris le roi Louis IX en otage. SHAGARET EDDOR a gouverné l'Égypte pendant 80 jours avec dignité et honneur. Bien que l'histoire se souvenait d'elle comme une reine capable et puissante, elle a été également connue à cause de sa mort humiliante et légendaire. Lorsque SHAGARET EDDOR a appris que son deuxième mari avait l'intention d'épouser une seconde femme, sa jalousie l'a conduit à le tuer. Toutefois, lorsque les nouvelles de l'assassinat est devenu connu par la deuxième épouse, elle a ordonné l'exécution de SHAGARET EDDOR par des coups de sabots. SHAGAREY EDDOR porte le nom d'une rue importante dans le quartier de Zamalek, au Caire. (Voir aussi 64/25)

75/58 It is not too late. (We still have a chance.)

ملحوقـــة
MALHHOU-A.
Il n'est pas trop tard. (On a encore une chance.)
Il n'est pas encore terminé.

75/59 Something.
This word has multiple meanings depending on its application as per this poem :
Some people give and forget what they have given, while others are taking and fail
to remember. Some people give and regret, alas, what they give mounts to nothing
of value. Anyone who needs something from you acts like an angel. But after he
bleeds you to death, you can see in him the destructive volcano. Some people like
to take all, yet, they need nothing. And some people are satisfied with little in spite
of their real need. You, who claim that life is give and take, you have made your
life from all you have grabbed. (From the movie entitled : A WOMAN ON THE
SUMMIT or IMRA-A FAWKAL KIMMA by NADIA EL GENDY.)

حاجـــــــة

نـــاس بتـــــدي وتنســـــي   ونـــاس بتاخـــــد وتنســـــي
ونـــاس بتـــدي وتنـــــدم   ويرتهـــا بتـــدي حاجـــة
اللـــي عايـــز حاجـــة منـــك   بتلقيـــه انســـان مـــلاك
ولمـــا ياخـــــد دم قلبـــك   بتلقيـــه بـــركان هـــلاك
ناس بتحب تاخـد كل حاجـة   مع اتها مش محتاجـة اي حاجـة
وناس بترضـــي بأي حاجـة   مع انهـــا محتاجة لكل حاجة
ياللي بتقولوا الزمـان خد وهات   ده انتم خلليتوا الزمـان كله هات

HHAAGA.
Quelque chose.
Ce mot a de multiples significations en fonction de son application, comme dans ce
poème :
Certaines personnes donnent et oublient ce qu'elles ont donné. Tandis que d'autres
prennent et ne parviennent pas à se souvenir. Certaines personnes donnent et
regrettent. Hélas, ce qu'elles donnent n'a pas de valeur. Celui qui a besoin de
quelque chose de vous agit comme un ange. Mais après qu'il vous saigne à mort,
vous pouvez voir en lui le volcan destructeur. Certaines personnes aiment tout
prendre mais en réalité elles n'ont besoin de rien. Et certaines personnes sont
satisfaites de peu en dépit de leur besoin réel. Vous qui prétendez que la vie n'est
que donner et recevoir vous avez fait votre vie de tout ce que vous avez saisi.
(Du film UNE FEMME SUR LE SUMMET ou IMRA-A FAWKAL KIMMA de NADIA EL
GUINDY.)

75/60 Escaping responsibility.
(To extract. To remove.)

يخلـــــع

YÉKHLAA'.
Fuir les responsabilités.
(Pour extraire. Pour enlever.)

75/61 He is raw, inexperienced.

هـــو خـــــام

HOWWA KHAAM.
Il est brut, sans expérience.

75/62   A product of exceptional quality that meets the highest standards.
(A particular and challenging selection.)

علــي الفــرازة

'ALA ÉL FARRAAZA.

Un produit d'une qualité exceptionnelle qui répond aux normes les plus élevés.
(Une séléction exigeante.)

75/63   Sixty.
(This number has an odd use in Egyptian culture. it is applied in conjunction with other single-word-expression to insult someone or to demean him. We say ; the son of sixty dogs, You, the sixty unsuccesful, failed, the sixty nila.)

ستيـــن

SÉTTEEN.

Soixante.
(Ce nombre a une utilisation bizarre dans la culture égyptienne. Il est appliqué en combinaison avec d'autres expressions d'un seul mot pour insulter ou mépriser quelqu'un comme : le fils de soixante chiens, le soixante échoué, le soixante nullité.)

75/64   Sebensa
Citizens who are treated like third class.
(The Sebensa is a local train that connects the small towns of a province of the upper Egypt to the capital of that province. It is the most affordable way of transportation for the poor to travel daily to their work. Wagons are like boxes of cargoes which are filled with humans in a deplorable state. Often with little or no light at night and without adequate sanitary toilets except a hole in the open floor between the rails. The girls who take the Sebensa round-trip daily to attend schools are exposed to sexual harrasements. The term is used to define a group of people who are neglected and deprived of adequate service by the state.)

السينسـة

EÉ SÉBENSA.

Des citoyens de troisième classe.
(Le Sebensa est un train local qui relie les petites villes d'une province de la Haute Égypte à la capitale de cette province. Il est le moyen le plus abordable de transport des pauvres pour se rendre quotidiennement jusqu'à leur travail. Les wagons sont comme des boîtes de cargaisons qui sont remplis d'humains dans un état déplorable. Souvent, peu ou pas de lumière la nuit et sans toilettes sanitaires adéquates, excepté un trou dans le plancher ouvert entre les rails. Les jeunes filles qui prennent le Sébensa aller-retour tous les jours pour aller à l'école sont éxposées au harrassement sexuel. L'expression est utilisée pour définir un groupe de personnes qui sont négligées et privées du service équitable par l'état.)

75/65   Ashshaash
        It is a train that picks up passengers along the route. The train goes at a slow speed
        and stops at every town and village to pick up passengers and their baggage on a
        hand signal. The train is usually of the sebensa type. (See 75/66)

قشــــــاش

ASHSHAASH

*C'est un train qui ramasse les passagers le long du chemin. Le train qui va à une
vitesse lente s'arrête pour prendre les passagers et leurs bagages sur un signe de la
main. Le train est généralement de type sébensa. (Voir 75/66)*

75/66   A new gadget, idea, trick.

تألبعــــــة

TA,,LEE'A

Un nouveau gadget, truc, idée.

75/67   In the way of traffic.

مَلْطَــــش

MALTASH

Dans la voie de circulation.

75/68   Without uniformity.

مِلَطّــــــش

MÉLATTASH

Sans uniformité.

75/69   An article or coin that is false, counterfeit, forged.
        (From outside.)

برانــــــي

BARRANI.

*An objet ou une pièce de monnaie qui est fausse, contrefaite, falsifiée.
(De l'extérieur.)*

75/70   I have cornered him. I pinned him.

قفشـــــه

AFSHOH.

Je l'ai coincé.

75/71   To give him a little hope. (To quench his thirst.)

رمـــــق

RAMAK.

Donner un peu d'espoir. (Étancher sa soif.)

75/72   To buy in bulk. A bargain. The whole lot.

شـــــروة

SHARWA.

Acheter tout un lot. Une aubaine.

75/73 Give me your attention. Concentrate. Listen to me.

ركـــز معايــــا

RAKKÉZ MA'AAYA.

Concentre-toi. Écoute-moi.

75/74 You, the son of Adam !
(A hard expression which substitute the name of a subordinate when after giving an instruction, we must repeat it for his lack of concentration or comprehension.

يا بني أدم !

YA BANI AADAM.

Toi, le fils d'Adam !
(Une expression dure qui remplace le nom d'un subalterne lorsque après avoir donné une instruction, nous devons la répéter pour le manque de concentration ou compréhension de l'employé.)

75/75 A beautiful woman. (Mozza.) (A recent expression.)

مزّة

MOZZA

Une belle femme. (Mozza.) (Une expression récente.)

75/76 Labyrinth, maze, web, the unknown, the mystery.

متــاهـــات

MATAHAAT.

Le labyrinthe : l'inconnu, le mystère.

75/77 A big problem. (A glued peg.)

خـــزوق مغـــري

KHAZOU,, MÉGHARRI.

Un gros problème. (Un piquet bien pris.)

75/78 He fell under someone's responsibility despite his will.

أربيـــــز ...وقع في أربيزه

ARABEEZOH. WÉ-ÉA' FI ARABEEZOH.

Il est tombé sous sa responsabilité en dépit de sa volonté.

75/79 Do not to be tempted by the devil.

وَزّ...أوعــي الشيــطان يــوزك

WAZZA...OW'A ÉSH SHITAANN YÉWÉZZAK.

Ne soyez pas tentés par le diable.

75/80 Not on your life. (To confirm a rejection of something shameful.)

فشـــــر

FASHAR

Jamais de la vie. (Pour confirmer un refus de quelque chose de honteux.)

75/81   In haste. (Rapidly.)

سريعـــة

SARBA'A.

À la hâte. (Rapide.)

75/82   Someone who goes beyond the suggested limits with surprising results in a contest or events. He is considered courageous, intelligent and cunning.

مفتـــري

MUFTARI

Quelqu'un qui dépasse les limites suggérées avec des résultats surprenants dans un concours ou un évènement. Il est considéré courageux, intelligent et rusé.

75/83   He falls in the trap. (He is a basket.)

مقطــف

MA,,TAF.

Il tombe dans le piège. (Il est un panier.)

75/84   He lacks concentration, he doesn't focus. (He doesn't add up or connect pieces of evidence and signs together.)

مبيجمعـــش

MA BÉY GAMMA-A'SH.

Il lui manque de la concentration. (Il n'arrive pas à accumuler les indices.)

75/85   Man of the boat.

(In Portsaiid, on the Suez Canal, the "Man of the boat" or the "BAMBOUTI" sells souvenirs from his boat to the tourists on the international ships which cross the canal in their route to the Indian Ocean coming from the Mediterranean or vise-versa. The English expression "The Man of the boat" is the origin of the common Egyptian expression "BAMBOUTI".)

(Proposed by Dr. Hassan El Ghobary)

بمبوطـــي

BAMBOUTI

L'homme du bateau.

(À Port-Saïd, sur le canal de Suez, l'homme qui de sa barque vend des souvenirs aux touristes des grands navires internationaux. Ceux ci traversent le canal de la Méditerranée vers l'océon Indien ou dans le sens opposé. L'expression anglaise « The man of the Boat » est l'origine de « BAMBOUTI ».)

(Proposé par Dr. Hassan El Ghobary)

75/86   Coffee pot. (To prepare the turkish coffee.)

(The expression "KANAKA" has its root in the english word "conical".)

(Proposed by Dr. Hassan El Ghobary)

كَنَكـــة

KANAKA.

Petite cafetière. (Pour préparer le café turc.)

(L'expression « KANAKA » a sa racine dans le mot anglais « conical ».)

(Proposé par Hassan El Ghobary)

75/87   To plan a catch.
(The origin of the expression is the English word "Tactic"

بتكتِـــك

YÉTAKTÉK.
Il planifie.
(L'origine de l' expression est le mot français « tactique ».)

75/88   A bomb. (The origin of the expression is from the french "Canon boulé".)
(Proposed by Sami Maalouf)

قنبلـــة

KONBOLA.
Une bombe. (L'origine de l'expression est du français « Canon boulé ».)
(Proposé par Sami Maalouf)

75/89   He inquires in a discreet, curious and informal way.

يطَقــس

YÉTA,,ASS.
Il s'informe dans un cadre discret et avec curiosité.

75/90   Incarnation, métamorphosis.
(The origin of the arabic expression comes from the arabic word "Kamees" or
"Shirt", which means "A soul embodied in a shirt or incarnated in a human flesh.")

بتقمـــص

YATAKAMMAS.
Incarnation, métamorphose.
(L'origine de l'expression arabe vient du mot « Kamisse » ou « Chemise » qui
signifie « Une âme incarnée dans une chemise ou dans un corps.»)

75/91   He wants to achieve his goal indirectly.

يحرجـــم

YÉHHARGÉM.
Il veut atteindre son but indirectement.

75/92   "Maslahha" (Public transport organization.) (Interest.)
This is a pass that allows free use of the public transport as an employee and
considered as part of his social benefits. When asked by the inspector to show his
ticket all he needs to say is "MASLAHHA" without even showing any proof.
(Interest.)

مصلحة

MASLAHHA.
« Maslahha » L'organisation du transport public. (Intérêt.)
Il s'agit d'une passe qui permet d'utiliser le transport public gratuitement en tant
qu'employé. Cette passe fait partie des bénéfices sociaux de l'employé.

75/93   A being who is willing to stoop even the most menial tasks to earn the sympathy of his superior.
مرمطــــــون
MARMATO-ON.
Un être qui est prêt de s'abaisser même les tâches les plus ingrates pour gagner la sympathie de son supérieur.

75/94   At least, no less than, as a minimum. (With the deceased.)
(Proposed by Fouad Awad)
بالميــــــت
BÉL MAYYÉT.
Le moins possible. (Avec le défunt.)
(Proposé par Fouad Awad)

75/95   Something of worth.
أمَلَــه
AMALA.
Un objet de valeur.

75/96   A bunch of...
أرطــــة
ORTA...ORTÉT...
Un groupe de...

75/97   A disaster.
حُوسِــــة
HHO-OSA.
La catastrophe.

75/98   "OLLA"
It is a water jug of pottery made of distinctive shape which cools the water naturally.
قللـــة
OLLA.
« OLLA »
C'est une cruche d'eau faite en poterie d'une forme distincte et qui sert à refroidir l'eau de façon naturelle.

75/99   To ventilate his grievance.
فـصفـض
FADFAD.
Il se libère.

75/100 Taking advantage over the distribution of free service or product.
ميغـــة
MEIGHA.
Prendre avantage sur la distribution d'un service ou produit gratuit.

75/101 My son or my daughter, (My offspring, integral part of a mother or a father.)

ضنايـــــا, ضنـــي

DANA, DANAAYA.

Mon fils ou ma fille, (Ma progéniture, partie intégrante d'une mère ou d'un père.)

75/102 You are not serious, you don't understand. (Go catch some air.)

روح اتهــــوي

ROOHH ÉT HAWWA.

Vous n'êtes pas sérieux, vous ne comprenez pas. (Va prendre de l'air.)

75/103 As you wish, as you like. (At your ease.)

براحتـــــك

BÉ RAHHTAK.

Comme tu veux. (À ton aise.)

75/104 "Your honor". (An honorary title.)

جنابـــك

GANAABAK.

« Votre honneur. » (Un titre honorifique.)

75/105 Where is the beef ?

فيـــن الظَفَـــر

FEIN ÉZ ZAFAR ?

Où est la viande ?

75/106 So, what is the good news ? (Prosperity, God willing.)

خيـــر إن شـــاء اللـــه

KHEIR INN SHALLAH.

Quelle est la bonne nouvelle ? (La prospérité, si Dieu le veut.)

75/107 He is peculiar. He is in his own world. (He is in his imaginary kingdom.)

هو مُـــــلْك

HOWWA MOLK.

Il est dans son propre monde. (Il est dans son royaume imaginaire.)

75/108 EL AZAREETA.
A quarter of the city of Alexandria which was a place of quarantine. It is an Italian expression that means mandatory isolation to prevent the spread of a contagious virus.
(Proposed by Joseph Kélada)

الأزاريطـــــة

EL AZAREETA.

EL AZAREETA.

Un quartier de la ville d'Alexandrie qui fut un lieu de quarantaine. C'est une expression italienne qui signifie l'isolement obligatoire pour éviter la propagation d'un virus contagieux.

(Proposé par Joseph Kélada)

75/109   ABO KEER.
One of the beaches of Alexandria. Named after the christian monk KEER who lived
and buried in Alexandria in the second half of the second century.

أبــو قيــر

ABOU KEER

*Une des plages d'Alexandrie. Nommée d'après le moine KEER qui a vécu et enterré
à Alexandrie dans la seconde moitié du deuxième siècle.*

75/110   Al IBRAHIMIYYA
A quarter of the city of Alexandria, named after IBRAHIM PACHA (1789 – 1848). An
Egyptian General and the son of MUHAMMED ALI PACHA (1769 – 1848).
Muhammed Ali was born in Bosnia, he became Wali and self-proclaimed governor of
Egypt. He is also considered the founder of modern Egypt.
(Prposed by Joseph Kélada)

الإبراهيمية

AL IBRAHIMIYYA.

*Un quartier de la ville d'Alexandrie, ainsi nommé d'après IBRAHIM PACHA (1789 –
1848). Un Général égyptien et le fils de MUHAMMED ALI PACHA (1769 – 1848).
Muhammed Ali est né en Bosnie, il devient Wali et auto-proclamé gouverneur de
l'Égypte. Il est aussi considéré le fondateur de l'Égypte moderne.*
(Proposé par Joseph Kélada)

75/111   Not as it should be, it misses the essential. Passable but not excellent.

أرديحــي

ORDÉHHY.

Pas comme il se doit, il manque l'essentiel. Passable.

75/112   He is stuck and has been duped.

اتدبـــــس

ÉTDABBÉSS.

Il est coincé et a été dupé.

75/113   Karakhaana.
A brothel. (The house of silk from a persian expression.)

كرخــانة

KARAKHAANA.

Un bordel. (La maison de soie d'après une expression perse.)

75/114   Agzakhaana.
Pharmacy.

أحزخــانة

AGZAKHAANA.

Pharmacie.

75/115   BAB EL FUTOUHH.
One of the famous historical gates of Egypt. It was built by GAWHAR AL SAKALLY during the reign of the Sultan Al MOA''TEZ LEDEEN ELLAH of the Fatimid period (969 – 1171). The gate was fortified and built to protect Cairo. GAWHAR AL SAKALLY had changed the name of the Capital of Egypt from Al FUSTAT, which was its name after being established by 'AMR IBN AL 'AASS in 630 A.C., to AL KAHÉRA, after a star known by the name AL KAHÉR means "omnipotent".

بــاب الفتــوح
BAB EL FUTOUHH.
Une des portes célèbres et historiques de l'Égypte. Elle fut érigée par GAWHAR AL SAKALLY pendant le règne du Sultan AL MOA''TEZ LEDEEN ELLAH de l'époque FATIMIDE (969 – 1171). La porte a été fortifiée et construite pour protéger le Caire. GAWHAR AL SAKALLY avait changé le nom de la capitale de AL FUSTAT qui a été nommé par 'AMR IBN AL 'AASS in 630 A.C., à AL KAHÉRA, d'après une étoile connue sous le nom AL KAHÉR qui signifie «Tout-puissant ».

75/116   The owner of happiness - Your country - The donor of grace
(These are the titles of the Khedive or the governor of Egypt during the Ottoman Empire and before the 1952 revolution.)

صاحــب السعــــادة...دولتــــك...ولــي النعــم
SAHHÉB AS SA'AADA – DAWLÉTAK – WALLY AN NÉ'AM.
Le propriétaire du plaisir – Votre pays – Le donneur de grâce.
(Ce sont les titres du Khédive ou du gouverneur de l'Égypte sous l'Empire ottoman et avant la révolution de 1952.)

75/117   An intellectual of high caliber who is neglected and not considered by the rich and intolerant society towards the differences. So, he is considered   tramp,   homeless, beggar and a vagabond. He could also be a poor and cultured individual, but abandoned by his own family or society for his bad habits, or his despicable behaviour.

صـــــعلوك
SO-A'LOOK.
Un intellectuel de haut calibre négligé et n'est pas considéré par la société riche et intolérante envers la différence. Donc, il est considéré comme un sans-abri, un mendiant, un vagabond ou un clochard. Il pourrait être aussi un individu pauvre et cultivé mais abandonné par sa propre famille ou la société pour ses mauvaises habitudes et son comportement méprisable.

75/118   What's at stake. (What is at risk.) (Subject that provokes criticism.)

علَي المَحـــك
'ALAL MAHHAK.
Ce qui est risqué. (Sujet qui provoque des critiques.)

75/119   The Barabra's coffee shop.
An expression that is said to mean a place where people of different opinions and topics gather. Their heated arguments generate a cacophony. Barabra is an old ethnographic term for the tribe pf Nubia of Sudan and southern Egypt. The word is derived from various Berbers, i.e. Berber people, or identical to Barabra, contained in the inscription on a footbridge of Tethmosis I where the name of one of 113 tribes conquered by him. Thus it is suggested that Barabra is a real ethnic name confused later with Greek and Roman barbarus of North Africa. A tribe living on the banks of the Nile between Wadi Haifa and Assuan are called Barabra.

قهـــوة بـــرابـــرة
AHWÉT BARABRA.
Le café de Barabra.
Une expression qui est dite pour désigner un lieu où se rassemblent des personnes de différentes opinions et sujets. Leurs discussions enflammées génèrent une cacophonie. Barabra est un terme ancien ethnographique pour les tribus de Nubie au Soudan et au sud de l'Égypte. Le mot est dérivé de diverses Berberies, les berbères ou identique à Barabra figurant dans l'inscription sur une passerelle de Tethmosis I où le nom de l'une des 113 tribus conquises par lui. Ainsi il est suggéré que Barabra est un vrai nom ethnique confondu plus tard avec les barbarus grecs et romains. Une tribu vivant sur les rives du Nil entre Assouan et Wadi Halfa est appelée Barabra.

75/120   The HENNA
The term "henna" comes from the Arabic name "ḥinna", it has been used to dye skin, hair, fingernails, leather, silk and wool. Henna is commercially cultivated in some African and Asian countries. Though henna has been used for body art and hair dye since the Bronze Age, there are also traces of the dye on Egyptian mummies. It can also be used as an arsenal of feminine charm in the form of mysterious signs on the hands or hair colour. Henna is mentioned in the King James Version of the Bible, the book Song of Songs / Song of Solomon (Sol., 1 : 14).

الحِنّـــــة
HENNA
Le HENNÉ
Le henné vient du mot arabe « Hinna », il est utilisé pour teindre la peau, les cheveux, les ongles, le cuir, la soie et la laine. Le henné est commercialement cultivé dans certains pays africains et asiatiques. Bien que le henné ait été utilisé pour l'art du corps et de la teinture des cheveux depuis l'âge de bronze, on retrouve aussi la trace de ce colorant sur les momies égyptiennes. Il peut aussi être appliqué comme arsenal de la séduction féminine sous forme de signes mystérieux sur les mains ou dans la coloration des cheveux. Dans la version du King James de la Bible, dans le livre le Canonique des Canoniques et les chants de Solomon on cite le henné sous (Sol., 1 : 14).

75/121   The NILA
The indigo paste
Nila, or Indigo dye paste means "dark blue", it was among the first Indian products marketed in Europe and introduced by the Arabs trading with India. The Arab conquest of the south of Spain eventually led to the use of the Spanish term "anil" for dark blue in Central America and South America. A rag in Egyptian linen with a border of indigo blue dye has been found covering mummies embalmed since 2400 years BC. During the Golden Age of Islam, "NILA" was marketed as light-weight and valuable material in major ports and markets and widely transported all along the caravan routes and sea routes of the monsoon. The first public works undertaken by the Umayyad Caliph Sulayman (715-717) was the construction of a dyeing factory where nila is also applied as laundry washing and whitening material known under the term "ZAHRA". The term "BALA NILA" is an insult.
(Proposed by Anwar Thomas.)

النيلــــــة

NEELA

La NILA

La pâte d'indigo

La pâte de Nila ou indigo, signifie le bleu foncé, c'était parmi les premiers produits indiens commercialisés en Europe et introduits par les arabes faisant commerce avec l'Inde. La conquête arabe au sud de l'Espagne a éventuellement amené l'utilisation du terme espagnol « anil » pour le bleu foncé en Amérique du Sud et en Amérique centrale. Un lambeau d'étoffe en lin égyptien avec une bordure teintée d'indigo bleu a été trouvée couvrant les momies embaumées depuis 2400 ans av. J.C. Durant l'âge d'or de l'Islam, la pâte bleue indigo « NILA » a été commercialisée comme matière légère et précieuse dans les grands ports et marchés et largement transportés tout le long des routes des caravanes ainsi que les routes maritimes de la mousson. Le premier travail public, d'une grande entreprise réalisé par Sulayman, le Calife Umayyade (715 – 717) a été la construction d'une usine de teinture de cette pâte bleue où la nila est aussi appliquée comme une matière de blanchissage et de lavage connue sous le terme de « ZAHRA ». L'expression « BALA NILA » est une insulte.

(Proposé par Anwar Thomas.)

75/122   Young and pretty girls. Youngesters. (Squabs.)

زغاليــــل

ZAGHALEEL.

Jeunes et jolies filles. (Pigeonneaux.)

CHAPITRE 76
Just for Laugh
للضحـــك فقـــط
Juste pour rire

Common Expressions Translated Word for Word
A little story

Bondok and Katkout

Once upon a time there were two friends ; Bondok and Katkout and they were like two asses in the same panties. Bondok was a large bumblebee, he cut the fish and its tail and although he was like a monkey, his blood was light and was in the eye of his mother as a gazelle. Yet, he was the son of sixty times seventy. He didn't even peed once in his life on an injured finger and he still acted as if he had a feather on his head. Although Bondok was the size of a palm, he was able to tease thousand people. He was undecided, he put one foot in and one foot out and one word can bring him while another word could send him back. He loved playing magic and to show you his talent, he was even able to steal the eyeliner from the eyelid unnoticed.

Katkout on the other hand, was down-to-earth and the kind of people that when fell he was still upright. He was eager like a premature baby of seven months. Yet, because of his goodness, his heart was white and he was like salve on a wound. He was intelligent and was like a student who has surpassed his master. He earned his living by the sweat of his brow and he was convinced that what is written on the forehead the eye must test it.

Katkout's mother didn't like his friend Bondok. He was to her like the bone on her throat and in addition, he burst her spleen. But she was stubborn : Her head and a thousand swords that her son should break Bondok's leg from their home. She showed him the red eye, saying that the whip is for the disobedient. When Katkout wanted to test his mother's water, he asked her why she did not like Bonbok ? She replied that Bondok eats the climate and if he continues to follow Bondok he will end up either in the one eighth, in the point or perhaps he could go into a soup of water. Then again, Katkout was more stubborn than his mother and his head was dry as a wall. He told his mother :"On behalf of the Creator who created the creature, I will not leave him." His mother was desperate and refuted by saying : "I drive the prophet on you to take care of yourself. Bonbok is not your fabric while you, you filll your clothes and you are in length by width. I fear that this kid put the cap on your head and put you within the canon-shot." Finally, Katkout has reassured his mother by telling her :" Don't worry ma, I always walk near the wall."

At the same time, Katkout's father was eating rice with the angel and he sleeps like chick. Although he is a donkey's work, he receives only what the providence has in store for him, and it is the fate of the unfortunate. And the unfortunate will be forever unhappy even if they hang a lamp on his head.

تَرْجَمَـةٌ حَرْفِيَّـةٌ لِبَعْضِ التَعْبِيـرَاتِ الشَـائِعَةْ
قِصَّـةٌ صَغِيـرَةْ

بُنْـدُقْ وكَتْكُـوتْ

كان يا ما كان يا سعد يا إكرام اثنين اصدقاء واحد اسمه بندق والثاني كتكوت, وكانوا زي طيزين في لباس. بندق كان ضبور كبير وكان مقطع السمكة وذيلها وكان شكله زي القرد, لكن كان دمه خفيف وكان في عين أمه غزال. رغم ذلك كان ابن ستين في سبعين. مفيش مرة شخ علي صباع مجروح وكان عامل زي اللي علي راسه ريشة, ورغم انه كان قد الكف, كان يعاكس الف. وكان دائما متردد : يحط رجل جوه ورجل بره. وكمان كانت كلمة تجيبوه وكلمة تودبه. لكن كان عامل زي الحاوي اللي بيسرق الكحل من العين.

أما كتكوت فكانت رجله تدب مطرح متحب وعلشان كده كان كتكوت صاحبه. كان واد مجدع وكان دايما يقع واقف وكان واد مولدتهوش ولادة. زي ابن سبعة, معندهوش صبر. ولكن كان طيب وقلبه ابيض, تحطه علي الجرح يطيب. كان ذكي زي التلميذ اللي سبق استاذه. كان بيكسب عيشه بعرق جبينه وكان يعتقد ان اللي مكتوب علي الجبين لازم تشوفه العين. أم كتكوت مكنتش بتحب بندق وكان عامل لها زي الشوكة في الزور. و كان بيفقع مررتها. كانت راسها ناشفة وراسها والف سيف ان ابنها لازم يكسر رجله من بيتهم. ورتله العين الجمرة وقالتله العصي لمن عصي. ولما كتكوت حب يشوف مية أمه إيه سألها انتي ليه مبتحبيش بندق ؟ ردت عليه وقالت : لإن صاحبك واكل الجو ولو هاتكمل تمشي وراه يا إما هاتروح التمن يا هاتروح النقطة يا هاتروح في شربة مية. من ناحية اخري كتكوت كانت راسه ناشفة زي الحيطة, راح قال لأمه : والخالق الي خلق الخلق مش هاسيب صاحبي. أمت ردت عليه أمه من يأسها وقالت له : اسوق عليك النبي خللي بالك من نفسك, بندق مش من توبك بينما انت ملو هدومك. وانت طول بعرض. أنا خايفة الواد ده يلبسك العمة ويحطك في بوز المدفع. في الأخر, كتكوت طمأن امه وقال لها ما تخفيش أنا دايما بامشي جنب الحيطة.

في نفس الوقت, أبو كتكوت كان بياكل رز مع الملايكة ونايم في سابع نونة زي الفراخ. وبالرغم انه كان حمار شغل وكان بيجري جري الوحوش, لكن كان بيأمن ان غير رزقه ما هايحوش, وده حظ المتعوس. لإنه المتعوس متعوس ولو حطوا علي راسه فنوس.

Expressions communes traduites mot à mot
Une petite histoire

Bondok et Katkout

Il était une fois deux amis Bondok et Katkout. Ils étaient comme deux culs dans la même culotte. Bondok était un grand bourdon   et il coupait le poisson et sa queue.. Et bien qu'il fût comme un singe, son sang était léger et était dans l'œil de sa mère comme une gazelle. Pourtant, il était le fils de soixante fois soixante-dix. Il n 'a même pas fait pipi, une fois dans sa vie sur un doigt blessé et il agissait toujours comme s'il avait une plume sur sa tête. Malgré qu'il était de la taille d'une paume, il était capable de taquiner mille personnes. Il était toujours indécis, il mettait un pied dedans et un pied dehors et un mot pourrait l'amener tandis qu'un autre mot pourrait l'envoyer. Il aimait jouer de la magie et pour vous montrer son talent, il était même capable de voler le fard des paupières sans qu'on s'en aperçoive.
Katkout, d'autre part avait les pieds sur terre et était le genre qui tombait toujours debout. Il était impatient comme un prématuré de sept mois.. Pourtant, grâce à sa bonté son cœur était blanc, il était comme l'onguent sur une blessure. Il était intelligent et a été comme l'élève qui a dépassé son maître. Il gagnait sa vie à la sueur de son front et il était convaincu que ce qui est écrit sur le front, l'œil doit l'éprouver.
La mère de Katkout n'aimait pas Bondok. Il était pour elle comme l'arête dans la gorge et il a fait éclater sa bile. Elle était têtue : sa tête et mille épées que son fils doit casser sa jambe de leur domicile. Elle lui a montré l'œil rouge en lui disant que le fouet est pour le désobéissant. Lorsque Katkout voulu tester l'eau de sa mère, il lui demanda pourquoi elle ne l'aimait pas et elle lui a répondu que Bondok mange le climat et si Katkout continue le suivre il se trouvera soit dans l'un huitième, le point ou bien encore il pourrait aller dans un soupe d'eau. Katkout, par contre, était plus têtu que sa mère et sa tête était sèche comme un mur. Il disait à sa mère : « Au nom du créateur qui a créé la créature, je ne vais pas le quitter. » Sa mère qui était désespérée a réfuté en disant : « Je conduis le prophète sur vous pour que tu prennes soin de vous. Bondok n'est pas de ton tissu, tandis que toi, tu remplis tes habits et tu es de longeur par largeur. J'ai peur que ce gamin mette la calotte sur ta tête et te mettra devant le canon. Finalement, Katkout a tranquillisé sa mère en lui disant : Ne vous inquiétez pas, je marche toujours près du mur.
En même temps, le père de Katkout mangeait du riz avec les anges et il dormait comme les poussins. Bien qu'il soit un âne du travail, il ne reçoit que ce que la providence a en réserve pour lui et c'est le destin de l'infortuné. Et l'infortuné sera pour toujours l'infortuné, même s'ils accrochent sur sa tête une lampe.

Egyptian Bumper Stickers

عبـــارات مكتوبـــة علـــى سيـــارات مصريـــة

Autocollants égyptiens pour voitures

You ride with me, you will have fun. You leave, I will immolate you by fire.

تركــب أسليـك. تنـــزل أولـــع فيــك

TÉRKAB ASALLEEK. TÉNZÉL AWALLAA' FEEK.

Si tu montes avec moi tu auras du plaisir mais si tu descendais je t'immolerai par le feu.

When I was frail like a small bird they ate me. When I became strong like a lion, they have become my friends.

لمـــا كنـــت عصفـــور كلونـــي. ولمـــا بقيـــت أســـد صاحبونـــي

LAMMA KONT 'ASFOUR KALOUNI. WÉ LAMMA BA-EIT ASAD SAHHBOUNI.

Quand j'étais frêle comme un petit oiseau, ils m'ont mangé. Quand je suis devenu fort comme un lion, ils sont devenus mes amis.

Treat and maintain your car and avoid potholes.

دلعهـــا فـــي الغيـــارات وريحهـــا فـــي المطبـــات

DALLAA'HA FIL GHÉYARAAT WÉRAYYAHH-HA FIL MATABBAAT.

Gâtez et entretenez votre voiture et évitez les nids de poules.

Don't ask how much it costs, It was obtained with the lady's jewelry.

متقولـــش دي بكـــام, دي جايـــة بدهـــب المـــدام

MAT-OLSH DI BÉKAAM, DI GAYYA BÉDAHAB ÉL MADAAM.

Ne demandez pas combien elle coûte, elle a été obtenue avec l'or de la dame.

This beautiful car is an apple, it is ideal for travel and tourism.

الحلوة تفاحة للسفر والسياحة

ÉL HHÉLWA DI TOFFAAHHA, LÉS SAFAR WÉL SIYAAHHA.

Cette belle voiture est une pomme, elle est idéale pour le voyage et le tourisme.

This beauty is a peach, I got it after a headache.

الحلـــوة دي خوخـــة, جـــت بعـــد دوخـــة

ÉL HHÉLWA DI KHOKHA, GAT BAA'DÉ DOKHA.

Cette beauté est une pêche, je l'ai obtenue après un mal de tête.

Contemporary Quotations
الأمثلـــــــة العصريـــــة
Des citations contemporaines

76/01   If we could see an elephant without a trunk, we could believe the government promises.

ان شفنـــا فيــل مـــن غيـــر زلومـــة نصـــدق كـــلام الحكومـــة

ÉNN SHOFNA FEEL MÉNN GHEIR ZALLOUMA NÉSADDA,, ÉL HHUKOUMA.

Si nous pouvions voir un éléphant sans trompe, nous croirons les promesses du gouvernement.

76/02   You who promised me an employment, you who made me drunk in the land of dreams.
(Talking for talks, void promises.)

يا وعدنــي بالوظيفـة كلام فـي كلام يا ساقينــي البنجـو فـي بـر الشــام

YA WA-'ÉDNI BÉL WAZEEFA KALAAM FI KALAAM YA SA-EENI ÉL BANGO FI BARR ÉSH SHAAM.

Vous qui m'avez promis un emploi et m'avez rendu ivre dans le pays des rêves. (Parler pour parler, promesse en l'air.)

76/03   He said : "Why are you terrorist, you cock ?" He replied : "You the fox, devour me without looking for excuse."

قـال ليـه انـت ارهابــي يا ديك ؟ قاللـه يـا ثعلـب كلنـي وبـلاش تلاكيـك

AAL LEIH ÉNTA IRHAABI YA DEEK ? ALLOH YA TAA'LAB KOLNI WÉ BALAASH TALAKEEK.

Il lui dit : « Pourquoi es-tu un terroriste, toi le coq ? » Il lui répondit : « toi le renard, dévore-moi sans excuse. »

76/04   And why the tears Mr Gomaa ? The father then replied : "My son did get the school grades which will only allow him to reach the University bridge."

وليه دي الدمعة يا عم جمعة ؟ قال مجموعه ما يدخلوش إلا كوبري الجامعة

WÉ LEIH ÉD DÉM'A DI YA 'AM GOM'A ? AAL MAGMOU'OH MAY DAKH-KHALOUSH ÉLLA KOBRI ÉG GAM'A.

Et pourquoi cette larme M. Gomaa ? Alors, le père répondit : « Mon fils n'a pas obtenu les notes scolaires qui ne lui permettaient d'atteindre que le pont de l'université. »

76/05   What prompted you to do the illegal Mr Khuloosy? He answered : "They are the extra bills, which I should pay to 25 teachers for private lessons.

إيه وزك ع الحـرام يا خلوصــي. قال : خمسة وعشريـن مدرس خصوصــي

EIH WAZZAK 'AL HHARAAM YA KHULOUSY ? AAL : KHAMSA WÉ 'ÉSHREEN MUDARRÉS KHUSOUSI.

Qu'est-ce qui vous a incité M. Khuloussi de faire l'interdit? Il a repondu : ce sont les factures suplémentaires que je devrais acquitter pour payer les 25 professeurs des cours privés.

76/06   After The joy and the celebration of the bachelor degree, his job was a seat in the corner coffee.

بعد الفرحة بالبكالوريوس والزهوة جت الوظيفة قعدة علي القهوة

BAA'D ÉL FARHHA BÉL BAKALORIO-OS WÉL ZAHWA GAT ÉL WAZEEFA AA'DA 'AL AHWA.

Après la joie et la célébration du baccalauréat, son emploi était un siège au café du coin.

76/07   how can I punish you the onion, the source of my tears ? And how can I calm my anger you the minister, the big liar ?

أعمل إيه فيكي يا بصلة وانتي مسيلة الدمعة
وأعمل إيه فيك يا وزير و انت أبو لمعة

AA'MÉL EIH FEEKI YA BASALA WÉ ÉNTI MÉSAYYÉLA ÉD DÉM'A WÉ-A'MÉL FEEK EIH YA WAZEER WÉ ÉNTA ABOU LAM-'A.

Comment puis-je te punir l'oignon, toi la source de mes larmes ? Et comment puis-je calmer mes colères toi le ministre, le gros menteur ?

76/08   You woman, if you get a dollar, celebrate, but if it is an Egyptian pound, then cover me and complain.

ان كان دولار يا ولية زغرتي وان كان جنيه غطيني وصوتي

ÉNN KAAN DOLAAR YA WÉLÉYYA ZAGHRATI WÉ ÉNN KAAN GÉNEIH GHATTEENI WÉ SAWWATI.

Toi femme, si tu reçois un dollar, célébre, mais si c'est une livre égyptienne couvre-moi et lamente-toi.

76/09   Before marriage she struts and waddles, but once married, she becomes like a plastic bag.

في العشق تدلع وتهشتك وفي الجواز أخرتك كيس بلاستك

FIL 'ÉSH,, TÉDDALLAA' WÉ TÉT-HASHTÉK WÉ FIL GAWAAZ AKHRÉTÉK KEES BÉLASTÉK.

Avant le mariage elle se pavane et se dandine mais une fois mariée, elle devient comme un sac de plastique.

76/10   You say one billion or 20 billions, do you think someone is going to check after you Sir the minister of finance !
(Proposed by Angèle Wassily Sautiri)

تقولنا مليار ولآ عشرين مليار هو حد هيبعد وراك يا وزير الدار

TÉ-OUL MÉLYAAR WALLA 'ÉSHREEN MÉLIAAR HOWWA HHAD HAY-'ÉD WARAAK YA WAZEER ÉD DAAR !

Vous nous dites un milliard ou vingt milliards, pensez-vous que quelqu'un va compter après vous M. le ministre des finances !
(Proposé par Angèle Wassily Sautiri)

76/11   The hungry, dreams of getting into the line of bread acquisition.

الجعان يحلم بطابور العيش

ÉL GA'AAN YÉHHLAM BÉ TABOUR ÉL 'ÉISH.

Celui qui a faim rêve de se mettre dans la ligne pour avoir du pain.

76/12   He asked his father to teach him stupidity. So, he told him : "make hay to feed the donkey and buy your bread with US dollars.

قال يا بابا علمني الغباوة. قال نزرع البرسيم للحمار وتشتري رغيفك بالدولار.

AAL YA BABA 'ALLÉMNI ÉL GHABAAWA. AAL TÉZRAA' ÉL BARSEEM LÉL HHOMAR WÉ TÉSHTÉRI RÉGHEEFAK BÉD DOLAAR.

Il demanda à son père de lui apprendre la bêtise. Alors, il lui dit : « Fais du foin pour nourrir l'âne et achète ton pain en dollars américains. »

76/13   "With the arrival of the new government you will wear silk and live better." He retorted : "Oh ! These kind of words were often heard by my grand father from his master, the Pasha."

الـــــوزارة الجديـــــدة حتلبسـك حريــــر وتأكـــلك بغاشـــة.
قال : كــلام يـامـا سمعـه جــدي مـن سيـــده الباشـا

ÉL WÉZAARA ÉL GÉDEEDA HHATLABBÉSAK HHAREER WÉT AKKÉLAK BUGHAASHA. AAL : KALAAM YAAA MA SÉM-'O GÉDDI MÉNN SEEDO ÉL BASHA.

« Avec l'arrivée du nouveau gouvernement tu porteras de la soie et tu vivras beaucoup mieux. » Il répondit : « Ô ! Ce genre de mots a été souvent entendu par mon grand-père par son maître le pasha. »

76/14   It is not important to me that you are beautiful or you are chic. What is really important to me is that you are polite and that's, what I like about you.
(Proposed by Angèle Wassily Sautiri)

مــوش مهـــــــم انـك حلـو ومـوش مهـم انـك شيـك
المهـم انـــك مـــــؤدب وده اللـــي عجبنـي فيـك

MUSH MUHÉM ÉNNAK HHÉLW WÉ MUSH MUHÉM ÉNNAK SHEEK. ÉL MUHÉM ÉNNAK MU-ADDAB WÉ DA ÉLLI 'AGÉBNY FEEK.

Il n'est pas important pour moi que vous soyez belle ou que vous soyez chic. Ce qui est vraiment important pour moi est que vous soyez polie et c'est ce qui me plaît en vous.
(Proposé par Angèle Wassily Sautiri)

76/15   My sweetheart told me that he loves me. I replied : "Damn you, Love is in the heart and not on the phone, you fool."

حبيبـــــي قاللـــــي يحبـــــك قلتللــــه اتنيـــــل
ده الحـــب فـــي القلـــب مـــش فـــي التليفـــون يـا منيـل

HHABEEBI ALLI BAHHÉBBÉK. OLTÉLLO ÉTNAYYÉL. DAL HHOBB FI ÉL ALB MOSH FI ÉT TÉLÉFONE YA MÉNAYYÉL.

Mon amour m'a dit qu'il m'aimait. Je lui répliquai : « Toi le maudit, l'amour est dans le cœur et non pas au téléphone, toi l'imbécile. »

76/16   Good evening, with my great respect for you, according to the local time.

يـا مسـاء الخيــر والتجللــي حســب التوقيـت المحللـي

YA MASAA,, ÉL KHEIR WÉ ÉT TAGALLI HHASAB ÉT TAWKEET ÉL MAHHALLI.

Bonsoir, avec ma meilleure estime pour toi, selon l'heure locale.

76/17   The beautiful is always beautiful even if she just woke up and the ugly is still ugly, even if she washes her face every day.

الحلـو حلـو ولو صاحـي مـن النـوم والمعفـن معفـن ولو غسـل وشـه كل يـوم

ÉL HHÉLW HHÉL WA WALAW SAAHHI MÉ ÉNNO-OM WÉL MÉ'AFFÉN MÉ'AFFÉN WALAW GHASAL WÉSHSHO KOLL YO-OM.

La belle est toujours belle même si elle vient de se réveiller, et la moche est toujours moche, même si elle lave son visage tous les jours.

76/18   Love in my heart is like zucchini and if your lover is near you, tell him give me a kiss.

الحـب فـي قلبـي زي الكوسـة وان كـان حبيبك جنبك قولله هـات بوسـة

ÉL HHOBB FÉ ALBI ZAY ÉL KO-OSA WÉ IN KAAN HHABEEBAK GANBAK OLLO HAAT BO-OSA.

L'amour dans mon coeur est comme les courgettes et si ton amoureux est près de toi, dis-lui donne-moi un baiser.

76/19   You who caused nightmares to my heart, you and your love on my old shoes.

ياللـي وريـت الفـؤاد أيـام أليمـة انـت والفـؤاد علـي الجزمـة القديمـة

YALLI WARREIT ÉL FU-AAD AYYAAM ALEEMA, ÉNTA WÉL FU-AAD 'AL GAZMA ÉL ADEEMA.

Toi qui a causé des cauchemars à mon cœur, maudis sois-tu toi et ton amour sur mon vieux soulier.

EPILOGUE

In my first book HERITAGE, I talked about the Egyptian culture in general and here I would like to share the new features that I noticed. The first is the distortion of traditional citations and the second is the introduction of quotes which contradict the Egyptian traditions and values.

Indeed, the second feature is due to the phenomenon of globalization. Falling in love with the freedom of the Western democratic system has encouraged many to try their chance to join the liberal movement without taking a moment of reflection to how to adopt this privilege for the benefit of the society and not at the expense of our traditions, cultural roots and religious values.

Human history has taken a relatively long path through the centuries to evolve and transform humanity into civilized society, to which we belong. To regress and live a dissolute life is to destroy our heritage that we call our cultural civilization.

Now and after the revolution of EL TAHREER SQUARE of January 25, 2011, we, as Egyptians living abroad, are at a crossroads and we have no choice but to continue to live with hope, longing and dreams of the past. However, this cannot change the present phenomenon of cultural void and we are forced to live with the present state and hope that future generations will learn from the principles of their ancestors. Until that miracle happen and the new cultural imports are integrated seamlessly with our traditional values and principles, we hope that the new generations can still take advantage of cultural globalization in a very prudent way.

الخاتمــــة

في الأونة الأخيرة ظهرت في مصر خصائص ثقافية جديدة طفت علي السطح وانتشرت وأخذت شعبية كبيرة من داخل مصر وخارجها وتستحق أن نلقي الضوء عليها وألا نتجاهلها. الخاصة الأولي وهي تحريف المقولات المأثورة في ثقافتنا اليومية كما تري في الفصل السادس والسبعون وذلك بتغيير الجزء الثاني من المقولة وهو الجزء الذي يعطي المقولة المعني والهدف إلي جزء أخر فكاهي يهدف إلي التهريج. من هذا الملتقي تأتي الخاصة الثانية وهي إختلاق مقولات شائنة لا تليق بمجتمعنا المحافظ ادرجت هذه المقولات في ثقافتنا اليومية كأمر مسلم به.

برغم أن الخاصة الأولي يمكن التغاضي عنها بإعتبارها للمزح والضحك فقط إنما يحب أن نحذر من هذا التحريف وتأثيرة علي تراثنا الثقافي علي المدي البعيد. حيث أن ضرره قد يكون أكثر من نفعه.أما الخاصة الثانية فهي انتشرت مع انتشار العولمة وفرضت نفسها علي تعبيراتنا اليومية بشكل جائر.

إن تاريخ البشرية أخذ مجرا طويلا عبر الأجيال ليطور البشرية من الظلمة إلي النور ليأتي بمجتمعا متحضرا كالمجتمع الذي نعيش فيه اليوم. لذالك فالرجوع إلي الوراء إلي عصر البوهيمية انما هو رجوع غلي عصر الغابة وهدم كل ما جنيناه من حصالة التراث القومي الذي نفخر به كتراث ثقافي.

الأن بعد ثورة 25 ينايرسنة 2011 في ميدان التحرير, نحن المصريين الذين يعيشون فبي الخارج علي ساحة مفترق الطرق لتشاهد فقط حيث أنه ليس لدينا حق الإختار بعد. بل فقط لنعيش بذكريات الماضي الجميلة. ولكن هذه الأحلام بالماضي لا تحل مشكلة الحاضر حيث أنه يوجد فجوة مملوه الأن بالتقاليد وبالثقافات المستوردة. وكل ما في طاقتنا أن نفعل هو أن نتمني للأجيال القادمة أن يأخذوا طريق أسلافهم ويتمسكوا بروابط تراثهم الثقافي, وفي مرحلة الإنتظار هذه, نرجوا لهم أن ينظروا في كيفية إدماج ما هو مستورد بحيث يلائم طبيعة ثقافتنا بطريقة سلسة ومقبولة للحفاظ علي مبادؤنا وتراثنا في عصر العولمة

ÉPILOGUE

Dans mon premier livre HÉRITAGE, j'ai parlé de la culture égyptienne en général. Dans ce livre j'aimerais vous faire part de certaines caractéristiques que j'ai remarquées. La première, c'est la déformation des citations traditionnelles et la deuxième, c'est l'introduction de citations qui contredisent les traditions et les valeurs égyptiennes.

En effet, ce phénomène est dû à la globalisation. Apprécier le système démocratique occidental a encouragé plusieurs à tenter leur chance de joindre le courant libéral sans prendre un moment de réflexion : comment adopter ce privilège pour les bénéfices et non au détriment d'une société orientale conservatrice, riche en histoire et gouverné par des traditions, des racines et des valeurs culturelles. L'histoire humaine a pris un chemin assez long à travers les siècles pour évoluer et transformer l'humanité en une société civilisée, dont nous faisons partie. Vivre une vie dissolue, c'est détruire notre patrimoine historique que nous appelons notre civilisation culturelle.

Maintenant et après la revolution du AL TAHRIR du 25 janvier 2011 , nous sommes à la croisée des chemins et nous n'avons pas le choix que de continuer à vivre avec l'espoir, la nostalgie et nos rêves du passé. Cependant, ceci ne pourra pas changer le phénomène du dérèglement culturel et nous nous trouvons obligés de vivre avec l'état présent en espérant que les nouvelles générations apprendront les principes de leurs ancêtres. En attendant que ce miracle se réalise et que ces nouveautés culturelles importées soient intégrées de façon harmonieuse avec les valeurs et principes traditionnels, nous espérons que les nouvelles générations puissent toujours prendre avantage de la globalisation culturelle de façon très prudente.

INDEX / فهـرس

Friends Who Offered Quotations
الأصدقاء الذين قدموا مقولات
Des amis qui ont proposé des pensées

INDEX / فهرس

Connected Subjects and Historical Names
موضوعات وأسماء تاريخية
Des sujets connexes et des noms historiques

Note : For more information about a designated subject, the reader could consult the internet and preferably GOOGLE or WIKIPEDIA.

Pour plus d'informations sur un sujet en particulier le lecteur peut consulter Internet et préférablement, soit GOOGLE ou WIKIPÉDIA.

Subject / *Sujet*	Quotation number / *Numéro de la citation*
1. ABBAS MAHMOUD AL AKKAD	52/06
2. ABDALLA AL FAYSAL	38/05, 45/16
3. ABDEL FATTAHH AL KOSARY	68/08
4. ABDEL HALIM HAFEZ	16/20, 45/16, 60/02
5. ABI FIRAS AL HHAMDANI	46/01
6. ABOU KEER	75/109
7. ABDEL RAHHMAN AL ABNOUDI	16/20, 45/05, 45/06
8. ABOUL ALAA AL MAARI	58/03
9. ABU NUWAS	58/01
10. 'ABDO EL HHAMOULI	50/15
11. ABU BAKR AL SADDEEK	64/26
12. ABOU TAMMAM	67/03
13. ABU ZAYD AL HILALI	16/19, 30/09
14. ADEEB AL DAYEKH	22/07
15. ADEL ADHAM	30/93
16. ADEL IMAM	21/05, 30/06, 63/01
17. AHMED RAMI	45/08, 60/01
18. AHMED SHAWKI	07/18, 16/14, 19/07, 22/08, 25/03, 26/14, 39/04, 40/02, 50/07, 54/12, 58/02, 64/06
19. AHMAD 'ADAWÉYYA	45/19, 45/22
20. 'AKKA (ACRE)	53/09

21.	ALA ED DIN and HIS LAMP	30/10, 11
22.	AL AZHAR	75/28
23.	AL BUKHAARY	35/01
24.	AL DARB AL AHHMAR	16/02, 17/08
25.	AL ASHRAF KHALIL	53/09
26.	AL ATLAAL	22/16
27.	AL AKHTAL	28/01
28.	AL GAREER	53/13, 54/09, 54/10
29.	AL FISHAAWI	75/24
30.	AL FARAZDAK	53/12
31.	AL FUSTAAT	75/115
32.	AL HAADI ADHAM	70/24
33.	AL HAMAZAAAN	64/26
34.	AL IBRAHIMIYYA	75/110
35.	AL KAHÉRA	75/115
36.	ALI AMIN	02/29
37.	AL IMAM AL SHAFI'I	54/05, 63/03, 70/15
38.	AL KHANSAA,,	16/02
39.	AL MANSOURA	38/13, 64/25, 75/55
40.	AL MO"TAZ LEDEEN ELLAH	75/115
41.	AL MUTANABBI	15/09, 15/11, 59/01, 60/05
42.	ABU AL ASWAD AL DUALI	54/04
43.	AL SABTÉYYA	02/29
44.	ALI BABA AND THE FORTY THIEVES	30/12
45.	ALI IBN ABI TAALEB	10/04, 17/13
46.	AL SUKKARIYYA	61/08
47.	AMR IBN AL AHTAM	54/03
48.	'AMR IBN KULTHOUM	54/08
49.	ANA W-HOWWA W-HÉYYA	21/05
50.	AMSHIR	70/09
51.	'ANTAR IBN SHADDAD	22/11
52.	ASSAYYÉD AL BADAWI	30/04
53.	AZAREETA	75/108
54.	AZIZ ALI EL MASRI	30/28

55.	BABA KIROLLOS	51/03, 64/16
56.	BABA SHAARO	35/02
57.	BALEEGH HAMDI	45/05, 45/06
58.	BARABRA	75/119
59.	BARAMHAAT	70/10
60.	BATISTA	39/07
61.	BEIN AL KASREIN	61/08
62.	CANNELLE	31/21
63.	BIRAM AL TOUNISY	38/02, 45/09, 45/11
64.	CARDAMON or HAIL / HHABBAHAAN	31/36
65.	CAROB / CAROUBE / الخروب	31/60
66.	CAZINO BADI'A	38/01
67.	CHEIKH MUHAMMAD SAYYED TANTAWI	07/01
68.	CINAMON	31/21
69.	CORIANDRE	31/18
70.	CRESSON / WATERCRESS / الجرجير	31/53
71.	CUMIN	31/15
72.	CURCUMA	31/16
73.	CYPERUS / حب العزيز	31/42
74.	EL HUSSEIN	38/01, 75/28
75.	EL SAYYDA	38/01
76.	EASTER	27/09, 10, 11, 12, 13, 14, 15, 16
77.	EPIPHANY / ÉPIPHANIE	31/09
78.	FADIA EL-HAGE	45/17
79.	FALAAFÉL / TAA'MÉYYA	31/33
80.	FARDOS MAHAMAD	01/19
81.	FARID SHAWKI	25/29, 30/25
82.	FAIRUZ	45/23
83.	FARID EL ATRASH	48/13
84.	FATEN HAMAMA	38/13
85.	FAVA / FÈVES / الفول المدمس	31/30
86.	FENUGREEK / FÉNUGREC / الحلبة	31/24
87.	FIFI 'ABDO	30/07
88.	GAMAL ABDEL NASSER	44/02, 75/24

89.	GAWHAR AL SAKALLY	75/115
90.	GIBRAN KHALIL GIBRAN	42/03
91.	GRAINES DE LIN / LINSEED / بذر الكتان	31/12
92.	GRAINES DE PAVOT / POPPY SEEDS / حبة البركة	31/14
93.	HHABBÉL 'AZIZ	31/42
94.	HHABBÉT EL BARAKA / (Graines de Pavot)	31/14
95.	HHÉLBA / (Fenugreek)	31/24
96.	HHÉNNA	75/120
97.	IBN AL ROUMY	16/04
98.	IBRAHIM NAGUI	22/15
99.	IBRAHIM PACHA	75/110
100.	IBRAHIM TOUKAN	21/01
101.	ILIYA ABOU MADY	22/16, 24/01
102.	IHHSAAN ABDEL KUDDOUS	52/05
103.	IMRA-UL KAIS	22/06
104.	ISMAIL SABRI	54/01
105.	IZZEDINE ZULFICAR	38/13
106.	JACOB	04/03, 62/07
107.	KAMAL AL TAWEEL	60/06
108.	KAREM MAHMOUD	45/15, 61/07
109.	KARKADÉH	31/45
110.	KASSEM AMINE	21/06
111.	KASR AL SHO-OK	61/08
112.	KAYS IBN MULOUHH	22/10
113.	KIAHK	70/07
114.	KHALIL MUTRAN	21/08, 54/02
115.	KHÉLLAH / (Visnaga)	31/35
116.	KHAN EL KHALILI	75/28
117.	KING FAROUK	44/01
118.	KOSHARI	31/31
119.	LADIDA	31/38
120.	LAILA MURAD	25/42, 38/12, 45/12, 61/05
121.	LÉILÉTT ÉL HHÉNNA	48/08
122.	BÉZR EL KÉTTAAN / (Linseed)	31/12

157.	'OMAR IBN AL KHATTAAB	64/26
158.	OM KULTHOUM	22/15, 38/02, 03, 04, 05, 06, 45/01, 02, 03, 04, 45/08, 09, 50/02, 70/24
159.	'OMAR EL SHÉRIF	38/13
160.	PATRIARCHAL SCHOOOL	21/08
161.	RABABA	45/24
162.	PERSELY / PERSIL	31/52
163.	RAB'A AL 'ADAWIYYA	45/01, 02, 03, 04
164.	RAGAA,, 'ABDO	22/02
165.	RATL	40/09
166.	REDA TROUPE	45/25
167.	SAAD ZAGHLOUL	44/03
168.	SAFIA ZAGHLOUL	44/03
169.	SAKAKINI	75/26
170.	SALAH JAHEEN	60/06
171.	SAYYED MEKKAWI	30/31
172.	SÉMSÉMÉYYA	45/24
173.	SESAME	31/19
174.	SHAA'- BAAN 'ABDEL RIHHEEM	52/08, 09, 10, 11, 12, 13, 14, 15, 16
175.	SHADIA	61/06
176.	SHAGARÉT EDDOR	75/57
177.	SHERIFA FADEL	48/09
178.	SHIHAB ADDIN AL ABSHIHY	70/14, 16, 17, 19, 20, 21
179.	SALEH ABDEL HHAY	50/14, 61/08
180.	STEPHAN ROSTI	30/95, 30/96
181.	TAHA HUSSEIN	25/07
182.	SUEZ CANAL	44/02, 75/26, 85
183.	TAMARIN	31/20
184.	TAHER ABOU FAASHA	45/01, 02, 03, 04
185.	TAMER BEIK MALLAT	28/05
186.	TARFA IBN AL 'ABD	15/03, 04, 05, 06, 07, 26/12
187.	TAWFIQ AL HAKIM	19/08, 21/11
188.	TOKAR	30/92
189.	TOUBA	70/08

190.	'URWAH IBN AL WARD	51/01
191.	'UTHMAN IBN 'AFFAAN	64/26
192.	WAFD PARTY	44/03
193.	WAR – TRIPARTITE	60/06
194.	WATERCRESS	31/53
195.	WAKEEHH IBN AL GARRAAHH	21/20
196.	YANSOON	31/57
197.	YOUNES IBN MAYSARA	17/11
198.	YOUSSEF WAHBI	01/07, 30/13, 38/13, 63/02
199.	YOUSSEF SHAHINE	38/13
200.	ZAMALÉK and AHLI sporting club	30/02, 03
201.	ZAN-ÉTTÉ SSÉTTAAT	30/07
202.	ZINAAT SEDKI	48/03
203.	ZOHEIR IBN ABI SALMA	03/01, 02, 07/19, 10/01, 02, 15/02, 23/02, 28/04, 29/03
		40/04, 53/05, 54/06, 68/09, 73/01

INDEX / فهـرس
Poems / *Poèmes* / الشعر

32.	22/14	Uknown to the author / *Inconnu par l'auteur*
33.	22/15	IBRAHIM NAGUI
34.	22/16	ILIYA ABOU MADY (See also / *Voir aussi* volume 1)
35.	22/17	Uknown to the author / *Inconnu par l'auteur*
36.	22/18	NIZAR AL KABBANY
37.	23/02	ZOHEIR IBN ABI SALMA (See also / *Voir aussi* page 108)
38.	24/01	ILIYA ABOU MADY (See also / *Voir aussi* Volume 1)
39.	25/03	AHMED SHAWKI (See also / *Voir aussi* Volume 1)
40.	25/20	Uknown to the author / *Inconnu par l'auteur*
41.	25/21	Uknown to the author / *Inconnu par l'auteur*
42.	25/26	NIZAR AL KABBANY
43.	26/10	Uknown to the author / *Inconnu par l'auteur*
44.	26/12	TARFA IBN AL 'ABD (See also / *Voir aussi page 69, 70)*
45.	26/14	AHMED SHAWKI
46.	28/01	AL AKHTAL
47.	28/04	ZOHEIR IBN ABI SALMA (See also / *Voir aussi* page 108)
48.	28/05	TAMER BEIK MALLAT
49.	29/03	ZOHEIR IBN ABI SALMA (See also / *Voir aussi* page 108)
50.	30/48	Uknown to the author / *Inconnu par l'auteur*
51.	38/04	AHMAD RAMI
52.	38/05	ABDALLAH AL FAYSAL
53.	38/06	BIRAM AL TOUNISY
54.	39/04	AHMED SHAWKI
55.	40/02	AHMED SHAWKI
56.	40/04	ZOHEIR IBN ABI SALMA(See also / *Voir aussi* page 108)
57.	41/09	Uknown to the author / *Inconnu par l'auteur*
58.	42/20	Uknown to the author / *Inconnu par l'auteur*
59.	45/01	TAHER ABOU FAASHA
60.	45/02	TAHER ABOU FAASHA
61.	45/03	TAHER ABOU FAASHA
62.	45/04	TAHER ABOU FAASHA
63.	45/05	ABDEL RAHHMAN AL ABNOUDI (See also / *Voir aussi* page 238)
64.	45/06	ABDEL RAHHMAN AL ABNOUDI (See also / *Voir aussi* page 238)
65.	45/07	MOHAMED AL MAGHOUT
66.	45/08	AHMED RAMI (See also 60/01)
67.	45/09	BIRAM AL TOUNISY
68.	45/10	AHMAD SHAWKI

106.	55/06	Uknown to the author / *Inconnu par l'auteur*
107.	57/17	Uknown to the author / *Inconnu par l'auteur*
108.	58/01	ABU NUWAS (See also / *Voir aussi* Volume 1)
109.	58/02	AHMED SHAWKI (See also / *Voir aussi* Volume 1)
110.	58/03	ABOUL ALAA AL MAARI (See also / *Voir aussi* Volume 1)
111.	59/01	AL MUTANABBI (See also / *Voir aussi* Volume 1)
112.	59/02	Uknown to the author / *Inconnu par l'auteur*
113.	60/01	AHMED RAMI (See also 45/08)
114.	60/05	AL MUTANABBI (See also / *Voir aussi* volume 1)
115.	60/06	SALAH JAHEEN
116.	63/03	IMAM AL SHAFI'I
116.	67/03	ABOU TAMMAM
117.	68/09	ZOHEIR IBN ABI SALMA (See also / *Voir aussi* page 108)
118.	70/14	SHIHAB ADDIN AL ABSHIHY
119.	70/15	AL IMAM AL SHAFFI'I (See also / *Voir aussi* volume 1)
120.	70/16	SHIHAB ADDIN AL ABSHIHY
121.	70/17	SHIHAB ADDIN AL ABSHIHY 94.70/18UNKOWN
122.	70/19	SHIHAB ADDIN AL ABSHIHY
123.	70/20	SHIHAB ADDIN AL ABSHIHY
124.	70/21	SHIHAB ADDIN AL ABSHIHY 98.70/24AL HAADI ADHAM
125.	71/07	MALÉK IBN ONSS
126.	73/01	ZOHEIR IBN ABI SALMA (See also / *Voir aussi* page 108)
127.	73/10	NASR IBN SAAR IBN RABEE'A

INDEX / فهرس
Songs and Movies / *Chanson et cinémas* / الأغاني والسينما

31.	42/06	KAAN FI WAHHDA SÉTT	Children's song	M. FAWZI
32.	42/07	TA'ALEELI YA BATTA	Children's song	
33.	42/08	BABA GAYYÉ ÉMTA	Children's song	
34.	42/09	MAMA ZAMANHA GAYYA	Children's song	M. FAWZI
35.	42/11	YABU RREESH INSHALLA T-'EESH	Children's song	
36.	42/12	ZAHABA AL LAYLU	Children's song	M. FAWZI
37.	42/13	Allo ! Allo !	Children's song	
28.	45/01	On MY GRIEVING EYE...	Song / Chanson	OM KULTHOUM
39.	45/02	'ARAFTU AL HAWA	Song / Chanson	OM KULTHOUM
40.	45/03	HHAANATU AL AKDAAR	Song / Chanson	OM KULTHOUM
41.	45/04	LIGHAYRIKA	Song / Chanson	OM KULTHOUM
42.	45/05	TAHHT ÉS SAGAR YA WAHEEBA	Song / Chanson	M. RUSHDI
43.	45/06	'ADAWÉYYA	Song / Chanson	M. RUSHDI
44.	45/07	YA ZAHRATANN FI KHAYAALI	Song / Chanson	F. AL ATRACHE
45.	45/08	KISSATU HHUBBI	Song / Chanson	OM KULTHOUM
46.	45/09	RA,, ÉL HHABEEB	Song / Chanson	OM KULTHOUM
47.	45/10	YA GAARAT AL WAADY	Song / Chanson	ABDEL WAHAB
48.	45/11	GHANEELI SHWAYYÉ	Song / Chanson	OM KULTHOUM
49.	45/12	ABGAD HAWWAZ	Movie / Film	LEILA MOURAD
50.	45/14	RÉMSH 'EINO RÉMSH 'EINO	Song / Chanson	MUHARAM FOUAD
51.	45/15	AMANA 'ALEIK	Song / Chanson	K.. MAHMOUD
52.	45/16	SAMRAA,,	Song / Chanson	A.HALIM HAFEZ
53.	45/17	AYYUHA AS SAAKI	MUWASHHH	FADIA EL-HAGE
54.	45/18	YA HHÉLW SABBAHH	Song / Chanson	M. KANDIL
55.	45/19	YA DUNYA	MAWWAAL	A. 'ADAWÉYYA
56.	45/20	LA WÉNNABI YA 'ABDO	Folkloric Song / Chanson folklorique	
57.	45/21	DI AHHLA HAMSA	Song / Chanson	F. AL ATRACHE
58.	45/22	ÉL ARD ARD ÉL LLAAH	MAWWAAL	A. 'ADAWÉYYA
59.	45/23	SHATT ÉSKÉNDÉRÉYYA	Song / Chanson	FAIRUZ
60.	45/24	SALLAM 'AALAY	Folkloric Song / Chanson folklorique	
61.	45/25	ÉL BÉNT BEIDA	Folkloric Song / Chanson folklorique	
62.	47/30	BOLTÉYYA 'AYMA	Movie / Film	'ABLA KAMÉL
63.	48/09	MABROUK 'ALEIKI - MARRIAGE	Song / Chanson	SHERIFA FADEL
64.	48/10	ÉTMAKHTARI YA HHÉLWA	Song / Chanson	MARRIAGE

65.	48/13	DO,,U AL MAZAHÉR	Song / Chanson	F. AL ATRACHE
66.	48/17	AYYUHA AR RABBU ILAAHUNA	MARRIAGE - RITUAL / *RITUEL*	
67.	50/02	LÉ ÉSSABR HHUDOUD	Song / Chanson	OM KULTHOUM
68.	50/14	YA ZAARÉA' ÉS SABR	MAWWAAL	S. ABDEL HHAY
69.	52/07	AL RAAKÉSA WAL SIYAASI	Movie / *Film*	I.A. KUDDOUS
70.	52/08 TO 52/15	ÉL 'UMR	MAWWAAL	SHAA'BULLAH
71.	60/01	MISRU ALLATI FI KHAATIRI	Song / Chanson	OM KULTHOUM
72.	60/02	OLNA HANÉBNI	Song / Chanson	A. H. HAFEZ
73.	60/06	WALLA ZAMANN YA	Song / Chanson	OM KULTHOUM
74.	61/02	WARDÉ 'ALEIK	Song / Chanson	M. SHUKOUKOU
75.	61/03	YA WARD MEEN YÉSHTÉREEK	Song / Chanson	ABDEL WAHAB
76.	61/04	YA WARDÉ LEIHÉL KHAGAL	Song / Chanson	ABDEL WAHAB
77.	61/05	MEEN YÉSHTÉRIL WARDÉ	Song / Chanson	LAILA MURAD
78.	61/06	ÉL WARDÉ DA WARDOHUM	Song / Chanson	SHADIA
79.	61/07	ALA WARA,, ÉL WARD	Song / Chanson	MAHMOUD
80.	61/08	'ALA KHADDO YA NAAS	Song / Chanson	S. ABDEL HHAY
81.	64/15	HHANAKEESH	Movie / *Film*	N. A'BEID
82.	65/04	ÉBN HHAMIDO	Movie / *Film*	AL KOSARY

INDEX / فهـرس
Holy Books / الكتب المقدسة / *Les Saintes Écritures*

I – The Holy Koran / *Le Saint Coran* / القرأن الكريم

1. 27/22   (Al Baqarah 2 : 195)
2. 27/25   (Ibrahim 14 : 7)
3. 27/30   (Ya Sin 36 : 78)
4. 27/31   (Al Furqan 25 : 70)
5. 27/32   (Al 'Imran 3 : 42)
6. 27/32   (Al 'Imran 3 : 42)
7. 27/33   (Al 'Imran 3 : 45)
8. 27/34   (Al 'Imran 3 : 46)
9. 27/35   (Al 'Imran 3 : 48)
10. 27/37   (Al 'Imran 3 : 47)
11. 32/05   (Al Zomar 39 : 53)
12. 39/10   (Al Hujurat 49 : 6)
13. 41/01   (Al Ma idah 5 : 32)
14. 41/02   (Al Isra' 17 : 35)
15. 41/16   (Al Shams 91 : 1)
16. 62/07   (Yusuf, 12 : 68)
17. 73/05   (Al TalaaK 65 : 1)
18. 73/06   (Al Baqarah 2 : 195)
19. 73/07   (Al Nisa' 4 : 58)
20. 74/45   (Al Najm 53 : 9)

INDEX / فهرس

TABLE OF CONTENTS
فهــــرس الكتـــــاب
TABLE DES MATIÈRES

399
